MIN GE
QIANBEI YU
XINZHONGGUO

民革前辈与新中国

民革中央宣传部 编

图书在版编目（CIP）数据

民革前辈与新中国 / 民革中央宣传部编. -- 北京：团结出版社，2019.9（2023.4 重印）
ISBN 978-7-5126-7313-7

Ⅰ.①民… Ⅱ.①民… Ⅲ.①中国国民党革命委员会 - 党员 - 先进事迹 Ⅳ.① D665.1

中国版本图书馆 CIP 数据核字（2019）第 179835 号

出　版：团结出版社
　　　　（北京市东城区东皇城根南街 84 号　邮编：100006）
电　话：（010）65228880　65244790
网　址：http://www.tjpress.com
E-mail：zb65244790@vip.163.com
经　销：全国新华书店
印　装：三河市东方印刷有限公司

开　本：170mm×240mm　16 开
印　张：40.5
字　数：610 千字
版　次：2019 年 9 月　第 1 版
印　次：2023 年 4 月　第 5 次印刷

书　号：978-7-5126-7313-7
定　价：148.00 元
　　　　（版权所属，盗版必究）

本书编委会

顾　　问：万鄂湘　郑建邦

主　　编：李惠东

执行主编：刘良翠

执行编辑：刘则永

序

万鄂湘

习近平总书记曾指出："一切向前走，都不能忘记走过的路；走得再远，走到再光辉的未来，也不能忘记走过的过去，不能忘记为什么出发。"今年是中华人民共和国成立70周年，也是人民政协成立70周年。在创建新中国、人民政协伟大事业的进程中，民革作为中国共产党领导的统一战线和多党合作中的一员，作为致力于中国特色社会主义事业的参政党，始终与中国共产党风雨同舟、荣辱与共，既是历史的见证者，也是历史的参与者。在中国共产党领导的多党合作和政治协商这一新型政党制度确立70周年的重要历史节点，回顾民革和民革前辈在中国共产党领导下参与新中国建立和建设的历史，具有深远的历史意义和极强的现实意义。

民革是在抗日战争胜利后，中国历史发生转折的重要关头，由坚持孙中山先生"三大政策"的国民党民主派及其他爱国民主人士集结在和平民主建国旗帜下成立的。民革成立后，立即表明了自己反对国民党统治集团卖国、独裁、内战的明确立场，旗帜鲜明地拥护中国共产党关于成立联合政府的主张，接受中国共产党领导，全力投入到人民解放战争的革命洪流中。

由于历史原因，很多民革前辈在国民党军政界有着特殊的影响力。民革充分利用这一特点，积极策动国民党军政人员起义，配合人民解放战争顺利开展，作出了独特的贡献。

1948年4月30日，中共中央发布了召集各民主党派、各人民团体、各社会贤达迅速召开新政治协商会议以建立民主联合政府的"五一口号"。"五一口号"发布以后，民革立即发表公开宣言响应中共中央的号召，明确表明接受中国共产党领导的政治立场。应中国共产党的诚挚邀请，李济深等民革领导人相继到达解放区，与中共及各民主党派共商建国大业，参与中国人民政治协商会议的筹备和召开，参与《共同纲领》的制定，出席中华人民共和国开国大典，为新中国的建立和新政协的成立添砖加瓦。

中华人民共和国成立后，民革在中国共产党和《共同纲领》的指引下，参加国家管理，参与国家重大决策协商，动员广大党员和所联系人士投身新中国建设，发挥了民主党派在国家政治生活中的应有作用。

为了更好地重温民革和民革前辈参与新中国建立的历史，纪念为新中国建立而竭诚奉献甚至英勇献身的民革前辈，继承发扬民革优良传统，加强思想政治建设，我们编辑出版了《民革与新中国的建立》《民革前辈与新中国》两本书。希望包括民革广大党员干部在内的社会各界可以从中得到丰富的教益和深刻的启迪。我想，民革党员干部至少应该得到以下几点启示：

一、坚持中国共产党领导，不忘合作初心、继续携手前进，是民革的立党之本、发展之基。

民革七十多年的历史告诉我们，民革每一次重要的进步和成果的取得，都离不开中国共产党的领导和关怀，都得益于多党合作制度的不断发展和完善。当年，民革前辈正是在中国共产党的支持下，冒着危险聚集到香港，成立了民革。"五一口号"发布后，民革公开宣布接受中国共产党领导，并决心在中国共产党领导下为实现中华民族伟大复兴而不懈奋斗，这是民革的初心，是民革一直以来始终坚持、不断传承、赖以发展的立党之本。中共十八大以来，以习近平同志为核心的中共中央高度重视多党合作事业，提出了一系列重要思想，作出了一系列重要指示，出台了一系列重要文件，为新时代多党合作事业的发展指明了方向。特别是2018年全国两会期间，习近平总书记关于新型政党制度的重要论述，是习近平新时代中国特色社会主义思想的重要组成部分，是对马克思列宁主义关于政党制度理论的继承和发展，是对中国特色社会主义道路、制度、理论体系的认识深化和实践创新。我们要在习近平新时代中国特色社会主义思想指引下，大力弘扬民革优良传统，以丰富鲜活的历史，摆事实、讲道理，深入浅出，讲好民革故事，讲好多党合作故事，不断增进对中国共产党和中国特色社会主义的政治认同，牢牢守住我们的政治生命线，把稳我们的政治方向盘，绝不能有一丝一毫的动摇与偏离。

二、加强自身建设，积极履行职能，是民革的成事之方、奉献之道。

新中国成立后，民革一直注重加强自身建设，不断增强民革组织的向心力、凝聚力，将全体党员干部紧密团结在中国共产党周围，为国家和民族根本利益、为执政党的治国理政建真言、献良策。特别是近年来，中国特色社会主义进入新时代，我们按照习近平总书记"多党合作要有新气象，思想共识要有新提高，履职尽责要有新作为，参政党要有新面貌"的重要指示精神，努力增强责任和担当，坚持以思想政治建设为统领，全面加强自身建设，"举全党之力抓参政议政"，把智慧和力量统一到中国共产党和国家重大决策部署上来，不断提高政党协商、政协协商等建言质量，成果丰硕，成效显著。

三、孙中山爱国、革命、不断进步精神,是民革的理想之核、情怀之光。

作为由原国民党民主派为主创建的民主党派,民革对孙中山先生一向怀有崇高的敬意和深厚的感情。成立七十多年来,民革始终以孙中山振兴中华理想引导自己,始终以孙中山爱国、革命、不断进步精神激励自己,把对孙中山振兴中华理想的情怀,转化为坚持中国共产党领导、实现中华民族伟大复兴的中国梦的巨大精神动力。继承发扬孙中山爱国、革命、不断进步精神是民革的优良传统和基本特色,我们一定要代代相传,发扬光大。

今年2月,习近平总书记在党外人士迎春座谈会上指出,广大党外人士要认真总结70年来在中国共产党领导下多党合作事业取得的宝贵经验,发扬长期以来同中国共产党风雨同舟、休戚与共的优良传统,搞好政治传承,提高政治站位,增强政治能力,夯实新时代多党合作的共同思想政治基础。总书记的重要指示,充满了殷切期望,提出了明确要求,我们在欢欣鼓舞的同时,更感受到了沉甸甸的责任和使命。

《民革与新中国的建立》《民革前辈与新中国》这两本书的编辑出版,是民革中央贯彻落实习近平总书记重要讲话精神、建设高水平新时代中国特色社会主义参政党的重要举措。希望民革广大党员干部能从书中汲取养分,更加紧密地团结在以习近平同志为核心的中共中央周围,增强"四个意识",坚定"四个自信",坚决做到"两个维护",自觉用习近平新时代中国特色社会主义思想武装头脑、指导实践、推动工作,为中华民族伟大复兴的中国梦贡献自己的力量,不辜负伟大的新时代。

是为序。

2019年8月

(作者系全国人大常委会副委员长、民革中央主席)

目　录

003　**宋庆龄**　新中国名誉主席

023　**李济深**　领导民革为新中国的建立而团结奋斗

039　**何香凝**　被誉为"华侨之母"的新中国华侨事务奠基人

059　**朱蕴山**　身怀团结法宝的"智多星"

075　**王昆仑**　周总理称他为"不管部部长"

089　**屈　武**　参加北平和谈，推动新疆和平解放

103　**朱学范**　新中国首任邮电部部长

117　**程　潜**　带领湖南和平解放的"老上司"

131　**谭平山**　人民监察制度探索者

143　**蔡廷锴**　被誉为"华南和平民主之支柱"的爱国将领

159　**张治中**　三到延安的"和平将军"

175	熊克武	推动起义的川康渝民众自卫委员会主任委员
189	龙　云	打造民主堡垒的"云南王"
201	邓宝珊	北平和平解放的"钥匙"
215	陈绍宽	海军名将坚拒赴台
229	贾亦斌	举行嘉兴起义，震撼"蒋家王朝"
241	孙越崎	带领资源委员会员工集体起义
257	赵祖康	和平移交上海市政权的代理市长
273	郭春涛	被悬赏20根金条的地下工作者
285	王葆真	身陷囹圄的京沪暴动领导者
295	冯玉祥	牺牲在归国途中
311	陈铭枢	在上海秘密开展策反的铁军名将
325	蒋光鼐	新中国首任纺织工业部部长
339	邵力子	举国闻名的和平老人
353	柳亚子	在重庆公开宣称"中国的光明在延安"
365	刘文辉	打破蒋介石"决战川西"图谋的"西康王"

377	余心清	从策反入狱到新中国典礼局局长
389	唐生智	"佛教将军"策动湖南起义
403	卢 汉	领导云南和平起义
419	许闻天	多次入狱的"孙盟"领导人
431	陶述曾	在江汉防洪，在湖北治水
441	覃异之	保护南京基础设施免遭破坏
453	焦实斋	北平和平解放的积极推动者
465	廖运周	用阵前起义破灭黄维突围图谋
477	何思源	华北七省市参议会推选的首席和谈代表
489	杨 杰	牺牲在黎明前的军学泰斗
503	丁贵堂	让江海关回到人民手中
517	万保邦	开展敌后游击的滇黔人民自卫军司令员
527	仇 鳌	湖南和平解放的牵线人
539	陈 离	四川地下党组织策反的纽带
553	凌其翰	第一次在巴黎使馆升起五星红旗

567　**高树勋**　内战伊始燕赵大地举义旗

583　**夏玙瑛**　因从事地下工作入狱的富家小姐

595　**民革川康五魂**　"将身许国倍光荣"

623　**曹立中、王建昌、黎一上**　成都十二桥畔的民革英魂

632　**后　记**

宋庆龄（1893-1981），广东文昌县（今属海南）人，生于上海。1949年后，曾任中央人民政府副主席、中华人民共和国副主席、全国妇联名誉主席、中国人民保卫儿童全国委员会主席等职。民革中央第一届名誉主席。1981年5月16日，被授予中华人民共和国名誉主席称号。第一、四、五届全国人大常委会副委员长。第二、三届全国政协副主席。

宋庆龄
新中国名誉主席

1949年8月28日这天，毛泽东很早就向身边的工作人员打招呼，让给他准备衣服。一吃过午饭，毛泽东就换上皮鞋，穿上那套只有重大活动才拿出来穿的浅色礼服。尽管到前门火车站的路途不远，在毛泽东的催促下，汽车还是提前出发，下午3点45分毛泽东已经到了站台。

中共中央领导人朱德、周恩来、林伯渠、董必武，民革中央主席李济深，还有何香凝、沈钧儒、陈其瑗、郭沫若、柳亚子、蔡畅等几十人先后来到站台，站台到处是手拿鲜花和彩旗的欢迎人群，大家欢快而又急切地等着一位重要人物——孙夫人宋庆龄的到来。

此时，新政治协商会议召开在即，新中国成立在即。在国人心目中，宋庆龄端庄娴静、意志坚强，是中华民族女性的卓越代表，是中国人民英勇争取民族独立和人民自由幸福的一面旗帜。因此，在即将举行的新政协会议和开国大典上如果没有宋庆龄的身影，那将是历史的遗憾。

4点15分，随着一声汽笛长鸣，宋庆龄乘坐的专列徐徐驶进前门火车站，列车尚未停稳，宋庆龄的身影就已经出现在车门玻璃后。她抑制住内心的激动，微笑着向人们招手致意。车刚停稳，毛泽东便出人意料地一步跨上车去，走进车厢亲自欢迎孙夫人下车。

毛泽东伸出双手,与宋庆龄热情握手,亲切地说:"欢迎你,欢迎你,一路上辛苦了。"

宋庆龄高兴地说:"谢谢你们的邀请,我向你们祝贺。"

毛泽东说:"欢迎你来和我们一起筹建新中国的大业。"

宋庆龄说:"祝贺中国共产党在你的领导下取得伟大胜利。"

1949年进北平之初,毛泽东到火车站接过两个人,一个是宋庆龄,另一个是程潜。

北上出席新政协会议

随着解放战争的胜利进军,1948年5月1日,中国共产党在"五一口号"中,提出"各民主党派、各人民团体、各社会贤达迅速召开政治协商会议,讨

1949年8月28日,宋庆龄在邓颖超等人的陪同下从上海抵达北平。

论并实现召集人民代表大会，成立民主联合政府"。为邀请宋庆龄离沪北上，早在1949年1月19日，毛泽东、周恩来在西柏坡已经联名给宋庆龄秘密发出邀请电报：

庆龄先生：

中国革命胜利的形势已使反动派濒临死亡的末日，沪上环境如何，至所系念。新的政治协商会议在华北召开，中国人民革命历尽艰辛，中山先生遗志迄今始告实现，至祈先生命驾北来，参加此一人民历史伟大的事业，并对如何建设新中国予以指导。至于如何由沪北上，已告梦醒与汉年、仲华切商，总期以安全为第一。谨电致意，伫盼回音。

毛泽东　周恩来
子皓

宋庆龄在上海受到国民党严密监视，行动不自由，身体又不好。华南局认真研究中央指示后，决定派中共著名特工华克之执行计划，先把宋庆龄接到香港，然后同何香凝一起北上。毛泽东、周恩来又致电方方、潘汉年、刘晓，请他们设法帮助宋庆龄北上。第一，必须秘密而且不能冒失；第二，必须孙夫人完全同意，不能稍涉勉强。如有危险，宁可不动。

经过认真思虑，宋庆龄用英文亲笔复函："接获大札，敬悉伟大的主席和全党同志对我的关注，至为感激。经长时间考虑，确认一动不如一静。我将在上海迎接解放，和诸公见面。根据我的预计，蒋介石是无可奈何我的，请勿念。"宋庆龄看到毛泽东、周恩来发来的电文，心绪难以平静。她既为中共中央领导人对自己的尊重和深情所感动，更为中国革命大业终将告成而兴奋。2月20日，她伏案疾书，又用英文写下了给中共中央的复信：

亲爱的朋友们：

请接受我对你们极友善的来信之深厚的感谢。我非常抱歉，由于有炎症及血压高，正在诊治中，不克即时成行。

但我的精神是永远跟随着你们的事业的。我深信，在你们英勇、智慧的领导下，这一章历史——那是早已开始了，不幸于23年前被阻——将于不久的将来光荣地完成。

尽管宋庆龄没有去香港，但是为了防止被国民党反动派阴谋劫持去台湾，宋庆龄在中共上海地下党的帮助下，经常变换住处。

5月27日，上海解放。第二天，宋庆龄对来访的史良说："解放了就好了。国民党的失败，是我意料之中的，因为它敌视人民、反对人民、压迫人民；共产党取得胜利，是必然的，因为它代表人民、爱护人民、为人民谋福利。"她兴奋地对英文秘书卢季卿说："现在全国人民在共产党的领导下翻身了，整个民族有了光明的前途。"

上海解放扫除了宋庆龄北上参加建国大业的障碍。6月28日，中共中央特派中央候补委员、全国妇联副主席邓颖超持毛泽东、周恩来的亲笔信，专程到上海拜见宋庆龄，迎接她北上。毛泽东、周恩来在信中写道：

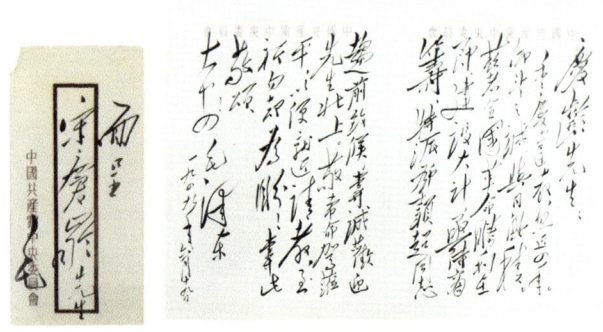

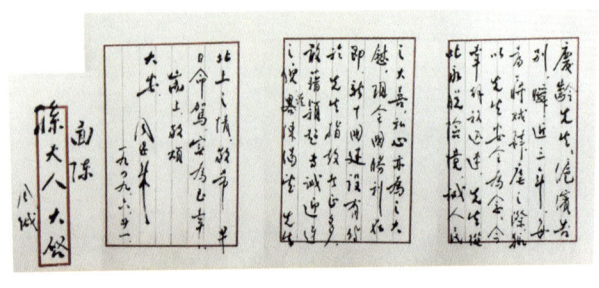

毛泽东、周恩来致宋庆龄的邀请函。

庆龄先生：

　　重庆违教，忽近四年。仰望之诚，与日俱积。兹者全国革命胜利在即，建设大计，亟待商筹，特派邓颖超同志趋前致候，专诚欢迎先生北上。敬希命驾莅平，以便就近请教，至祈勿却为盼！专此。

　　敬颂

大安！

毛泽东
一九四九年六月十九日

庆龄先生：

　　沪滨告别，瞬近三年。每当蒋贼肆虐之际，辄以先生安全为念。今幸解放迅速，先生从此永脱险境，诚人民之大喜，私心亦为之大慰。现全国胜利在即，新中国建设有待于先生指教者正多。敢藉颖超专诚迎迓之便，谨陈渴望先生北上之情。敬希早日命驾，实为至幸。

　　耑上。敬颂

大安！

周恩来
一九四九年六月二十一日

　　邓颖超抵沪当晚，并没有贸然上门，而是先让陪同来沪的廖梦醒先行试探，去看望宋庆龄，并说明来意。廖梦醒是廖仲恺、何香凝夫妇的女儿，曾长期担任宋庆龄的英文秘书，深得宋庆龄信任。廖梦醒一提起北平，宋庆龄就深深地沉浸在对孙中山的怀念之中，她说："北平是我最伤心之地，我怕到那里去。"宋庆龄此前两次北平之行都给她带来了深深的伤害。第一次她陪丈夫孙中山来北平，结果孙中山因病去世，当时她年仅32岁，首次北平之行对她造成的伤害是常人难以想象的。1929年，宋庆龄第二次来到北平，是她到碧云寺为孙中山更换棺木。宋庆龄的两次北平之行让她十分伤心，她怕去北平勾起自己最痛苦的回忆。

但宋庆龄此时又很明白，新中国成立在即，这是无数人数十年浴血奋斗的结果。廖梦醒说："北平将成为新中国的首都。邓大姐代表周恩来同志特来迎接你。"

见面之后，邓颖超并没有着急把毛泽东和周恩来的信拿给宋庆龄，而是与宋庆龄叙述老朋友的别离之情。紧接着，邓颖超介绍了她参加土改、解放区翻身农民的喜悦和踊跃支前，以及中国妇女第一次全国代表大会召开、新政协筹备情况。正在宋庆龄听得入迷的时候，邓颖超适时把毛泽东、周恩来的信拿了出来并说："我们党中央提出建议召开中国人民政治协商会议，派我携带毛泽东主席和周恩来同志的亲笔信来上海看望您，邀请您到北平来商议国家大事，参加中国人民政治协商会议。"看了毛泽东、周恩来的信，宋庆龄深受感动，立时果断地、高兴地同意到北平。

6月30日，上海解放刚逾一月，中共中央华东局统战部和中共上海市委在逸园饭店举行庆祝中国共产党诞生28周年大会，宋庆龄在邓颖超、廖梦醒的陪同下步入会场，她亲自撰写题为《向中国共产党致敬》的祝词：

向人民的胜利致敬！这是我们祖国建设和前进的动力。我们的旗帜是"生产"更多的生产。向人民的力量致敬！这是大地上的新光明。自由诞生了，它的温暖和光辉流传照耀到每一个为反动势力所笼罩的黑暗的角落。向人民的自由致敬！这是胜利的高潮，荡漾到每一个口岸。

欢迎我们的领袖——这诞生在上海、生长在很艰难困苦的路程上百炼成钢、在乡村的泥土里成熟的领袖。向中国共产党致敬！是的，这是一个最伟大的时期——这是中国人民革命斗争的里程碑。我们解脱了帝国主义和殖民地政策的束缚。我们铲除了封建主义。人民正走向新的、更光辉的高峰。敬礼！中国人民革命斗争胜利万岁！

7月1日，周恩来为中共中央起草致上海市委并转邓颖超电，对护送宋庆龄北上应注意的问题作出安排，提出宋庆龄病体难支，北上时应备头等卧车直开南京，然后再换卧车直开北平，并附餐车。

当时有三个单位要推举宋庆龄为代表。7月18日，周恩来、李维汉致电中共中央华东局陈毅、潘汉年并转邓颖超,请他们就这个问题征询宋庆龄本人的意见。7月21日邓颖超复电周恩来、李维汉:"孙夫人表示因身体不佳不能参加任何团体的业务,也不愿参加任何团体,只愿以个人名义旁听的资格列席新政协会议。"邓颖超建议:"以宋为特别邀请代表,请中央决定。"中共中央接受了邓颖超的提议。

8月6日,周恩来致电邓颖超:"新政协9月开会,孙夫人以8月下旬或9月5日前来为好,并请她9月下旬在北平参加中苏友好协会筹备会议。"1949年8月26日,宋庆龄从上海启程,乘火车前往北平。8月28日到达当晚,毛泽东宴请宋庆龄,相谈甚欢。

1949年9月21日至30日,宋庆龄在北平参加了中国人民政治协商会议第一届全体会议,与中国共产党和各民主党派、无党派民主人士的代表们一起,共商建国大计。作为孙中山革命生涯的得力助手和忠诚伴侣,孙中山事业的伟大继承者的宋庆龄,更觉胜利来之不易,难以抑制喜悦和兴奋,她在会上发表了激情澎湃的讲话:

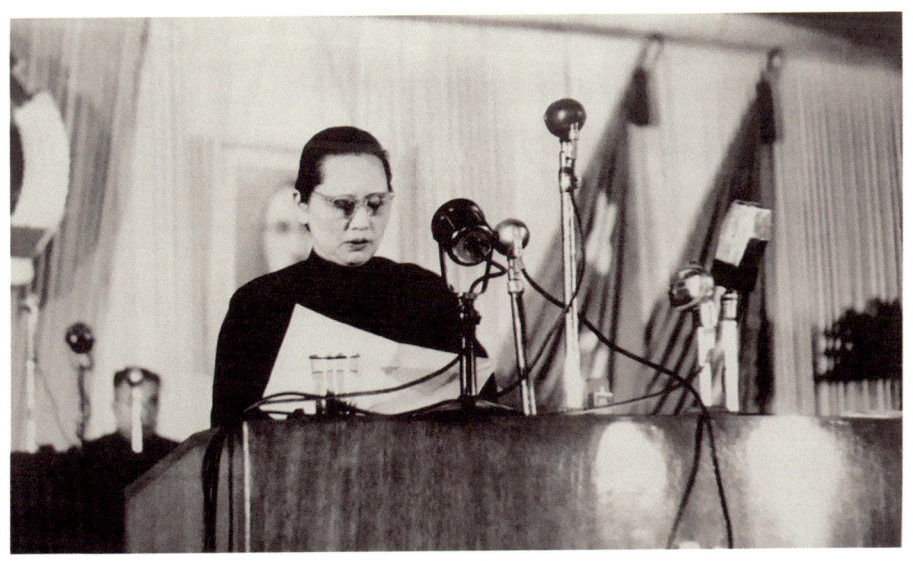

宋庆龄在中国人民政治协商会议第一届全体会议上发言。

这是一个历史的跃进,一个建设的巨力,一个新中国的诞生!我们达到今天的历史地位,是由于中国共产党的领导。这是唯一拥有人民大众力量的政党。孙中山的民族、民权、民生三大主义的胜利实现,因此得到了最可靠的保证。

她号召大家:"让我们现在就着手工作,建立一个独立、民主、和平和富强的新中国,和全世界的人民联合起来,实现世界的持久和平。"大会选举宋庆龄为中央人民政府副主席、政协第一届全国委员会常务委员,开启了她为新中国奋斗的新篇章。

10月1日,中华人民共和国中央人民政府正式成立。下午2时,宋庆龄主持了中央人民政府委员会第一次会议,与政府主席、副主席一起宣布就职。下午3时,宋庆龄与其他国家领导人一起登上天安门城楼,参加开国大典,检阅海陆空军和群众游行队伍。

开国大典后,宋庆龄返回上海。对于这次北上,1949年11月9日,宋庆龄在上海人民广播电台发表讲话,她说:"我这次到达北平时的感觉,和我在1925年时所经历到的真的是天壤之别。那时候,这历史的古城是各国帝国主义的基地,也是孙中山不幸逝世的地方。现在,这个城变成了人民的讲坛,我们听到了人民声震云霄的呼声。它是新中国的诞生地。"宋庆龄专门叙述了参加开国大典时的兴奋心情,"接着是一连串各种各样使人兴奋的事情,有两桩是最使人感动的",第一桩是毛泽东主席宣布中华人民共和国的成立,第二桩是庆祝中华人民共和国成立。

宋庆龄在天安门广场上见证了这样动人的景象:"一片跳跃欢呼的红色的海,全城的人民都出来参加了。各行各业的人都聚在那里了,工人、农民、教育工作者、学生、公教人员、文化团体、人民解放军,这一张名单永远念不尽,就像游行的队伍似乎永远走不完,一直走到深夜,火炬把黑夜照耀成白昼。中国真的学会了歌唱和舞蹈,因为有的是无穷尽的歌唱和有节奏的表演。"她激动地说:"总结一句话,我这一次北行真是一个灵感。它使我更加认识了人民的力量,具有历史性的政府诞生了。我亲眼看到了由于中国共产党和我们伟大的领袖毛主席的正确领导和真正革命精神所获得的杰出成就。北平的空气，使每个人离开以后，都带了决心，要献出他的每一分力量，来保证中华人民共和国的成功。"

1950 年她在《新中国的第一年——为庆祝中华人民共和国开国一周年而作》中还在欢呼："1949 年 10 月 1 日是一个可纪念的日子，一个有历史意义的日子，一个快乐的日子。它标志着解放了的人民、新生了的中国的开始。从那一天，我们跨过了一个新的世纪的门槛，走向未来，走向人民的胜利。"

中国共产党的亲密战友

宋庆龄早年追随伟大的革命先行者孙中山先生，致力于民主革命事业，是孙中山的亲密战友和得力助手，是孙中山革命的新三民主义最坚决的捍卫者和继承者。在艰苦的革命斗争岁月里，她以坚定不移的信念、百折不挠的毅力、自我牺牲的精神，与中国共产党风雨同行，与中国人民甘苦与共，宋庆龄是中国共产党的亲密朋友，更是大功臣。

早在 1927 年，蒋介石发动"四一二"反革命政变后，宋庆龄与多名国民党左派成员及毛泽东、董必武等中国共产党人联名发表通电，予以严厉谴责。7 月 14 日，当汪精卫等人控制的武汉国民党中央举行分共会议时，她发表严正声明，宣布与其彻底决裂。在南昌起义中，她被推选为由周恩来同志等 25 人组成的中国国民党革命委员会委员，并作为 7 人主席团成员。起义当天，她和毛泽东同志等 22 人以国民党中央委员名义发表宣言，号召一切革命者团结一致，继承孙中山先生的遗志，继续为反帝国主义与实行解决土地问题奋斗。

1932 年 12 月，她联络中外进步人士与知识界、文化界代表，在上海成立中国民权保障同盟，积极营救被捕的革命者，努力争取释放狱中的政治犯，"相信革命一定会建立自己的权利，建立中国的统一、独立和完整"。同盟成立以后，宋庆龄充分运用自己的影响力和号召力，保护和营救了大批中国共产党人和爱国民主人士。

1937 年 2 月，在国民党五届三中全会上，她与何香凝、冯玉祥等人联名提出《恢复中山先生手订联俄、联共、扶助农工三大政策案》，力促国民党改变立场、团结抗日，她强调"内战必须不再发生，和平统一必须实现"。

1941年皖南事变后，宋庆龄与何香凝等人联名打电报斥责蒋介石："弹压共产党则中国有发生内战之危险，今后必须绝对停止以武力攻击共产党，必须停止弹压共产党的行动。"

1946年6月，国民党统治集团悍然撕毁停战协定和政协协定，向中国共产党领导的各解放区发动全面进攻，从而挑起全国性内战。针对国民党统治集团不顾全国人民要求和平、民主的共同愿望，悍然发动全面内战的行径，1946年7月23日，宋庆龄在上海发表《关于促成组织联合政府并呼吁美国人民制止政府在军事上援助国民党声明》，强烈谴责国民党反动派发动反共、反人民的全面内战，反对美国政府实行扶蒋反共的政策，认为解决危机的办法是立即实行孙中山的新三民主义，组织有中国共产党和各民主党派及无党派民主人士参加的联合政府。

这份声明在国内外引起强烈反响，有力推动了国统区爱国民主运动的发展。声明还取得了包括美国总统罗斯福的夫人及美国一些国会议员在内的世界正义人士的支持，罗斯福夫人发起了反对中国内战、反对美国军事援华的运动。在国内外舆论的强大压力下，美国政府不得不在1946年8月开始，停止批准向中国出口作战用军事装备的许可证；9月29日，美国政府又发布一项指令，暂停交付计划中的一切军用物资。

国民党反动派妄图利用宋庆龄的威望拯救摇摇欲坠的反动政府，但这些诡计都被宋庆龄识破。

1946年11月15日至12月25日，制宪国民大会在共产党和民盟缺席的情况下在南京召开，通过了《中华民国宪法》。宋庆龄认为，建立联合政府才是"当前政局的唯一出路"，制宪国民大会将共产党和民盟排斥在外，所制定的宪法必然遭到共产党的强烈反对。1947年秋，蒋介石演出行宪国大的闹剧，以便"还政于民"，他们散布谣言说："宋夫人在广州参加国大代表竞选。"宋庆龄对此非常气愤，在9月16日发表声明，严词予以否认："此种传闻完全不确，我并无任何从事政治运动以图参加政府的意图。此外，我想这种消息是从广州发出来的，而我在广州既不是'代表'，也不是正式居民。"

1949年1月21日，蒋介石被迫下野，由李宗仁出任代理总统，李宗仁为了在政治上筑起一道抵御解放军南下的防线，他广泛吸收民主人士和社会贤达参加他的政府，孙夫人是他争取的第一个目标。社会上传播着宋庆龄将在国民党政府任职的消息，企图给她施加舆论压力。但宋庆龄立即对此进行反击，于1月10日发表了《中国福利基金会主席宋庆龄的声明》，指出关于她将在政府中就职或职责的一些传说是"毫无根据"的。

李宗仁仍然不死心，1月24日，他指派甘介侯带着他的亲笔信到上海拜见宋庆龄，信中说："蒋介石凄然引退，宗仁不得不出而勉维现局，尤赖夫人出为领导，共策进行，俾和平得以早日实现，国家人民实深利赖。"宋庆龄看出李宗仁的目的是想利用她出面帮助收拾"蒋家王朝"的残局，因而坚决拒绝了李宗仁的请求。过了几日，李宗仁又乘专机来到上海，拜访了宋庆龄，请其以个人身份到北方一行，向中共领导人转达他"谋求"和平的诚意。宋庆龄再次拒绝了李宗仁的请求，并严正指出："德邻先生，我曾明白表示过，在国民党未实行孙中山先生的三大政策以前，我决不参与这个党的任何工作。不久前，上海有些报纸造谣，说蒋介石下野，我要出山了，我立即发表辟谣声明，二十多年来，我的立场和态度始终一贯，不容有所变更。我要排除一切干扰，坚守在上海，以全部时间和精力致力于中国福利救济事业，团结一批具有民主思想和正义感的中外友人，采用各种方法为人民的胜利、为即将诞生的新中国培养力量，尽自己一份责任。"

宋庆龄同志领导中国福利基金会全力支援中国共产党领导下的解放区。1945年12月，保卫中国同盟易名为中国福利基金会，她与董必武同志为首的中国解放区救济总会密切合作，为解放区、为人民解放军募集药品和其他物资。她写信向外国朋友、向援华团体募捐，向战后掌握着大量救济物资的联合国善后救济总署争取援助，并将大批物资送到解放区。她介绍外国医生、护士和其他技术人员到解放区工作，她还领导中国福利基金会在上海等地进行大量赈灾和救济工作，积极配合解放上海,这是从联合国善后救济总署和其他半官方团体所提供的国际救济资金和物资中,为在战争中出力最大、损失也最大的解放区,争取他们应得的一份。

支持成立中国国民党革命委员会

民革是新政协的组成单位,宋庆龄在促成民革成立方面发挥了重要作用。

1947年2月,李济深在秘密离沪赴港前,在沪秘密会见宋庆龄,向宋庆龄介绍了筹建民主派组织的设想,宋庆龄给予了热情的支持,并嘱咐他"多发挥作用"。1947年下半年,李济深、何香凝、谭平山、蔡廷锴、柳亚子、陈此生等人在香港酝酿成立国民党民主派联合组织。10月,他们具体讨论组织的名称、纲领、领导人选等重大问题。关于定名问题,当时柳亚子建议以"中国国民党民主联盟"为名,但也有一些人主张不用。不久,宋庆龄从上海捎口信给何香凝说:"早年我与邓演达、陈友仁以'中国国民党临时行动委员会'名义发表《莫斯科宣言》,以示继承孙中山的革命事业,后来我曾考虑过临时行动委员会之下一步,可以改为革命委员会……建议考虑。"经过何香凝、朱蕴山等人的解释工作,最后大家一致同意定名为"中国国民党革命委员会"。

筹备讨论会上,大家一致希望宋庆龄南下领导,遂推举柳亚子执笔,由李济深、何香凝、彭泽民、柳亚子、李章达、陈其瑗联名写就《上孙夫人书》。信中指出,国民党各级领导机关"在反动派把持之下也变成了背弃总理遗教,甘为独裁者自私和卖国残民之工具"。为此,他们决定在香港开一党内民主派代表会议,讨论本党新生与实现国内民主和平等问题,信中恳切地表示:"夫人为总理遗志的继承人,负有完成总理救国救民伟大事业的任务,所以我们深切盼望夫人命驾南来,主持中央,领导我们,内以慰全国人民暨各民主党派民主人士的渴望;外以争取英、美、苏之同情。"朱学范作为中国劳动协会主席,通过协会在上海的关系,请俞志英同志到香港来。俞志英同志既在劳动协会工作,又在中国福利会

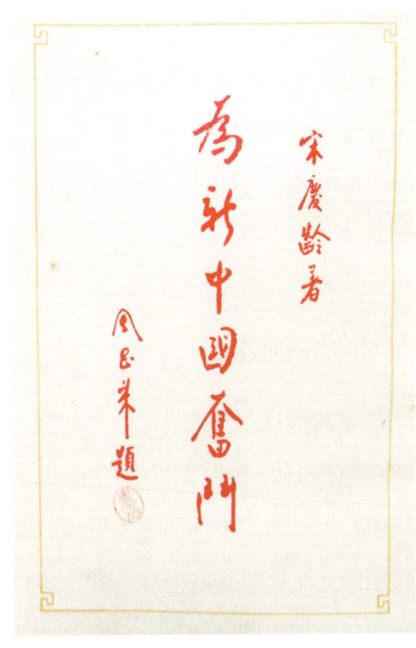

宋庆龄文集《为新中国奋斗》图书扉页。

工作，能够经常见到宋庆龄同志。朱学范把《上孙夫人书》交给俞志英，俞志英接受这个重大任务后，通过龚澎找到了中共在香港的负责人章汉夫，向他请示如何更好地去完成这一政治任务。章汉夫对她说："你不用去上海了。宋庆龄同志已经知道了这件事，她赞成成立国民党的革命组织，并表示全力支持。她是不是参加这个革命组织，经她缜密考虑，认为以她现在的身份从事革命活动，比之参加中国国民党革命委员会，对革命更为有利。宋庆龄同志已把这个想法向我党谈了，我们党完全尊重宋庆龄同志的意见。"朱学范得知这个消息后，当即分别拜访了李济深、何香凝、蔡廷锴、谭平山、柳亚子、陈此生等同志，将宋庆龄同志的意见转告大家。每个同志听后都很兴奋，纷纷表示要"把中国共产党和宋庆龄同志对我们的爱护和全力支持看作是推动我们前进的巨大力量"。在筹组民革的过程中，当宋庆龄了解到国民党特务准备赴香港谋害李济深时，立刻派专人到香港通知他加以防范。1947年12月，李济深专程由香港秘密赴上海，向宋庆龄汇报民革筹备情况，并恳请她南下主持即将成立的民革中央工作。宋庆龄重申留在民革之外从事革命活动要比参加民革更为有利，她坚决支持民革的成立，鼓励李济深等人把民革尽快筹建起来，把国民党里一切进步和愿意革命的人士团结起来，为建设一个新中国而奋斗。

1948年1月1日，中国国民党革命委员会在香港成立，推举宋庆龄为名誉主席。

参加新中国建设

宋庆龄以昂扬的斗志热烈地投身于新中国建设中，直至终生。陈毅建议宋庆龄：她在1927年以来发表的演讲、声明和文章是中国历史上的重要文献，编印成书，可以看出中国历史的发展、革命的思潮和革命力量的消长，从一个方面反映中国人民是怎么取得胜利的。1952年国庆节前夕，宋庆龄专门整理出版了个人文集《为新中国奋斗》，并由周恩来总理题写书名。为新中国奋斗——这就是宋庆龄同志毕生致力的崇高目标，也是她革命生涯的最好概括。

新中国百废待兴，宋庆龄以更加充沛的精力为国家的繁荣昌盛、统一祖国和保卫世界和平而忘我工作。

新中国成立初期，她大部分时间住在上海，作为中央人民政府副主席的她经常往来于京沪之间，参加或有时主持中国人民政治协商会议和全国人民代表大会全会和常委会，参加最高国务会议，当有重大议案要讨论时，她非常忙碌，如1954年拟定宪法草案时，骨折后的她仍每天花大量时间看文件材料。宋庆龄不辞劳苦，认真调查研究，对于国家的建设、政府的工作提出了大量的宝贵意见，作出了很大贡献。毛泽东、周恩来、刘少奇等中共领导人，经常就国际、国内的重大问题和她交换意见，或书信往来。为向实践学习、向人民群众学习，宋庆龄经常到基层视察，倾听基层干部和人民群众的意见和要求，发现基层工作中的经验，然后带到中央，参与制定路线、方针和政策，以及各种规章制度。1950年她视察了东北三省，1951年视察华北，之后又相继视察了上海、江苏等地。她完全赞成党和国家的路线、方针和政策，经常公开发表文章，热忱支持。

1950年10月,宋庆龄、林伯渠(左一)在黑龙江省双城县农村视察,向农民了解情况。

宋庆龄早年留学美国,出居日本,流亡苏联,是在国际上有重大影响力的人士。为加强中国与世界的联系,新中国成立后,宋庆龄承担了大量的国家外交外事活动,多次出国进行友好访问,广泛开展民间外交,经常接待来华访问的国际友人和外国贵宾,为增进中国与各国人民的友谊作出了无可替代的贡献。她努力促进中苏友好,相继担任了中苏友好协会副会长、会长,荣获1950年"加强国际和平"斯大林国际和平奖;扩大和加强同第三世界亚非拉国家的友谊;她还培育并准备在新的基础上重建同西方(特别是美国)及日本人民的联系,有意识地开展中国同外国妇女界的联系。

宋庆龄立足中国的革命和建设,积极从事世界的和平运动。法国著名作家罗曼·罗兰曾用诗的语言盛赞宋庆龄在保卫世界和平斗争中的大无畏气概说:"她不仅是'一朵香满全球的鲜艳花朵',而且是'一头名副其实的力图冲破一切罗网的雄狮'。"1949年10月2日,即新中国成立后第二天,中国人民保卫世界和平大会在北京召开，宋庆龄参加大会主席团。针对帝国主义进行核试验，宋庆龄响应世界和平理事会的号召，带领中国人民开展签名运动，强烈要求立即停止核试验、销毁核武器。1950年11月，她被选为世界保卫和平委员会执行委员。1952年为反对美国发动朝鲜战争，宋庆龄与郭沫若、茅盾等人联名发电，邀请亚洲及太平洋沿岸各国爱好和平与正义的人士，共同召开亚洲及太平洋区域和平会议。这一倡议得到热烈的响应，共有37个国家和地区的344名代表、45名特邀代表参加了这个会议。美国也派出了自己的代表团。大会执行主席宋庆龄作为东道国中国的代表团团长出席会议并致开幕词。会后，根据决议成立了常设机构——亚洲及太平洋区域和平联络委员会，宋庆龄又被推选为主席。同年12月，宋庆龄出席在维也纳举行的世界人民和平大会，并担任大会执行主席，会上她作了题为《人民能够扭转局势》的发言，她向大会建议：要求停止一切现有的战争，特别是朝鲜、越南等地的战争，停止一切的战争准备，立即切实地实现裁减军备，立即停止西德和日本的重新帝国主义化，把所有金钱和物资用于人民福利的需要；要求缔结五大国和平公约；要求一国不得干涉他国的内政、不侵略他国的领土。这次大会，对世界人民反对侵略保卫和平的斗争起到巨大的推动作用。发言得到了与会各国代表的热烈欢迎。

宋庆龄经常给世界各地的国际友人写信，介绍中国革命的情况，争取他们对中国革命的支持。新中国成立后，周恩来向宋庆龄建议，由她办一本杂志，向国外报道新中国情况。宋庆龄愉快地接受了这个建议，并且亲自为这个杂志定名为《中国建设》。孙中山先生曾经办过一个名为《建设》的刊物，《中国建设》这个名字不仅标明这个杂志的主旨是报道新中国的建设，而且还借以纪念孙中山先生。《中国建设》杂志于1951年开始筹备，1952年创刊，宋庆龄还从美国请来爱泼斯坦先生担任执行编辑。《中国建设》（后改名《今日中国》）在对外传播思想、向世界讲好中国故事方面发挥了重要作用。

宋庆龄一直投入大量的精力从事妇女儿童工作，她认为如果在保卫妇女儿童

宋庆龄在第一届全国人民代表大会第一次会议上投票。

权利方面没有进展，那么人类和国家是不可能进步的，保卫和平也是不可能的。战争时期她为救助妇女儿童做了大量工作。新中国成立后，宋庆龄把中国福利基金会改组为中国福利会，她为新中国妇女提出了新任务：首先是参加社会主义建设，能够而且必须成为技师、经理、教员、拖拉机手、工程师、科学家和各种熟练的工人；其次是提高自身素质，积极参加国家的政治活动，打破男尊女卑的传统观念，真正实现中国宪法所赋予妇女的各种权利。1951年，宋庆龄还将斯大林国际和平奖10万卢布奖金捐赠给中国福利会作妇儿福利事业之用，福利会利用奖金在上海创办了国际和平妇幼保健院。1952年宋庆龄被推选为中国人民保卫儿童全国委员会主席。1953年在中国妇女第二次全国代表大会上，宋庆龄同志当选全国妇联名誉主席。在宋庆龄的领导下，中国福利会先后创办了儿童剧院、少年儿童图书馆、托儿所、幼儿园、少年宫，还有深受广大小读者欢迎的《儿童时代》杂志。

1954年9月，在第一届全国人民代表大会第一次全体会议上，宋庆龄当选为第一届全国人大常委会副委员长。中国从1953年开始了第一个"五年计划"，1955年第一届全国人民代表大会第二次全体会议前，全国人大组织了考察，会上宋庆龄作了《为了社会主义，为了和平》的发言，她说："过去我曾经看过东北的新工业基地，这次我视察江南的农村和上海的纺织业及社会福利事业。我见到了许多在生产建设战线上的工人、农民和干部，和他们举行了多次的座谈。我从他们身上看到了力量、看到了信心、看到了我们事业的成长，也看到了'五年计划'胜利的保证。中国人民在从事伟大的五年计划建设工作的时候，是抱着坚定不渝地为和平而努力的信念。我们建设事业取得的每一步发展，都将增进人民的幸福感，也将增进世界的和平。这种信念将始终鼓舞着我们，来推动事业胜利地完成。"

1959年，宋庆龄撰写了国庆10周年庆祝文章，她说："10年以前，毛泽东主席宣布人民中国成立了，这是100年前开始的一个革命过程的最后结果。"

主要参考文献：

1.《宋氏三姐妹全传》，陈廷一，青岛出版社1998年。

2.《宋庆龄传》，尚明轩、唐宝林，西苑出版社2013年。

3.《宋庆龄——二十世纪的伟大女性》，伊斯雷尔·爱泼斯坦，人民出版社1992年。

4.《开国纪事》，中国中共文献研究会，安徽电视台编著，中央文献出版社2009年。

5. 中共中央党史研究室，《为建立新中国奋斗——纪念宋庆龄同志诞辰120周年》，《人民日报》2013年1月25日。

6. 康彦新、史进平，《宋庆龄在1949年》，《文史精华》，2007年第3期。

7.《民革领导人传》，民革中央宣传部编，团结出版社2007年。

8.《宋庆龄纪念集》，人民出版社1982年。

9.《回忆宋庆龄》，上海市孙中山宋庆龄文物管理委员会、上海宋庆龄研究会编，中国出版集团、东方出版中心2013年。

10.《宋庆龄伟大光荣的一生》，何大章主编，中国和平出版社2006年。

11．尚明轩,《宋庆龄与保卫世界和平事业》,《中国社会科学报》，2011年2月23日。

李济深（1885-1959），又名济琛，字任潮，广西苍梧人，民革创始人之一。1949年后，曾任中央人民政府副主席。民革第一至四届中央主席。第一、二届全国人大常委会副委员长。第一至三届全国政协副主席。

李济深
领导民革为新中国的建立而团结奋斗

1948年12月26日，河北平山县西柏坡这个小山村已经进入了冬天，寒气逼人。中共中央领导人毛泽东正聚精会神地在军用地图前研究战场形势，全面谋划平津、淮海这两场关乎中国命运的大战役，全然忘了，今天是他55岁的生日。

这时，有人为毛泽东端上来了一碗热气腾腾的面条，毛泽东这才如梦方醒。要知道，在生活极端艰难的西柏坡，面条可不是轻易就能享用到的。毛泽东忙完手头工作，正准备要享用生日寿面的时候，中央统战部部长李维汉拿着一封电报走了进来。他笑容满面地对毛泽东说："主席，好消息好消息啊！民革主席李济深已经顺利离开香港，北上解放区了！"毛泽东听后，十分高兴。要知道，李济深居于中共邀请北上的香港民主人士名单首位。他的北上，无意中成为了毛泽东生日的一个贺礼。

以民族利益为重，力主国共合作

李济深，也作李济琛，字任潮，1885年出生在广西苍梧亦耕亦读的农家。李济深早年先后就读梧州中西学堂、黄埔陆军中学、军咨府军官学校（后改为陆军大学），军事素养深厚。他追求进步，投入到孙中山领导下的革命阵营，历任粤军第一师副官长、参谋长，粤军第一师师长兼参谋长，国民革命军第四军军长，国民革命军总参谋长兼北伐军总司令部留守主任，国民党中央政治会议广州分会主席、广东省主席等要职。1929年，李济深被蒋介石无端扣留，直到九一八事变后才获得自由。这件事，使他看清了蒋介石打着孙中山革命旗帜背后的独裁专制面目，走上了反对蒋介石内战独裁的道路，与蒋介石渐行渐远，成为国民党民主派的代表人物。

随着民族危机的日益紧迫，作为一位坚定的爱国者，李济深以国家和民族大义为重，坚持抗战。他敦劝蒋介石放弃"攘外必先安内"的错误方针，积极声援十九路军进行"一·二八"淞沪抗战；领头发动福建事变，成立中华共和国人民革命政府，施行联共反蒋和抗日救国路线；在香港建立中华民族革命同盟，开展抗日反蒋斗争。全面抗战爆发后，李济深主动捐弃前嫌，投身到抗战的民族洪流。在担任战地党政委员会副主任期间，李济深排除干扰，据理力争，聘请一批共产党人和进步人士到委员会或分会任职。周恩来、王明、董必武、张友渔、高崇民、梅龚彬、胡兰畦、刘一峰等共产党人和陶行知、黄炎培等爱国民主人士都是该机构委员。

这一时期，国民党屡屡发动反共高潮，各地大小摩擦不断。为了坚持团结抗战，巩固统一战线，共产党人真诚希望通过双方谈判以解决摩擦。李济深为协调战地国共两党、两军关系，阻止冲突，调处"摩擦"，做了大量工作。每次谈判之前，共产党代表叶剑英总是和李济深先行接触。李济深从大局出发，据理支持中共的正义行动。在国共关系剑拔弩张的陕、甘、晋地区，李济深派王葆真以旧相识的身份去洛阳做第一战区司令长官卫立煌的工作，以正义和真诚打动卫立煌。最终促使卫下令停止攻击解放区，并与朱德达成了协议，第一战区呈现出团结抗战的大好形势。

1940年4月，军委会桂林办公厅成立，李济深任主任。在任内，李济深积极统筹南方抗日军事，尽力保护了一些共产党人和民主人士，支持他们开展抗日民主运动。1940年底,国民党军政部下令八路军驻桂林办事处限期撤离桂林,李济深为办事处人员准备好撤离的通行证,并极力疏通,将期限延长了一个月,使办事处有充分时间做好物资转运和撤离工作。撤离工作行将结束时,办事处突然被国民党特务包围,李济深马上借来时任广西省主席黄旭初的座驾,护送李克农安全抵达机场,离开桂林。

皖南事变后,李济深放走国民党"黑名单"上的邹韬奋、陶行知、田汉、夏衍、徐悲鸿、梁漱溟等人,先后释放被押的进步人士与学生等七十多人。他妥善安排好被软禁在桂林的叶挺将军的生活,派人赴江西,要顾祝同多方照顾被捕下狱的廖承志。八路军驻桂林办事处撤销后,李济深积极寻找新的途径,及时地将宋庆龄、陈嘉庚等募集到的医疗器材、药品和款项,转运到敌后抗日根据地。

汽油是当时紧俏的战略物资。为了省下汽油支援前线,李济深每天到署办公或外出公务不再乘坐汽车,改为骑马。1942年,粤东、桂南遭遇特大天灾,民众以树皮、草根充饥,而一些国民党高官却不顾百姓疾苦,穷奢极欲,李济深非常

李济深骑马节油。

反感。他亲自担任饮食节约委员会主任委员,发起饮食节约运动,以实际行动为民众作出表率,与民众携手共渡难关。

1944年6月,日军进攻长沙,衡阳告急,中共中央提出了保卫大西南的号召,李济深接受中共党员田汉的建议,出面组织声势浩大的捐款劳军运动。10月,日寇以十多万重兵进攻广西,国民党当局组织军民开始了桂柳会战。有人劝李济深到重庆避难,李济深则坚定地表示"决心留在敌后与敌周旋……要和人民一起坚持敌后斗争,直到胜利"。

桂林、梧州相继失守后,李济深冒着危险,回到家乡苍梧料神村坚持指导桂东南的抗日民主斗争。同时,他派人与中共广东临时省委及华南抗日游击纵队取得联系。中共华南党组织先后派狄超白、李嘉人、连贯、杨基等与他携手战斗。3月,李嘉人派陈残云、李伯球去见李济深,将周恩来关于中共中央拟在南方成立由李济深任司令的华南民主联军,以东江纵队及珠江纵队为联军主力的电报内容告知他,并带去黄金1斤、人参1斤及周恩来的电台密码1本。当李济深在三罗地区建立与发展抗日武装时,中共三罗党组织在郁南县召开千人欢迎大会。

位于广西梧州的李济深故居。

在艰苦的条件下，李济深一直坚持与中共人士合作抗战。他领导组织的桂东南地区人民抗战，在社会上赢得了很高的威望，也在国民党内产生了相当大的影响。在 1945 年 5 月的国民党六大上，李济深当选为国民党中央监察委员。

反对内战，筹建民革

1945 年 9 月，抗日战争胜利。虽然毛泽东、周恩来等中共领导人满怀诚意，到重庆进行和谈，虽然和谈取得了结果，给中国带来了和平建国的希望，但内战的阴云却日渐浓厚。蒋介石一面召开政治协商会议，一面调动军队进攻解放区。何应钦密令各战区重新印发 1933 年的"剿匪"手册下发部队。李济深得知后，非常焦急。

1946 年 3 月，为了阻止内战，李济深决定改变主意，去重庆参加国民党六届二中全会。途经广州时，狄超白向他转达周恩来的建议：希望他和何香凝等人携手组建一个民主政党，呼吁民主政治。这与李济深的想法不谋而合。早在日本投降前，李济深便与何香凝、陈铭枢、蔡廷锴等多次酝酿讨论成立国民党民主派组织事宜，并将组织定名为中国国民党民主促进会，草拟了政治纲领和组织章程。在得到周恩来的建议后，民促加快了成立脚步，于 1946 年春正式成立，李济深被选为主席。

到重庆后，李济深不分公私场合，都宣传和平建国，坚决反对内战。他接受重庆《新华日报》记者采访，忠告国民党内的好战分子："内战实在打不得，一打就要拖下来，把中国搞烂"；"抗战十四年来老百姓已经够苦了，又加上连年天灾，饭都没得吃了"，他呼吁当局"为老百姓着想，马上停止内战"，"建立一个各党派联合的政府"，得到进步力量的热烈响应。

1946 年 6 月，蒋介石出尔反尔，撕毁《双十协定》，发动内战后，三次电邀李济深去庐山。李济深抱着能劝阻内战的一丝希望，"万方多难上庐山"。在山上，李济深两次见蒋介石，规劝他停止内战，履行政协决议，蒋介石却不置可

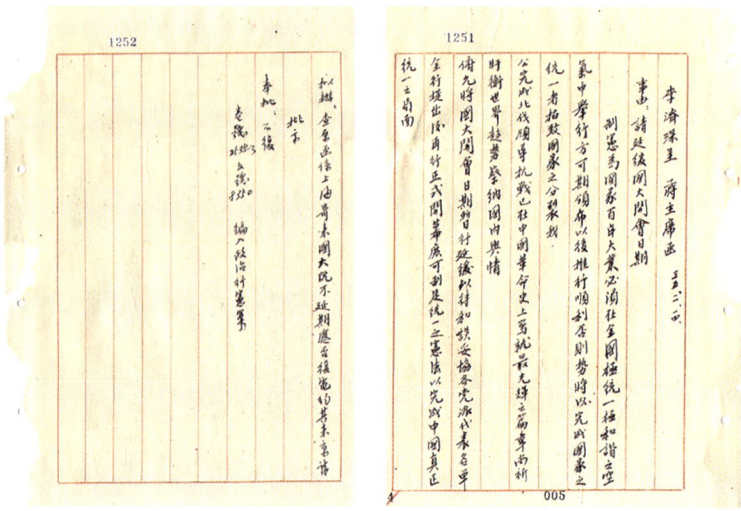

李济深发函给蒋介石,希望延期召开"国民大会"。

否。李济深于失望之中离开庐山,行前给蒋介石留下一封19页的长信,规劝蒋介石遵照孙中山先生的三大政策,为国家民族保存元气,不要打内战。

11月,蒋介石为了使其内战、独裁政策合法化,决定在南京召开由国民党一党包办的"国民大会",准备通过所谓"中华民国宪法"。李济深坚决反对这一加剧国共对立的做法,离开南京到达上海,拒绝参加。

李济深在上海四处奔走,接见记者,发表文章,赞同周恩来的声明,愤怒抨击所谓"国大"完全是"违反政协决议的假民主会议",并致函蒋介石说:"此次'国大'于和平毫无补益。我宁愿留一个超然之身,一旦将来恢复和谈时,能够有所贡献。"

各界民主力量的呼声,并没有得到国民党政权的重视。李济深继续思考救国之路。1946年底,李济深在一个夜晚秘密前往上海新雅酒家,与宋庆龄会晤。李对宋不久前发表的反内战独裁、要求成立民主联合政府的声明表示完全拥护;宋也对李组织国民党内民主派公开反对蒋介石独裁统治的活动示以完全的支持。

不久,1947年2月,李济深以回乡扫墓为名,乘轮离沪转赴香港,终于摆脱了蒋介石的控制。

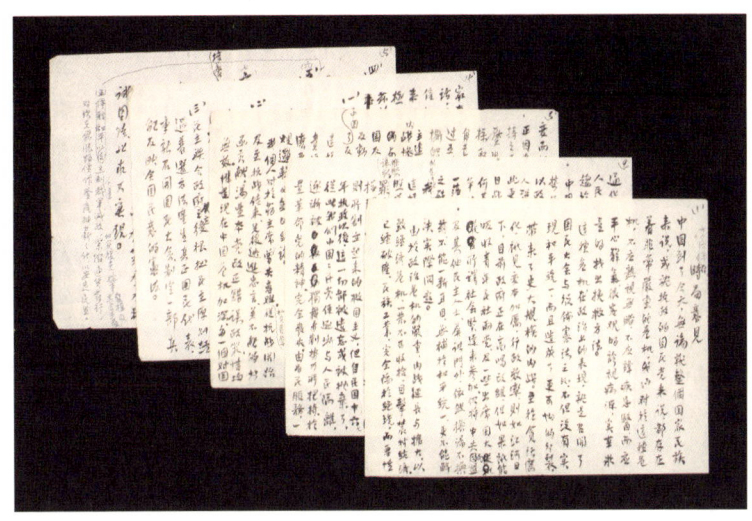

李济深《对时局的意见》手稿。

到达香港后,李济深的民主活动更加频繁,更加有力。3月9日,李济深发表了著名的《对时局的意见》,呼吁"停止内战,废除党内独裁",号召国民党"每一个信仰总理遗教的党员,亦应该不客气地起来,改正党内反动派的错误政策",而不要"放任听其错误到底,误党误国,弄到同归于尽"。并提出解决时局的七项主张,引起社会各界强烈反响。国民党当局恼羞成怒,以"有背党纪""诋毁政府"之罪名,于5月将李济深"永远开除党籍",并登报通缉。这是国民党第三次开除李济深的党籍。

李济深利用自己既是民促的领袖,又是民联指导员的双重身份,在香港促成建立了民联、民促南方联合执行部,并亲任执行部主席,实现了国民党内两个民主派组织的初步联合。从1947年5月起,他多次邀请何香凝、蔡廷锴、彭泽民、李章达、陈其瑗、朱学范、陈此生、邓初民等民主人士在他的寓所聚会,商讨建立新的国民党民主派组织问题。

经过长时间的筹备和酝酿,11月12日,中国国民党民主派第一次联合代表大会在香港召开。1948年1月1日,民革正式宣告成立,明确提出要推翻蒋介石卖国独裁政权,成立联合政府。大会选举李济深、何香凝、冯玉祥、谭平山、蔡廷锴等 16 人为中央常务委员会委员，宋庆龄为中央委员会名誉主席，李济深为主席。

领导民革开展策反工作

为了尽快实现国家统一，早日结束战争，减少人民痛苦，李济深认为，民革的当务之急是，争取国民党内部实力派投身到革命阵营中来，配合人民解放军打倒蒋介石为首的国民党反动派。他认为"这非常重要，必须要做。'民革'不在这方面做出成绩，将何以向新政协交待？"民革成立后，即发表《告本党同志书》，指出"本党（国民党）不乏忠贞之士"，"蒋氏控制下之本党进步同志，亦深望早日脱离蒋氏，参加本会（民革）……允宜率先起义"。1948 年 1 月 4 日，民革成立军事小组，李济深亲自任组长，有组织、有计划地组织策反国民党地方实力派，在国民党的党政军内部发展了 300 多名秘密党员。

在香港的近两年间，李济深给国民党军政人员发出无数亲笔信。他曾派人给国民党内傅作义、阎锡山、白崇禧、李宗仁等实力派人物递交亲笔信，敦促他们认清形势，改变立场，投入人民的阵营，举行反蒋起义。他与中共华南局、中原局取得联系，以"尽力瓦解蒋介石的武力，来配合中共的军事进攻"。为配合解放军开展济南战役，李济深派人与中国共产党、农工民主党等合作，从不同角度策反吴化文，促使吴部两万多人举行起义，使济南门户大开。平津战役进行时，李济深派彭泽湘进入北平，做傅作义的工作，亲笔写信劝傅作义"脱离反动政府，反对内战"。此外，他还参与策动了孟绍周部和廖运周部的起义以及策动国民党浙江省主席陈仪暗中投向革命。

李济深还接受中共南方局的帮助，联络旧部，在香港开办游击训练班。所培养的学员，均派往粤、滇、湘、桂以及浙、闽等地，直接组织反蒋武装，开展游击战争，其中，规模和影响较大的是在云南的滇黔人民自卫军。

李济深种种反对国民党反动派的行为使他成为国民党暗杀的重点对象。早在民革筹建时，国民党当局就曾派出特务去香港企图暗杀李，幸亏宋庆龄得到消息，派人送信给李济深，才使暗杀阴谋未能得逞。民革刚刚成立，就得到民革党员的情报："兹得南京友人密报，南京现派国防部赵中将冰谷率领人员七十余人赴港，一、暗杀李济深、彭泽民、周鲸群、邓初民、陈其尤、张文及华商报负责人；二、设电台；三、分批南下造成恐怖。"1948年底，特务头子毛人凤又指使混进民革的特务张序（化名何友芳）暗杀李济深。幸在他们实施计划之前，李济深已经秘密离开香港北上东北解放区，这个计划才破产。1949年，蒋介石在逃离大陆前，授意保密局开列了一张暗杀名单，有李济深、李宗仁、龙云、白崇禧、黄绍竑、刘斐、李任仁、李宗煌、朱蕴山等共计84人，其中约一半是民革成员。

收到毛泽东五一节来信，带领民革接受中国共产党领导

1948年4月30日，中共发布"五一口号"。5月1日，中共中央主席毛泽东致电民革主席李济深和民盟中央常委沈钧儒，指出："在目前形势下，召集人民代表大会，成立民主联合政府，加强各民主党派、各人民团体的相互合作，并拟订民主政府的施政纲领，业已成为必要，时机亦已成熟。""一切反美帝、反蒋党的民主党派、人民团体，均可派代表参加。""会议的时间，提议在今年秋季。并提议由中国国民党革命委员会、中国民主同盟中央执行委员会、中国共产党中央委员会于本月内发表三党联合声明，以为号召。"

李济深积极响应和拥护中共的这一号召。第二天，5月2日，李济深、沈钧儒与在香港的各民主党派代表热烈讨论了"五一口号"，一致表示拥护，认为召开新政协会议，建立民主联合政府，是我国"政治上的必经的途径"，"民主人士自应起来响应"。5月5日，李济深又代表民革和其他民主党派领导人共同署名通电全国并致电毛泽东，说"五一号召适合人民时势之要求，尤符同人等之本旨"。

由于李济深地位特殊，很多势力都想借助他维持自己的利益。1948年6月，

国民党政府外交部部长宋子文到香港与李济深面谈，希望与之合作，在广东另组政府，替代蒋介石政府，直接与中共谈判，被李济深拒绝。1948年秋，美国副总统华莱士派遣曾任南京政府建设委员会秘书长的蔡增基专程来港，想说动李济深出面组织一个新政府，由美国给予支持，代替蒋政府，由李济深出面与共产党谈判，实行"划江而治"。李济深表示："中国应该统一，划江而治是将中国分裂"，会造成"内战永无宁日，大好形势任人摆布，万万不能"。李济深还对蔡说："作为朋友，欢迎以后有往来，但如谈此类事，则不必来了。"后来，美国总统还派一个记者身份的人找李济深，再次提成立"第三政府"的事，同样遭到坚决拒绝。1949年1月7日，李济深北上不久，新桂系三巨头之一黄绍竑带着李宗仁、白崇禧给李济深的亲笔信赶往香港，意欲请李济深到武汉"主持大计"，打算联合李济深与共产党"划江而治"，结果扑了个空。

李济深离开香港前，民革内部对"接受共产党领导"的问题存在争议：有人认为接受共产党领导很重要；有人认为党派之间是平等的，没有谁领导谁的问题。李济深到达解放区后，就这一重要问题作了明确的表态。1月8日晨，李济深与朱学范谈话，说："我既下决心来到了解放区，这一行动就表明了拥护由中国共产党来领导新中国。其实，反帝反封建也好，一边倒、反对第三条道路也好，核心问题是接受共产党的领导。革命的三民主义与新民主主义原则是一致的，但要付诸实行，全国也要步调一致，显然这也要接受共产党的领导。"

1949年元旦，香港《华商报》发表了李济深题为《团结建国》的元旦献词："最近的将来，包括各民主党派、各人民团体和无党无派的民主人士的新政协一定召开，从而订定一个照顾各阶层利益，促进各阶层合作的共同纲领，全国同胞就在这一共同纲领之下埋头苦干，努力建国！""我们的团结建国，必然使得中国的政治、经济、文化突飞猛进，使得全国同胞逐步生活于安定繁荣的环境中。"一切民主阵线的朋友、爱国的人士，"都应该各个准备以其知识能力"，"为建立一个民族独立、民主自由、民生幸福的新中国而奋斗"。献词发表后，获得了海内外各界人士的好评，起到了鼓舞人民与反动派决裂并为创建新中国而奋斗的积极作用。

1949年1月22日，李济深等55名到达解放区的各民主党派、各人民团体的代表联合发表了《我们对时局的意见》："在人民解放战争进行中愿在中共领导下，献其绵薄，贯彻始终，以冀中国人民民主革命之迅速成功，独立、自由、和平、幸福的新中国之早日实现。"

2月3日，李济深致电毛泽东、周恩来等中共领导人，表示愿以自己的一切言论和行动密切配合中共的政策和主张。此后，李济深一如既往，都坚定不移地接受中国共产党的领导。

3月25日，毛泽东率中共中央从西柏坡来到北平，民革中央主席李济深和各民主党派领导人前往迎接。

联合提出新政协一号提案

9月21日，中国人民政治协商会议第一届全体会议在北京中南海怀仁堂隆重举行，这是开国之会、立国之会，中华人民共和国从此诞生。会上，李济深代表民革郑重表示：完全赞同人民政协筹备会向大会提出的政协组织法、政府组织法、共同纲领的草案，因为"这个草案的基本精神和全部内容正是中国人民近百年来艰苦奋斗追求实现的目标，更与我党创始人孙中山先生的革命理想完全符合"。

在这次会议上，李济深和郭沫若等44人联名提出了《请以大会名义急电联合国否认国民党反动政府代表案》。这是中国人民政治协商会议历史上的第一号提案，向世界宣布：中国人民政治协商会议是真正代表中国人民意愿的会议！由中国人民政治协商会议产生的中央人民政府是中国唯一合法的政府！国民党反动政府无权代表中国人民！提案获得全体代表一致通过，交由中央人民政府执行。11月15日，中国外交部部长周恩来代表中国政府致电联合国，郑重声明：中华人民共和国中央人民政府为唯一能代表中国人民之政府。国民党政府已经"丧失了代表中国人民的任何法律的与事实的根据"，要求取消它继续代表中国人民参加联合国的一切权力。

新政协第一号提案的实施在国内外产生了重大的政治影响。尽管由于美国把持着联合国，拖延了22年才接受了新政协一号提案要求，但是，它已经向世界表明：新中国成立了！中国人民当家作主的时代已经来临！占世界人口总数四分之一的中国人，不但站起来了，而且将以自己的力量为世界的和平与发展作出贡献！

担任国家领导人，呕心沥血、殚精竭虑

9月30日，在中国人民政治协商会议第一届全体会议上，毛泽东当选为中央人民政府主席，李济深等当选为中央人民政府副主席。

10月1日，李济深与毛泽东、周恩来、朱德、宋庆龄、张澜等共同登上天安门城楼，出席了中央人民政府成立典礼。

中华人民共和国成立之后，在《共同纲领》的指导下，民革积极参加国家管理，李济深担任多个重要职务，他率领民革积极参与国是讨论，在恢复国民经济，安抚起义军政人员、文化保护、外交事务、抗美援朝、促进祖国统一等方面作出了贡献。

1949年12月，全国政协会议讨论《1950年度全国财政收支概算草案》，李济深在会上赞同这个概算草案，同意发行公债，希望大家努力完成认购公债的任务并超过规定数额。随后，民革中央举行会议，发表了拥护1950年度全国财政收支概算和发行人民胜利折实公债的声明，号召各地分会或分会筹委会协助人民政府推销人民胜利折实公债，李济深与谭平山、蔡廷锴、蒋光鼐等16人购买了1496份，用实际行动支持国家的经济政策。在李济深等民革领导人的带领下，广大民革党员也各尽所能认购公债。

根据共同纲领，正确处理好公私关系和劳资关系是发展生产、繁荣经济的重要前提条件。1950年5月1日，中共中央发布了庆祝五一劳动节口号，要求贯彻公私兼顾，劳资两利，调整工商业的方针政策，并号召工人阶级联合民族资产阶

1949年10月1日，毛泽东（前右一）、李济深（前右二）在天安门城楼上。

级，协力渡过暂时困难。李济深在全国政协一届二次会议上指出："自去年人民政协第一届全体会议以来，中央人民政府致力于共同纲领之实现，在军事、政治、外交、财经等工作上，都获得了巨大成就。"他敬告城市的工商业者们："但不遵行政府法令，仍肆其投机倒把、破坏金融、扰乱市场、流毒社会的所谓工商业者，亦必须予以应得之处！"最后，他代表民革向全会建议：接受财经、外交及土地改革各方面的报告，建议政府采择实行，还代表民革中央"对于毛主席和中共中央正确领导，表示衷心感谢与爱戴，并号召中国国民党革命委员会全体同志为全会决议的实现而奋斗到底"。

民革在策动国民党军政人员起义方面取得了成绩，为新中国的建立作出了一定贡献。如何改编、改造这些起义的国民党官兵，如何安抚和安置旧国民党军政公务人员，成为摆在新政权面前的迫切问题。李济深领导民革在中国共产党的领导下，积极发挥自身优势，在安抚和安置起义军政人员方面作了不懈努力。

民革对新中国的作用，还主要体现在利用其广泛的历史和社会关系，团结、教育和改造民族资产阶级，协助党和政府完成各项任务和计划。作为民革中央主席和全国政协副主席，李济深密切联系社会各界人士，做了许多工作。新中国成立初期，许多著名画家没有工作，生活窘迫。李济深向毛泽东主席作了报告。他说，国画是我国特有的传统艺术，是我国宝贵的文化遗产，是国粹，应该扶持中国画的发展。1957年，中国画院在北京正式成立。1951年，李济深写信给文化部长沈雁冰，提出在北京成立棋艺研究社建议。1952年，北京棋艺研究社成立。1950年6月召开的全国政协一届二次会议上，李济深与赵朴初、巨赞等人一致提议，创办《现代佛学》杂志。他还积极协助创建了中国佛教协会，有力地推动了佛教在新中国的发展。

新中国成立后，为了适应新的形势，原来的各民主党派，需要进行统一。在李济深的努力下，民革、民联、民促和国民党其他爱国民主分子统一组成一个组织——中国国民党革命委员会。他带领民革接受中国共产党的领导，拥护社会主义，同中国共产党亲密合作，动员和团结原国民党及与国民党有历史关系的人士，参加社会主义建设。在李济深领导下，民革的组织建设、思想建设都取得了很大的成绩。民革组织积极参加土地改革、镇压反革命、三反五反等各项运动，促进国民经济恢复。

1950年6月，朝鲜战争爆发。7月5日，李济深在北京人民广播电台发表《反对美国的侵略行为》的讲话，并主持召开民革中央常务委员会，派中央常委许宝驹参加"全国人民反对美国侵略台湾、朝鲜运动委员会"。1951年6月，李济深领导民革成立了抗美援朝捐献委员会，还支持儿子李沛钤报名参加了中国人民志愿军。李济深亲自出席了民革抗美援朝捐献委员会举行的座谈会并讲话，并带头认捐，将自己在香港的一所房子卖掉，款项全部捐献。仅5天时间，15亿元的捐献目标就已超额完成。

新中国成立后，李济深一直把实现祖国统一，当成民革和他自己义不容辞的历史责任。他经常勉励民革成员，要为实现祖国统一，振兴中华作出贡献。李济深与国民党有几十年的历史关系，在台湾的军政人员有很多人是他的同事和部属。因此，他特别关心去台的国民党人士的前途和命运。1956年1月，政协二届二次会议召开，周恩来总理在《工作报告》中提出"争取和平解放台湾"的主张。李济深不但拥护这一主张，还主动向中共中央表示：如果有需要，台湾当局准许，他可以亲赴台湾做蒋介石先生的工作。在民革第三次全国代表大会上，李济深建议就和平解放台湾问题作出决议、发表《告台湾军政人员书》。在李济深的主持下民革成立了民革中央和平解放台湾工作委员会。这个机构成立后，做了大量工作并取得了一定的效果。

1959年10月，李济深已重病在身，但他仍念念不忘祖国的统一大业，写下了"我与人民宏愿在，及身要见九州同"的诗句。他爱国情深，台湾的和平解放是他至死不渝的愿望。

李济深为民革的事业呕心沥血，殚精竭虑，作出了卓越贡献。直到去世前夕，他还强调民革一定要接受共产党领导，走社会主义道路，这是民革本身历史发展的自然归宿，犹如江河之归大海。又说，我们对共产党提意见，发挥监督作用，"态度必须诚恳，用词不可过激"，长期共存、互相监督方针既经提出，我们就要负起责任来，协助中共执政下去。

1959年10月9日，国庆十周年纪念活动刚刚结束，李济深因劳累过度在北京病逝，终年75岁。

主要参考文献：

1.《李济深全传》，姜平著，团结出版社2002年。

2.《民革与新中国的建立》，民革中央宣传部编，团结出版社2009年。

3.《李济深与苍梧故居》，民革中央宣传部编，团结出版社2013年。

4.李筱桐《李济深与新政协第一号提案》，中国共产党新闻网，http://dangshi.people.com.cn/GB/85040/10138305.html。

5.徐嘉《安心倒向和平阵——李济深响应"五一口号"的前前后后》，《北京观察》，2018年第5期。

6.李筱桐整理《父亲李济深》，《文史参考》，2011年第21期。

何香凝（1878-1972），原名谏，又名瑞谏，别号双清楼主，广东南海人，民革创始人之一。1949年后，曾任中央人民政府委员，华侨事务委员会主任委员，中国美术家协会主席，中华全国妇女联合会第一至三届名誉主席等职。民革第一、二届中央常委，第三届中央副主席，第四届中央副主席、主席。第二、三届全国人大常委会副委员长。第二、三届全国政协副主席。

何香凝
被誉为"华侨之母"的新中国华侨事务奠基人

1949年9月21日,北京中南海怀仁堂洋溢着热烈欢庆的气氛。主席台上方,悬挂着孙中山、毛泽东的巨幅画像,中国人民政治协商会议第一届全体会议在这里胜利召开了!

已经71岁高龄的何香凝步履坚定地走到话筒前,代表中国国民党革命委员会发表讲话。她铿锵有力、饱含激情地说:"我庆祝这新的人民民主共和国千秋万岁!""我们的国家前途是无限光明的,我们人民的前途是无限幸福的!"何香凝的讲话感染了台下的900多名代表和来宾,全场掌声雷动。

作为民革的主要创始人,著名的爱国民主人士和政治活动家,何香凝亲身经历和见证了这段重要的历史。

团结国民党民主派,发起组建民革

抗日战争后期,为了更有效地反抗独裁和反动统治,何香凝开始着手筹划把国民党的民主派组织起来,以便集中力量和国民党反动派进行斗争。1941年,何香凝同李章达、梅龚彬、柳亚子等多次商谈,酝酿起草国民党民主派组织的纲领。

抗战后期，何香凝辗转撤退到黄姚时的居住地。

她认为，只有成立国民党民主派组织，才能更好地开展巩固和发展抗日民族统一战线的工作。在流亡广西期间，何香凝经常与李济深、李章达、柳亚子、陈此生等人接触，交流组织政党问题。何香凝和大家达成共识，要战胜日本帝国主义，必须首先改变国民党统治集团反共、独裁和对日妥协的错误政策，恢复孙中山三大政策。欲达此目的，除了国民党以外的政治力量，还需把国民党内部的民主力量组织起来，在国民党内部开展斗争，瓦解、分化蒋介石集团的力量。为此，众人决定推举李济深、何香凝来领导筹建国民党民主派组织的工作。

抗日战争胜利后，中国面临着两种命运、两个前途的抉择，国民党爱国民主力量也随之将迎接一场新的斗争和新的考验。何香凝在中国往何处去的问题上，明确而坚定，她对蒋介石卖国、独裁、内战的反动政策深表愤慨，坚决拥护中国共产党关于建立广泛的革命统一战线的主张。于是，她更加积极地号召组织国民党内的民主力量，并进一步拟出政治纲领和组织章程草案，提出了要求民主、反对独裁、实行孙中山三大政策的政治主张。

1946年3月，李济深、何香凝等筹建的中国国民党民主促进会（简称民促）成立。民促在成立宣言中宣布：以"民有、民治、民享"为最高准则，"以实现革命的三民主义，建立独立、自由、民主、幸福的新中国，为行动之最高标准"；主张结束蒋介石独裁专政，根据孙中山"天下为公"的精神，成立各党派民主联合政府。民促积极联络国民党内民主派人士，开展民主运动，并利用各种关系作国民党军队将领工作，动员他们不参加或反对内战。何香凝为民促的组建倾注了大量的心血和汗水。

民促、民联等组织的成立，是国民党爱国民主力量的大联合，为国民党民主派同国民党反动派在政治上和组织上的彻底决裂，为中国国民党革命委员会的最终成立，做好了思想上和组织上的准备。

但是，民促成立不久，就遭到国民党反动集团的破坏，宣传阵地《现代》月刊遭封闭，蔡廷锴、李章达被迫离开广州。为避开蒋介石的迫害，民促中央理事会迁往香港。何香凝明确表明了与中共合作的坚定态度，"要搞就必须与共产党合作，如再搞分裂，我就不干了"。此后，她积极联合反蒋人士扩大民促组织，以筹建统一的国民党民主派革命组织。中共人士、民主人士、国民党内反蒋反内战的人士都曾来访过她在香港的住处，这里逐渐发展成为拥共反蒋进步人士的聚会场所。

1946年6月23日，蒋介石以30万大军围攻中原解放区，点燃了全面进攻的战火。何香凝对此非常痛心。她与彭泽民、蔡廷锴等致电谴责蒋介石，强烈要求蒋介石立即停止内战，以政治协商解决问题。同时致电毛泽东等中共领导人，希望"和平为怀，相忍为国"。中共中央对他们的呼吁给予极大关注，毛泽东还复电："诸先生呼吁和平，语重心长，至为感佩。"

1946年11月伪国民大会召开后，蒋介石连续颁发"戡乱"动员令、撤销政治协商会议令、宣布民主党派非法令等等，国内形势急剧恶化。国民党民主人士进一步遭到迫害和打击，冯玉祥被蒋介石排逐赴美"考察水利"，李济深、朱学范等被开除了党籍并遭通缉等。在这种形势下，国民党内部的民主派为团结自救、恢复孙中山的革命三民主义，迫切需要进一步联合起来。其时，朱学范和李济深等一些民主党派的领导人先后秘密到了香港，公开树起反蒋旗帜，同时开始具体着手开展国民党民主派的联合工作。

1947年4月，李济深和朱学范一道到何香凝家中去，正式商谈国民党民主派联合问题。何香凝与李济深认为："国民党反动统治集团破坏停战协定，不顾全国人民反对，悍然发动内战，进攻延安，叫嚣消灭共产党。在这种情况下，再和他们讲团结，希望恢复政治协商，组织联合政府，已不可能了。必须把国民党内的爱国分子组织起来，推翻蒋政权。这就需要成立一个组织，以便名正言顺地进行号召。"他们还决定分头给国民党内的爱国军政人员写信，宣传他们的政见，联络商谈联合问题。朱学范事后追忆："这次，我能与何香凝这样一位国民党左派领袖人物一起共商革命大计，感到无比振奋！……有何香凝参与筹划和领导，我对成立国民党爱国民主力量的联合组织，推翻蒋政权，便有了坚实的信心。"

同年5月4日，何香凝与李济深、彭泽民、李章达等民促负责人在香港聚会，再次商讨与民联等正式成立联合组织的问题，与会者一致认为，应当尽快团结国民党内一切爱国民主力量，建立自己的革命组织，以便更好地与中国共产党合作，共同推翻国民党蒋介石政府。会后，何香凝、李济深联名写信邀请在上海的民联领导人谭平山、柳亚子、郭春涛、陈铭枢，认为"国民党民主派，集中力量，正名领导，对内对外，紧要万分"，希望民联领导人速来香港，"共同筹划一切"。

与此同时，朱学范自美国旧金山抵达香港，带来了一封冯玉祥的亲笔信，冯玉祥提出"立即成立一个革命组织"，"新组织的事要依靠从国民党分化出来的爱国人士自己来办，这样才能更好地吸引越来越多的国民党内的爱国人士站到革命人民一边来，孤立蒋政权"等建议，何香凝与李济深对冯玉祥"所谈各节，一致表示赞同"。于是，他们抓紧行动，成立了中国国民党民主派联合代表大会筹备委员会，着手组织准备工作。

同年9月，民促、民联和其他国民党内民主派人士汇聚香港另组新党，关于新党的名称问题，香港筹备处收到多方建议。宋庆龄从上海捎口信给何香凝："早年我与邓演达、陈友仁以'中国国民党临时行动委员会'名义发表《莫斯科宣言》，以示继承孙中山的革命事业。后来，我曾想过，'临时行动委员会'之下一步，可以改为'革命委员会'，建议考虑。"根据宋庆龄意见，何香凝当即倡议这个革命组织就叫"中国国民党革命委员会"。当时有许多同志嫌弃"国民党"几个字，何香凝主张保留"国民党"三个字，并申明自己的理由：当前南京政府在战场上已经败北，国民党内部人心惶惶，不少人对各自的前途正在抉择，形势需要我们这样做。在当前形势下，只有团结可以团结的力量，我们这个组织才会兴旺发达，才能在与共产党真诚合作中发挥分化敌人的作用。她的建议得到了与会同志的赞同，大家同意采纳何香凝的提议，把即将成立的革命组织定名为"中国国民党革命委员会"。

1947年10月，民联领导人柳亚子等来到香港，经过多方商议，决定由李济深、何香凝、柳亚子、蔡廷锴、王葆真等人组成中国国民党民主派联合代表大会筹备委员会，推举李济深、何香凝为筹委会召集人。

在中共的关怀和宋庆龄的支持下，1948年元旦，在香港坚尼地道52号召开了中国国民党革命委员会成立大会。出席这次会议的代表有李济深、何香凝、谭平山、柳亚子、蔡廷锴等90人。在翌日举行的第一次中央执、监委全体会议上，参会代表选出李济深、何香凝、冯玉祥等16人为中央常务执行委员。

在民革成立大会上，当各项议案讨论结束后，何香凝郑重地提出："今后本会同志应诚心诚意遵守大会《成立宣言》《行动纲领》，继续贯彻、努力，有始有终。如或逾此，严重处分。"提议受到与会者的热烈拥护，大家拍手赞成，一致通过。同一天，她还为《华商报》题写了"争取革命的三民主义实现，为永久的民主和平奋斗"的新年贺词，表达了自己内心的期愿和对同志们的勋勉。

中国国民党革命委员会是在国民党内民主派和反动派进行你死我活的长期斗

争中分化出来的。它继承了孙中山爱国、革命和不断进步的精神。它的成立标志着国民党民主派和国民党反动派的公开决裂，是中国民主革命进入最后决战时期的一个重大政治事件。何香凝参与并指导了中国国民党革命委员会发起和创建的全过程。在这一过程中，何香凝起到了关键性作用，这充分反映了她认真实干及苦心团结同志的精神。

带领民革拥共反蒋，参与新中国的缔造

民革的建立，使国民党爱国民主力量的联合和斗争大大地推进了一步。此后，民革在李济深、何香凝等领导下，以革命派的崭新面貌和战斗姿态站在人民一边，促进了国民党内部的分化瓦解，沉重地打击了蒋介石统治集团，使国民党反动派更加分崩离析，从而加速了其灭亡的进程。同时，也使中共领导的人民民主统一战线增加了一支劲旅，从而加强了人民革命战线的力量。

何香凝广泛呼吁全国人民加紧斗争，共同为彻底摧毁蒋介石卖国独裁政权而尽力。1948年2月16日，何香凝针对上海女工、学生等进行反独裁、反内战、反饥饿示威游行惨遭国民党当局镇压，造成死伤和被捕多人的惨案，联络42人联名发出《声援上海抗暴运动宣言》，指出：已经走上末路的蒋介石政权，临近灭亡时就"更加明目张胆地出卖国家利益，以换取美帝国主义的贷款和军事支持……也就更加倒行逆施压迫人民，残杀人民，造成白色恐怖的局面来妄想挽救残局！"她说："广大人民对于这坏政府已经不再有一丝一毫的幻想了。"呼吁要加紧斗争，打倒"这腐朽万恶的统治集团"，并坚信"更壮大更坚强的人民队伍将继续勇猛前进，以达到彻底摧毁卖国独裁政府的胜利"。

1948年春，随着解放战争的胜利进军，国民党反动派陷入了全面危机，整个中国的政局已经发生根本变化，中国革命胜利在望。4月30日，中共中央根据中国革命的历史进程和全国人民的愿望，适时发出了"五一口号"，在海内外引起了极大反响，迅速得到各个方面、各个阶层民主人士的热烈响应。

5月5日，李济深、何香凝等代表民革和各民主党派、无党派的民主人士发

表《致全国同胞电》，竭诚拥护中共"五一口号"。同日，何香凝等12人还联名致电毛泽东和解放区全体同胞，再次表示："贵党五一劳动节号召……密合人民时势之要求，尤符同人等之本旨，何胜钦企，除通电国内各界暨海外侨胞共同策进，完成大业外，特行奉达，即希朗洽。"

据此，何香凝与李济深等人积极响应中共中央毛泽东的号召，以香港为中心，促进新政协运动的开展。新政协运动是一个广泛深入的政治运动，它指明了民主党派向着新民主主义的新中国胜利前进的具体道路。在何香凝等人推动下，各民主党派在香港纷纷集会，发表通电、宣言、声明，反响热烈，大家围绕新政协召开问题贡献意见并提供研究办法，决心为打倒蒋介石独裁政权、促进召开新政协进而建设新中国努力奋斗。

6月7日，在集中大家意见的基础上，何香凝领衔共232人联名向全国妇女界发出号召："迅速召开新政治协商会议。"文章严厉斥责蒋介石"披上民主的伪装，登上'总统'的宝座……执政以来，完全违背了中山先生的遗训，走了反人民反革命的道路，向人民发动残酷的内战！"强调"今日的课题，是应当怎样促成反动独裁集团的迅速崩溃，和民主联合政府的提前建立，这是全国人民的责任，亦是我们妇女的责任"。她号召全国妇女"坚决地加强团结，配合一切民主力量，争取人民的全面胜利，粉碎反动集团的残余力量，来实现'迅速召开新政协'的口号"。

在中国共产党的周密安排下，各民主党派领导人和著名爱国民主人士的代表从这年的8月起陆续到达解放区，参加新政治协商会议的筹备工作。1949年4月，何香凝为参加筹备新政协和参与缔建新中国的工作，应中共中央的邀请，离开香港北上，于当月中旬到达北平。在北平火车站，何香凝受到了朱德、周恩来、邓颖超等人的热烈欢迎。前来车站迎接的还有许多从黄埔军校毕业的著名将领和民主人士，以及各界代表等，车站月台上挤满了欢迎的人群。曾经一起度过艰苦战斗生活的许多旧友又重聚一起，何香凝高兴得热泪盈眶。此后，何香凝与其他民主党派人士一道，积极参加了筹备新政协的各项活动，参与了新中国

1949年9月21日,何香凝代表中国国民党革命委员会在中国人民政治协商会议第一届全体会议上发言。

的筹建工作。

当蒋介石集团拒绝接受北平和平谈判达成的《国内和平协定》时,毛泽东与朱德于1949年4月21日发布向全国进军的命令。何香凝次日即发出通电,表示拥护人民解放军向全国进军、彻底消灭反动派。她号召:"我们全国人民都一齐起来,帮助毛主席这个命令的实现。"这期间,她还动员一些深明大义的国民党故旧弃暗投明,宣布起义,归向人民。

9月21日至30日,中国人民政治协商会议第一届全体会议在北京中南海怀仁堂胜利召开,何香凝出席了这一盛会,并在第一天的大会上代表中国国民党革命委员会发表讲话。她说:"我庆祝这新的人民民主共和国千秋万岁……中国的自由平等,节制资本,耕者有其田,联合世界上以平等待我之民族,所有这些中国革命的目的,在毛主席的领导下得到了实现,我们可以告慰在九泉下的孙先生了!"她还指出,中国共产党人坚强奋斗取得的胜利,"证明毛主席的新民主主义是比我们所信仰的革命的三民主义来得妥善些，要来得彻底些。我们信仰孙中山先生的革命的三民主义的信徒，今天，要来做一个模范的新民主主义工作者"。她强调，各民主党派要"全心全意地拥护中央人民政府……尤其应该要实行政府的法令、政令，勤俭节约，临事而惧，实事求是，这才对得住全国的人民，对得起无数死难的烈士"。并坚信"只要我们能实现'共同纲领'，保持和加强我们的团结，共同向帝国主义作斗争，遵守孙中山先生的亲苏政策与毛主席建国方针，在毛主席领导下团结奋斗，那么，我们的国家前途是无限光明的，我们人民的前途是无限幸福的"。

会议期间，何香凝参加了《中国人民政治协商会议共同纲领》及《中华人民共和国中央人民政府组织法》的讨论、审定与通过工作。她还参加了中华人民共和国中央人民政府委员会及中国人民政治协商会议第一届全国委员会的选举。在这次会议上，何香凝被选为中央人民政府委员会委员。

1949年10月1日下午3时，中华人民共和国中央人民政府成立典礼在北京天安门广场隆重举行。何香凝和其他国家领导人一同登上了雄伟庄严的天安门城楼，以无比欢愉的心情参加开国大典，并检阅海陆空军和群众游行队伍。当礼炮齐鸣，第一面五星红旗在雄壮的国歌声中冉冉升起时，何香凝心潮澎湃，抚今追昔，不禁感慨万端。孙中山、廖仲恺逝世20多年来，她为孙中山的理想和事业努力奋斗、苦苦追求，终于在中国共产党的领导下，孙中山的理想和事业真正实现了，自己也为新中国的诞生贡献了智慧和力量。她万分欣慰，内心更加坚定了坚持中国共产党领导、走社会主义道路的信心和决心。她将以崭新的姿态，投入到新的生活中。

投身新中国建设，主持国家侨务工作

"人生七十古来稀"，新中国成立之时，何香凝已71岁高龄，但她"壮心未与年俱老，老骥犹存雄心志"，仍然满怀热情地投身新中国建设，贡献自己的才智和力量。

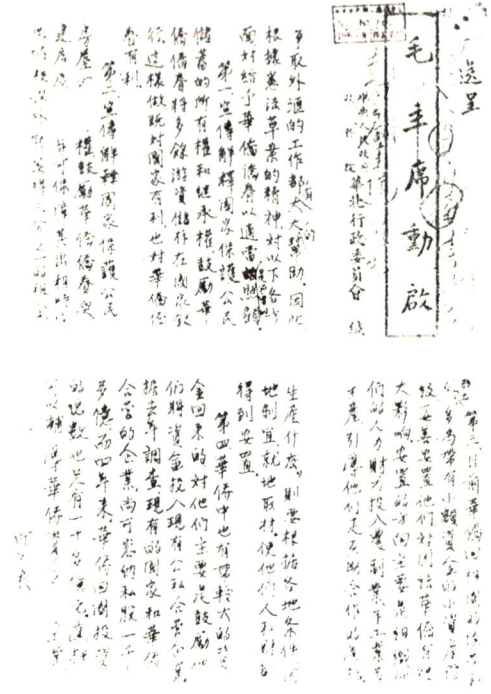

1953年,何香凝写给毛泽东主席的信。她根据宪法草案的精神,提出对华侨、侨眷的利益应适当予以照顾,以便于更广泛地发动华侨参加祖国的社会主义建设。

何香凝的一生始终与海外侨胞有着紧密的联系,特别是在革命年代,海外侨胞对其革命的开展给了大力支持。在海外侨胞中,何香凝享有很高的声望,老一辈海外侨胞对她表示高度崇敬。何香凝也对散居海外的侨胞一直心怀感激,有着难以割舍的情怀。1949年冬,在中央人民政府委员会第三次会议上,何香凝被任命为华侨事务委员会主任委员,此后整整10年间,何香凝将主要精力放在了侨务工作上,承担起协助中共中央、国务院研究制定侨务工作方针,保护华侨的正当权力和利益,做好为华侨服务的重任。

据不完全的统计,何香凝利用国庆节、元旦、春节等喜庆节日向海外华侨发出的广播词、献词,以及在各种会议上发表有关谈话、演讲,以及亲致侨胞、侨属的函电等共40篇次;此外,还发表了多篇有关侨务方面的论文、诗章。她向华侨热情地介绍中国的进步和成就,积极鼓励、动员华侨和归侨侨眷以各种形式参与祖国的社会主义建设,引导侨资向有利于国计民生的经营方向发展。

新中国百废待举，一系列侨务政策需要形成并不断完善。秉持"全心全意为侨胞服务"的方针，何香凝带领广大侨务工作者探索破解侨务工作难题的办法，参与并主持制定了一系列维护华侨正当权益，保护归侨侨眷合法权利的侨务工作方针，如《土地改革中对华侨土地财产的处理办法》《关于贯彻保护侨汇政策的命令》《关于国内侨务工作的方针任务及若干问题的意见》《关于选举中改变华侨户主成分的意见》《关于加强对归国华侨职工、干部的团结教育工作和适当照顾其生活的请示报告》等。

何香凝把"保护国外华侨的正当权益"作为华侨事务委员会的中心任务，积极领导侨委为"协助和领导华侨进行互助互济，兴办文教福利事业，增进华侨间的友爱团结，发扬爱国精神，同时为增进华侨同侨居国人民的友好关系而努力"。为此，她持续不断地开展了各种卓有成效的工作，针对华侨的出入境问题、婚姻纠纷问题、华侨学生入党入团、归国华侨青年参军问题、华侨捐资兴办公益事业问题、20世纪50年代后的海外关系问题等，拟定了具体的处理办法，报请中共中央和国务院批准执行。这些法令、政策和处理办法的制定，使华侨的正当权益得到了保障。

何香凝通过讲话或写文章等方式，多次号召海外侨胞发展革命爱国传统，团结起来当好中国人民与世界各地人民友好桥梁和使者，并为保卫世界和平作出贡献。她殷切希望扩大华侨中的爱国民主统一战线，使之广泛地开展和巩固地建立起来，认为"这广大的民主统一战线，应该包括各阶层、社团和各界人士，只要是爱好和平民主的爱国分子，都能参加这爱国民主统一战线"。同时，还殷切希望海外侨胞能够更加促进祖国与侨居国的友好关系，要"遵循我国的和平外交政策，自觉地成为祖国和平友好的使者，更加发扬光大与侨居国人民的传统友谊，促进与侨居国人民的文化合作与经济合作"。

何香凝热情地向海外侨胞介绍祖国社会主义革命与建设的伟大成就，号召广大华侨大力支援祖国的各项建设事业。她指出："祖国的进步和强盛，提高了国外华侨的地位，是华侨长远利益最可靠的保证。"她多次表示在建设我们的国家

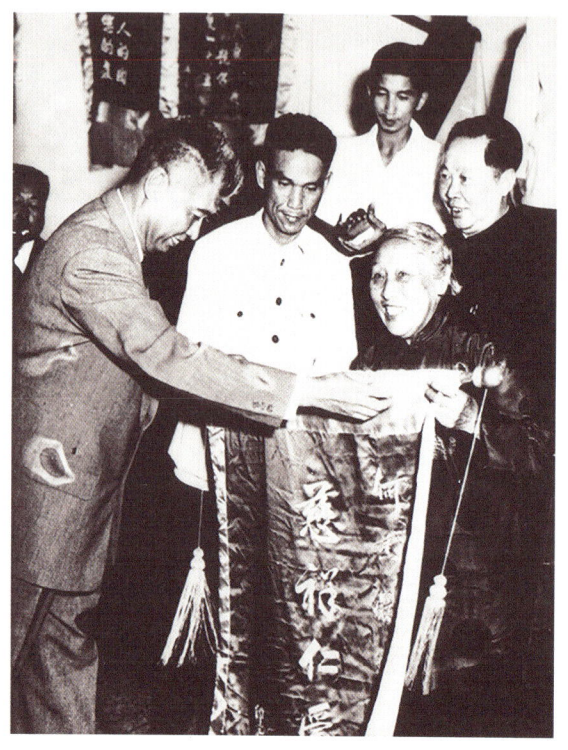

1959年,何香凝接受印度尼西亚华侨归国观光团献旗。

的过程中,"我们热烈诚恳地欢迎海外华侨,本着革命的传统,加倍地帮助祖国,参加建设中国的伟大光荣事业"。何香凝强调,"招致国外华侨资本,回国投资于各方面的经济生产事业,参加人民祖国的建设""是侨务政策的另一个基本的而又是长远的方针"。为此,何香凝领导侨委研究并提出了适合华侨投资的办法和形式。何香凝还于1951年1月倡导设立了公私合营的华侨投资公司,华侨回国投资参加祖国建设的积极性日益提高,投资的数量随之逐年增加。

根据中共中央和国务院精神,何香凝带领侨委制定了"一视同仁,不得歧视;根据特点,适当照顾"的侨眷、归侨政策。在她和侨委的不懈努力下,归侨、侨眷的种种问题基本上得到妥善解决,赢得了广大归侨、侨眷的拥护和欢迎。

1961年，在庆祝中国共产党成立40周年大会上，何香凝与毛泽东握手。

何香凝倡议创办的华侨农场，解决了归侨的安置问题，使归侨得到安家之所，并得以把归侨经营热带经济作物的特长发挥出来，引进了不少如橡胶、胡椒、咖啡等热带和亚热带经济作物，促进了我国橡胶等工业生产的发展，支援了国家的经济建设事业。

何香凝还特别重视归侨、侨眷子弟的升学问题，先后在北京、广州、福建集美创办了三所归国华侨学生中等补习学校，在广州恢复暨南大学和在泉州创办了华侨大学。何香凝特别强调要抓好这些学校的教育质量，她语重心长地指出："侨胞把子弟托给我们，我们一定要把他们培养好，这才对得起侨胞。万万不要误人子弟！"到1957年，"近四万多归国华侨学生进入国内各级学校学习，其中已有约百分之二十进入了高等学校，还有将近两千名归国华侨学生先后从高等学校毕业，参加了祖国社会主义建设事业"。

为进一步做好归侨工作，1956年6月，何香凝经呈请中央批准，成立了以陈嘉庚为主任委员的中华全国归国华侨联合会筹委会，作为归国华侨的人民团体。同年 10 月，归国华侨联合会正式成立。该联合会在何香凝和侨委的指导下，在联络和服务归侨等方面做了不少有益的工作。一直到今天，这个人民团体仍在继续发挥作用。

何香凝在主持国家侨务工作的十年时间里，呕心沥血，勤勤恳恳，她曾一再动情地说："新中国真是鹏程万里，美景无边，生活在这个时代的老人怎能不更加奋发地工作呢？！"她出席并主持每周一次的侨委会委务会议，倾听华侨和归侨代表人物的意见，研究推进侨务工作，广泛地团结干部，几乎从不缺席。平均每年她要处理 1600 多件来自国外华侨和国内侨眷的信件，每封来信都做到"案案有着落，件件有交待"。每当华侨不远千里而来，她纵然病了也要同他们相见，了解情况，帮助解决问题。她公忠正直，满腔热忱，全心全意地工作，给广大侨胞和侨眷送去温暖与关怀，深得侨务干部和广大侨胞、归侨和侨眷的爱戴和尊敬，被赞誉为"华侨慈母"。

何香凝的辛勤付出和努力，加深了海外侨胞对新中国的了解和热爱，促进了海外侨胞的团结，为扩大爱国统一战线以及为新中国营造有利的国际环境发挥了独特作用，也为新中国侨务工作积累了宝贵的经验，奠定了坚实基础。

领导民革工作，关心祖国统一大业

作为民革的创始人和领导人，何香凝关心、指导民革各项工作，带领民革始终坚持正确的政治方向，坚定不移地拥护中国共产党的领导，为我国的多党合作事业贡献着力量。她号召广大民革党员要积极实现思想上的转变，早日加入到新中国建设的队伍中来。

早在 1951 年时，何香凝提出，民革"必须以新民主主义为我们的领导思想"。她说，孙中山先生的愿望"已全部由中国共产党和它所领导着的全国人民与各民主党派的共同努力而实现了"，作为孙中山信徒，"应感谢毛主席和中国共产党"。她说，新民主主义思想"是毛主席根据马列主义的普遍真理，吸取了中国近百年来革命的宝贵经验而创造的""包含了新三民主义中所有的正确原则，而它所具有的许多优点则为新三民主义里边所没有"。中国的革命实践经验证明，"新民主主义思想领导中国革命建国的绝对正确性"。"新民主主义思想，无论从哪一方面都比新三民主义思想更能符合中国的需要，而且大大地超过了孙中山先生当时提出的政策。"民革党员应当纪念孙中山，但"更应效法孙中山先生永远随着时代进步的革命精神。对新的环境要有新的认识，不可故步自封，使自己的思想不向前发展"。

1956年，中共八大提出，应采取共产党和各民主党派"长期共存、互相监督"的方针。各民主党派、无党派人士深受鼓舞，政治热情得到进一步激发。何香凝表示，中国的革命实践证明，"中国共产党是领导党，也只有他是领导党"。她认为，"长期共存"的基础就是"坚决走社会主义道路"。民主党派要和中共"长期共存"，就要"心悦诚服地接受社会主义，不只是监督别人，同时更要警惕和改造自己，这样才能勉励来者，尽我们的一份责任，达到长期共存的美景"。她还提出，建设社会主义是一项十分艰巨的任务。民主党派"不应要求处处特殊"，而是要"勤俭节约、艰苦奋斗、与群众同甘共苦"，共同努力来建成我们的社会主义国家。1960年，在民革四届二中全会上，她对民革党员说："民革同志继承和发扬孙中山先生不断进步的革命精神，接受中国共产党的领导，参加了人民民主革命。解放十年来，我们祖国在共产党和毛主席的英明领导下，建设事业突飞猛进，社会面貌日新月异，孙中山先生为之奋斗一生的理想，不仅完全成为现实，而且大大超过了。千条万条，共产党的领导第一条。我们民革同志一定要听毛主席的话，跟着共产党走，走社会主义道路。"

何香凝十分关心祖国的统一大业，衷心拥护和平统一祖国的方针政策，希望早日以和平方式最终解决台湾问题。她认为，民革应该利用好与台湾国民党的历史联系，帮助共产党多做一些工作，努力实现祖国的和平统一。她曾担任为以联系和团结国民党爱国民主人士为任务的民革中央团结委员会主要负责人，对团结国民党上层爱国人士发挥了重要作用。

何香凝经常利用纪念孙中山诞辰、祭辰和纪念辛亥革命的时机，通过撰写文章、发表谈话、广播演说等多种形式，呼吁台湾当局和国民党的军政人员站到爱国主义的旗帜下。据不完全统计，自 1955 年 9 月至 1962 年 6 月的 6 年时间中，她写出的有关涉及祖国统一内容的著述有 19 篇之多。

据朱学范回忆，何香凝曾深情地对他说，用和平方式解决台湾问题是她的夙愿，民革应该运用与台湾国民党的历史关系，协助共产党多做一些工作。何香凝亲身示范，为全体民革党员乃至各民主党派树立了一个坚持中国共产党领导并与中国共产党"肝胆相照、荣辱与共"的光辉典范，是名副其实的我国多党合作事业的忠实实践者、参与者、推动者。

爱国情怀，诉诸诗画

何香凝不仅是政治活动家，还是近代中国以美术创作为革命服务的先驱，在长期的惊涛骇浪中，她坚持为了革命而绘画咏诗，将艺术活动与中国革命事业紧密联系在一起。她的画和诗，正是她在中国革命各个历史时期坚定的政治立场和崇高的革命品格的生动写照。

何香凝一生作画不下千幅，92 岁时还在坚持作画，从事艺术创作活动长达 70 年。她擅长国画，以画花鸟、山水、走兽见长，尤工岁寒不凋、百岁长青的苍松，寒冬不谢、冷而弥香的梅花和雄壮威武的狮、虎。所绘动物，运用东方绘画传统笔墨并参以西洋画的明暗和透视，造型准确，生气勃勃。在抗日战争最困难的岁月，何香凝为救济伤兵和难民一再举办义卖画展，并靠画画维持个人生计，所画内容多是表现重大历史题材，抒发自己的情怀和革命精神。她的画注重写生，讲究意境，万千的思绪凝聚在笔端，主要特色在于借物抒情，主题鲜明，寓意深远。邓颖超高度评价何香凝的绘画，称赞她的画"充满斗争激情，洋溢着浩然正气"。

新中国成立后，何香凝在工作之余仍然经常泼墨作画，笔耕不辍。她说："在抗战期间，我绘画多是为了拿去义卖，救护伤兵，救护难民。如今，我看到

何香凝早年赠送黄兴的代表画作。

祖国飞跃前进的景象,禁不住要画它几笔,在美妙的境界中,觉得心情格外舒畅!""我生平作画,现在是最愉快的时刻啊!"在20世纪五六十年代,何香凝出于对社会主义祖国壮丽河山的热爱,以惊人的毅力完成了不少巨幅山水画。她尝试以荆、关、董、巨的山水画的传统技法,以雄伟的气势、多层次的构图来表现对祖国山河的赞美。她的画作一改身处旧中国时的悲愤,转为豪放开朗,流露出何香凝作画时欢快豪放的心情,过去很少画的牡丹、红枫经常在腕底出现,梅花更是坚挺有力,有长者风骨,这一时期,何香凝的画技亦达到炉火纯青、笔随神驰的境界。

何香凝还善作旧体诗词,是中国诗坛上勤于创作的女诗人。她写过许多反映历史事件,纪念先烈、抨击敌人的诗篇。她的诗词作品对辛亥革命、北伐战争、抗日战争、解放战争和祖国社会主义建设等重大事件都有所反映,感人至深。新中国成立后的诗歌作品,一改过去忧愤低沉的基调,充满了激昂明快的生气,表达了她对革命事业的无限忠诚，抒发了她的革命激情。

在何香凝的众多诗作中，特别值得一提的，要数 1958 年何香凝与孤居台湾的国民党元老于右任的唱和诗作。当时，在台湾过着"夜夜梦中原，白首泪频滴"暮年孤寂生活的于右任，偶得 30 年前由自己题词的《岁寒三友图》中堂一幅。该图是由何香凝、经亨颐、陈树人和于右任 4 人合作而成，何描古梅，经画稚松，陈绘翠竹，于右任则以书法闻名，乃在图的上方作诗题款。于右任斯时已 80 岁高龄，历经沧桑，重睹此图，不胜慨叹。他在欣赏之余，发现诗的最后一句中漏写"时"字，因而补书，并赋诗二首：

三十余年补一字，完成题画岁寒诗。

于今回念寒之友，泉下经陈知不知？

破碎河山容再造，凋零师友记同游。

中山陵树年年老，扫墓于郎已白头。

这一题诗，平易质朴，内蕴情思无限，表现出于右任"怀念祖国故旧的深情，悲伤老大飘零的忧思"，情深意切，盛传海内外。

1958 年 11 月 12 日，《人民日报》转载了这两首诗。何香凝见到台湾旧友的诗，回忆当年往事，步原韵奉和诗三首：

青山能助亦能界，二十余年忆此诗。

岁寒松柏河山柱，零落台湾知未知？

锦绣河山无限好，碧云寺畔乐同游。

驱除美寇同仇忾，何事哀伤叹白头？

遥望台湾感慨忧，追怀往事念同游。

数十年来如一日，国运繁荣渡白头。

《遥念台湾》这首诗中，字里行间表达了何香凝对在台湾的旧友的思念和对祖国统一的强烈愿望。同时，也抒发了她殷切期望在台旧友认清前途，促进祖国早日统一，以便回到祖国共度幸福晚年的衷情。

主要参考文献：

1. 《何香凝传》，尚明轩，北京出版社1994年。
2. 《双清文集》，尚明轩、余炎光，人民出版社1985年。
3. 邓颖超《缅怀廖仲恺，纪念何香凝》，《人民日报》1982年8月30日。
4. 《回忆与怀念——纪念革命老人何香凝逝世十周年》，北京出版社1982年。
5. 《何香凝思想研究》，蔡瑞燕，团结出版社2014年。

朱蕴山（1887-1981），名正锟，号蕴山，安徽六安人，民革创始人之一。1949年后，曾任政务院人民监察委员会委员。民革第一至四届中央常委，第五届中央主席。第一至三届全国人大代表，第四届全国人大常委会委员，第五届全国人大常委会副委员长。第一届全国政协委员，第二至四届全国政协常委，第五届全国政协副主席。

朱蕴山
身怀团结法宝的"智多星"

1949年4月6日，上海《新闻报》头条版位刊登了一条独家新闻，大字标题为：《刘仲华由平飞抵首都，同来三人坚不露姓名》（刘仲华实际是刘仲容，此标题为当时报道有误）。字里行间透露了从北平来了四位"神秘客"，"他们来与和谈有关"，还特别提到"其中一位留有仁丹胡子"。这则报道震动了南京、上海新闻界，记者们四处奔波，到处打听"神秘客"是谁。这位留有"仁丹胡子"的神秘人物，就是肩负推动和谈任务的民革创始人朱蕴山。

足智多谋的"仁丹胡子"

1949年4月1日，国民党政府派出谈判代表团飞往北平。4日下午，周恩来到北京饭店，与李济深碰头交换意见，随后即与朱蕴山等人开了一个小会，决定由朱蕴山与刘仲容、李民欣、刘子毅一起秘密前往南京，敦促李宗仁、白崇禧等人接受和平谈判协定。出发前，周恩来把自己的一盒名片交给朱蕴山，嘱咐道："只要国民党军政要员留下不走，解放军过江后，见到名片，均受保护。"接受任务的次日，朱蕴山等人就飞往南京。

4月5日，南京天空晴朗无云，飞行十分顺利，朱蕴山等人比原定时间提前了半个小时到达，直接被秘密安排入住南京大悲巷白崇禧公馆。没想到，第二日就被密切关注和谈的媒体捕捉到了蛛丝马迹，并在报纸上公开报道。

因需机密行事，朱蕴山等四人深居简出，分别见到了李宗仁、白崇禧、何应钦、于右任等人，并向他们转达了中共中央关于和平谈判的意见，劝其认清形势，结束内战。同时，他们还做了大量争取于右任等国民党元老的工作，并深入细致地了解国民党政府内部的情况。

对于李宗仁，朱蕴山曾说："李济深看在老朋友份上，在这最后关头还是要拉他一把，我这次来就是这任务。"当了解到蒋介石虽然隐退，但仍在幕后控制大权，"划江而治"是其能接受的最后方案后，朱蕴山立即向中共中央进行汇报。

毛泽东、周恩来得知情况后，旋即电报指示："俟朱蕴山等北返后，条件均可再议。"中共中央此种策略处理，主要是出于对朱蕴山等人安全的考虑，这让朱蕴山深受感动。

鉴于这种情况，和平谈判势必破裂，北平的国民党政府和谈代表团成员张治中、邵力子等人在周恩来的劝导下，已决定留在北平。为防止蒋介石扣留代表团家属为人质，朱蕴山在准备离开南京时，还秘密将邵力子的夫人傅学文等人带回北平。他精心安排，嘱托傅学文不要带任何行李，佯作到机场为自己送行，在飞机起飞时，让傅学文与代表团一起登上飞机，返回北平。

虽然和谈没有取得成功，但是朱蕴山等人此行的工作却深入人心。于右任见大势已去，黯然离开南京前给沈钧儒先生写信道："蕴山、泽霖两兄来，晤谈甚快。大示对国家安危、人民疾苦殷切关怀，实深感佩！"从信件的只言片语中，不难看出朱蕴山的工作确实打动了于右任等人。

在错综复杂的情势下，中国共产党和民革之所以将如此重要的任务交给朱蕴山，是因为他有着丰富的革命斗争经验，在政治工作中非常细心，懂得讲究工作方法，善于细致地考察多方因素后制定策略，有方法、有技巧地解决各种问题、完成组织任务。

1948年秋，革命形势迅速发展，中共中央邀请各民主党派负责人和民主人

1949年4月,在中国共产党指示下,朱蕴山从北平秘密前往南京推动和谈。儿子(朱世昌,后排右一)、儿媳(金士荃,前排右一)、孙子(朱德存,前排左一)随行到南京,这是他们在南京的合影。

士分批进入解放区,共商国是,筹备新政协会议及讨论成立民主联合政府相关事宜。李济深是国民党的元老,在国内外享有较高的声望,在中共的邀请名单中,民革中央主席李济深名列首位,但港英当局对其严加监视。

朱蕴山为了帮助李济深等民主人士安全离港,北上奔赴解放区,他绞尽脑汁设计了请客障眼法、敷衍障眼法、小艇游览法、迂回上船法、夜色障眼法等一套隐蔽的掩护措施,并把出发时间选在了港英当局的圣诞节放假期间。出发前,朱蕴山陪同李济深、何香凝等在海湾码头登上游艇,佯装散心,又带着酒肴与李济深一起坐上交通员掌舵的游艇装作去海上游览,入夜以后,借着暮色的掩护神不知鬼不觉地登上阿尔丹号。为躲避海关检查,他们一起栖身于船长室。虽然海上有舰艇盘查,天上有飞机盘旋,阿尔丹号还是有惊无险地于次日凌晨安全出港。从1948年12月26日至1949年1月7日,历时12昼夜,顺利到达东北解放区大连港。

尽管船上的生活比较艰苦,朱蕴山却因为即将奔赴解放区、筹备新政协,心中无比兴奋，诗兴大发，赋诗数首，汇集成《赴东北解放区舟中杂写》。在组诗的片头，他写道："环海早无干净土，百年阶级气同仇。神州解放从今始，风雨难忘共一舟。中山事业付殷顽，豺虎纵横局已残。一页展开新历史，天旋地转望延安。"在结尾部分他分享了到达解放区的喜悦："解放声中到大连，自由乐土话翩翩。狼烟净扫疮痍复，回首分明两地天。"字里行间，展现了他内心对新中国即将成立的喜悦之情。

舍己为人，威望素著

无论是赴南京谈判，还是护送民主人士北上建立新中国，无处不体现朱蕴山的真诚与智慧，这也与朱蕴山的成长经历分不开。

朱蕴山幼年时经常听父亲讲清王朝的残暴统治和人民奋起反抗的故事，年少时又耳闻目睹了安徽人民反对西方教会的斗争，后来参加了徐锡麟领导的安庆起义，亲眼目睹了清政府疯狂镇压起义、残酷杀害徐锡麟的整个过程，义无反顾地走上了革命道路。

1915年底，袁世凯图谋称帝，朱蕴山在安徽秘密组织武装起义，反对袁世凯复辟。为了筹集反袁经费，他毅然决定变卖自家田地。在和弟弟朱珩山说清原委，征得同意后，将家中40多亩山田留出四分之一给家人养家糊口，其余全部变卖，筹得1200余银圆，全部投入反袁斗争。

1926年春，安庆"三二三"事变后，朱蕴山断然拒绝蒋介石的收买，直言劝蒋："总司令，我们还是不要走太平天国的末路——自相残杀。我劝总司令最好要搞好国共合作，中山先生的遗教是不错的。"此番言论引起国民党内部乃至社会各界的广泛反响，大家极为佩服他能够不畏权势、直言相劝的勇气。此后，为人正直和不惧威权的鲜明特点成为朱蕴山团结各方力量的名片。

朱蕴山重视友情、讲义气，处处以同志的安危为先，不畏牺牲，待同志如亲人。他与段瑞兰、杨允中、沈全懋等在安徽谋划反袁称帝的武装起义，因计划泄露，杨允中在上海被捕，安庆封城缉拿朱蕴山等人。时任安徽省警务处督察长崔

位于安徽六安的朱蕴山纪念馆。

少垣与朱蕴山是知己,特别为他密备两张出入安庆城的证件,要他速走。当时,段瑞兰、沈全懋也在安庆城内受到缉拿,同样需要出入城证。为了掩护二人,他果断决定将两张出入城证交给他们,自己则被捕入狱。1931年,邓演达遭叛徒陈敬斋出卖被捕,朱蕴山也是拼尽全力营救,他对革命事业和同志始终怀有一副舍己为人的热心肠。

无数次的生死之交,为他在革命斗争中树立了很高的威望,成为他团结人、凝聚人的精神核心。

联合各方,反蒋抗日

朱蕴山长期在家乡安徽从事革命活动,斗争经验丰富,善于沟通协调,懂得把握关键问题。抗日战争期间,他积极参加抗日民主活动,筹划成立安徽省民众总动员委员会,广泛联系各方面人士,坚持团结抗战,反对分裂投降,并支持新四军在苏皖一带开辟抗日根据地。

1940年3月,汪精卫伪政府成立后,日本加强了政治诱降活动,同时加大了军事压力，对重庆轰炸不断。朱蕴山果断判断此时国内时局危机四伏，首要任务应是团结更多的抗日力量，防止蒋介石投降，提出川、滇、两广等地军政当局应团结起来，与中共联合一致，防止蒋介石独裁统治。

适逢蒋介石发表自兼四川省主席后，四川军政各界对蒋抵触很大，在李济深的授意下，朱蕴山先到成都拜会川康绥靖主任邓锡侯，试探邓的态度。邓锡侯对朱蕴山有所了解，猜到其来意，爽快表态："先生可是为抗日反蒋而来，有必要告诉我，我不会告你的密。"并派警卫保护他的安全。

了解邓的态度后，朱蕴山紧接着赴雅安访问时任西康省主席，素有"西康王"之称的刘文辉。因与刘文辉相交不深，他先到西康省驻蓉办事处联系邵石痴请其引荐、斡旋。

为了促使刘文辉持久抗日，朱蕴山准确把握住刘的心理，从刘的角度设身处地帮他分析局势。一方面向刘介绍了中共方面的情况，转达李济深等民主人士的看法，动之以情，晓之以理，析之以势，鼓之以气，帮助刘坚定联共反蒋决心。另一方面，从文化入手宣传团结抗日思想，加强刘同进步文化人士的联系，引领刘的思想转变。他力主推动筹备成立唯民社，请刘文辉担任社长，兴办《唯民周刊》《华西晚报》等进步刊物，争取学术自由，不仅推动后方民主运动，还解决了进步人士的立足问题。

因团结邓、刘二人的工作取得圆满成功，由雅安返回成都后，朱蕴山向张澜介绍了拜访邓锡侯、刘文辉的详细情况，张澜鼓励他再接再厉发挥更大的作用，赴昆明继续做云南省政府主席龙云的工作。

朱蕴山不顾路途险阻，绕经贵阳奔赴云南，路险车阻，他想起革命道路的艰难，赋诗《贵阳阻车有感》，并在诗文前的题记中写道："在蓉会见张澜。他说为西南团结抗日防蒋计，必须注意云南；蒋介石派杜聿明进驻昆明，专事对内，务必与龙云商量对策。我允回渝后，再赴昆明访龙。在中共中央正确指导和帮助下，民主抗日运动得到蓬勃发展。11月中旬路过贵阳，转赴昆明。"这篇题记将他此次赴昆明的目的、任务及相关细节作了交代。

对于龙云，朱蕴山有着自己独到的了解。他分析"龙云之在云南，等于阎锡山之在山西。他俩掌握地方大权时间最长"，国民党历届政府都动不了他们。朱蕴山在天津担任中华民族革命同盟华北办事处主任期间，就曾受中共北方局之托，成功争取阎锡山反蒋抗日，为红军在陕北的生存与发展争取了时间和空间。

此次做龙云的工作，他依然做了充足的准备功课，对龙云的个人性格、利益关系、周围环境作了详细分析，选择先从龙云的身边人入手。如他分析的一样，刚到昆明，龙云对他敬而远之。他遂找到同是云南人，对龙云有着深入了解的国民党政府军事委员会顾问杨杰。与杨杰见面时，杨悲观地对朱蕴山说："你来对龙恐怕找不到办法。龙对我都是敬鬼神而远之，绝口不谈时事。"朱蕴山听后没有气馁，不急不躁，继续深入了解情况，仔细分析龙云的处境。

龙云实际的处境并不妙，蒋介石已派杜聿明率军队驻昆，龙与蒋并不是一条心。朱蕴山判断龙可能只是表面上强装镇定，内心还是希望同民主人士以及靠近中共的朋友接触的。于是，朱蕴山做好与龙会谈的充分准备后，采取开门见山的方式，直接给龙云写信，希望他可以挤出时间见面聊一聊。不过两天，龙云即应邀赴约。

初一见面，龙云很客气地说失迎，细致地问他住得好不好，婉转地打探此行来意。朱蕴山心里早有准备，向龙详细地介绍了此前与邓锡侯、刘文辉商谈的情况以及中国共产党抗日民族统一战线政策，帮助龙分析团结抗日的形势。他翔实的介绍引起了龙云的兴趣，也使龙渐渐地卸下了心理防备，这才主动说出自己其实与李济深、张澜等早有电信往来，很希望早日谈一谈。

龙云还说出自己的担忧："目前抗战局面越搞越糟，蒋介石不去抗日，反派杜聿明军队来昆明驻扎，实际上是来监视我，企图夺取地盘，这样下去是抗不了日的。"

这与朱蕴山之前对龙云所处形势的判断不谋而合。朱蕴山果敢出击、切中龙的痛处说道："蒋介石先安内而后攘外政策根本不变，就是要消灭共产党，但是他也知道一时对付不了共产党。所以在后方首先要消灭杂牌军队，以武力统一大西南，做他小朝廷根据地，宁可投降日本，保存他个人地位。他根本要实行他的反共阴谋。他的脑子里就没有什么国，没有什么人民……我们要求抗日救国，首先就要保全西南抗日根据地，不让蒋介石以武力占据，作他投降的资本。"

龙云听后动容，当即表示："联共抗日、反蒋意见，我完全同意。"还主动询问了民主运动的最新情况，双方聊得十分投机，只可惜时间不够，夜色已深。

第一次密谈进行得十分顺利，朱蕴山乘胜追击，约龙云进行第二次会面。此次见面更加私密，只有两人对酌，龙云更加交心地说出了自己的疑问和顾虑：如"川康方面军队情况是什么样""任潮（即李济深）先生对两广旧部团结怎么样""民主运动怎么搞法"……朱蕴山逐一进行了解答。他建议"西南实力派对于自己的军队应加强整理训练，扩大团结，尤其要减轻老百姓的负担……如果没有共产党合作，抗日也是不可能得到胜利的，西南一隅也可能被蒋吃掉"。龙云听后表示："任潮先生和十九路军搞国民党民主派反蒋，我一定暗中支持。"

会谈后，朱蕴山还介绍中共代表华岗、周新民等与龙云对接，并嘱托龙云对西南联大发动民主抗日运动的教授、学生，特别是对李公朴等人要加以保护。

朱蕴山与龙云的会谈，不仅促成了龙云与中共代表的直接联系及其对云南民主抗日活动的保护和支持，而且对西南民主运动的开展、稳定西南局势起了很大作用，推动了西南团结抗日反蒋和民主运动的开展。

穿梭联系，参与筹组进步组织

蒋介石领导下的国民党政府消极抗日、积极反共的政策引起了各方民主人士的不满，痛感"非民主团结大局无出路，非加强中间派的组织，无由争取民主团结"，团结起来的呼声日益增强。朱蕴山长期参与革命，斗争经验十分丰富，为人热情、坦率，思路开阔，具有很高的政治威望，责无旁贷地肩负起了秘密筹备的联络工作，他先后参与了民盟、民联、民革的筹备工作。

1941年3月，经过朱蕴山的多方努力，联系到职业教育社的黄炎培、乡村建设派的梁漱溟、国社党的张君劢、青年党的左舜生在重庆成立中国民主政团同盟（民盟），朱蕴山担任中央常委并兼任国内关系委员会副主任。

1943年，蒋介石掀起了第三次反共高潮。为适应反蒋斗争的需要，朱蕴山与在重庆的国民党爱国民主人士积极行动起来。他和谭平山、陈铭枢、杨杰、王昆仑、郭春涛等人交换意见，打算用座谈会的形式，把关心时政的国民党民主人士召集起来，以座谈形式，沟通思想，团结民主同志，争取抗战胜利。这个设想得到了中共南方局的大力支持。座谈会举办初期没有名称，也没有固定主持人，座谈的地点是以个人名义借用的公司、银行、商号的办公场所，以及一些条件较好的私人住宅。一般每月举办一两次。

经过一段时间的活动，参与座谈的同志认为建立一个国民党民主派政治组织的条件已经成熟。在中共南方局的支持下，朱蕴山与谭平山、陈铭枢、杨杰、王昆仑、郭春涛、许宝驹、于振瀛、何公敢、甘祠森共10人建立了筹备小组。

1945年10月28日，三民主义同志联合会（简称民联）在重庆上清寺特园鲜英住宅正式成立，朱蕴山成为会议选出的中央临时干事会成员，后被推选为中央常务干事。

随着形势的发展，李济深、何香凝等人开始筹划建立国民党民主派统一组织。因为朱蕴山具有组织筹备民盟和民联的丰富经验，于是决定请他负责具体筹备工作。其实早在民联成立后不久，朱蕴山和李济深、冯玉祥、张澜、刘文辉等人在重庆就有过详细讨论，准备将民联和中国国民党民主促进会（简称民促）联合成为一个组织，以便集中力量分化国民党反动势力。

1946年6月10日，朱蕴山乘飞机离开重庆，先是到达南京，进而随李济深到达上海，加紧联系各方人士，着手国民党民主派统一组织的筹备工作。

李济深秘密离开上海到达香港后，发表了《对时局意见》，提出了挽救时局的7点主张，明确了筹建组织的指导思想。朱蕴山紧随其后，也准备由上海前往香港，协助李济深尽快把国民党民主派组织建立起来。但由于形势紧张，朱蕴山只得佯称飞行员家属，秘密乘机抵达香港，由张克明、冯伯恒等人迎接住进陈济棠胞弟

位于重庆特园的中国民主党派历史陈列馆。

陈树渠家。到香港后,他立刻投入到筹备国民党民主派组织的工作,拜访已在香港的李济深、何香凝、蔡廷锴等人,与他们交换意见,商讨各项筹备事宜。

经过多次集议,大家决定以李济深、何香凝的名义,函信约在上海的民联负责人来港,参与筹备工作。那么,谁来负责将密信送到上海呢?

大家不约而同地想到了朱蕴山。他先后参加过光复会、同盟会、国民党、共产党、第三党、中华民族革命同盟、民盟、民联等组织,交友广泛,对各方政治人物都很熟悉,为人又豪爽豁达,急公好义,孑然一身,不治家产,一旦遇到重要任务需要进行联系时,总是请他辛苦跑一趟,故此得了一个"神行太保"的雅号。朱蕴山无疑是送信的最佳人选!于是乎信的末尾注明:"详情由蕴兄面报。"

当时在香港工作的张克明、冯伯恒等人,都十分担心朱蕴山的安全,纷纷劝他先观察局势,不要贸然前去上海,但朱蕴山一生经历过多次大风大浪,对此毫不畏惧,置个人安危于度外,立即订购赴沪船票。不料,开船前一天,突然接到上海友人电报,称他若返回上海,一上岸就有被捕的危险,为了同志们的安全,经与李济深、梅龚彬等商量,上海之行最终不得不取消,改为通过其他途径传递信息。

在新组织命名过程中,大家意见纷纭,分歧较大。宋庆龄从上海捎回口信给何香凝,建议组织命名为中国国民党革命委员会,但很多同志都嫌弃"国民党"

三个字。朱蕴山指出，孙中山当年曾组织过革命委员会，"四一二"政变后，国民党民主派与共产党合作，在南昌起义中也曾成立过国民党革命委员会，因此新组织采用中国国民党革命委员会的名称，正显示了国民党民主派决心继承和发扬孙中山不断进步的革命精神。最终，大家取得一致意见，"中国国民党革命委员会"的名称就这样确定下来。

1948年1月1日，民革在香港正式宣告成立。朱蕴山被选为民革中央执行委员会常务委员，并在冯玉祥不在国内时，代理政治委员会主任。

民革成立后不久，民革中央委员会通过了《军事工作大纲》，决定加紧军事和策反工作。善于联系各方人士的"神行太保"朱蕴山，成为民革正式成立后第一个秘密策反小组的成员。

朱蕴山以政治委员会代主任的名义起草了《民革军事工作要点》，指出："除要积极加紧政治工作外，并应积极加紧军事工作，配合友军同时并进，以期缩短战争过程，使蒋介石反动集团提前奔溃。"他提出要吸收以往军事工作的沉痛历史教训，对军事策反对象"务须调查其平时对地方人民有无罪恶，认为可以改过自新，必须有行动保证，方可收容"，还要全面观察，"特别注意中、下级，不可专靠上层拉拢"。

1948年底，朱蕴山与李济深一同北上，到达了解放区，才有了文章开头的那些故事。

整建组织，投身建设

1949年4月21日，人民解放军强渡长江，两日后攻占南京，宣告了国民党统治的覆灭。5月初，朱蕴山赴南京整建民革地下组织。他为了弥补之前南京秘密之行的遗憾，特意去中山陵进行拜谒。

在中山陵，他回忆起1926年和柳亚子、侯绍裘等人代表国民党苏皖两省党部奉广州中央之命举行南京紫金山孙中山先生陵墓奠基典礼，遭到西山会议派袭击时的情景，他感叹："熊熊烈火逐妖螭，廿二年前此奠基。"现如今中山先生的遗策已经实现,"重述紫金山下路,欣看满地变红旗",历史也翻开了新的篇章。

朱蕴山原是参加新政协筹备会的民革代表,考虑到整顿组织的重要性,他被委派为特派员,回到上海负责成立沪宁临时工作委员会,对新中国成立后沪宁地区地下组织进行切实整理,对所有成员进行登记。

此间,发生了一件颇具戏剧性的事。朱蕴山到上海后,住在金门饭店。新中国成立前他曾经争取国民党一二三军单栋起义,巧的是一二三军司令部就曾设在金门饭店,而单栋本人就住在朱蕴山所在房间。单栋来找朱蕴山时,想趁其不注意,将此前曾藏在此处的手枪悄悄取出并销毁,结果被发现,获刑20年。朱蕴山认为"有容乃大",自己最了解单栋起义的情况,有责任关心他、帮助他,便不厌其烦地一次又一次帮助单栋写材料说明情况。在他的心中,只有善于团结应该团结的人,民革组织才能不断发展,才能在国家建设中发挥作用。

整顿民革组织,并不一帆风顺,朱蕴山也遇到不少困难。有的党员对他很不服气,阻挠他的工作。朱蕴山淡然处之,比喻说自己喜欢北京人做买卖的办法,客家嫌贵,店家会回答,货论三家不吃亏,如果再回来买,仍旧欢迎。只要党员思想能转变过来,还要团结他,还是要多与党员接触,多多争取他们。同年年底,重庆、成都解放后,朱蕴山应刘伯承、邓小平、贺龙之邀,到重庆清理整顿大西南民革地下组织。

1949年9月,中国人民政治协商会议第一届全体会议在中南海怀仁堂召开,朱蕴山与李济深、何香凝等民革代表,被推选为主席团成员,并当选为中国人民政治协商会议第一届全国委员会委员。在筹组政务院时,周恩来曾提出希望朱蕴山到内务部担任副部长,但他认为自己40余年为之奔波流亡奋斗的愿望已经实现,提出做一名人民监察委员会委员。10月19日,他被正式任命为中央人民政府政务院人民监察委员会委员。

作为民革的一位主要创建者,朱蕴山连续担任第一至第四届民革中央常务委员,出于对民革组织的热爱,他自愿担任民革中央组织部部长,对民革的巩固和发展作出了很大贡献,深受广大民革党员的拥戴。当时,民革领导层各方面人士

1949年10月19日，朱蕴山被任命为中央人民政府政务院人民监察委员会委员。

都有，有政治活动家，有军人，还有诗人，他们的看法、想法、做法总是有差异的，有时也可能发生某些不愉快。朱蕴山承担了沟通思想、消除私见的工作，在他的协调推动下，同志之间更加团结亲密，组织建设工作不断发展。

新中国成立后，尽管民革二大确定了为新民主主义服务的政治路线，也通过了《中国国民党革命委员会组织总章》，确定了民革组织建设的基本原则，但组织路线问题仍然未能解决。针对"本党民主同志"范围的问题，朱蕴山经过深入调研，梳理了自新中国成立以来民革组织方面的工作，指出民革"以团结国民党中层分子为主，并注意吸收社会各阶层中与国民党有若干关系的文教、工商、专门技术人员以及妇女界进步分子。至于国民党上层个别的进步分子，我们也要竭诚地争取他们参加组织。民革在统一战线中就在于团结这一部分群众来执行共同纲领。"此后，他还带领民革中央组织部门根据民革中央系列会议精神，制定了各种组织章程，确定了中央和地方组织的编制，制定了本年度的组织整建计划，处理了若干地方上组织的复杂问题，选派了地方筹备机构负责人选。到1950年11月，民革在国内建立了两个大行政区的组织，10多个省市组织和3个海外组织，超过了原来的整建计划。1951年2月5日，民革第48次中常会通过了《关于发展组织的决议》以及《关于发展组织的实施方案》，不但指出了较为明确的发展方向，而且第一次

《民革汇刊》中关于民革组织发展情况的报道。

提出了"巩固与发展"相结合的方针。会后,朱蕴山等人分赴国家机关和各地进行座谈、宣传和动员,积极在各地建立了新的地方各级组织机构。

1951年,民革组织发展工作聚焦国家机关部委,朱蕴山等代表民革到各国家机关向部领导提出发展组织的要求,大力推动国家各级机关中民革组织的建立和发展。在中共中央统战部、中共北京市委统战部和中央各部委的大力支持下,监察委员会、政务院、海关总署、交通部、内政部、司法部、工会、人民银行的民革小组先后建立。在政务院民革小组成立会上,时任周恩来办公室副主任李琦在讲话中说:"民革同志在政务院与各友党团结得很好,小组成立后,更加密切团结,从国家大事到岗位工作,都可以充分交换意见,把工作搞得更好。"

为推动各地民革组织发展,朱蕴山到全国各地进行调研。对比新旧两个中国,朱蕴山感叹新中国成立后祖国各地的一派朝气蓬勃的新气象,创作了很多诗篇。1952年春,他来到合肥,正值皖南、皖北行政公署合并,成立安徽省人民政府。在前往六安、霍山一带参观的途中,看到"沿途农村已从互助组开始筹备合作社,遍地红旗招展,真是一番新兴气象",朱蕴山感到无比喜悦。对比新中国成立前这一代人民啼饥号寒,遭土匪、恶霸、兵祸蹂躏的历史,现如今是"劳动人民力胜天""红旗处处插秧田"。路过六安、霍山两县交界处的青山镇，回忆起 40 年前在赓阳书院和安庆巡警学堂读书期间，数次往返路经此地，感叹："青山常在，如见故人，曷胜依依之感。"1953 年 7 月，他到昆明黑龙潭薛公祠，想起为推动西南军政团结，争取龙云等支持，扩大抗日民族统一战线，数次赴昆明时看到的破败景象恍若隔世，留下诗句"少年疏阔老尤狂，旧地重经海已桑"。1958 年，他赴南方视察时，见证了武汉长江大桥胜利通车，深深为国家经济建设伟大成就所鼓舞，感慨："洪水而今都让路，高山从此尽低头。"

祖国面貌的巨大变化，激发了朱蕴山的热情，以及要为社会主义革命和社会主义建设贡献力量的决心和信心。1954 年 9 月 15 日，中华人民共和国第一届全国人民代表大会第一次会议在北京开幕，会议通过了《中华人民共和国宪法》。朱蕴山参加了宪法的起草工作。他还担任了一系列重要职务，积极参与国家政治生活，参加国家大政方针的制定，为国家的经济建设和社会发展，为爱国统一战线的巩固和扩大贡献力量。

主要参考文献：

1.《朱蕴山》，李正西、洪啸涛，黄山书社 1988 年。

2.《纪念朱蕴山文集》，中国国民党革命委员会中央委员会宣传部编，中国文史出版社 1987 年。

3.《朱蕴山传》，政协六安市金安区委员会编，安徽人民出版社 2007 年。

4.《朱蕴山诗文集》，朱蕴山，团结出版社 2008 年。

5.《我的父亲朱蕴山》，朱世同编，内部资料。

6.《中国国民党革命委员会 60 年》，民革中央党史编辑委员会编，团结出版社 2007 年。

　　王昆仑（1902-1985），原名汝玙，字鲁瞻，江苏无锡人，民革创始人之一。1949年后，曾任政务院政务委员，北京市副市长等职。民革第二至四届中央常委，第五届中央副主席、代主席、主席，第六届中央主席。第一至四届全国人大常委会委员。第一届全国政协常委，第三、四届全国政协委员，第五、六届全国政协副主席。

王昆仑
周总理称他为"不管部部长"

1945年5月10日,是雾都重庆少见的一个晴朗的日子,中国国民党第六次全国代表大会已经进入第6天。上午8时许,会议在浮图关某礼堂举行,会场内步履杂沓、人声喧嚣,有一人未与旁人寒暄,独自步入会场,坐在自己的代表席位上,默默地思索着……

他是谁?他在思索着什么?他又将会干什么?

为抗日质询蒋介石

终于等到审议军事报告的环节,这人一脸肃然地站起来,向大会主席程潜提出:"我要发言质询。"程潜循声往台下一看,说道:"是王昆仑委员,请发言。"

此人正是王昆仑,他单刀直入地连提三条质询:

"抗战已经14年,前线军民流血牺牲,西北大后方却屯兵数十万,为什么不开出去打日本?"

"中国是盟国之一,现在盟军正在大举反攻,我们却连遭败绩,政府对协同盟国作战,有无周密计划?"

"第十军方某,在衡阳兵败被俘,只身回渝,招摇过市,据说是负有特殊使命,被敌方有意放回来的,现在道路传言,报章争载,希望军事当局有个明白回答,以释群疑。"

三项质询重若金石、掷地有声,仿佛是在全体代表面前揭蒋介石的秃疮,激起了会场的轩然大波。会议气氛骤然紧张起来,与会者纷纷窃窃私语,大会秘书长吴铁城则使劲地在台上敲着木榔头大喊:"大家安静,大家安静……"

这时,有人将王昆仑在会场质询的情况报告给没有出席这天会议的蒋介石。上午11时50分,快到散会时间,蒋气急败坏赶到会场,怒冲冲地走到大会主席台,声嘶力竭地骂道:"你王昆仑是不明真相,还是蓄意攻击?你污蔑我方军长,就是污蔑我们全体抗日将士……你现在是国民党的中央委员,你公然在国民党的大会上,替共产党说话,你像国民党的代表吗?……简直是共产党的代表!……你王昆仑吃国民党的饭,在家里暗通共产党,你以为我们一点都不知道吗?"

暴跳如雷的蒋介石已无法控制自己,头上青筋暴绽,骂了一个多小时还余怒未消,言辞中浙江土话频出。台下国民党右派高喊:"拉出去枪毙!拉出去枪毙!"

王昆仑却神色自若,昂然站了起来,收拾好文件,整整衣服,正气凛然地走出了会场,以此表示他无言地抗议。这件事轰动了整个社会,国民党元老于右任曾经幽默地评价说:"十年中委无人知,一骂成名天下闻。"毛泽东闻知此事,赞誉王昆仑为英雄,言人不敢言,为人之不敢为,殊可钦佩。

王昆仑不仅痛恨蒋介石的独裁,更敢于直接揭露其短,这在当时是出了名的。这也不是他第一次反对蒋介石,早在1936年7月国民党五届二中全会期间,王昆仑就因蒋介石推行"攘外必先安内"的反动政策当面顶撞。

当时,潘汉年等代表陕北党中央起草了《团结御侮的几个基本条件与最低要求》的公开信。蒋对此信极为不满,在会上问冯玉祥是否知道,冯当即表示早知道,蒋追问是怎么知道的,冯说是王昆仑给他的。蒋转而厉声责问王昆仑是怎么知道的。王昆仑镇定地说:"这封公开信早就送报馆了,我是听他们说的。"蒋又厉声追问:"那你一定也读过共产党的《八一宣言》了吧?"王昆仑毫不相让:"据我所知,岂止是我王昆仑一人读过《八一宣言》?蒋委员长您不是也读过吗?"蒋无言以对,气得拂袖而去。

一个月之后,蒋介石被冯玉祥质问为什么不把中共《致国民党公开书》向国民党中央委员传达,蒋听了一愣,反问冯玉祥:"这件事你是怎么知道的?"冯答:"我是听王昆仑说的!"

蒋愤怒地责问:"又是你王昆仑!你又是从哪里得到这样的消息的?"王昆仑不慌不忙地说:"我是从法国出版的中文报纸《巴黎时报》上看到的。"蒋训斥:"堂堂的国民党候补中委,为什么专看外国的报纸?"王昆仑再次反问:"中山先生亲自制定的国民党党章有没有规定国民党党员不允许看外国报纸?"蒋张口结舌,再次无言以对。

王昆仑的行为,特别是为了抗日的三次当面质询,让蒋介石非常记恨。他不仅常常被跟踪、监视,甚至被列入了国民党特务的抓捕和暗杀的黑名单,但他无所畏惧,依然维护抗日民族统一战线,积极推动抗日。

两见孙中山,加入国民党

王昆仑年少时就曾苦苦探寻救国、革命之法。他出身名门,是东晋书圣王羲之 67 代孙。王家世居名门望族,直到王昆仑出生时,还是无锡八大家之首。他的曾祖父王恩授,于清咸丰五年中举,曾受过同治皇帝的嘉奖。祖父名忠荫,官居三品,父亲王心如先后历任山东平原、海丰等县的知县及无锡税务所长,母亲亦出身名门。王家世代重视文化知识学习,既是官宦之家,又是书香门第。

年轻的王昆仑在乱世中很早便接受孙中山先生的三民主义,他认为追随孙先生革命才是救国救民的出路。1922 年末,王昆仑组织北京学生代表团秘密赴上海寻求上海各界对北京学生运动的支持。当时的王昆仑是一个"向往革命而又不知道如何'革'法"的热血青年,他非常希望可以见到孙中山,请孙先生给予指导。

位于无锡鼋头渚公园内的王昆仑故居及塑像。

  幸运的是，王昆仑等人在莫里哀路孙中山的私邸见到了孙中山和宋庆龄，亲耳听到了孙中山对于他们进行革命的指导："你们的斗争，也不是北京一个地方的事，而是全国人民的斗争……"此时，孙中山已经认识到，要推翻北洋军阀政府，不能依靠南方军阀，也不能依靠这支军队进行北伐，同时还必须在北方特别是北京开展各界人民反抗北洋军阀政府的斗争，动摇北洋军阀政府的基础。孙中山先生的一席话，给王昆仑等人指明了斗争的大方向，使他豁然开朗。

  这次与同学们一起面见孙中山，让王昆仑非常兴奋，但是他觉得还不够，还有很多不便于当场请教、许多当时还不能搞清楚的革命道理，他希望能单独拜见孙中山先生，再次请其予以指点。

  过了几天，王昆仑寻求孙中山秘书国民党元老谢持的帮助，希望谢持能再次引荐。谢持非常感动于王昆仑的诚挚，答应帮忙联络。

  精诚所至，金石为开。1922年12月底，孙先生在百忙之中不仅再次约见了王昆仑，还挤出时间与之长谈。当得知王昆仑还没有参加任何党派，孙中山欣然引荐其加入中国国民党。

回到北京后，王昆仑根据孙中山的指示在北京学生中广泛联络革命同志。在王昆仑的努力下，他在五四运动后组织曾与同学一起成立的民治主义同志会全体成员加入国民党。这个以王昆仑为核心的秘密国民党支部是北京大学学生中的第一个国民党支部。王昆仑在积极、秘密的发展国民党党员的同时，又奋发研读孙中山的《三民主义》《建国大纲》等代表著作，为之后参加革命活动奠定了理论基础。

集结国民党内爱国力量

正是对革命的执着追求，推动王昆仑一路前进。重庆的中共党组织在皖南事变后，根据中共中央和毛泽东关于国民党统治区工作要"隐蔽精干、长期埋伏、积蓄力量、以待时机"的指示，准备建立一个党的外围组织，以便了解国民党高层的动态，配合党的抗日民族统一战线开展工作。考虑负责组织联系工作的人选时，大家不约而同地想到了王昆仑。

早在白色恐怖严重的 1933 年，王昆仑已经秘密加入了中国共产党。他既是受周恩来、董必武直接领导的中共秘密党员，又是国民党内素有影响的著名人士，还身居国民党中央候补执行委员和立法委员的要职，活动平台比较大，无疑是合适的人选，由他来团结进步力量，坚持抗战、反对投降，组织上十分放心。

这个中共外围组织经过一段时间的酝酿，在周恩来、董必武、王若飞等同志的亲切关怀和直接领导下，于 1941 年夏正式成立，定名中国民族大众同盟。王昆仑与许宝驹、王炳南等发起人，被推选为主要负责人。一年后，组织改名为中国民主革命同盟。1948 年中国国民党革命委员会成立后，为了相区别，中国民主革命同盟简称为"小民革"。

小民革成立后，王昆仑根据工作需要，谨慎地、有计划地发展组织。王昆仑在重庆还秘密筹办并主编了刊物——《人民观察家》，亲自执笔撰写每期的评论文章或者重要报道，他在文中介绍中共的方针、政策和主张，帮助成员分析形势、认清方向、明确任务，有时他还会同汪季琦相商量，以达到更好的效果，如果赶上忙时，他则坚持口授，再请他人记录整理定稿。

小民革中既有中共党员参加，又有民主党派成员参加，是一个不公开的秘密政治组织，活动起来多有不便。为了进一步把国民党内的爱国民主力量集结起来，王昆仑开始联络、争取更多国民党中愿意进步的上层人士，深入到国民党内部开展反对内战、反对独裁的斗争，全面了解国民党内部各方面情况，分化、瓦解、策反地方实力派，促进民主力量之间的联合。

对于以何种方式将爱国民主力量集结，王昆仑经过一段时间的摸索与探寻，决定征求谭平山、陈铭枢、杨杰、郭春涛、朱蕴山等人的意见。出于安全的考虑，他通过一些媒介分别联络、深入商讨，大家认为可以通过经常性组织时事座谈会的方式，将各方面的人士联系起来。这就是后来被大家所熟知的民主同志座谈会。

参加座谈会的大多为国民党上层人士，王昆仑等发起者也会邀请教育界、工商界的上层人士。他多次在座谈会上介绍自己从事团结国民党内的爱国力量进行反蒋活动的经验，从自身的经历出发，帮助、引导大家认识到只有中国共产党才能领导中国革命，只有社会主义才能救中国。许多参加座谈会的人士不仅在政治上有了明显进步，而且大家通过座谈还成为了朋友。朱学范在忆及当时王昆仑在座谈会中发挥的作用时说："后来我在香港追随李济深、何香凝等同志发起筹建民革，并奔赴大洋彼岸会见冯玉祥将军，共商成立民革组织大计，都与王昆仑同志对我的影响分不开。"

1943年8月，王昆仑与谭平山等人一起成立筹备小组，准备在民主同志座谈会的基础上建立革命组织，大家就组织名称、组织路线、政治主张及是否向社会公开等问题进行了反复讨论，筹备小组取得一致意见，将组织定名为三民主义同志联合会（简称民联），以孙中山的三民主义为理论基础，积极开展争取国民党内上层爱国民主人士的工作。王昆仑在民联筹备中起着重要作用，参与了民联《政治主张》和《组织章程》等重要文件的起草。

1946年9月,冯玉祥赴美考察,王昆仑、曹孟君为其送行,在上海公和祥码头美琪将军号轮船上合影,前排左起:冯玉祥、李德全、曹孟君。

  1945年10月,民联正式成立,王昆仑被选为常务干事。蒋介石获悉他在这样的政治组织里担负主要负责人,非常恼怒。王昆仑此时的处境更加危险,不仅时刻处于被监视之中,更被国民党特务列为择机暗杀的对象。根据形势的变化和革命工作的需要,王昆仑借口自己有严重的胃病,在国内难以治愈,请求到美国去医病和疗养,遂与赖亚力、吴茂荪等中国民主革命同盟负责人先后赴美国,继续从事反蒋斗争。

  到达美国后,王昆仑积极协助冯玉祥将军组织的旅美中国和平民主联盟开展反蒋活动。为了阻止美国国会对蒋的援助,同盟决定给每一位美国国会议员发一封信件,揭露蒋介石的行径。王昆仑带着女儿一起到冯玉祥的寓所起草信件,直至深夜,他逐字逐句进行推敲、斟酌,力求将国内的真实情况介绍清楚。他还陪同冯玉祥在华侨中开展演讲,在美谋划、组织了多次重要活动,有力地支持了国内的民主运动。

重庆对谈,醍醐灌顶

为了更好地配合中共组织的行动,王昆仑非常注重及时学习中共中央最新的方针和政策。重庆谈判期间,王昆仑和小民革的同志们一起到桂园拜见毛泽东,一方面汇报自己所了解到的情况,另一方面更重要的是聆听中共中央的指示。

王昆仑对蒋介石可谓是知之甚深,见面后,他掩饰不住自己对于毛泽东安全的担忧,说道:"对蒋介石其人,我还是了解一些的。从我切身的体会来看,蒋介石是不可信的,他3次电邀您来重庆谈判,是不得已而为之,并非出自诚意。因此,我认为和谈是没有希望的;即使谈成了,国民党当权派也不会给共产党实权的。"

毛泽东回答道:"中共下定了决心。就是不管困难多大,一定要和谈成功,只许成功,不许失败。我们'苟能求全,不惜委屈'。为什么要这样做呢?因为人民需要和平,人民需要团结。中国今天只有一条路,就是和,和为贵,其他一切打算都是错的!至于我个人的安危,昨天下午我在特园看望张澜、鲜特生二位先生,并与其作了长谈,二位先生都不相信蒋有和平诚意。张先生指出,蒋在表

王昆仑著《红楼梦人物论》。

演鸿门宴，是假戏。我说，我们就来个假戏真做，让全国人民当观众，看出真假、分辨是非，这出戏就太有价值了。"

晚上，毛泽东在红岩村宴请大家，又谈兴未尽地将王昆仑、许宝驹、屈武留下，谈了个通宵。

王昆仑深深为毛泽东的胆略所折服，毛泽东亦十分欣赏王昆仑在"红学"方面的研究，还曾认真读过王昆仑写的《红楼梦人物论》，两人在讨论时你来我往，经常借古喻今、妙语连珠。

王昆仑担心谈判前途，忧虑地说："此次谈判……恐怕收效甚微。"

毛泽东则幽默回应："国共和谈就像两个人谈恋爱，总要论及婚娶。现在吾党有诚意，事情先成功一半，大家再推一把，拉一把，国共两党准会结婚。"

王昆仑依然担心道："即使结了婚也是悲剧呦！"

毛泽东说："当前蒋介石正玩弄着发动内战与和平谈判的两面手法，牛魔王、白骨精忽而变作正人君子。我们也要变的，要学孙悟空闹龙宫、闯地府、七十二变，外加十万八千里筋斗云……"

毛泽东的一席话让王昆仑感慨地说："真是醍醐灌顶，顿开茅塞啊！"此后，他更加明确了斗争的方向，有针对地宣传中共的政策，争取国民党内部的进步势力。

当新中国的"不管部部长"

1948年6月，王昆仑接到唐明照转达的周恩来指示："解放战争即将胜利结束，希望冯先生和昆仑转道回国，参加新政协会议的筹备工作。为安全起见，请冯先生（即冯玉祥）和昆仑父女分别由水陆两路到东北跟香港与一批民主人士会合。"王昆仑借口赴欧洲旅游，偕爱女王金陵离美赴欧，踏上回国的征途。途经英国、法国、捷克斯洛伐克、苏联等国，最终在党组织的安排和帮助下，历经3个月的长途跋涉，顺利进入解放区。

1949年2月25日，王昆仑等35位民主人士一起由解放区抵达北平，在火车站受到董必武、彭真等领导同志的热烈欢迎，投入到了筹备新政协的工作中。

他在董必武的带领下，参与了起草中央人民政府组织法的工作。

4月29日，王昆仑等小民革的领导人在北京六国饭店受到了周恩来的亲切会见。周恩来对小民革的作用给予了很高的评价，并指出了今后的工作任务和工作方式。周恩来代表中共中央关于小民革的指示和谈话，使王昆仑受到了很大的鼓舞，也让他开始考虑小民革下一步前进的方向。

结合周恩来代表中共中央对小民革领导成员的指示及小民革自身的情况，经过慎重考虑，怀着不舍的心情，王昆仑等小民革领导成员一致认为：小民革多数成员已经交叉加入其他民主党派，少数原来未加入任何党派的成员，可以根据自己的意愿加入民革或其他民主党派（小民革在历史上就有与民联、民促联合的动议，只是囿于当时的客观条件不具备而未合并），小民革组织的历史作用已经完成。鉴于此，在新政协筹备会第二次会议上，王昆仑与王炳南、许宝骙、阎宝航、金仲华、吴觉农、袁翰青7人发表了《中国民主革命同盟结束声明》，宣告："本盟中央委员会根据目前形势和盟员郑重决议，于即日起宣布本盟的终结。"王昆仑以民主党派成员的身份，同中国共产党密切合作，共建新中国。

1949年9月15日，王昆仑代表民联出席中国人民政治协商会议第一届全体会议，参与了《共同纲领》《中国人民政治协商会议组织法》等重要法规的讨论，会上他被推选为全国政协常委。

周恩来在研究中央人民政府各部委主要领导人选时，几经斟酌，和王昆仑商量："昆仑同志，关于你的工作安排，我想请你出任外交部副部长、协助我这个兼职的部长做些外交方面的工作。"

王昆仑对于党组织对他的信任十分感动，但他完全从工作出发，认为自己并不适合做外交部工作，遂坦诚地说："总理，我没有外交方面的工作经验，还是委任更合适做这项工作的同志当你的助手吧！"

周恩来继续做他的工作，劝道："昆仑同志，没有经验可以从工作实践中学习嘛！再者，准备任命王炳南同志为外交部办公厅的主任，准备任命阎宝航同志为副主任，他们都是和你很熟的战友嘛！"王昆仑听后详细剖析了自己的情况，

王昆仑（左二）在检查卫生工作。

再次恳请另选比自己更适合的人来担此重任。

周恩来为他大公无私的精神所感动，若有所思地说："那你当'不管部部长'吧！"虽然没有担任外交部领导职务，但王昆仑凭借自己扎实的理论、渊博的学识、深厚的修养，为新中国的建设贡献着自己的智慧。

10月1日，王昆仑作为嘉宾在天安门城楼上观礼时，周恩来对王昆仑说："昆仑，你还记得吗？五四运动时，学生在这里挨打；30年后，人民做了主人，我们上了主席台，这可真是天翻地覆的变化。"

听着周恩来的话，王昆仑抚今追昔，回忆自己为新中国诞生而奋斗的艰难历程，内心感慨万千。当毛泽东主席庄严宣告中华人民共和国成立、当城楼下边游行大军浩浩荡荡地经过时，他再也控制不住自己的情感，任泪水模糊了双眼，下定决心要为人民的幸福和新中国的建设添砖加瓦。

兢兢业业为人民谋福利

新中国成立后，王昆仑被任命为政务院政务委员，直接参与政府的工作。

1955年起,他又被任命为北京市副市长,协助时任北京市市长彭真分管北京市的文化卫生工作,这一干就近12年。上任伊始,他就抱定决心从看病入手,解决卫生战线上所存在的问题,他按照北京市人大决议,亲身到一线进行调研,提出"分级分工医疗"的具体办法,让群众就近就医,大病再到大医院,显著缓解了挂号、候诊、取药时间长及诊治时间短的问题。为了解决急重病人的困难,他指示卫生局成立急救站,并督促建设,为测试运行服务效果,还亲自躺在急救车里感受行车时的颠簸程度。他在北京市组织开展爱国卫生运动,领导北京市爱国卫生运动委员会总结制定了一套户户有人负责、条条块块相结合、突击扫除与经常保洁相结合的推进群众卫生工作的有效办法。在他的努力下,到20世纪50年代后期,北京市的大街小巷环境整洁、蚊蝇极少,卫生面貌一新,一度被外国来访者赞誉为无蝇城,得到了国务院、中央爱国卫生运动委员会的表彰。

王昆仑特别关心生产第一线劳动群众的健康,亲自前往京西城子煤矿考察,下矿井步行到巷道深处采煤的掌子面上,察看粉尘的状况,了解矿工饮水是否清洁、饮食热不热,并叮嘱矿上对矿工的职业病——矽肺要加强预防措施。

王昆仑(左)与梅兰芳(中)、马连良(右)在北京京剧工作者联合会成立大会上。

王昆仑也非常喜爱文学艺术。在主抓北京市文化工作时，他努力贯彻百花齐放、百家争鸣、推陈出新的方针，鼓励和支持话剧、曲艺等艺术的发展。当了解到人民艺术剧院演出场地十分狭窄简陋后，王昆仑亲自到后台考察了解情况，并通过努力，把当时北京市设备最好的首都剧场交给人艺使用。他指示要对艺术精湛、久别舞台的老艺人在生活上给予特别照顾，同时还力主振兴传统文化，挖掘、保护一批濒临绝迹的老剧目。此外，在他的努力下，北京市修葺了国子监，成立了首都图书馆，翻译故宫所藏有关《满文老档》搜集史料，组织力量考察曹雪芹在北京生活的遗迹，推动红学研究。

主要参考文献：

1.《王昆仑》，王朝柱，花山文艺出版社1997年。

2.《文史资料选辑第87辑》，中国人民政治协商会议全国委员会文史资料研究委员会编，文史资料出版社1983年。

3.《中国各民主党派》，于刚主编，中国文史出版社1987年。

4.《王昆仑与太湖别墅》，民革中央宣传部编，团结出版社2015年。

5. 王弘《王昆仑大闹国民党"六大"》，《党史文汇》，1995年8期。

6. 林峰《敢叫板蒋介石的王昆仑》，《党政视野》，2015年10期。

7. 赵英秀《毛泽东重庆谈判中鲜为人知的趣事》，《党史月刊》，2009年4期。

屈武（1898—1992），字经文，陕西渭南人，1952年加入民革。1949年后，曾任西北军政委员会委员，新疆迪化市（今乌鲁木齐市）市长，政务院副秘书长兼参事室副主任，孙中山研究会名誉顾问，中苏友好协会会长等职。民革第三、四届中央常委，第五届中央副主席，第六届中央副主席、代主席、主席，第七届中央名誉主席。第一、二、五届全国人大代表。第三至五届全国政协常委，第六、七届全国政协副主席。

屈 武
参加北平和谈，推动新疆和平解放

1949年4月20日，国民党政府公开拒绝在《国内和平协定》上签字，蓄势已久的人民解放军以雷霆万钧之势，向国民党统治地区全力出击，以尽快解放全中国。在这个关键时刻，回到南京复命的国民党和谈代表团顾问屈武，辞别了岳父于右任，匆匆登上了国民党军用飞机，辗转赶赴局势复杂的新疆。他之所以做出这一决定，是受到周恩来和张治中的嘱托，准备以国民党新疆省政府委员兼迪化市（即今乌鲁木齐市）市长的公开身份，推动新疆尽快实现和平解放。

在周恩来的直接领导下，从事统一战线秘密工作

1919年五四运动中，21岁的屈武作为陕西学生代表赴京请愿，以头碰壁，血溅总统府。同年8月，孙中山亲自指派于右任、邵元冲作介绍人，破例吸收屈武加入中国国民党。1925年1月，经王若飞、刘天章介绍，屈武加入中国共产党，在李大钊领导下从事革命活动。1926年1月，屈武前往苏联，先后在中山大学和伏龙芝军事学院学习。

1927年8月1日，在蒋介石、汪精卫相继背叛革命，白色恐怖笼罩全国之

际，屈武密切关注国内局势的发展，与毛泽东、宋庆龄、邓演达、谭平山、邓颖超等 22 名国民党中央委员联名发表宣言，痛斥蒋介石、汪精卫的反革命行径，继续坚持孙中山的三大政策。1937 年 7 月，滞留苏联已达 12 年之久的屈武坚决要求回国参加抗战。1938 年 10 月，他如愿以偿，辗转抵达了重庆。

1939 年 1 月，在王炳南安排下，屈武在曾家岩 50 号见到了中共中央军委副主席、南方局书记周恩来。虽是初次见面，但周恩来那浓浓的剑眉，炯炯的目光，亲切的笑容，从容的举止，潇洒的风度，深深地吸引了屈武。屈武向周恩来提出恢复党籍和上前线带兵打仗的请求。周恩来没有正面回答屈武的请求，而是请他思考一个问题："天上的日月星辰，地上的江河湖海，都有它们各自的位置。在革命的阵营里，每个革命者都有他各自的位置……你的最佳位置在哪里呢？"周恩来认为，以屈武的学识和经历，特别是独特的社会关系，还是留在党外，做抗日民族统一战线工作为好。他告诉屈武："中国革命有多条战线，统一战线就是一条十分重要的战线，是可以大有作为的。"这次会谈持续了三个多小时，使屈武豁然开朗。他暗暗下定决心，一定要好好干一番事业，不辜负党组织和周恩来的信任和期望。这次会面也给屈武留下终生难忘的印象。从此，在周恩来的直接领导下，屈武开始在统一战线这一特殊战线从事秘密工作。

屈武的岳父于右任先生是国民党元老，长期担任国民党政府监察院院长。周恩来曾专门就于右任的问题与屈武长谈。他说："于右任先生是位公正的人，有民族气节，但是在国民党内部，他还不能算是一位真正的左派。他态度不坚定，旗帜不够鲜明。"他告诉屈武，要爱护于右任先生，要"在政治上帮助他，帮助他认识两党合作、团结抗战的重要性，对这方面发生的重大问题，要有正确的理解和积极的态度"。按照周恩来的指示，屈武在重庆期间一直生活在于右任身边，适时地向他讲述时局发展的实际情况，使于先生在此后国共两党的多次冲突中，不受顽固势力蒙骗，仗义执言，做了许多有益的工作。

屈武与蒋经国是莫斯科中山大学的同学，并于 1925 年 6 月结拜为兄弟，在留苏期间结下深厚情谊。1939 年 3 月，国民党在重庆设中央训练团，轮训高级干

屈武与妻子于芝秀合影。

部,屈武第一批受训,结业后留在团部任训育干事。恰逢蒋经国作为第三期学员来重庆受训,这是两人在苏联分别9年后的第一次相逢,激动之情,难以言表。这年夏天,屈武应蒋经国之邀,前往赣南考察。在赣州郊游之时,二人以"建千秋功业,为青史留名"相期。1941年,蒋经国调回重庆,两人时常聚会,交谈甚为投机。

"皖南事变"后,为减少革命力量的损失,更有效地团结国民党内坚持国共合作、拥护抗日的力量,根据周恩来指示,屈武与王昆仑、许宝驹、王炳南等发起成立中国民主革命同盟(小民革)。这是一个由中共南方局直接领导的外围革命组织,由一部分中共党员、爱国民主人士、国民党左派以及在国民党政府内担任较高幕僚职位的革命人士组成。屈武是该组织的重要发起者和领导成员之一。屈武的住所重庆领事巷10号康心之公馆是该组织负责人研究问题、商讨工作的重要场所。

1941年6月,苏德战争爆发。屈武利用各种机会发表演讲、撰写文章,分析苏德战争的发展趋势,对喧嚣一时的反共、反苏论调,予以有力驳斥,被时人誉为"论断苏德战争之权威"。1944年2月,屈武将部分演讲文稿和文章汇集成《论苏德战争》一书在重庆出版,这是他一生中唯一的军事著作。屈武在结语中表示,出版该书的目的,意在促进国共合作、全民抗战,鼓舞人民士气,同时也为了给胜利之后从事各种改革和完成建国大业,提供宝贵的经验教训。

1944年3月,蒋介石突然召见屈武,命他到陕西省去担任建设厅长。屈武觉得这会影响自己在重庆所开展的工作,表示拒绝。蒋介石马上大发脾气,用手拍着桌子,声色俱厉地说:"这是命令!"屈武将情况及时向周恩来作了汇报。周恩来认真思考后说:"这件事看来已无可挽回,只好赴任。"在陕担任建设厅长期间,屈武根据周恩来的指示,与设在七贤庄的八路军办事处做了必要的秘密接触,并通过八路军办事处帮助多批进步青年和知识分子奔赴延安,还与杜斌丞、杨明轩等组成了中国民主革命同盟西北小组(杜斌丞任组长),指导陕西和西北地区民主人士的抗日斗争和反对国民党顽固派破坏抗战的活动。

1945年8月15日,日本宣布无条件投降。28日,中共中央主席毛泽东应邀亲赴重庆,与中国国民党总裁蒋介石共商建国大计。31日下午,毛泽东在红岩村八路军办事处与中国民主革命同盟负责人座谈,屈武参加了这次座谈,还有幸与毛泽东进行了彻夜长谈。毛泽东与屈武谈论于右任先生和他的诗词、书法,谈论蒋经国先生。屈武明显地感觉到,毛泽东对这两个人如此感兴趣,大概是因为这两个人就像是两扇窗户,透过这两扇窗户,可以掌握国民党上层的情形吧。在重庆的43天中,毛泽东广泛地接触了各党派各阶层的代表人物。在众多接触和交谈中,毛泽东与屈武、王昆仑等中国民主革命同盟领导人的谈话,是时间最长、最为投机的一次,是一次破例的彻夜长谈。毛泽东、周恩来后来多次提到这次谈话,称在重庆期间谈得"最相得的"就是小民革的这些朋友,认为他们对党的政策了解得透、理解得深,在政策方面最容易说得通。

位于重庆市渝中区领事巷的康心之公馆，屈武曾在此居住，是"小民革"活动地。

参与迪化和谈，推动释放被押共产党员

1944年9月，新疆北部乌拉斯台地区爆发民族起义，民族军占领伊犁、塔城、阿勒泰三个地区，史称"三区革命"（又称伊宁事件）。1945年8月，民族军进逼迪化。蒋介石力图和平解决新疆问题，于是派出以张治中为首的和谈代表团，与三区代表在迪化进行谈判。经张治中推荐，蒋介石同意屈武作为代表团成员参与迪化和谈。和谈期间，屈武作为张治中的得力助手，尤其在寻求苏联调停方面，做了大量工作。

迪化和谈历时8个月，分为两个阶段进行。第一阶段（1945年10月至1946年1月），双方签订《中央政府代表与新疆暴动区域人民代表之间以和平方式解决武装冲突之条款》及《附文一》；第二阶段（1946年4月至6月），双方在《附文二》上签字。伊宁事件由此得到和平解决。伊宁事件和平解决影响重大而深远，特别是为三年后新疆和平解放奠定了基础。在随后成立的新疆联合省政府

中，屈武被任命为省政府委员兼迪化市市长。

此次前往新疆，屈武还肩负着一项特殊使命。出发前往新疆前两天，即1945年10月12日晚上，屈武到曾家岩50号向周恩来辞行，周恩来严肃而诚恳地叮咛道："你到新疆去有一件重大的事情要办。盛世才统治新疆时期，关押了100多名中共党员，到现在还没有释放出来。今天下午，我已经向文白先生（即张治中）提出，请他到新疆后，务必贯彻《双十协定》中关于释放政治犯的条款，把这些中共人员释放出来，并安全送回延安。"考虑到这次新疆和谈任务艰巨，担心张治中遗忘这件事，周恩来再三叮嘱屈武：必须随时提醒文白先生，切实帮助他解决好这一重大问题。

由于和谈进展得极为不顺利，张治中无法分心营救中共党员。在屈武的一再提醒下，张治中经过慎重考虑，决定由屈武一面参加和谈，一面帮他着手处理释放中共人员事宜。屈武即刻代表张治中前往迪化第四监狱探望中共已故领导人瞿秋白的妻子杨之华和女儿瞿独伊。屈武详细问了她们在狱中的情况，告诉她们要注意身体，并转达了周恩来夫妇的问候。屈武将狱中人员情况，及时向张治中作了汇报，并提出如下建议：一、提高伙食标准；二、改善医疗卫生条件，凡造成人命事故者，一律军法从事；三、合并男女监，允许亲人团聚，允许在狱内自由活动；四、取缔地铺，安装火炉，增加被褥、棉衣；五、供给报纸，代购书刊；六、发给部分零用钱。张治中表示赞同，立即下令实施，使中共人员的处境大为改观。

1946年1月，张治中返回重庆，代表国民党政府参加军事三人小组，监督国共双方《停战协定》执行情况。屈武也同机返回，向周恩来讲述了新疆被关押中共人员的情况。周恩来对他们表示感谢，并强调要抓紧当前有利时机，一鼓作气去完成这项工作，以免夜长梦多。

1946年4月初，屈武随张治中返回新疆。此时张治中已被任命为国民党政府西北行辕主任兼新疆省主席，不仅是中央政府代表，还是地方军政长官。张治中深感释放中共人员一事不能再拖了，即与屈武共同拟定一封措辞强硬的电报，

在新疆监狱关押的孩子们到延安后的合影。

要求蒋介石尽快批准释放被关押的131名中共人员。电报指出:"委座在一月份政治协商会议上宣布的四项诺言中就有释放政治犯一条。对此,三区方面甚为关注,反响强烈。若不释放,很难取信于民,尤其会对和谈协议造成直接不良影响,甚至很可能前功尽弃。"在内外形势的迫使下,蒋介石不得不于5月10日复电同意释放在押的中共人员。

　　1946年6月10日,被囚禁数年的131名中共人员重获自由。屈武代表张治中前往送行。他在欢送词中特别说明:"这次各位得以释放,第一要感谢毛泽东先生,他在重庆谈判时,就提出了释放政治犯的问题,并且坚持把这一条写入《双十协定》;第二要感谢周恩来先生,在重庆时他反复给张文白先生和我交代,要我们设法尽快释放被囚禁的中共人员;第三要感谢张文白先生,他真心拥护国共合作,为释放各位,颇费周折,出了大力。至于我个人,只不过是受周恩来先生之托,受张文白先生之命,做了一些应该做的工作,不足称道。"7月11日,在张治中、屈武等人的周密安排下,这批中共人员历尽艰险,辗转6000余里,安全抵达延安。

　　不经过任何谈判,不履行任何手续,不附加任何条件,一次释放131名中共人员，而且派人安全护送回去，这在国共关系史上是一个奇迹，是一曲不朽的壮歌。周恩来后来说："当年释放在新疆的共产党人，这在国共关系史上是空前的，绝无仅有的。"屈武为协助张治中完成这一壮举而由衷地感到自豪。在返回延安的这批中共人员中，有的成为党的高级领导干部，如马明方、张子意、高登榜等；有的成为新中国空军的中坚和骨干，不少人担任新中国空军的高级领导职务，如谢良、方槐、吕黎平等；许多同志在新中国成立后承担国家政府部门及科技、文化、卫生、教育部门的重要工作，如杨之华、沈谷南等，为新中国建设作出了贡献。

参加北平和谈，推动新疆和平解放

1948年冬，内战胜败之局已定。1949年元旦蒋介石通电下野，避居奉化溪口。1月22日，"代总统"李宗仁在南京发表声明，愿在中共所提八项条件基础上进行和平谈判。3月24日，以张治中为首席代表的国民党和谈代表团正式组成。4月1日，屈武作为顾问随代表团飞抵北平。国共双方代表团经过半个月的反复磋商，于4月15日就拟定的8条24款的《国内和平协定》达成协议。国民党代表团推举屈武与黄绍竑携带《国内和平协定》最后修正案回南京复命。

4月16日凌晨4点，屈武返回南京前，周恩来专门找他谈话，提醒他："国内实现和平的希望很小。如果决裂了，你要赶快回到新疆去，策动那方面的部队起义，尽量使人民少受或不受损失。看来全面的和平是办不到了，但我们期望出现一些局部地区的和平。"张治中也嘱托屈武："《国内和平协定》很可能不被李宗仁他们接受。南京复命后，希望你迅速返回新疆，与陶峙岳将军、包尔汉主席密切合作，为实现那里的和平转变作出贡献。新疆必须是和平的新疆，新疆必须是没有流血和战火的新疆，我们必须确保新疆金瓯无缺。"

4月21日凌晨，国民党政府复电和谈代表团，拒绝签订《国内和平协定》，北平和谈全面破裂。解放军随即突破长江防线，南京、武汉、上海相继解放。当日，于右任被劫持到上海，屈武陪同于先生到沪。几日后，恰逢国民党甘肃军区司令郭寄峤奉命回甘肃布防，特向于先生辞行，屈武趁机告别于先生，搭乘郭的专机飞抵兰州，然后搭乘便机辗转回到新疆迪化。

屈武返回迪化后，全力投入到筹划新疆和平解放的工作中去。根据周恩来的安排和张治中的嘱托，屈武会同刘孟纯（时任西北军政长官公署秘书长兼新疆省政府秘书长）、刘泽荣（时任新疆外交特派员）一起，积极协助陶峙岳（时任西北军政长官公署副长官兼新疆警备司令）、包尔汉（时任新疆省政府主席）起义。在艰巨复杂的环境中，他们分头做国民党部队中上层将领的工作。屈武还应邀到新疆学院、汉族文化促进会等处发表演讲，进行舆论准备。他讲述了北平和谈的经过，谈了在北平的所见所闻，深刻阐述了全国解放战争的形势，并赞扬张治中的和平主张，指出"新疆只有走和平解放的道路，才是唯一正确的道路"。

屈武的言行，激起反动势力的仇恨，他们写信恐吓屈武，并附寄两枚子弹，以示威胁。反动将领马呈祥甚至扬言"屈武不除，迪化不宁"，多次派特务暗杀屈武，但未能得逞。7月22日，陶峙岳返回迪化，开始策划起义的实质性工作。此后，新疆军、政负责人之间进行了多次沟通，就许多重大问题达成共识，为新疆和平起义奠定了思想基础。在这一过程中，屈武多方奔走，出力颇多，受到陶峙岳、包尔汉的赏识和信任。7月底，张治中从北平给陶峙岳发来电报，特意发新疆省政府收转，希望陶将军根据形势发展，与包尔汉、屈武共商对策，共推和平起义进程。

8月25日，中国人民解放军第一野战军攻克兰州。9月5日，解放西宁，形成进军新疆之势。此时，屈武与陶峙岳、包尔汉、刘孟纯等策划的和平起义工作已到了最后阶段。9日，屈武在迪化市各界庆祝第八届体育节暨儿童体育杯篮球赛开幕典礼上大声疾呼："新疆必须是和平的新疆，不是流血与战争的新疆，希望大家……以不怀疑的信念，不动摇的决心，拥护陶副长官、包主席正确的领导，使新疆走向光明的道路。"9月中旬，蒋经国给屈武发来急电：据云迪化正进行局部和平运动。遥望西北，唯有痛哭而已！蒋经国要屈武"以党国事业为重，盼大力挽回变乱之局，设法保存新疆"。屈武不为所动，回电表示："中山先生尝言，顺乎世界之潮流，适乎人群之需要。今新疆和平解放乃大势所趋，人心所向，焉能阻挡。人各有志，恕难从命。"

1949年9月25日，以陶峙岳为警备司令的国民党驻新疆部队发布起义通电，脱离国民党反动集团，接受人民革命军事委员会领导。26日上午，以包尔汉为主席的新疆省政府发布起义通电，决定与国民党广州政府断绝一切关系，听候中央人民政府使命。28日，中共中央毛泽东主席、朱德总司令复电嘉勉，要他们"团结军政人员，维持民族团结和地方秩序，并和现在准备出关的人民解放军合作，废除旧制度，实行新制度，为建设新新疆而奋斗"。在新中国成立前夕，新疆全境实现了和平解放，新疆历史揭开了崭新的一页。

新疆起义从酝酿到最后实现，经历了半年多极其复杂的斗争过程。紧要关头，屈武几乎牺牲了性命。但为了对党、对人民负责，屈武仍不辱使命，全力以赴地促其实现。新疆宣布起义后，屈武受包尔汉、陶峙岳委派，担任欢迎人民解放军进疆代表团团长赴甘肃酒泉，受到彭德怀（解放军总部副总司令）、王震（解放军第一兵团司令员）、王恩茂（解放军第一兵团政委）的热情接待。屈武向他们汇报了新疆起义经过，通电起义后的形势，表达了新疆各族人民盼望解放军早日进疆的心情。在屈武所率欢迎代表团的引导下，人民解放军不费一枪一弹，不流一滴血，浩浩荡荡进驻新疆。

毛泽东对屈武所做的工作给予充分肯定。新中国成立后，毛泽东在接见屈武时说："你在新疆做了两件大好事，一是协助张治中释放了131名中共人员，二是策动新疆和平解放，这两件事都是具有重大的意义和价值的。""新疆是个好地方，是全国最大的一个省区，面积约占全国总面积的六分之一，拥有14个民族，占到全国56个民族的四分之一。英美帝国主义和民族分裂主义分子，早就把新疆看成是一块肥肉，虎视眈眈，垂涎三尺。这么大片的国土，这样众多的民族，没有经过战争，没有经过流血，没有被分裂出去，而是和平地回到人民的怀抱，这是中国现代史上值得庆幸的一件大事，值得大写一笔。"

从新疆到北京

1949年12月17日，新疆省人民政府成立，屈武任省政府委员兼迪化市市长。1950年1月19日，西北军政委员会成立，屈武任西北军政委员会委员。3月，屈武奉调入京，历任政务院副秘书长兼参事室副主任、全国人大常委会副秘书长、国务院对外文化联络委员会副主任、中匈友好协会会长等职，为国家建设和加强中外交流做了大量工作。到北京后，屈武再次加入中国共产党。

新中国成立初期，百废待兴。特别是国家新建不久，一切规章制度都需要重新修订，起草规章和法律的重任就落在了参事室。屈武具体负责参事室工作，法律草案也多由屈武和几位副秘书长共同审查。审查工作常常是通宵达旦，夜以继日。屈武虽废寝忘食，也不以为苦。除参事室外，屈武还负责保密工作。除政务院本身的保密工作外，还要指导中央各部门及各大区的保密工作。因工作繁忙，屈武曾多次申请参加抗美援朝及土改运动，但均没有得到批准，未能如愿。

1954年9月，屈武转任全国人大常委会副秘书长，分管图书出版，并担任编译室主任，同时兼任预算委员会委员，参与对政府预决算的审查工作。人大常委会外宾接待的具体工作，也多由屈武负责。除在京组织宴会、接见、游览外，屈武还曾陪同印度、巴基斯坦、日本、罗马尼亚等国议会代表团到各省市参观访问，并作为全国人大代表团秘书长应邀赴荷兰、苏联等国进行访问，较好地完成了任务。

屈武始终心系统一，为促进祖国和平统一殚精竭虑。早在1955年，屈武就曾参与国共两党为和平解决台湾问题开展的秘密接触。1956年10月，国共双方议定，派代表在澳门接触，大陆方面的代表是屈武和徐冰，台湾方面的代表是蒋经国。后因故中断，未能取得成果。中共十一届三中全会以后，屈武不辞年迈，更加积极地进行促进祖国统一工作。1980年3月12日，孙中山逝世

屈武赴浙江奉化祭扫蒋经国生母墓时的留影。

55周年纪念日，屈武给蒋经国写了一封长信，忆及当年赣南相聚、相期青史留名的情景，期望蒋经国能"顺应潮流，体察民意，果断抉择"。1983年4月，原国民党和谈代表团成员刘斐逝世，屈武作为唯一健在的代表团成员在给蒋经国的告知信中，进一步敦促蒋经国"及早决策，共竟祖国统一大业"。1987年6月，90岁高龄的屈武专程到浙江奉化溪口祭奠蒋经国母亲，替蒋扫墓尽孝。1987年10月，台湾方面宣布从当年11月2日起，允许除现役军人和公职人员以外的台湾居民，经第三地转赴大陆探亲，海峡两岸同胞分离长达38年之久的隔绝状态终于被打破。

主要参考文献：

1.《屈武回忆录》，陈江鹏整理，团结出版社 2002 年。
2.《民革领导人传》，民革中央宣传部编，团结出版社 2007 年。

朱学范（1905-1996），曾用名屏安，上海金山人，民革创始人之一。1949年后，曾任邮电部部长、政务院财经委员会委员、中国国际交流协会副主席、中国国际友谊促进会会长、中国和平统一促进会会长、第七至九届全国总工会副主席、中国集邮协会名誉会长、中国职工对外交流中心名誉会长、中国红十字会名誉会长等职。民革第一、三、四届中央常委，第五届中央副主席，第六届中央副主席、主席，第七届中央主席，第八届中央名誉主席。第一至三届全国人大代表，第五至七届全国人大常委会副委员长。第二至四届全国政协常委。

朱学范
新中国首任邮电部部长

1949年9月，就在新政协召开前夕的一个晚上，中华全国总工会主席陈云来到北京饭店，看望参加政协筹备会议的朱学范。陈云告诉朱学范：中共中央经过研究，希望朱学范在新中国的中央人民政府担任邮电部部长。听到这个消息，朱学范很是吃惊，当即谦辞：自己是一名党外人士，不是共产党员，且年纪只有44岁，这么重要的位置应该由一名德高望重的共产党员来担任比较好。陈云说：你是邮工出身，懂邮政业务，你在1936年就去苏联考察过邮电建设，这件事中央已经定了，请你不要推辞。

一个月后，中央人民政府委员会召开第三次会议，正式任命民革党员朱学范为政务院邮电部部长。年轻的朱学范由此成为新中国首任邮电部部长。

中国劳工运动的领袖，国际知名的工会活动家

其实，早在新中国成立前，朱学范就已经以中国劳工运动领袖的身份登上了中国的政治舞台。他是知名的工会活动家，在国际工运界享有很高的声誉。

朱学范1905年出生于上海枫泾一户普通人家，年少时曾在教会学校接受西式教育、学习英文，打下了扎实的英文基础。1924年，朱学范参加了上海邮局招

朱学范故居。

工考试被录取，成为一名邮务生。正是邮政系统工作的经历，为他日后从事邮电事业积累了经验。

此后，朱学范相继经历了五卅运动时期工人罢工运动、北伐战争时期上海工人武装起义等革命风云的洗礼，并以邮工代表身份参与到邮务工人的罢工斗争中。在大革命浪潮中的锻炼让朱学范认识到工人力量的强大，他立志要为苦难的中国工人谋求福利、争取权益，开启了此后的工人运动生涯。为了让工会组织更好地开展活动，1928年朱学范加入了中国国民党。

抗日战争爆发后，朱学范相继担任了上海市总工会主席、中国劳动协会理事长等职务，是工会组织中颇具影响力的人物。他组织了一系列反日罢工运动，致力于全国工人运动的统一，还组织沦陷区技工内迁后方参加战时生产，举办劳工教育提高劳工技术水平，兴办工人劳工文化福利事业。结合多年的工人运动经验，结合抗日救亡运动的开展，朱学范形成了"团结劳工、建立联合战线，是劳工的当务之急，同时，中国劳工运动还需要同世界劳工运动结合起来，建立国际工人反法西斯统一战线"的理念。这样的理念写进了他1936年发表的著名文章《中国劳工运动之前途》中，也在他之后所开展的一系列国内外工人活动中得到了体现。

1936年4月，朱学范受国民党政府派遣，以中国劳工代表的身份出席了在瑞士日内瓦举行的第二十届国际劳工大会。他在大会上用流利的英语发言，大声疾呼改善中国劳工的待遇，引起了各国劳工代表的注意和关切。首次亮相让朱学范在国际劳工界获得了良好的声誉和口碑，加之英语流利、工人运动经验丰富，此后历届国际劳工大会，国民党政府都派遣朱学范出席。朱学范以中国劳工代表的身份在国际劳工的大舞台上宣传介绍中国工人和人民英勇抗战的事迹，揭露日本法西斯对中国人民的残暴行径，争取各国工人从物质上和道义上支援中国人民的抗日战争，引起各国工人代表的重视。

1938年，朱学范赴日内瓦参加第二十四届国际劳工大会。当时很多欧洲人对中国军民能够实行全面抗战颇感意外，所以朱学范出席此次会议代表的不仅仅是普通的中国劳工，更是代表能够以弱敌强、坚持抵抗日本法西斯侵略的勇敢的中国劳工。当他进入会场之时，出席大会的几十个国家代表给予他热烈掌声表示欢迎。大会期间，朱学范沉痛申诉中国惨遭日本侵略的事实，并举行茶会招待各国劳工代表和记者，放映从国内带去揭露日军在南京大屠杀暴行的纪录影片。各国劳工代表对日军暴行极为愤怒、反应强烈，对中国的英勇抗战表示十分敬佩，纷纷表示要以实际行动支援中国抗战。

1941年，第二次世界大战形势继续恶化，中国抗日战争进入战略相持阶段，处于严重困难时期。朱学范出席在纽约召开的国际劳工组织非常会议期间，应美国劳工部长柏金斯邀请，向美国劳工部作演讲。朱学范在演讲中介绍了中国工人和人民不畏困难、坚持抗战的真实情况，分析了中国抗战与美国人民安全的关系，大声呼吁美国政府采取有效行动援华制日。美国政府的工作会议，向来不邀请外国来宾，此次却让一个外国工人代表在会议上演说，这是不多见的。

由于连续出席国际劳工大会，在第二十三届大会上，朱学范得到各国劳工代表支持，当选为国际劳工组织理事会候补理事，成为中国第一个被选举进理事会的劳方代表。在1945年世界工联成立大会上，朱学范当选为世界工联副主席、执行委员，这大大提高了中国工会在国际上的地位。朱学范也因此成为国际工人运动领袖，享有很高的声誉。

在国外活动时期，朱学范还相继考察了苏联、英国、美国、法国等国家的工会，途中所见所闻对他产生了深刻的影响。特别是1936年对苏联的访问考察让他印象极为深刻：苏联邮务职工近18万人都参加了工会，工会主办福利事业，负责后勤保障；工人每周工作时间固定，还有15天年休假，可以到工会自建的疗养院或休养所免费休养；工人伤病退休等都有保障。这样的劳动和生活景象与中国工人所处的恶劣的环境和非人的待遇完全不同，着实令人羡慕。朱学范联想到中国工人的实际情况，对孙中山提出的"以俄为师"有了亲身、新的理解，他多么希望中国工人也能享受到如苏联工人一般的劳动环境和待遇！新中国成立后，担任邮电部部长之职的朱学范率先在全国邮电企业中实行了邮电职工劳动保险制度。

与中国共产党真诚合作，帮助解放区工会走向世界舞台

在参加国内外劳工运动的过程中，朱学范同当时的中国共产党有了接触与合作。1935年，中国共产党提出抗日民族统一战线，朱学范及其领导下的中国劳动协会成为主要团结对象之一。1936年，中共代表李立三秘密会晤了访问苏联的朱学范，二人达成了双方工会联合抗日的默契。

抗战时期，朱学范曾在国内筹备发起一个名为中国工人抗敌总会的组织，希望能够联合全国工人力量统一抗日，使工会成为社会上的一股强大力量。倡议得到了各级工会的积极响应，陕甘宁边区总工会也给予积极回应，但国民党当局却并不支持。根据当时国民党政府颁布的《工会法》规定，中国不允许建立全国性的总工会，筹备工作最终失败，朱学范深感失望，也从中看到了国民党对待工人的真正态度。

1945年初，世界反法西斯战争胜利在望，世界工会运动面临着如何实现统一和如何对待战后世界的重大问题，决定于当年9月在巴黎举行世界工会大会，成立世界工会联合会。6月，解放区职工联合会筹备会主任邓发给朱学范发电报，表达解放区职工联合会能够派出自己的代表与朱学范所领导的中国劳动协会代表共同出席当年9月在巴黎举行的世界职工大会的愿望。朱学范当即赴八路军驻渝办事处，表明同意解放区工会请求的态度。

9月，国共双方在重庆谈判之际，周恩来又与朱学范当面详谈了关于抗日战

争胜利后中国工会的团结统一问题。周恩来还在谈话后给朱学范写了封信，再次表明"中国解放区职工联合会筹备会颇愿以团体会员资格加入劳动协会"，"该筹备会及陕甘宁边区职工联合会亦愿以其所推定出席巴黎世界职工大会之代表董必武、邓发、章汉夫3人参加中国劳动协会代表团，使之成为中国统一的职工代表团。"朱学范在与周恩来的谈话和来信里，深切地感觉到与解放区工会代表组成中国工会统一代表团出席在巴黎召开的世界工会代表大会，是一件具有重大意义的事情。他决心去争取实现。

不久，朱学范又在重庆见到了毛泽东。毛泽东向朱学范讲述了共产党的政治路线和政策，深刻阐述了共产党在重庆谈判中提出的和平建国的各项主张，并对中国劳协筹备与解放区工会团结合作、共同开展国际活动给予肯定。他用郑重的语气对朱学范说："你们的工作做得很好，我支持你们。"在与中共领导人的接触中，朱学范增强了为争取和平民主而努力奋斗的决心和信心。通过与国民党当局不断据理力争，国民党迫于国内外形势和舆论的压力，最终同意让中共党员邓发参加中国劳协代表团。国民党当局对解放区工会组织的封锁就此被打破。

在朱学范的帮助下，邓发成功出席了当年9月至10月间在巴黎召开的世界工会代表大会。二人携手步入大会会场，各国工会代表热烈鼓掌以示欢迎。朱学范让邓发在会上代表中国劳动协会代表团发言，以便让世界各国工会代表全面了解中国解放区工人的斗争和生活状况。邓发向全世界工人阶级介绍了中国工会的八项主张，表达了中国工人阶级团结一致建设和平、民主、团结的新中国的坚强意志，并表达了要改善工人的劳动生活状况、争取工会权利的强烈意愿，这受到世界各国工会代表的热烈欢迎，扩大了中国共产党的国际影响。

在这次会议上，朱学范当选为世界工联副主席、执行委员，邓发当选为世界工联执行委员会委员、理事会理事，中共党员刘宁一当选为世界工联候补理事。会后，邓发向朱学范表示，此次中国劳动协会同解放区工会组织的代表团一同出席世界职工大会，不仅是在形式上向世界各国工人表示了中国工人的团结，"而且由此奠定了中国职工团结统一的基础"。

1945年，朱学范（左一）和邓发（右二）参加了世界工会代表大会。

朱学范帮助共产党领导下的解放区工会走向了世界舞台，共产党的政策主张则对朱学范产生了很大的影响。这段真诚合作、并肩战斗的经历对朱学范在其后工人运动中坚持团结统一、坚持国共合作、反对破坏工人团结运动、反对阻挠国共合作，产生了极为重要的影响。随着国内形势的发展，朱学范在国民党和共产党之间作出了选择，自觉走上了接受中国共产党领导的道路，成为中国共产党的亲密战友。

投身反内战反独裁斗争，参与民革创建

解放战争时期，除了投身工人运动，朱学范将很大一部分精力投入到反内战、反独裁的国内民主运动中，参与创建了民主党派之一的民革，成为一名民主党派人士。

抗战胜利后，追求和平、追求民主成为不可阻挡的历史潮流。在与解放区工会的合作中，朱学范对国内当时迷离复杂的战后局势有了比较清醒的认识，结合自己多年工会运动的亲身体会，认识到工人运动与民主运动联系紧密，"工人运动从本质上说，就是民主运动"，"民主政治不能实现，工人运动就没有发展的日子"，"工运的前途和民主运动的成败是紧密地联系在一起的。"因此，他更加坚定了中国工人运动团结统一的信念，强烈认为中国劳协应适时明确提出自己的政治主张、表明对时局的态度和战后工会运动的根本要求。为此，朱学范以解放区工会的主张为基

础，起草发表《中国劳动协会二十三条政治主张》，表达了对政局的主张和中国工运界的要求。这个文件被认为是中国劳动协会在民主革命时期的纲领性文件，一经发表，便在国内劳工界引起了很大的反响，民主界人士对此发表谈话，国际工人组织有关人士也给予了关注，但却招来了国民党当局及顽固分子的颇多指责。

1946年2月10日，重庆发生较场口事件，国民党当局为了掩盖暴行，诬陷中国劳协是破坏会场的"暴徒"和"打手"，要求政府惩办朱学范等人。朱学范目睹了国民党特务的暴行，表达了强烈抗议。中国劳协为争取民主而坚决斗争的立场，得到中国共产党、各民主党派和全国广大工人的支持。

6月，全面内战爆发后，朱学范积极投入到反对国民党独裁统治的爱国民主运动中。国民党当局对朱学范的政治态度和活动越来越忌惮，为了迫使朱学范屈服，开始威逼利诱、制造事端、捏造罪名，甚至刺杀破坏。

8月6日，国民党重庆市总工会在警察局刑警队的配合下，"接收"了重庆工人福利社、中国劳动协会分会等单位，并逮捕福利社干部和工会会员数十人，制造了震惊全国的重庆八六事件。

11月，国民党召开一党包办的"国民大会"，由于朱学范是国内劳工界选出的"国民大会"代表，国民党当局极力拉拢他参加大会，并要求朱学范把解放区工会从中国劳动协会中排挤出去。朱学范经过认真考虑，毅然决定不参加会议，并离开上海到达香港，还发表了一份公开反对国民党当局反共、反对国民党当局排斥解放区工会出中国劳动协会的声明，表明他决心与国民党当局分道扬镳。

国民党当局派出特务到香港对他进行暗害，使其遭遇"车祸"受伤住院。为了打压朱学范，破坏他在国际上的声誉，国民党当局还开除了朱学范的国民党党籍，吊销了他的护照，给他扣上"贪污美援"的罪名，进行通缉。

身在艰难处境中的朱学范，得到来自国内外各界特别是中国共产党的有力声援与支持，朱学范更加增强了与国民党当局决裂的决心和勇气，并继续为争取民主、为维护中国工人运动的团结统一而斗争。

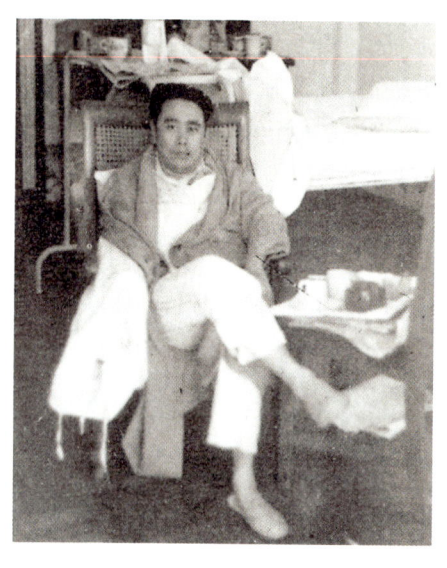

1946年11月，朱学范在香港遭特务暗算受伤后住进玛丽医院。

在香港期间，朱学范会见了中共华南局负责人，还同民主党派人士，特别是与何香凝、李济深等著名的国民党民主派人士密切接触。朱学范想，如果能把这些同样反对内战、反对独裁、渴望民主与和平的国民党爱国军政人员组织起来，在国民党内部进行反内战、反独裁斗争将更为有利，而自己则可以利用在劳工方面的影响，追随李济深、何香凝等国民党民主人士一起奋斗，并积极推动劳工方面的合作，共同进行斗争。于是他投身参与到民革的筹备组织工作中，积极联络各方，做了很多工作。

1947年7月，根据筹备工作安排，朱学范在欧洲参加完有关会议活动后，绕道赴美与在旧金山的冯玉祥会面商谈，就成立革命组织的问题征求冯玉祥的意见。冯玉祥非常同意成立一个革命组织，认为要恢复孙中山的三大政策、改变国民党当局的错误政策，必须联合国民党内的爱国力量，同时提出希望李济深主持工作便于联合国民党内部爱国力量。朱学范同意冯的观点，但特别强调组织成立以后要团结一切爱国的国民党军政人员，避免一成不变地将国民党党员划成"左""右"两派，如此才能分化国民党，有利于推翻国民党当局。冯玉祥还根据谈话内容写了一封信，托朱学范带回香港送给李济深。8月底，朱学范从美国回到香港，把冯玉祥的信交给李济深和何香凝，并汇报了见面情况，李、何对冯的各个观点都表示赞同。此后，朱学范全力投入到民革组织的筹建工作中。

经过一系列准备工作，1948年1月1日，中国国民党革命委员会在香港宣布成立。朱学范因去巴黎出席参加世界工联执行局会议，未能参加成立大会，但仍被选为常务委员，并任组织工作委员会主任委员（注：由于朱不在国内，组织工作实际由副主任委员陈汝棠负责）。朱学范在伦敦得知民革成立的消息后，立即发电报表示祝贺。并于1948年1月8日在伦敦发表《对于目前时局的宣言》，首次使用"爱国统一战线"一词，号召全国工人采取有效行动进行斗争，拥护消灭蒋政权的民主革命运动，拥护土地改革，拥护人民民主统一战线，反对美国政府的魏德迈计划及马歇尔计划。1月12日，朱学范还以中国劳动协会的名义向世界工联执行局送交提案，要求世界工联采取措施反对马歇尔计划。

明确接受中国共产党的领导，参与新中国建立

根据中共中央的安排，1948年2月28日，朱学范在刘宁一等人陪同下取道苏联回国，来到哈尔滨，进入东北解放区，受到了李立三等人的热烈欢迎。那时，中国共产党的军队已经开始战略反攻，但两党军队的战斗依然激烈，究竟谁胜谁败形势并不明朗。所以表明立场，统一民革全党尤其是领导人的认识，变得越来越重要。

到达解放区第二天，朱学范向毛泽东、周恩来发出电报，表示完全同意并拥护毛泽东关于《目前形势和我们的任务》的报告，要在中国共产党领导下，与中国共产党并肩作战，参加伟大的革命斗争。李济深后来称赞这份电报是第一份代表民革向中共中央领导表示接受中国共产党领导的电报。很快，毛泽东和周恩来向他发来复电表示热烈欢迎，对他能够决心与中国共产党合作共同奋斗表示佩慰。接到复电的朱学范感到鼓舞和欣慰，心情愉快，他对《东北日报》记者坚定地表示："中国内受蒋贼外受美帝双层压迫的各民族、各阶层及各种职业的人民，只有在中共及毛主席领导之下，方能完成彻底解放自己的历史伟业。""在反蒋的斗争中，绝无中间路线可循。""今后愿在毛主席指导之下，与解放区军民一道，为

粉碎蒋政权，解放全国人民而奋斗到底。"香港《华商报》刊登了《东北日报》这篇对朱学范的采访报道，在香港的民革同志受到积极影响，思想有了很大触动。

  为了了解解放区的情况，朱学范先后到东北多地的农村、工厂、煤矿参观学习。他在绥化县住了10天，又到佳木斯、牡丹江等城市参观考察煤矿、发电厂等轻重工业生产。东北资源丰富，但在抗战胜利前夕被日军大举破坏，生产陷入停顿。解放区军民在短时间内就将受损的工厂修复起来投入生产，产量比日据时期还多。工厂干部大都来自于工人，他们与工人共同劳动生产，工人的劳动热情高涨，为支援全国解放而积极投入生产。朱学范还到农村考察了当地农民生产、生活情况：农民有土地、房子、牲口，有副业生产，农村的各类生产生活都是农会在负责，干部都是用民主方式选出来的，根本看不见地主压迫农民的现象。这样的生产生活场景与国统区里工人农民被压迫的境遇（如征兵、征税）完全不同。对比如此强烈，朱学范不得不心生感慨：解放区的天是明朗的天！

  经过一个多月深入实地的了解，朱学范被东北解放区的新气象和人民群众的精神面貌深深感染，感到非常兴奋，并产生了新的政治见解。他写信给李济深，汇报了自己的所见所闻，同时明确表明民革要接受中国共产党的领导这个想法："在今天民主革命斗争中，只有由中共坚决领导才能得到革命最后的胜利。不但

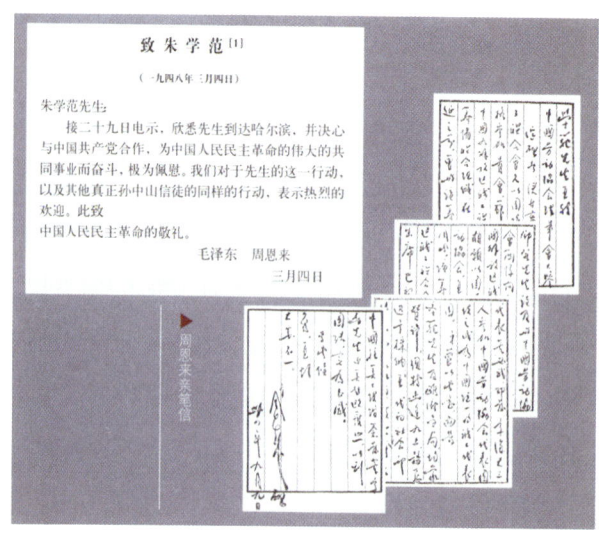

朱学范故居展示的毛泽东、周恩来于1948年3月4日给朱学范的欢迎电报。

1948年，朱学范在东北佳木斯五一纪念大会上讲话。

如此，将来革命胜利后，在民主建设中，中共是第一大党来领导建国工作。"李济深回信表示赞成。这样的认识对于刚刚成立的民革及其他民主人士认清形势、树立接受中国共产党领导的信念，发挥了良好的作用。

1948年4月30日，朱学范在哈尔滨看到了中共中央为纪念五一劳动节而发布的"五一口号"，表示完全拥护赞同。8月1日，朱学范出席了在哈尔滨举行的第六次全国劳动大会。此次大会恢复了中华全国总工会，实现了中国工人阶级的大团结，中国劳动协会作为团体会员加入总工会，这正是朱学范长期以来为之不断奋斗的目标与夙愿，朱学范在会上当选为中华全国总工会副主席。会后，中国以统一团结的中华全国总工会加入世界工联，这是对世界工联的极大支持，在当时具有重大意义。

1948年10月，随着香港北上的民主党派人士陆续到达东北，新政协筹备工作开始进行，从而揭开了民主党派自觉接受中国共产党领导、为建立新中国而奋斗的历史新篇章。朱学范也投身到这项具有伟大历史意义的工作之中。

朱学范代表民革与沈钧儒、谭平山、章伯钧、蔡廷锴、王绍鏊、高崇民等人就中共中央提出《关于召开新的政治协商会议诸问题（草案）》进行了深入的讨论，并对一些重要事项提出了自己的意见和建议：新政协是中国人民民主统一

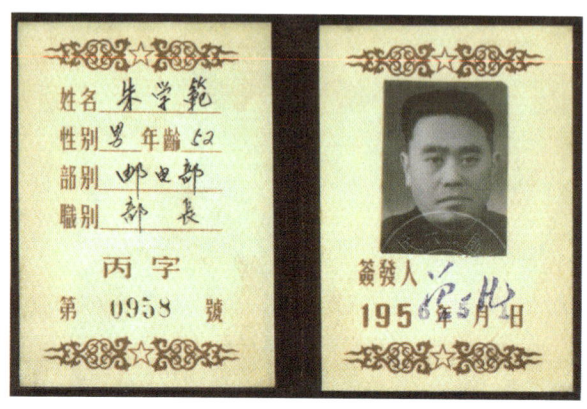

朱学范担任邮电部部长期间的工作证。

战线的组织形式，必须坚决拥护中国共产党的领导；是否准许"少数右派而不是公开反动的分子"参加，得视形势发展审慎商议，其用意即要给国民党开明人士及愿意同我们合作的人士打开大门，取得新政协的大团结和大成功。朱学范等7人还提议增加"上海人民团体联合会"；将"平津教授"改为"全国教授"；将"南洋华侨民主人士"改为"海外华侨民主人士"；将"无党派民主人士"列为一个单位。这些意见几乎全部为中共中央所采纳。

1949年2月25日，在陕甘宁边区政府主席林伯渠等人陪同下，朱学范等35名民主人士从沈阳来到北平，受到热烈欢迎。随后，他参加了为迎接上海解放的经济问题座谈会，结合自身的经验就劳资问题发言；还积极投入到起草共同纲领小组的繁重工作中。也就在这时，鉴于朱学范的经历与影响，中共中央决定由他出任邮电部部长一职，主政新中国的邮电事业。

在中国人民政治协商会议第一届全体会议上，朱学范被推举为大会主席团成员之一。作为中华全国总工会界别代表，他在会上发言。回想自己在工人运动中进行的艰苦斗争，展望即将诞生的新中国和即将开启的新事业，朱学范不禁心潮澎湃。他表达了中国工人阶级对争取革命最后胜利和为建设新中国而奋斗的信心和决心。

10月1日，朱学范参加了中华人民共和国开国大典，见证了一个伟大的历史时刻，朱学范的人生如同整个中国历史一样，翻开了新的一页。与此同时，这样的翻页也宣告着，在长期的革命实践中，在经历了旧时代到新时代的伟大变革中，朱学范选择了接受中国共产党领导、走社会主义道路的政治归宿。40年后，朱学范当选民革中央主席。80多岁的他依然反复告诫民革全党，一定要真诚接受中国共产党的领导，继承和发扬民革与中国共产党长期合作的优良传统："没有共产党的领导就没有民革的今天，只有走社会主义道路才有民革的前途。"

1949年10月19日，朱学范接受中央人民政府委员会的任命，出任邮电部部长，在邮电部部长一职上任职至1967年，时间长达18年。在他的带领下，广大邮电职工克服困难、努力奋斗，新中国邮电事业取得了突飞猛进的发展。

主要参考文献：

1.《民革领导人传》（第一辑），民革中央宣传部编，团结出版社2007年。

2.《朱学范传》，陆象贤、刘宋斌，团结出版社2005年。

3.《朱学范文集》，朱学范，团结出版社1992年。

4. 中国国民党革命委员会中央委员会《学习朱学范的爱国主义精神》，《人民日报》，1996年8月5日。

5. 吴先宁《朱学范参加新政协始末》，《团结》，1999年第5期。

6. 民革中央宣传部编《"朱学范生平事迹研讨会暨民革前辈纪念场馆联谊会成立大会"会议交流论文》，2011年10月。

7. 电视文献纪录片《朱学范》，中国邮政文史中心、上海枫泾镇人民政府联合摄制，中国广播影视音像出版中心2014年。

8.《当代中国民主党派》，《当代中国》丛书编辑委员会编，当代中国出版社1999年。

程潜（1882-1968），字颂云，湖南醴陵人，1949年加入民革。1949年后，曾任中央人民政府委员，湖南军政委员会主席，湖南各界代表会议协商会主席，中南军政委员会副主席，湖南省人民政府主席、省长，中央人民政府人民革命军事委员会副主席，国防委员会副主席等职。民革第二届中央常委，第三、四届中央副主席。第一至三届全国人大常委会副委员长。第一届全国政协委员，第二至四届全国政协常委。

程 潜
带领湖南和平解放的"老上司"

1949年9月初,新中国成立前夕。北平一片忙忙碌碌的景象。9日这一天,毛泽东忽然放下手头的工作,与朱德、周恩来、林伯渠等中共领导人乘车离开中南海,直奔火车站。这个时候,人民解放军正在向全国大进军,各地的政协代表、进步人士纷纷抵达北平,新中国马上就要宣告成立,毛泽东的忙碌,用日理万机

位于长沙市芙蓉区白果园的程潜公馆,现为湖南和平解放史事陈列馆。

形容毫不夸张。这次,让毛泽东推开其他要事去车站迎接的这个人,确实不一般,他就是被毛泽东尊称为"老上司"的国民党元老——程潜。

投笔从戎,与共产党人交往密切

程潜生于湖南醴陵一个躬耕世家,接受过较为系统的国学熏陶。面对腐败无能的清政府一次次割地赔款,忧国忧民的程潜极为愤慨,他慎重思考后,决定投笔从戎。1904 年 8 月,程潜以优异的成绩顺利考取官费留学,就读日本陆军士官学校。到日本不久,程潜就结识了黄兴、宋教仁等从事反清救国革命活动的留日学生,并在孙中山先生革命思想的影响下,加入同盟会。

程潜追随孙中山参加民主革命后,与共产党人有过许多密切的交往与合作。1924 年 1 月,中国国民党第一次全国代表大会召开,程潜作为湖南省代表出席会议。程潜与毛泽东、李立三、林伯渠、李维汉等湖南籍代表都是老相识,会上相见,相谈格外融洽、亲切。特别是由于毛泽东 1912 年前后曾在程潜所属的湖南新军二十五旅当过兵,因此一直非常敬重程潜,尊其为"老上司"。

孙中山逝世后,程潜继续拥护三大政策,以实际行动与中国共产党合作。北伐战争时,程潜任国民革命军第六军军长,林伯渠任党代表兼政治部主任,程潜真诚地同林伯渠等共产党人合作共事,抵制破坏国共合作的言行。一次,国民党内的右派要他交出第六军的共产党员名单,他义正词严地拒绝:"只要是能打军阀的,都是好战士,我就要用!"不许他们查问将士的政治身份。

1927 年,蒋介石、汪精卫背叛革命,大批共产党人、革命志士惨遭屠杀,白色恐怖笼罩全国。当时,程潜在宁、汉、沪三方在南京组成的"中央特别委员会"中任委员,并被推为国民党中央特别委员会 14 位主席团成员之一,还被任命为军委会委员和常委、担任首届主席。他同情共产党人,利用手中权力,保护了一批共产党员和革命志士。

第二次国共合作时期,程潜仍然秉承孙中山遗愿,坚持国共合作,共同抗日。他在西安任军事委员会天水行营主任时,与时任第十八集团军驻西安办事处主任林伯渠时常往来，掩护共产党人、进步人士从事抗日活动。1940年5月，程潜调重庆任军事委员会副参谋总长兼战地党政委员会主任委员，后又一度代理参谋总长之职。他家住在上清寺附近，离八路军驻渝办事处不远，周恩来、林伯渠等中共中央领导人常去看望程潜，坦诚交谈，共商抗日大计。中国共产党实行的"坚持抗战，反对投降；坚持团结，反对分裂；坚持进步，反对倒退"的政治主张，及广大共产党员英勇抗战的行为，令程潜极为赞赏。他深有体会地说："我完全同意毛泽东论持久战的主张。持久战是救亡的根本，国共合作是图存的关键。"

与毛泽东彻夜长谈，"喜从中夜挹明光"

1945年8月28日，日本帝国主义宣布投降后的第13天，为了尽一切可能争取和平、制止内战，毛泽东、周恩来和王若飞等中共领导人，在张治中的陪同下，到重庆同蒋介石进行了历时43天的国共两党和平谈判。在这期间，一天晚上，程潜前往桂园拜访毛泽东，两人就形势发展、和谈前景、国共合作的可能性等问题各抒己见，直至夜深兴尽方握手告别。

几天后的一个晚上，毛泽东到程府回访。没想到毛泽东会亲自登门，程潜甚为感动，连声说："不敢当，不敢当，您现在是共产党主席，怎么能劳您大驾！"毛泽东笑着回答说："来而不往非礼也，再说，您还是我的老上司嘛！"这天晚上，两人又一次促膝长谈，从悠悠往事到此次重逢，从国际形势到国内政局，彼此直抒胸臆，畅所欲言。

两次秋夜长谈，使程潜对中国共产党有了进一步的了解，内心深处愈加增添了对毛泽东的钦佩景仰之情。毛泽东在谈话中不仅对程潜表示了极大的关心，还对他寄予殷切的厚望。交谈快结束时，毛泽东语重心长地说："颂公，您是国民党内资深望重的元老，应该充分发挥自己的作用，下届国大选举时，您老可以参加副总统的竞选嘛！竞选成功了，可以为老百姓谋点利益；不成功，也没有什么，可以回湖南搞和平运动嘛！"毛泽东的话对程潜产生了很大的影响，他后来果真参加了副总统竞选；竞选失败后，即如毛泽东所说，回湘主政，倡导和平，最终领导起义。追根溯源，和平起义壮举的最早萌芽即始于此次山城之夜毛泽东与他的倾心长谈。

1963年12月26日，程潜写组诗奉贺毛泽东七十寿辰，其中的"我本多年邀默契，喜从中夜挹明光"一句，即指毛泽东在重庆与他的倾心交谈，对他以后的人生道路产生了重大影响，使他如同在黑暗中挹取了光明。

回湘主政，"打不能，跑不行，只有和"

1948年7月，蒋介石为钳制桂系，任命程潜为长沙绥靖公署主任，辖湖南、江西两省及湘、川、黔边区，并兼湖南省政府主席。蒋介石给程潜的任务是"剿共"和牵制桂系白崇禧，企图用程潜牵制桂系力量、稳定大西南。但蒋介石对程潜十分不放心，同时又派了他的亲信李默庵、黄杰任长沙绥靖公署副主任，刘嘉树任长沙绥靖公署参谋长，杨继荣任长沙绥靖公署高参，监视程潜的活动。桂系白崇禧更是拥兵自重，又与程潜有历史恩怨，也常向程潜施加压力。回湘后的程潜处境维艰，内心充满矛盾和痛苦。他对于湖南家乡父老连年遭受战争戕害深为痛心，试图摆脱南京反动政府的控制，谋求局部和平，"力求湖南人民免于炮火之灾害，地方免于流血与糜烂"。

为了掌控湖南政局，在湖南实现民主与和平，程潜先后采取了一系列措施：安排一批主张和平自救的人士参政；以阻挡解放军南下的名义，组建军队；改组参议会和国民党湖南省党部，逼迫积极反共的原议长赵恒惕、原主任委员张炯辞职；成立湖南省党政军联合办公室，以统一协调各方力量，促进湖南和平自救的开展；撤销"'戡乱'救国委员会"和各县自卫队，释放关押的政治犯；实行"二五"减租，停止征兵，采取拖的方式不完成南京政府派给湖南的军粮任务。通过采取上述措施，湖南人民的负担有所减轻，人心较为安定，局势亦较稳定，湖南和平运动的局面初现雏形。而程潜也成功地将湖南的党政军大权集于一身，为推动湖南的和平民主运动创造了条件。

中共湖南省工委对程潜的历史和主政湖南的种种举动进行了分析，认为程潜是可以争取的对象。1948年9月，中共湖南省工委成立了军事策反小组，省工委书记周里为领导，与程潜是醴陵老乡的中共地下党员、湖南大学讲师余志宏具体做程潜的工作。

1948年底，经余志宏安排，深受程潜器重的省政府顾问方叔章在家中设宴，前来赴宴的有湖南大学教授李达、伍薏农，程潜的亲近下属湖南省保安司令部司令肖作霖、省政府秘书长邓介松、省政府物资调节委员会主任程星龄、民盟湖南地下组织负责人肖敏颂等人。席间大家讨论湖南时局，认为不能再打仗了。曾为中共一大代表的李达说："颂公（程潜）应当替三千万湖南人民着想，只有走和平的道路。"事后，方叔章、肖作霖、程星龄等将此次家宴的情况告诉给了程潜。方叔章还对程潜说："如共军来了你走哪条路？打吧，蒋介石的几百万军队都被打垮了；跑吧，去美国你没有钱，去香港你也住不了多久，到台湾蒋介石不会要你，怎么办呢？"接着又道："当然，你还可以讲和，这又不是投降。"程潜回答："打不能，跑不行，只有和。"随后，中共又设法通过与地下党有密切联系的程潜族弟程星龄做程潜的工作，还安排思想进步的程潜长子程博洪回长沙劝说程潜。中共湖南省工委所做的这些工作，对程潜影响很大。

收到毛泽东喜信，起义顺利成功

虽然程潜决心在湖南起义，但情况复杂，斗争形势尖锐，究竟如何实现这一壮举，程潜心里也没有底，他决心直接与毛泽东取得联系。同时，指定程星龄代表他同中共湖南省工委保持联络。

1949年1月14日，中共中央主席毛泽东代表中国共产党发表著名的时局声明，提出同国民党政府进行和平谈判的"八项条件"。这在程潜部属中引起很大震动，主和、主战两派争执激烈。程潜已决心走和平道路，他大声呵斥叫嚣要上山打游击的主战分子："真是寻死！"不久，国民党政府拒绝接受中共八项和平主张，暴露了"假和平，真内战"的真实面目。旋即，奉中共中央军委"打过长江去，解放全中国"的命令，人民解放军百万雄师突破国民党军队的长江防线，一举解放南京，以秋风扫落叶之势横扫江南。在这种形势下，程潜倾向和平解决湖南问题的态度更加坚定，并考虑到，和平起义必须要有适当的人为自己掌握兵权。于是，他想方设法把自己的学生、第一兵团司令陈明仁从武汉调回湖南，共商和平大计。

6月，程潜派程星龄等人去香港，与程潜交往甚深的湖南籍知名人士章士钊在毛泽东的授意下会见了程星龄，双方围绕程潜和平起义的话题进行了深入交流，章士钊还亲笔写了一封信托程星龄转交程潜。在信中，他转达了毛泽东对程潜和平起义的期待和中共对陈明仁将军的真诚态度，还特意提到陈明仁死守四平街的往事，转达毛泽东此前与他的谈话："当时，陈明仁是坐在他们的船上，各划各的船，都想划赢嘛！这是理所当然的，我们会谅解。"程潜随即转告了陈明仁。这封信对增强程潜与白崇禧斗争的信心、消除陈明仁的疑虑起到了很大作用，两人决心携手共进，实现湖南和平起义。

6月中旬，程潜起草了关于湖南起义的备忘录，承诺"一俟时机成熟，潜即揭明主张，正式通电全国，号召省内外军民一致拥护以八条二十四款为基础之和平，打击蒋、白残余反动势力"。湖南地下党组织立即将程潜主张和平起义的态度电告中共中央。7月初，党中央、毛泽东从湖南的实际出发，作出了"极力争取程潜，用和平方法解决湖南问题"的决策。在收到程潜的备忘录后，毛泽东于7月4日亲自复信程潜："先生决心采取反蒋反桂及和平解决湖南问题之方针，极为佩慰。所提军事小组、联合机构及保存贵部予以整编教育等项意见均属可行。"并表示"只要先生决心站在人民方面，反美反蒋反桂，先生权宜处置，敝方均能谅解"。程潜拿到由人民解放军第四野战军派人辗转送来的毛泽东的回信，反复看了几遍，心情无比激动，高兴地说："湖南的问题，去年就开始酝酿，由于没有得到毛主席直接的指示，宝盖子还没有揭开，顾虑很多。现在有了这封信，真是湖南人的喜信！喜信啊！"

此后，在毛泽东的直接指导和关怀下，程潜与陈明仁互相配合，周密策划，与蒋介石、白崇禧巧妙周旋。8月1日晚,程潜以个人名义发表通电,揭露蒋介石和桂系的罪恶,呼吁西南、西北各省国民党军政长官以及李宗仁、阎锡山、白崇禧等改弦易辙,站到人民方面来。这一通电不仅在湖南引起震动,而且在全国范围内也产生了积极影响。

8月4日,程潜、陈明仁领衔发出和平起义通电,宣布接受中共中央提出的《国内和平协定》,率部脱离广州政府,表示"今后当以人民立场,加入中共领导之人民民主政权","共同为建设新民主主义之中国而奋斗"。还发表了《告湖南民众书》《告全体将士书》,号召拥护和平、参加解放大业。程潜、陈明仁这一革命行动受到全国人民赞扬。毛泽东、朱德向程潜等起义将士发出贺电:"诸公率三湘健儿,脱离反动阵营,参加人民革命,义声昭著,全国欢迎,南望湘云,谨致祝贺。"

8月5日,是古城长沙永远铭记的日子,是长沙人民伟大的节日。这一天,长沙和平解放了,长沙的天亮了!当晚10时许,人民解放军一三八师从小吴门进入市区,长沙十万群众夹道欢迎,锣鼓声、鞭炮声响彻云霄,欢声笑语不绝于

1949年11月湖南省军区司令萧劲光在长沙车站接见从北京返回的程潜(中)、陈明仁(右)。

耳，长沙城成了欢乐的海洋。

长沙和平起义，是中国人民解放战争中的一个伟大胜利，它不仅带来了湖南全省的和平解放，而且还促使国民党集团上层人士纷纷效仿，极大地动摇了华南、西南、西北地区的国民党残余统治，加速了中国革命的胜利进程。

中共慎重安排，任湖南省省长 14 年

1949 年 8 月 30 日，毛泽东亲自草拟电文，邀请程潜来北平出席中国人民政治协商会议第一届全体会议。当程潜乘坐的专列于 9 月 9 日抵达北平时，出现了文首那一幕。当晚，毛泽东还在中南海设宴为程潜洗尘。19 日上午，毛泽东又到程潜下榻的北京饭店看望程潜，与他亲切交谈。共进午餐后，毛泽东邀请程潜游览天坛，并约陈毅、粟裕、罗瑞卿、张元济、陈叔通、陈明仁等同游。

21 日，中国人民政治协商会议正式开幕，程潜作为特邀代表参加了大会，并随后加入了民革。在会上，他回顾了追随孙中山参加革命的经过，深有感触地指出"由于中国共产党领导的人民大团结，才把蒋介石及其反动集团打倒下去，才把帝国主义者的压迫扫除出去，才能彻底肃清封建残余，才能根本铲除官僚资本主义"。他表示："今日中国共产党领导召集人民政治协商会议，把建国大业搁在大家肩上，我们今后便应该在中国共产党领导之下，全国人民一致团结，一致努力，在最短期内把反动残余力量彻底肃清，对内实行工人、农民、小资产阶级和民族资产阶级的联合民主专政，以工农联盟为基础，而以工人阶级为领导，努力发展生产，造福人民；对外则与国际革命力量团结一致，促进世界持久和平。"

9 月 30 日，中国人民政治协商会议第一届全体会议选举了中华人民共和国中央人民政府委员会，程潜被选为中央人民政府委员。10 月 1 日，他登上天安门城楼，参加了开国大典。

程潜进京并如此受毛泽东重视、礼遇，在各界人士中引起不小震动，对国民党统治地区的迅速解放和国民党将领的起义，产生了一定影响。

程潜（左四）等人与志愿军英模代表合影留念。

新中国成立后，毛泽东等中共中央领导人对有关程潜的政治地位和生活等问题都事先婉商，慎重安排。考虑之周到，待遇之优厚，完全出乎程潜的预料。毛泽东在召开政协会议的前一天就对程星龄谈了对程潜工作和生活的打算，说："颂公在军政界搞了几十年，旧部多，需要安排而又可安排的，要尽可能地予以安排。可能还有人向他要点钱，或者他自己想送点钱给老朋友或老部下，都得替他想到，免得他为难。现在决定政府按月送给他特别费大米五万斤（折成五千元），任其开支，不受任何限制。颂公年纪大了，免不了留恋家乡，他在长沙有所房子，我们替他在北京也准备了一所房子。在湖南有个职务，在北京也有个职务，可以在长沙，也可以在北京。只要他参加一些重要会议，不要搞具体工作，让他过好晚年。"

程潜对共产党和毛泽东对他的殷切关怀和优厚待遇非常感激，发自内心地认为中国共产党领导的人民革命事业就是自己长达半个世纪革命所追随的事业，他全身心地投入这一伟大的事业中。他积极参加国家重大协商，以七十多岁的高龄，怀着"敬恭桑梓，造福人民"的豪迈气概，勤于参政、忠于职守，利用自己的声望，发挥引领示范作用，为新中国的社会主义革命和建设，为巩固和发展爱国统一战线作出了重要贡献。

1949年10月20日，程潜参加中国人民革命军事委员第一次会议，会议主要内容为讨论今后人民解放军的进军和建军问题。程潜对今后如何肃清残余国民党匪军和建设新的国防等问题发表了意见。

1950年6月，朝鲜战争爆发后，美军飞机多次侵入中国东北领空，沿鸭绿江右岸扫射建筑物、车站、车辆及人民以致伤亡，形势极为严重。程潜极为愤慨，发表谈话说：经过长期革命锻炼的中国人民，是不怕任何挑衅的，必定能够打败任何侵略者，坚决解放台湾。

1950年9月16日，中南军政委员会第二次会议开幕，主要议题是讨论《土地改革法》，制定中南区土地改革的实施方案和实施办法。担任军政委员会副主席的程潜作了发言，他高度赞扬中南军政委员会自成立以来的工作成就，表示热烈拥护土地改革并愿为其彻底实现而努力。

1953年1月13日，为进行《宪法》和《普选法》的起草工作，中央人民政府委员会成立了以毛泽东为主席的中华人民共和国宪法起草委员会。程潜任起草委员会委员。参加宪法草案讨论时，程潜作了题为《我国的宪法是属于社会主义类型的宪法》的发言，他指出：这个宪法草案是在毛泽东的亲自主持下起草的，"我在两个多月的学习和参加讨论中，能够有机会比较深入地钻研宪法草案的精神和实质，同时学习苏联及各人民民主国家的宪法，因而对宪法草案得到了一个基本的认识。"他认为，这个宪法草案是根据马克思列宁主义关于宪法学说的一般科学原理，结合中国的历史和国情而制定出来的。它深刻反映了过渡时期总路线和总任务的实质，肯定地指出了国家向社会主义前进的方向，它是以"共同纲领为基础，又是共同纲领的发展"，属于社会主义类型的宪法。

1954年12月25日，中国人民政治协商会议第二届全国委员会第一次全体

1952年5月24日，程潜（前左五）与荆江分洪指挥部人员在湖北沙市合影。

会议在北京举行。由于人民代表大会制度已经建立，从本届起，全国政协不再代行全国人民代表大会职权，而是作为统一战线的组织，发挥政治协商、民主监督的作用。程潜在大会发言中指出，由于我国在过渡时期的人民民主统一战线仍然具有广泛的基础，"今后在动员和团结全国人民完成国家过渡时期总任务和反对内外敌人的斗争中，我国的人民民主统一战线将继续发挥它的作用"，所以，中国人民政治协商会议作为人民民主统一战线的组织形式，需要继续存在。他认为："中国人民政治协商会议章程总纲的规定，工作报告中对今后任务的提出，都同宪法精神完全吻合，我们的义不容辞的职责是：切实遵守总纲的准则，贯彻实现今后的光荣任务。"

程潜在任湖南省军政委员会主席期间，凡属全省性的重大行政措施，他都亲自听取专题汇报和综合汇报，了解全局情况，做到心中有数、科学决策。1952年3月初，中南军政委员会召开讨论荆江分洪工程计划的联席会议。会前，程潜不顾古稀高龄，深入荆江沿岸周密调查，掌握了大量的第一手资料，在会议上作了

程潜（左二）陪同毛泽东视察湖南农村。

详细而且很有见地的发言。与会人员感叹道："颂公简直是位水利专家，充分的论据、精辟的分析，令人非常信服。"会后，程潜将发言内容整理成文呈报毛泽东。毛泽东认为程潜的意见很有道理，复信给他说："联席会议上的发言，使我明了江湖利病所在，极为有益。"毛泽东还将程潜的意见转交政务院总理周恩来，周恩来立即组织有关人员进行了认真讨论。同年3月31日，政务院正式发布《关于荆江分洪工程的决定》。荆江分流工程4月5日动工，6月20日竣工，蓄水量可达50亿到60亿立方米，是新中国成立之初的一项重大水利工程。

程潜任湖南省省长共14年，尽管年事已高、身兼数职，仍殚精竭虑，主持省政府的各种重要会议，亲自拟写《政府工作报告》等重要文件的提纲；邀请厅局级干部作专题汇报，并根据上级精神和地方实情，做出令人信服的指示。身边工作人员说："新中国成立前，湖南人民称颂公为'家长'，新中国成立后，颂公不愧为德高望重的一省之长。"他经常深入各地视察、检查工作，南洞庭湖、荆江分洪工地，浏阳、醴陵和湘潭，偏僻的湘西，处处留下了他的足迹。

程潜一生廉洁奉公，生活俭朴。新中国成立前夕，他将自家的一百多亩田契一一分给农民。他曾对秘书说："我一生不置恒产，新中国成立前夕我把土地还给佃户。我身无一文，只有两件旧狐皮袍子，现在我的穿着，完全是人民政府给的。"他支持夫人郭翼青将南京的二层楼房捐献给国家。他自己的日常生活非常简朴，常告诫身边的工作人员："千万不要浪费，不要讲排场，乱花国家一分一文。"对经济上有困难的同志，他却总是慷慨相助。毛泽东特批给他的每月五千元的特别费，多数用于救济确有生活困难的辛亥革命同志会的同仁及其后代。

主要参考文献：

1.《湖南文史》第35辑，中国人民政治协商会议湖南省委员会文史资料研究委员会编，湖南文史杂志社1989年。

2.《程潜大传》，陈利明，团结出版社2005年。

3.《民革领导人传》，民革中央宣传部编，团结出版社2007年。

4.萧德才《毛泽东信任程潜》，《纵横》，2005年第5期。

5.邓攀《干戈未举造福桑梓，和平起义功勋昭著——程潜与湖南和平解放》，《湖南社院学报》，2009年第1期。

6.叶介甫《余志宏策反程潜》，《财经界》，2013年9月。

7.陈大寰《我将毛主席密信送给程潜》，《世纪行》，1997年9月号。

谭平山（1886-1956），曾用名彦祥、鸣谦、聘三，别号诚齐、诚斋，广东佛山人，民革创始人之一。1949年后，曾任中央人民政府委员、政务院政务委员兼监察委员会主任等职。民革第一、二届中央常委，第三届中央副主席。第一届全国人大常委会委员。

谭平山
人民监察制度探索者

1949年9月22日，举世瞩目的中国人民政治协商会议第一届全体会议进入到第二天。在这天的全体会议上，一位精神矍铄、银髯飘洒的老者登上了讲台，向各位代表介绍《中国人民政治协商会议组织法》的起草经过和主要内容。他的介绍带有浓重的广东口音，语速不快，但分外铿锵有力。这位老者，就是民联、民革的创建人谭平山。

坚持中山精神，重建中华革命党

谭平山出生于广东高明新元坊一个裁缝家里，他天资聪颖，爱读书，是全家"振发家声"的希望。1917年，他不负众望，考入北京大学。到北京后，谭平山更加如饥似渴地读书，寻求救国救民的真理。他开始接触社会主义思想，成为学生领袖，奋勇投身反帝反封建的五四运动。

在陈独秀的帮助下，谭平山与陈公博、谭植棠等人一起创建了中国共产党广东地方组织，自己也成为中国共产党最早的一批党员之一。

第一次国共合作时期，谭平山以个人名义加入国民党，并深得孙中山的信任，被委任为国民党临时中央执行委员会委员，负责改组的具体工作。他还参与领导了南昌起义，起义失败后，谭平山被共产国际代表开除了党籍。次年春天，谭平山回到上海，得知这一消息后就多方寻找党组织，要求复议、恢复党籍，但遭到拒绝。

轰轰烈烈的大革命失败后，国民党左派和一部分失去了组织关系的共产党员纷纷云集上海。他们在茫茫上海滩感到无所适从，政治上找不到出路，生活上也很困难，仿佛一批"无庙坛可归的青年游魂"，不知道今后该怎么办。

谭平山也深深地陷入这种迷茫中。但是之前参与斗争时积累的信念与勇气支撑着他，他力劝大家不要急，慢慢想办法，并由他出面联系各方，共同商讨今后应该怎么办。此间，他与在苏联的邓演达也保持密切的书信往来，两人既是广东同乡，又在广东革命政府和武汉政府时期共事多年，关系密切，也就未来出路进行了商讨。

经过多方探讨，谭平山等人最终决定重新组织起来，依然要坚持孙中山先生"联俄、联共、扶助农工"三大政策，以孙中山建立国民党前曾用过的"中华革命党"成立新组织，在邓演达回国前，由谭平山做总负责人。

国民党当局视邓演达和谭平山如眼中钉，千方百计想拔掉这两枚钉子。邓演达被捕的那一天，因李世璋到谭平山家商量事情，两人没能按时到约定的地点开会，才幸免于难。

团结民主力量，成立民联

1941年1月，蒋介石发动了第二次反共高潮，制造了震惊中外的皖南事变。谭平山支持中共代表的抗议活动，与中共代表一起拒绝参加在重庆召开的国民党第二届参政会。他对蒋介石政权的幻想完全破灭，充分认识到"蒋介石还是原来的样子没有变"，"最会搞小恩小惠，我不会再上他的当了"。1939年，他的原配夫人杨丽莲不幸因脑溢血病逝，这使他在生活上失去了支撑。而中共党组织却给予了他温暖。周恩来、董必武等人十分关心他，董必武更是经常到谭平山家里做客。

在中共党组织的关怀和帮助下，谭平山经过慎重思考提出重回党组织、到解放区工作的愿望。考虑到他留在国统区斗争比起到延安更能发挥作用，党组织希

1948年谭平山在香港的留影。

望他继续留在国民党统治区,争取团结各方抗日民主力量。谭平山欣然接受,并表示:"今后我的行动与党的行动同一步调,党的态度就是我的态度。"

为了能为民主斗争作更大的贡献,投入更大规模的斗争,1942年谭平山搬到重庆居住,在此结识了教育界进步人士、原北京市女一中校长孙荪荃,与之结为伉俪,生活上的安定给予了谭平山更大的力量,令他可以全身心地投入民主运动中。

同年年底,中国共产党决定争取国民党内一部分开明的民主派,形成一股力量,逼蒋继续抗日。谭平山与国民党上层人士及各个方面都有广泛接触,而且在国民党内部有着相当的影响和威信,由他来做此项工作无疑是最为适合的。

在中共中央南方局周恩来、董必武等同志的启发和帮助下,谭平山有了自己的想法。他征求甘祠森的意见:"现在抗战处于一个很困难的时期……过去的运动,文化界、青年界比较活跃,政界、教育界、工商界要差些。政界中有一个很重要的方面,国民党内也有一些民主进步分子、中间分子,需要有人去团结他们。几个朋友和我谈到这个问题,打算搞一个时事座谈会,你以为如何?"

此事得到甘祠森的热烈响应,随后他通过甘祠森与陈铭枢、杨杰、王昆仑、郭春涛等人联系，着手组织一个经常性的时事座谈会。大家一起商定了座谈会的几条办法：只谈国际国内形势，不谈其他，以免参加的人顾虑；为保证安全，以第一次参加座谈会的人作为基本成员，以后可以由基本成员带人参加；参加座谈会的人以国民党上层人士为主，也邀约教育界、工商界人士，但国民党顽固派和特务不能参加；带人参加的人在政治上对座谈会负责。

就这样，在中共中央南方局的支持下，谭平山与陈铭枢、杨杰、朱蕴山、王昆仑、郭春涛、许宝驹、于振瀛、何公敢、甘祠森等人于1943年2月发起组织了民主同志座谈会，以座谈国内外时事为名，宣传抗日、团结各种民主力量。座谈会由郭春涛、甘祠森负责具体组织联系工作，每月开会一两次。

作为座谈会发起人的谭平山，因为目标较大，如果常常进出，可能会引起人们的注意，所以始终没有参加过座谈会。虽然不能亲身参与座谈，但是谭平山与陈铭枢、杨杰等经常联系，时常小范围相约一起讨论，座谈会对于团结与会人士、正确认识抗日战争形势、推动民主运动的发展起了一定的促进作用。8月，参加座谈会的人士认为，建立一个国民党民主派组织，以便团结国民党爱国民主分子参加抗日民主运动的条件已经成熟。经过多次交换意见，决定成立一个筹备小组，因组员有10人，后来通称"十人小组"，谭平山被推举为主要负责人之一。筹备定名过程中，因考虑蒋介石要求"党外无党、党内无派"，为避免其打击，最终将组织命名为三民主义同志联合会（简称民联）。1945年10月28日，谭平山主持民联第一次全体大会，会议号召"国民党内民主进步的同志团结起来"，要求结束国民党训政，批评国民党的腐败和蒋介石的独裁，建议组成举国一致的民主联合政府。谭平山等7人当选为中央常务干事，主持民联日常领导工作。

民联正式成立后，有了一个比较可靠的阵地，谭平山的信心更足、积极性更高。他曾对人说："我现在和蒋介石、国民党一刀两断，绝不参加他们的一切活动。他们如果想迫害我，在重庆待不下去，我可以去解放区。"他一改过去躲在幕后与上层人物联系策划的活动方式，时常公开露面，出席各种会议，猛烈抨击国民党政府的各种罪恶阴谋，拒绝参与国民党的一切活动。这使蒋介石如鲠在喉、又恼又恨，对谭起了杀心。有人悄悄告诉谭平山蒋想干掉他，劝他尽快离开。

1946年2月，李济深来到重庆，准备参加国民党六届二中全会。谭平山向李济深汇报了民联的情况，希望李济深将来能领导民联。李济深表示愿意将自己领导的中国国民党民主促进会（简称民促）和民联联合起来。

南下避险，筹备民革

随着抗日战争胜利后形势的变化，大批党、政、军人员流向上海、南京，民联的活动也随之转移。谭平山在重庆主持了最后一次民联中央常务干事会后，民联中央结束了在重庆的工作。

5月28日，谭平山与李济深、冯玉祥等乘民联号轮船从重庆到上海。船上民主人士有900多人，很多民联成员也在这艘船上。为了争取团结更多的民主人士投身到革命斗争中，由冯玉祥出面，在船上发起创办了《民联日报》。谭平山担任总编辑，冯玉祥任社长，每天出一期，《民联日报》成为民联号上旅客每天必读的读物。

到上海后，谭平山同样履行自己要同国民党一刀两断的诺言。他从不到离上海咫尺之遥的南京，拒绝参与国民党的一切活动。为了推动民联人士投入反对蒋介石反动独裁统治、争取和平民主的斗争。1947年2月，谭平山在上海主持召开三民主义同志联合会临时中央干事会议，发布报告揭露道："这些反动分子根本没有实行国民党的三民主义，根本没有执行国民党的政纲政策……他们只是窃据了一块国民党空招牌。"这使蒋介石大为光火。

6月，蒋介石在国民党中常会、中政会举行的联席会议上提出了"党团组织合并"和"'戡乱'总动员"两项政治决策，如果有反对国民党的活动"一律格杀勿论"。此时，蒋介石已经准备对谭平山下手了，杀意已现，上海已经不再安全。再次有人给谭平山传递信息，劝他速速离开上海。与此同时，在香港的李济深、何香凝联名写信，邀请谭平山与柳亚子、郭春涛、陈铭枢等民联的同志到香港，"集中力量，正名领导……共同筹策一切"，他这才离沪赴港。

抵达香港后，《星岛晚报》以《民主"美髯公"谭平山》为题，介绍他的事迹，回顾了他早期在宣传马列主义、组建广东党组织的经历。《华商报》也派记者对他进行采访，而今皓首银髯，精神矍铄的谭平山纵谈民主极具信心，介绍此次南下任务，是受三民主义同志联合会中央之命，与国民党诸先进筹商国民党民主派的大联合计划。为争取团结更多的国民党民主派人士，他表示："对任何同志，不存有任何成见，亦不加以任何歧视"，"只要他立下决心，挣脱了反动集团羁绊，实际参加了民主工作、为人民服务，我们也无不欢迎其合作"。他在香港与李济深、何香凝等人共同筹备国民党民主派的联合组织。

1948年元旦，中国国民党革命委员会正式成立。谭平山被推选为中央常务委员，他无比激动，挥毫赋诗《迎一九四八年十韵》，用"众志自成城，衰朽愿执鞭"的诗句表达了自己愿为新中国成立贡献自己的一分力量。

以笔为枪，投身建国

民革成立后，谭平山以更高的热情投入到民主运动中来，仿佛找到了在北京大学读书时撰写文章为革命呼号的激情，连续在《华商报》《群众》上发表多篇署名文章。他号召巩固统一战线、粉碎破坏和平的阴谋，将革命战争进行到底；他支持解放区的土改运动，称之为"孙中山先生'耕者有其田'的主张最忠实的实践"；他代表民联和其他民主党派领导人联合致电毛泽东，积极响应"五一口号"；他还比较了新旧政协的根本不同，指出"新政协是各民主党派分担革命责任的会议，而不是分配胜利果实的会议"。

不止撰写文章，他还频频参加各种民主人士的集会、发表演说，指明"行百里者半九十"，号召大家继续努力，汲取辛亥革命和大革命失败的教训，一鼓作气推动民主团结进程。

由于革命形势的迅速发展，召开新的政治协商会议的系列工作已经迫在眉睫。在中共中央南方局和驻香港的中共组织帮助下，大批滞港民主人士被秘密护送至北方解放区。由于谭平山的积极态度，他与沈钧儒、蔡廷锴等人第一批离开谭平山《适时的号召》一文。

香港奔赴解放区。为了保证每一位北上人士的安全,他们在登船前全都化了装。9月15日,谭平山在香港登上苏联"波尔塔瓦号"轮船,经过16个昼夜的颠簸,终于进入东北解放区,投身筹备建立新中国的工作之中。

1949年6月,谭平山被推选为新政治协商会议筹备会常务委员会委员,负责主持起草《中国人民政治协商会议组织法》,并在中国人民政治协商会议第一届全体会议上代表筹备会第二小组报告了起草经过和主要内容。在他的努力下,仅仅两个多月的时间即成稿提交新政协筹委会常委会,对于政协会议的名称、任务、参加单位和代表、全体会议、全国委员会、地方委员会等重大问题都做出了详细说明,奠定了我国人民政治协商会议的组织框架。

6月2日,民革专门召开中央谈话会,讨论组织的整顿和建设的任务,学习讨论周恩来建议的整理和发展组织原则。谭平山在会上指出:"我们是国民党民主派的联合,不是与反动集团的联合。如果这样,对革命不利。"建议组织路线要结合形势,团结更多国民党民主派人士。为统一思想,加强民革思想建设,谭

谭平山在报告《中国人民政治协商会议组织法》草案起草经过。

平山还在民革内部刊物《民革汇刊》上频频发文,他的《批评与自我批评》作为《民革汇刊》创刊号的重要内容,号召民革"党员和全党也跟时代进步","时时自己检讨、改正错误,努力学习马列主义及毛泽东思想,加强团结,我们是有光辉的前途的"。

不负党的信任,探索建立监察制度

新中国成立后,谭平山历任中央人民政府委员、政务院政务委员兼人民监察委员会主任。根据新民主主义精神和人民政协共同纲领,他开始着手建立人民监察制度、执行人民的监察工作,并梳理建立人民监察委员会组织机构的原则和今后的中心工作。谭平山深感这项工作是党对他的高度信任,虽然年事高、血压高,但他仍然认真负责地与监察委员会的中共组织合作共事,坚持处理人民监察委员会的事务,以渊博的知识和丰富的经验,经常提出独到的见解和意见。对于机关、部队、学校和国营企业中,大量贪污、浪费、官僚主义的案件,从查证核实到定案处理,谭平山总是不辞劳苦,与监察干部们并肩战斗。

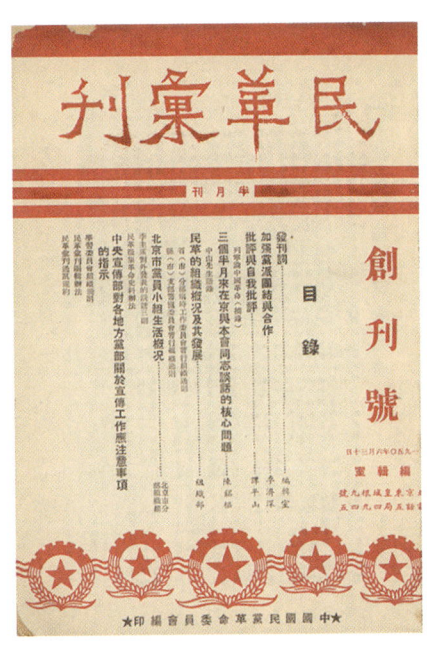

《民革汇刊》创刊号。

为创建适合中国国情的人民监督体制和制度，谭平山不断加强人民监察制度理论研究，深刻总结这一制度的优越性，主张更广泛地动员人民群众监督人民政府机关和一切国家工作人员，以迎接行将到来的大规模国家经济建设、文化建设的光荣伟大的历史任务。1952年10月，谭平山在《各级人民政府人民监察委员会要积极参加司法改革运动》一文中，充分肯定了人民监察工作取得的巨大成绩，并毫不讳言地揭示了监察工作中存在的问题，坚持对人民负责，一丝不苟。1954年，人民监察委员会改为监察部，时年68岁的谭平山才离开了这个繁忙的工作岗位。

由于监察委员会主要负责监察国家公务人员是否履职并纠举其违法失职，谭平山十分注意自己的言行，更加严格地要求自己的家人。

生活中，谭平山非常俭朴，平时以白粥加素菜当餐。据女儿谭宗文回忆，父亲一生常买旧衣旧鞋穿，并自以为乐。新中国成立之初，他搬到北京工作，为了不给国家增添麻烦，自己掏钱在北京买房子解决住房问题。儿子谭秉文是经济学家，本来有机会出国工作，但谭平山要求他留在国内为祖国服务。据外孙余川广

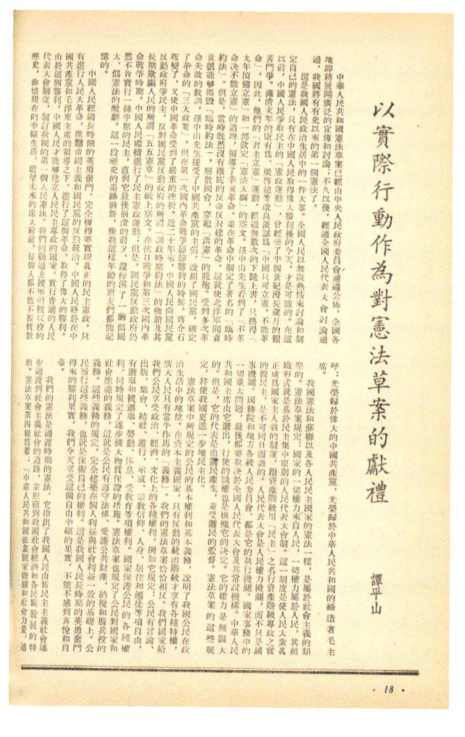

谭平山文章。

介绍，他还严格要求子女和家属，从不利用特权为家人谋取利益，甚至怕地方政府知道外孙是自己家人而搞特权，刻意不公开联系。

谭平山是克己奉公的典范。新中国成立初期，为了渡过经济难关，决定发行公债。谭平山不仅在《人民日报》上发表《拥护发行人民胜利折实公债》一文支持发行折实公债以解决暂时困难，而且以实际行动购买人民胜利折实公债。在他的影响下，夫人孙荪荃在谭平山去世后把北京的房产无偿捐献给了国家。

1954年6月，在第一届全国人民代表大会召开前夕，谭平山受邀参与我国第一部宪法草案的讨论，他深入地学习和宣传，为能亲身参与到这项人民政治生活的大事中而感到自豪，满怀激情号召大家"让我们以欢欣鼓舞的心情迎接宪法草案的公布，并以自己的实际行动作为对宪法草案的献礼。"

1956年4月2日0时20分，谭平山因病在北京逝世。他一生真诚地信任着党，依靠着党的领导。

主要参考文献：

1.《谭平山传》，元邦建，黑龙江人民出版社1986年。

2.《谭平山生平与思想研究论文集》，中共佛山市高明区委宣传部编，中共党史出版社2013年。

3.《谭平山文集》，《谭平山文集》编辑组，人民出版社1986年。

4.《谭平山研究史料》，中共广东省委党史资料征集委员会、民革广东省委会、中共佛山市委党史办公室编，广东人民出版社1989年。

5.《中国国民党革命委员会60年》，民革中央党史编辑委员会编，团结出版社2007年。

6. 刘明钢《谭平山：写满传奇的坎坷人生》，《党史博览》，2000年第12期。

7. 彪晓红、杨飞《近十年来谭平山研究综述》，《广东党史》，2008年第2期。

8. 高宏的《谭平山：跌宕人生终不悔》，《红广角》，2011年第5期。

9. 陈弘君、欧大军《谭平山对中国革命统一战线的贡献》，《党史纵横》，1988年第7期。

10. 孙宗明《中国民主党派第一人谭平山》，《泰山学院学报》，2013年第3期。

11.《谭平山：严格要求子女家属"爱国、为公、奋斗"》，南粤清风网2016年3月29日，http://fsjjjc.foshan.gov.cn/zhyw/201603/t20160329_5555063.html。

12. 广东省档案馆编研部摘编《谭平山：追求真理九死未悔的革命家》，南方网，2016年1月11日，http://gddazx.southcn.com/a/2016-01-11/content_140548362.htm。

蔡廷锴（1892-1968），字贤初，广东罗定人，民革创始人之一。1949年后，曾任中央人民政府委员、体育运动委员会副主任、人民革命军事委员会委员、国防委员会副主席等职。民革第一、二届中央常委，第三、四届中央副主席；第一至三届全国人大常务委员会委员；第一届全国政协委员，第二、三届全国政协常委，第四届全国政协副主席。

蔡廷锴

被誉为"华南和平民主之支柱"的爱国将领

  1946年5月下旬，抗日名将、中国国民党民主促进会负责人蔡廷锴收到了中共领导人周恩来从南京梅园新村中共代表团驻地发出的来信：

贤初先生惠鉴：

  久违教范，驰想时殷。自反法西斯战争胜利以后，举世和平民主之局大体已定，而前途曲折，困难尚多。目前在当局武力统一方针之下，造成东北问题解决之困难，全国内战之危机严重存在，人民权利自由到处遭受极大之摧残。扭转危局，争取和平民主之实现，实为当前之急务。先生以抗日前导而为华南和平民主之支柱，力挽狂澜，举国瞩望。恩来与敝党代表团已于五月三日迁抵南京。奉闻民主促进会之工作，在先生指导下，民主浪潮蓬勃发展，无任欢腾。今日华南反独裁反内战、民主和平之事业，端赖各方一致合作，向所信迈进。想桂粤往日十九路旧友反独裁志士，必能在先生领导下更增团结也。恩来现寓国府路梅园新村17号，尚祈不时赐教，以匡不逮，无任感祷。

  专白。祇颂

时绥！

周恩来敬启
五月二十三日

> **各方一致合作向所信迈进**
> ——致蔡廷锴①
> （一九四六年五月二十三日）
>
> 贤初先生惠鉴：
> 久违教范，驰念时殷。自反法西斯战争胜利以后，举世和平民主之局大体已定，而前途曲折，困难尚多。目前在当局武力统一方针之下，造成东北问题解决之困难，全国内战之危机严重存在，人民权利自由到处遭受极大之摧残。扭转危局，争取和平民主之实现，实为当前之急务。先生以抗日前导而为华南和平民主之支柱，力挽狂澜，举国瞩望。恩来与敝党代表团已于五月三日迁抵南京。奉闻民主促进会之工作，在先生指导下，民主浪潮蓬勃发展，无任欢慰。今日华南反独裁反内战、民主和平之事业，端赖各方一致合作，向所信迈进。恳桂尊在日十九路旧友反独裁志士，必能在先生领导下更增团结也。恩来现寓国府路梅园新村十七号，尚祈不时赐教，以匡不逮，无任感祷。
> 专白。祗颂
> 时绥！
>
> 周恩来敬启
> 五月二十三日
> 根据中央档案馆保存的底稿刊印
>
> 注释
> ①蔡廷锴（一八九二——一九六八），字贤初，广东罗定人。曾任国民党政府军第十九路军副总指挥、第十九路军军长。一九四六年与李济深、何香凝等组织中国国民党民主促进会。中华人民共和国成立后，曾任政协全国委员会副主席、国防委员会副主席、中国国民党革命委员会中央副主席。

《人民政协报》1988年3月4日第一版所载周恩来1946年5月23日写给蔡廷锴的信。

收到周恩来的来信，蔡廷锴百感交集，回想自己曾经有过两次与共产党的接触：第一次是1927年国共两党分道扬镳时，共产党发动了南昌起义，自己本来是在叶挺领导下的一支队伍中，由于认识上的问题，没有选择与共产党一起反对蒋介石，而是把自己队伍里的共产党员礼送离队，自己转向拥蒋的阵营；第二次是1933年福建事变期间，蔡廷锴举起了反蒋的大旗，与当时的中央苏区签订了友好条约，但福建事变很快被蒋介石化解。

抗战胜利后，闲居在家的蔡廷锴得知国民党与共产党的领袖在重庆谈判，他曾对国家的未来与前途寄予美好期望，但没有想到，随之而来的是谈判破裂，导致烽火再起。蔡廷锴亲历了家乡和广州等地吏治的腐败和社会风气的颓废，他决定走上推动国家民主建设事业的道路。周恩来的来信，使蔡廷锴对共产党的政策有了更深入的了解。

有心报国，无路效力

蔡廷锴是著名的爱国将领，有着卓越的军事才能，曾经为蒋介石在中原大战中取胜立下了汗马功劳。但由于他与陈铭枢、蒋光鼐等人违抗蒋介石的不抵抗命令，在"一·二八"事变中奋起抵抗日寇，并参与反蒋抗日的福建事变，而始终得不到重用。全民抗战爆发后，蒋介石曾委任他为上将参议官兼十六集团军副总司令，1940年2月，他率部参加桂南会战，在桂南、粤西一带与敌对峙，时有进退。5月，战事告一段落，二十六集团军奉命改编为粤桂边区总司令部，蔡廷锴任总司令。此后，所有正规部队奉命他调，蔡廷锴成为无兵司令，遂请辞职归乡，经数次力争，才于9月中旬获准。

48岁的蔡廷锴从此以国民党政府上将参议官的身份闲居桂林、香港、罗定等处。闲居后的蔡廷锴除访友应酬外，则以打猎、养鸡、养鸭、种菜等为乐。在当时抗日烽火正浓的年代，满是怀抱报国热情的铁血将领，蔡廷锴免不了有许多失落与惆怅。正如他自己的诗中所言：好花枝上艳，离枝则堪怜。

1941年10月，蔡廷锴奉蒋介石命令去南岳开会。蒋介石在召见时问："生活如何？看什么书？你想担任什么工作？"蔡廷锴回答："因体力关系，无能力担任何种工作，此时只有养晦而已。"会议结束后，蔡廷锴返回桂林，继续过着闲居生活。

同年11月，蔡廷锴到贵州、云南游历，于同月底到达重庆，会见了许多老朋友，其中与昔日长官陈铭枢的见面，令他甚感不平。

对这次重庆之行，蔡廷锴有这么一段回忆：

在此留恋十余天，除因事须要面报委座、何部长外，其余各要人都是在宴会场中拜见，惟隔别已数年的旧上官陈铭枢先生，每日都在广东酒家或请食餐，或饮茶，时加指导，确领益不少。但其住南岸，交通不便，至12月11日，在盐务总办缪秋杰处午餐，陈先生亲带我到其家住一夜，彼此谈笑，仍不失当年的亲切。

广东罗定蔡廷锴故居远眺。

惟吾人回忆昔年为党国奋斗,虽不敢言有何功勋,陈先生领导吾人出生入死,以良心而论,当有相当劳绩。以退一步而言,吾人在闽因不满当局而起革命,亦为国家民族,只有公敌而无私仇,试问现在京中要人亦有前与当局采对立者,现在彼此均为抗战而团结入京,赞助中枢,何以对彼等则厚,对陈先生则薄,未免过于狭隘偏袒。吾人不在权位之想,关于革命失败,亦毫无追悔,不过不平则鸣,乃人理之常情。

陈铭枢对蔡廷锴有知遇之恩,两人又都是福建事变的重要人物。两人促膝长谈,对抗战以来国民党后方政治黑暗、爱国民主人士难有立足之地、抗战前途未卜等问题颇为忧虑,不胜唏嘘感慨。12月22日,蔡廷锴离渝返桂。

这一次重庆之行,令蔡廷锴对蒋介石领导的国民党政府的不良印象加深,是他后来投身爱国民主运动的重大转折。

《蔡廷锴自传》中有一段记述1941年年末最后一天心情的文字:

但我所感太不痛快,就是敌人仍盘踞我国,土地一日未复,均不能诱动我的心情,但恨有心报国,劢力无路耳。

蔡廷锴的家庭生活随着他的辞职也陷入困境,甚至"食饭都发生困难",在桂林期间，相继接受过原十九路军旧部沈光汉、谭启秀、张炎等人的汇款接济。

1944年春夏，日寇发动豫湘桂战役，长沙、衡阳相继失守，同年7月，日军分三路包围了桂林，蔡廷锴于8月偕全家返罗定故乡避难，被乡人推为十乡临时团队总指挥，领导家乡人民进行抗日活动。

1945年2月底，李济深率舒宗鎏等十几人到罗定游览巡视，为应对抗日战争后期的时局，蔡廷锴与李济深磋商，在适当的时机成立一个组织，以促和平民主真正到来。

4月，蒋介石派人令蔡廷锴前往重庆候训，蔡廷锴考虑到当时环境和自身状况，托彭泽湘带去他给蒋介石的书信，信中陈述了暂时不能奉命去重庆听训的理由，其中提到："本拟遵命就道，惟目前绕道赴渝，需时40天，而地方秩序欠佳，旅途甚感困难，拟交通稍便，即行首途。"

抗日战争的胜利，让身居故乡的蔡廷锴和家人看到了新的希望，对新生活充满了向往。但是，1945年10月底蔡廷锴偕家人前往省城广州途中，他亲历了沿途地方军政人员的腐败，"罗定城经敌人一度蹂躏，敌退后，乃西江上游交通枢纽，商业繁盛，正当胜利公布后交通恢复，惟县府依然敢公开贪污勒诈，殊属胆大妄为"。

到了广州，蔡廷锴更为失望，他的几处房屋皆破败不堪或被他人占据。

抗日战争的胜利，并没有给广州的社会经济带来繁荣，官吏贪腐成风，社会风气更加败坏，蔡廷锴深以为忧。他说："目下广州市一隅百物渐涨，谷米较前两月超过2倍以上，倘当局不设法补救，明春夏必有饿殍之虞。"

发起成立中国国民党民主促进会

在广州的蔡廷锴始终关注国家的局势。1945年10月底，他在报纸上看到毛泽东抵达重庆，参加国共和平谈判的新闻，甚感欣慰，他有这么一段自我表白："如果我设身处地在蒋委员长的地位，便有如下的处置办法：把政权公开，对大家说，你们各党派纷争，不外系政权，我即召集全国性有学问、道德、地位的名流及各党各派的首脑切切实实开一个大会，解决一切纷争，结束一党专政，实行还政于民，自动宣布下野。如全国人民仍拥护，则负责建设新中国，倘能做到这一点，历史更为伟大。"

1946年初，蒋介石三次电召在南方的李济深前往重庆"共商国是"，李济深再三推托，最后于2月底才从他的家乡苍梧出发，经广州去重庆。

在经过广州时，李济深曾考虑与蔡廷锴等人见面，商谈筹组新组织的具体事宜，但为了蔡廷锴等人的安全，他放弃了面谈的打算，在离开广州时，留了一张字条，派人送给蔡廷锴，其内容是：

> 贤初兄，前所说兴华公司招股事宜，由蔡廷锴、李章达负责，并指定蔡廷锴为主要召集人，李章达副之。

蔡廷锴见到李济深的字条后当即会意，立即行动起来。首先把余勉群此前拟定的新组织成立大纲作了修改，确定了组织名称、纲领、成员及其活动任务，于1946年3月12日，孙中山逝世纪念日这一天，在广州光孝路祝寿巷44号李章达的家里，召开了首次中国国民党民主促进会筹备会。

会议经一天的讨论，决定将组织名称正式定为中国民主促进会（后改称中国国民党民主促进会，简称民促），宣告正式成立。

同时决定，由李章达征求蒋光鼐参加意见。会后他收到蒋光鼐的回函，蒋光鼐完全赞同民促的成立，由于当时他任衢州绥靖公署副主任，不便公开参与，因此暗中掩护和支持民促，并捐助巨款，作为民促的活动经费。

同年4月14日，蔡廷锴召集民促的第二次会议，地点仍在李章达家里，参会人员与第一次会议时相同。

为了更好地宣传政治主张，蔡廷锴与李章达等人决定在广州出版一份日报，作为民促中央的机关报，并租广州惠福东路66号作为报社地址。

蔡廷锴与李章达的办报活动被国民党特务侦悉，国民党军委会广州行营下令封闭报社地址，并勒令蔡廷锴、李章达限期离境。蔡廷锴只得再次避难香港，民促也随之迁往香港开展活动。

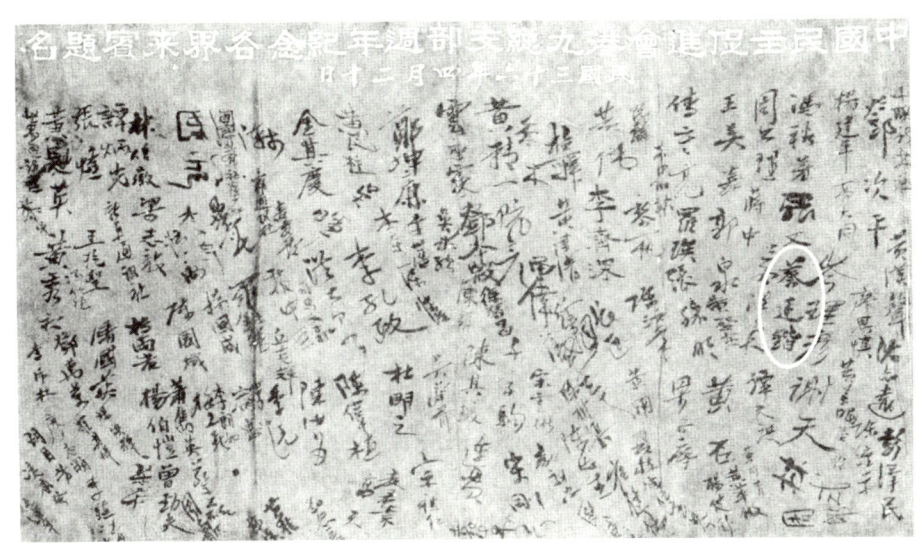

1947年4月，蔡廷锴参加中国民主促进会成立一周年时签名。

    1946年5月18日，民促成立了港（香港）九（九龙）总支部，并发表宣言，主张召集民主会议，解决国事，成立联合政府，还政于民，真正实施民主政治。5月21日，蔡廷锴等人在香港的《华商报》上发表了《中国国民党民主促进会政治主张》，重申了成立大会宣言中提出的各项主张。7月5日，蔡廷锴发表呼吁和平的谈话，在国内外引起了强烈反响，蒋介石因此对蔡廷锴更加不满。

    民促和蔡廷锴在香港的活动引起了国民党和共产党高层的关注。蔡廷锴就是在这个时候，收到周恩来的来信，使他对共产党的政策有了更深入的了解。

    同年9月，蒋介石突然通过国民党军委会广州行营主任张发奎电邀蔡廷锴赴南京开会，其目的有二：一是收买人心，拉拢蔡廷锴和民促；二是通过蔡廷锴了解李济深等人的活动，借此分化李、蔡两人的关系。

    国共两党高层的邀约，让身居香港的蔡廷锴一度犹豫。是否赴南京，成为摆在他和民促成员面前的一道选择题。经过与民促同仁再三商讨，他决定前往南京。

    蔡廷锴经广州、上海，到达南京。这个时候，国民党与共产党在南京重开的谈判即将破裂，但周恩来还在南京。

蔡廷锴受到蒋介石和国民党高层的热情接待，同时也被共产党接到周恩来在南京的住处，彼此坦诚地交换了对时局的看法和对国家未来的思考。蔡廷锴对共产党的信任与信心更加增强了。

此行让蔡廷锴感受到了当时政治斗争的尖锐与严峻，他自行回到香港，继续以民促为阵地，为民主建国事业鼓与呼。

参与民革筹建，北上解放区

1947年是抗日战争胜利后中国民主力量发展的重要之年。7月，国民党颁布了《厉行全国总动员"戡平""共匪"叛乱案》，随之又公布了《动员"戡乱"完成宪政实施纲要》。10月，蒋介石宣布民盟为"非法团体"，为此，不少爱国民主人士纷纷从内地到达香港。

三民主义同志联合会领导人谭平山等到达香港，接着李济深等也回到香港。李济深在香港的住处与蔡廷锴家相距不远，两人联系更加密切了。蔡廷锴、谭平山、何香凝、李章达等人常到李济深家聚谈，商讨应对国内局势的策略。大家认为：除了利用香港扩大宣传外，应将各派力量组成一个统一的组织与国民党政府的高压政策作斗争。

经过一段时间的筹备，1948年1月1日，中国国民党革命委员会成立大会在香港举行。会议选举了民革中央领导：李济深为主席，蔡廷锴与何香凝、冯玉祥、李章达、谭平山等为常务委员。会议决定：民革成立后，民促、民联仍继续存在，各自开展活动。

随着时局的变化，南京国民党政府在政治上越来越孤立，军事上越来越失败，陷入内外交困的境地。

1948年4月30日，中国共产党发表"五一口号"，提出了"打到南京去！活捉蒋介石！"的口号，号召"各民主党派、各人民团体、各社会贤达迅速召开政治协商会议，讨论并实现召集人民代表大会，成立民主联合政府！"周恩来代表中国共产党向旅居港澳和海外的爱国人士发出回国参加新政治协商会议的邀请。

海内外民主爱国力量积极响应。1948年5月2日，蔡廷锴参加了在香港的民主党派主要负责人就中共"五一号召"发表召开的座谈会，一致表示拥护中国共产党的号召。5月5日，蔡廷锴以民促负责人的身份，与民革负责人李济深、何香凝及其他民主党派领导人致电毛泽东，表示响应中国共产党的号召。8月1日，毛泽东以中共中央主席的名义复电李济深等人，对各民主党派和民主党派领导人、无党派民主人士赞同召开政治协商会议表示"极为钦佩"，9月初，周恩来代表中共中央向各民主党派和民主人士发出了去东北解放区参加新政协筹备会议的邀请。

蔡廷锴主动要求第一批去解放区，在离开香港前，他认真布置了民促在香港和广州的工作，要求留在省、港的同志坚持与国民党斗争，支持解放战争。

1948年9月13日，根据中共中央的指示，由章汉夫护送首批民主人士前往东北解放区。

北上途中，蔡廷锴与许多民主人士一样，对未来充满了期待，长期闲居生活带来的压抑得到释放。蔡廷锴与谭平山、李立三、沈钧儒、章伯钧等人秘密同乘苏联货轮"波尔塔瓦"（又译作"宝德华"）号，由香港向北，前往哈尔滨。

货轮上的生活枯燥乏味，但蔡廷锴等人仍然抑制不住内心的兴奋，常在途中彼此逗趣。9月18日这天，正值中国的中秋节，苏联船主决定杀猪加菜，蔡廷锴等人自告奋勇下厨帮忙。由于饮食习惯不同，苏联人不吃猪内脏，只留猪肉，把剩下的东西都往海里扔，蔡廷锴见状，立即上前把那些猪肚、猪肠捡起来，洗得干干净净，红烧出两盘地地道道的粤菜来，苏联船主也美美地跟着大家一起品尝。蔡廷锴的厨艺得到同行者大赞。

经过17个昼夜的长途颠簸，蔡廷锴一行于1948年9月29日抵达朝鲜的罗津港，中共中央派李富春前来迎接。稍事休息，他们立即乘火车到达图们，再经中朝边境线和牡丹江等地，于10月1日抵达当时东北解放区的首府哈尔滨。中共哈尔滨市委按照中共中央的指示，对首批到解放区的民主人士给予了热情的接待。

1948年底，辽沈战役结束后，根据中共中央的安排，第二批、第三批民主人士相继到达沈阳。1949年1月31日，北平和平解放，中共中央决定新政协筹备会改在北平举行，已到东北的民主人士共37人，由林伯渠陪同，自哈尔滨、沈阳到达北平，大家的情绪都很高涨。

1949年6月11日，蔡廷锴在北平香山双清别墅第一次见到了毛泽东，他为毛泽东的睿智、魄力、谦逊所叹服，并在日记里专门把这件事记录了下来。6月15日至19日，新政协筹备会议第一次全体会议在中南海勤政殿召开，选举了由21人组成的新政协筹备会的常务委员会，蔡廷锴被选为常务委员。

蔡廷锴热情地投入到新政协的筹备工作中，参与了审定参加政协的单位及代表名额的工作。在当时的条件下，这项工作的情况复杂、政策性强，久违政坛的蔡廷锴有很多不熟悉的问题，他克服困难、虚心请教、耐心协调，发挥了自己的作用。

投身新中国建设

经过3个多月的紧张筹备，1949年9月21日，中国人民政治协商会议第一届全体会议隆重举行。蔡廷锴作为民促首席代表参加了会议，并当选为会议主席团成员之一。

9月23日，大会开始进行主要发言。蔡廷锴代表民促发表讲话，表示："过去，我们各民主党派及人民团体的团结，已取得了推翻反动统治的伟大果实；今后，我们更应在中国共产党领导下，更坚决地团结起来，为彻底肃清残余的反动势力，为粉碎美帝国主义的反动阴谋，建设我们的人民民主新中国而奋斗！"他认为，民促的意见都充分地反映在人民政治协商会议组织法、共同纲领和中央人民政府组织法里面了。他代表民促表示："我们今后共同努力的目标，我以为也只有一个，那就是在中国共产党领导底下，建设人民民主的新中国！""中国国民党民主促进会的会员们，将坚决地遵守和执行共同纲领，更愿站在自己的岗位上，尽一切努力协助全国总解放，将革命进行到底！"当天晚上，毛泽东、朱德举行宴会，宴请国民党起义将领程潜、张治中、傅作义等 26 人，蔡廷锴与老长官李济深、蒋光鼐等一同出席作陪。

9 月 30 日，中国人民政治协商会议第一届全体会议选举了中华人民共和国中央人民政府委员会，宣告了中央人民政府的成立。蔡廷锴等 56 人当选为中央人民政府委员。10 月 1 日，蔡廷锴登上天安门城楼，参加了举世瞩目的开国大典。

新中国成立后，中国共产党领导的多党合作制度初步形成。虽然已至花甲之年，蔡廷锴依然积极投身新中国的建设事业，满怀热情地开展工作。他相继担任了多个重要职务，与中共同志密切合作，参与国家重大决策协商，向中国共产党和人民政府献计献策。

10 月 19 日，中央人民政府委员会举行第三次会议，蔡廷锴被任命为人民革命军事委员会委员。20 日，人民革命军事委员会召开第一次会议，出席会议的有毛泽东、朱德、刘少奇、周恩来、程潜、贺龙、刘伯承、陈毅、聂荣臻、高岗、粟裕、张云逸、邓小平、罗瑞卿、张治中、傅作义、蔡廷锴、刘斐等 18 位委员，会议主要内容为讨论今后人民解放军的进军和建军问题。蔡廷锴与程潜、张治中、刘斐等人不仅参加了会议，而且对今后如何肃清残余国民党匪军和建设新的国防等问题发表了意见。此次会议决定在人民革命军事委员会下成立国防研究小组，张治中担任组长，刘斐任副组长，聂荣臻、罗瑞卿、傅作义、蔡廷锴、李涛任组员，主持新中国国防的研究设计事宜。

积极投身抗美援朝保家卫国运动，实践爱国公约，是蔡廷锴在新中国成立初期投身的一项重要工作。1950 年下半年，在中国共产党的号召下，全国掀起了一场轰轰烈烈的抗美援朝运动，蔡廷锴被推为抗美援朝保家卫国委员会常务委员。8 月，以郭沫若、李立三为首的新中国人民代表团从北京启程赴朝鲜，任务是庆祝"八一五"朝鲜人民解放五周年、慰劳进行抗美战争的朝鲜人民，并对朝鲜人

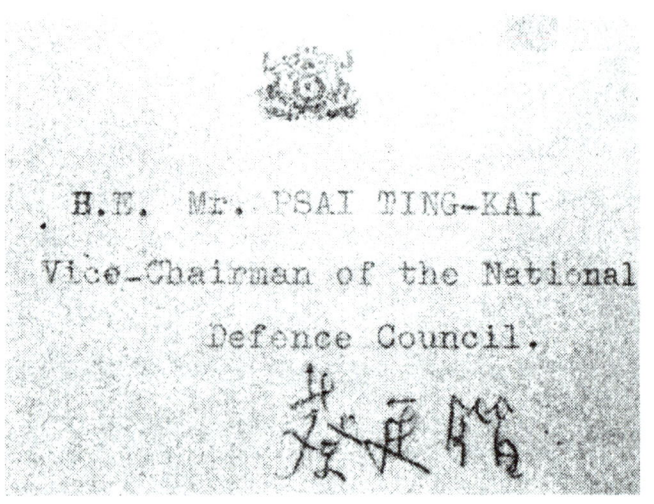

蔡廷锴出席国际会议时用的名片。

民过去对于中国革命的帮助,表示深切的感谢。代表团系由各人民团体、各民主党派、少数民族代表 23 人组成,蔡廷锴代表民革参加了该代表团。在朝鲜期间,蔡廷锴与代表团成员一起,慰问那些与侵略者战斗的将士,回国后,积极投身抗美援朝的宣传工作,向全国同胞广播访问伤兵医院的情况。

1951 年 6 月 1 日,中国人民抗美援朝总会发出捐献飞机大炮支援在朝鲜前线作战的中国人民志愿军的号召,蔡廷锴与陈铭德、屈武、柳亚子、陈劭先等民革中央常委积极捐献,各捐 600 万元至 100 万元不等,起到了良好的带头作用。1953 年,中国人民第三届赴朝慰问团成立,贺龙为总团长,朱学范等人为副团长,下设八个总分团。各民主党派、各人民团体和各兄弟民族的代表共 5000 余人参加。蔡廷锴担任分团长,与陈此生、孙蔚如、肖隽英、朱子帆、陈离、陈铭德、范绍韩、曹惠文等 20 余位民革同志参加了这次慰问团。在朝访问期间,中国代表团受到朝方热烈欢迎,了解了志愿军的各种英勇事迹,蔡廷锴感到"无限的兴奋"。

投身新中国体育事业,担任中国体育运动领导班子成员,是蔡廷锴投身新中国建设事业中的又一体现。新中国体育事业的基础十分薄弱,处在世界较低水平,

蔡廷锴同周总理、贺龙副总理欢迎我国体育代表团出赛归来。

体育设施和场所极度缺乏。1950年前,中国没有一所体育学院,没有一名体育教师,中央也没有主管体育的机构。许多体育运动项目在发达国家已经开展,在中国却是空白。在毛泽东、周恩来等党和国家领导人的重视和支持下,1952年11月15日,中央人民政府委员会第19次会议通过成立中央人民政府体育运动委员会(1954年9月,改称中华人民共和国体育运动委员会,简称国家体委),任命贺龙为主任,蔡廷锴为副主任。在贺龙的亲自主抓下,在借鉴苏联体育工作的经验基础上,中央决定加强国家体委的领导干部配置,充实得力干部抓体育工作,委任包括一批曾在部队和西南区从事过体育工作的干部、民主党派领导人在内的一些重要干部到国家体委工作。

  1954年的9月,贺龙被任命为国务院副总理、国防委员会副主席和国家体育运动委员会主任。11月1日,国务院任命蔡廷锴、蔡树藩、卢汉、黄琪翔、荣高棠为国家体委副主任。贺龙对中央配备的这个国家体委班子十分满意,认为这是一个"来自五湖四海的、团结的班子。他们都很年轻,懂专业,有朝气,工作效率高,事业心强,没有官僚主义;有文有武;打仗的,打球的,又有秀才,又有搞管理工作的。他们相处很亲切、自然,形成了一个'拳头'"。从此,蔡廷锴投身于新中国体育事业的开创及建设，带队参加了国内外多个有影响的体育赛事，主持了国内许多重要的体育活动，为新中国的体育事业作出了重要贡献。

1954年，62岁的蔡廷锴参与了宪法制定工作。1月，中华人民共和国宪法筹备委员会成立，蔡廷锴任筹委会委员。8月，蔡廷锴出席民革中央会议，研究如何宣传和讨论《中华人民共和国宪法草案》的问题。9月15日至22日，中华人民共和国全国人民代表大会第一次全体会议在北京召开，蔡廷锴被选为大会主席团成员，当选为一届人大常务委员会委员。

在投身新中国建设事业的同时，蔡廷锴在民革党务工作方面也是尽心尽力尽职，为新中国初期民革事业贡献着力量。

新中国成立后，毛泽东和中共中央向李济深等人建议，希望孙中山先生的信徒，"不分先后，为实现革命的三大政策，为遵守共同纲领，为人民服务，首先要团结起来，统一组织"，以便集中力量，为新民主主义建设工程发挥作用。李济深与民促的蔡廷锴，民联的谭平山、陈铭枢等多次协商，商谈实现国民党民主派组织的联合问题。大家都认识到实现联合的必要性和迫切性，决定接受中共中央和毛泽东建议。1949年11月12日至16日，中国国民党民主派代表会议在北京召开，民革、民联、民促和国民党其他爱国民主人士等四个方面的代表共58人参加会议。会议决定，把民革、民联、民促及其他国民党爱国民主人士，统一成为一个组织——中国国民党革命委员会，民联、民促同时宣布停止独立活动。在会上，蔡廷锴作为民促负责人对国民党民主派的团结统一表示赞成："从今天起，我们应该团结一致，虚心地向领导中国革命的友党学习，向人民学习，务使我们在建设新中国的过程中，能够发挥我们应有的作用。这样，我们的团结统一才有意义。"在新成立的民革中央委员会里，蔡廷锴被选为常务委员，同时，他还与李济深、何香凝、柳亚子、陈铭枢等71人当选为中央团结委员会委员。

1950年七一前夕，民革中央致电毛泽东和中共中央，祝贺中国共产党成立29周年。李济深、何香凝、邵力子、陈铭枢、张治中、蔡廷锴、蒋光鼐、谭平山等人在贺电上签名。贺电表示：我们愿在今天中国共产党诞生的纪念日，竭诚相誓，昭告天下，中国人民坚决拥护你和中国共产党的领导，万众一心，共同奋斗，以达到驱逐美帝，收复台湾和一切属于中国领土的目的。

主要参考文献：

1.《蔡廷锴自传》，蔡廷锴，黑龙江人民出版社1982年。

2.《蔡廷锴传》，王素秋、王俐，哈尔滨出版社1997年。

3.《爱国名将蔡廷锴：纪念蔡廷锴将军诞辰一百二十周年》，十九路军淞沪抗日将属（广州）联谊会编，花城出版社2012年。

4.田雪鹰《贺龙初任国家体委主任》（上），《党史纵横》，2016年第1期。

张治中（1890-1969），原名本尧，字文白，安徽巢县（今巢湖）人，1949年加入民革。1949年后，曾任中央人民政府委员，西北行政委员会副主席，国防委员会副主席等职。民革第二届中央常委，第三、四届中央副主席。第一、二届全国人大常委会委员，第三届全国人大常委会副委员长。第一至四届全国政协常委。

张治中
三到延安的"和平将军"

1949年4月,国共北平和谈破裂后,国民党代表团准备收拾行装南返。百忙之中的周恩来匆匆赶到六国饭店,只为挽留一位"姓张的朋友",他就是被毛泽东称为是"真正希望和平的人"——国民党代表团首席代表张治中。

此时,人民解放军百万雄师已经渡过长江。张治中将谈判情况电复南京,并定于4月24日乘飞机返回南京。周恩来正是在听到了这个消息后,急忙赶来当面劝他留在北平。

在"回"与"留"之间,张治中思想斗争很激烈,心中十分矛盾、彷徨。

"代表团是南京国民党政府派来和谈的,和谈既然破裂,理应回去复命。其他同志们行动完全可以自由决定,但我是首席代表,不能不回去复命。"他将自己的想法直接告诉了周恩来。

周恩来十分理解他的处境,考虑到他回去以后的安全问题,言辞恳切地挽留说:"你们无论回到南京、上海或广州,国民党特务都不会放过你们的。西安事变我已经对不起一位姓张的朋友了,今天再不能对不起你这位姓张的朋友了!"

此外,周恩来还设身处地考虑到了张治中的家人,向他保证:"至于嫂夫人

重庆张治中旧居——桂园。

和家里人，由我安排，尽管放心！"

中共组织说到做到！几天后，张治中在北平见到自己的家人后，惊喜地对周恩来说："恩来先生，你真会留客呀！"

力促北平和谈

让毛泽东、周恩来真诚挽留的张治中是国民党政府内著名的主和派。在北平和谈前，李宗仁等相信他"曾经三上延安，并且亲自护送毛泽东主席回陕北，与中共有深长历史关系"，由"他出来组阁，可顺利推动和谈的进展"，故而将他从西北军政长官公署长官任上调回南京，作为和谈国民党首席代表。

1949年4月1日上午，张治中与邵力子、黄绍竑、章士钊、李蒸、刘斐等一行20余人，乘坐中央航空公司特别准备的"空中行宫"号飞机由南京飞抵北平,下榻六国饭店。2日至7日,国共双方代表就中共中央提出的"八项条件"所涉及的各种问题交换意见。

在此期间,张治中在周恩来的陪同下见到了毛泽东。一见面,毛泽东紧紧地握住张治中的手,深情地说:"谢谢你,1945年到重庆,承你的热情接待,全家他迁,将桂园让给我们使用,又举行了盛大的欢迎欢送会!别来你的身体和家人都好吗?"毛泽东的开场白让张治中的心里暖暖的,两人愉快地畅谈了将近4个小时。

张治中认为蒋介石留在国内可能是和谈成功的阻碍因素,为了推动和谈成功,他专门写信给蒋介石,劝其要"放下一切"出国去,唯有如此才能给腐朽的国民党政府以刺激。在信中,他还提及"此次到北平以来,所受刺激之大,非可言喻,真是万感交集",直指若蒋继续"留居国内",可能"再起再战"。

4月13日,中共代表团与南京政府代表团举行第一次正式谈判,周恩来给南京政府代表团提交了《〈国内和平协定〉草案》,并作了概括说明。

张治中几乎是一口气看完这份协定草案,认真地将南京政府不可能接受的各点逐一提出。在发言中他说:"对于国民党的错误,有诚意承认;对于国民党的失败,也有勇气接受。""我今天固然代表我们政府和中共商谈和平,同时个人一向也是中国共产党的朋友","我们以至诚至敬之心,希望中共能从此领导国家,达到独立、自由和民主的目标,并建设国家,臻于富强康乐之境。这就是我们代表团同人向中共代表团同人所想表示的一点小小意见和希望。"

会后,张治中与南京代表团成员逐字逐句研究协定草案的修正案,希望能够找到解决问题的一线希望。

15日晚,双方代表团举行第二次谈判,周恩来宣布了中共代表团最后定稿的《国内和平协定》,指出:我们期待南京代表团同意这个协定,在协定上签字,否则中共即大举过江。

张治中听后表示明天派人到南京请示后立即答复。他对中共的意见表示理解地说："恩来先生让步的地方，我们很了解，就是不能让步的地方，他所持的理由，我们也是了解的。"

此外，张治中还提到几天前见到毛泽东，自己曾不经意地说："今后是你们执政了，你们怎样做？"毛泽东马上纠正说："不是的，我们大家来做，大家合作做的！"他对中国共产党的这种开放胸襟，表达了自己深深的敬意。

会议结束后，张治中回到住处与南京代表团成员进行了郑重的研究。大家一致认为，应以国家元气、人民生命财产为重，接受《国内和平协定》为是，只有以诚心承认错误，以勇气接受失败，才能对国家、对人民更好。

至此，张治中率领南京代表团已经为促成和谈成功拼尽了全力，但南京方面的想法却大相径庭。对于协定，李宗仁犹豫，白崇禧反对，蒋介石则拍案大骂："文白无能，丧权辱国！"4月20日夜，李宗仁、何应钦复电张治中及代表团，表示拒绝接受《国内和平协定》，并通知代表团返回，北平和平谈判正式破裂。

这就有了文首周恩来亲赴六国饭店挽留张治中的一幕。最终，在毛泽东和周恩来的真诚挽留下，张治中经过再三考虑，终于放弃了回南京复命的想法，决定留在北平，为新中国的建立贡献自己一分力量。国民党和谈代表团的其他成员也在中共中央的真诚邀请下全部留在了北平，而且随后基本上都参加了民革。

国民党政府对于张治中留在北平，十分气愤。6月15日，广州"中央社"发出电讯《张治中在平被扣详情》，20日、22日又继续发出两个电讯混淆视听，对他进行人身攻击。张治中对这种颠倒是非的行径感到十分气愤，于26日毅然发表《对时局的声明》，公开宣布与国民党反动派彻底决裂，并号召国民党内的有识之士同中国共产党精诚合作，共同为实现新民主主义的理想而努力奋斗。

"三到延安的好朋友"

力促北平和谈的张治中虽为国民党高级将领，但是一生从没有和共产党打过仗。在抗日战争时期，他积极促进国共两党团结抗战，并与中国共产党人结下了深厚的友谊，对维护和巩固抗日民族统一战线作出了贡献。

抗战胜利后，为了保证重庆谈判能够顺利进行，张治中与美国驻华大使赫尔利于1945年8月27日乘飞机到达延安，专程迎接中共中央代表团赴重庆。

到达延安后，周恩来开门见山地说出了自己的忧虑："我最担心的是毛泽东的安全问题。"

张治中很有信心地担保道："苏、美两个大国的领导人都对蒋委员长做了工作，他们都能保证毛先生的安全，我看不会有问题。"

周恩来依然不放心："文白兄，他们担保是担保，但我们不能大意，一定要做到万无一失。"

张治中想了想，别的地方他无法保证安全，但是自己的家是可以做到的，遂接道："毛先生住别的地方你不放心，我可以把桂园腾出来让毛先生住。"

周恩来听后，高兴地说："住在你的官邸当然好！桂园在上清寺，这距我的住处曾家岩50号很近，离红岩新村也不远，位置适中又在马路边上，汽车进出也很方便，只是苦了你一家人。"

周恩来继而提出安全保卫问题，张治中说："保卫人员不成问题。平时我的桂园就住着政治部警卫营一个手枪排，这些都是我家乡的子弟兵，一个排不够用，可以再调人来。"

周恩来却为张治中考虑得更多："这样当然放心，但有另外一个问题不知你想过没有，万一发生任何一点事故，责任都是你的了。"经过商议，最终由宪兵负责安全保卫工作。

经过精心的准备，8月28日，毛泽东在张治中的陪同下乘坐飞机飞抵重庆，直接下榻桂园，张治中则把全家搬到了复兴关中央训练团一个小院里，还细心地留下家族晚辈张家惠在桂园负责接待事务，又抽派政治部警卫营的一个手枪排换穿便衣暗中保护。他还再三叮嘱警卫人员："保卫毛泽东主席，要胜过我十倍。"

经过 43 天的艰苦复杂谈判，国共双方于 10 月 10 日正式签署《政府与中共代表会谈纪要》（即《双十协定》）。国民党政府同意中共提出的和平建国的基本方针，承认各党派的平等合法地位和人民的某些民主权利，并允诺召开政治协商会议。

谈判期间，张治中为和平积极斡旋，殚精竭虑。对于这段经历，他在回忆中写道："特别是亲身参加商谈的我们，真是几经折衷，舌敝唇焦，好容易才得到这样的结果，自然更感到愉快。"

谈判临近结束时，周恩来为毛泽东返回延安的安全问题来找张治中商量说："文白兄，毛主席来重庆已经一个多月了，谈判的协议已基本通过，毛主席想早点回延安。"

张治中问："毛先生预定哪一天回延安？"

周恩来说："预定 10 月 1 日走，让毛主席一个人走，我们可不放心啊！"

张治中随即答道："恩来兄，你放心，我既然接毛先生来，当然要负责安全地将毛先生送回去。但 10 月 1 日不行，我的活动时间和日程已安排满了，要在 10 月 10 日后才成。"

就这样，10 月 11 日，张治中亲自陪同毛泽东飞返延安。张治中离开延安时，毛泽东亲自送他到机场，感谢他道："你为和平奔走是有诚意的。"

张治中反问："何以见得？"

毛泽东当场举了几个例子。最为著名的是张治中在任国民党政府军事委员会政治部部长兼三民主义青年团中央临时干事会书记长期间，把反共气息浓厚的《扫荡报》改名为《和平日报》，同时加强了宣传团结抗战的内容，下令撤销残害进步青年的綦江战干团。毛泽东还当众评价他所做这些，充分说明了他对于和平的恳挚。

然而，《双十协定》墨迹未干，蒋介石就下发密令向解放区发起大规模军事进攻。此时，张治中远在新疆，得知后再次写下万言书直谏蒋介石。蒋介石迫于国内外反战压力，急召张治中返重庆。

1946年，张治中在新疆与三区领导人合影，前排右起为刘孟纯、赖希木江，中排右起第二人为艾肯木拜克和加、第三人为张治中、第四人为阿合买提江、第六人为刘泽荣。

1946年1月，根据《双十协定》中的军事部分内容，国民党政府派出张治中作为代表，与中共代表周恩来、美方代表马歇尔组成最高三人小组，专门研究双方军队整编和监督并处理停火事宜。三人先后赴北平、张家口、太原、济南、徐州等地视察，最后抵达延安。

这也是张治中第三次来到延安。在欢迎晚会上，张治中回顾了自己之前到延安的经历："兄弟此次来延，已是第三次了。去年迎接毛主席赴渝，那时以满腔的热忱，对于国内团结和平事业，寄予莫大的希望。第二次是陪送毛先生回延，当时已签订了《双十协定》，奠定了国内和平、民主、团结、统一的基础……"在最后，他还风趣地说："还要讲一个笑话，我刚才和毛主席谈过，将来你们写历史的时候，不要忘掉写上一句，'张治中三到延安'！"

毛泽东笑着答道："将来也许还要四到延安，怎么只说三到呢？"后来，张治中在回忆这一佳话时说："第四次却到了人民的首都——北京来了。"

张治中是国民党方面始终坚持国共合作的代表人物。他坚持不仅争取抗战胜利要联合共产党，为挽救沉疴在身的国民党，也要联合共产党，且极不赞成国民党不断制造反共摩擦事件的行为。

皖南事变发生前，张治中明确表示反对国民党实施此举，极力主张"对共产党问题，应有冷静之考虑，慎重之措施"。但他势单力薄、孤掌难鸣。事变发生后，他更是连夜向蒋介石上万字谏言书，痛陈国民党当局对中共问题处理的失策，但谏言未被蒋介石采纳。在当时尖锐复杂的政治局势下，以张治中所处的地位，能够这样做实属可贵。

维护新疆团结稳定

抗战胜利后，张治中曾长期主政新疆，致力于维护民族团结，稳定局势，为以后新疆的和平解放创造了条件，作出了贡献。

1944年，新疆省的伊犁、塔城、阿山（今阿勒泰）3个专区的维吾尔、哈萨克等少数民族群众，爆发了反对盛世才残暴统治、争取民族平等和民主政治的武装暴动，并建立了革命政权，宣布与国民党政府脱离关系，史称三区革命，又称伊宁事变。

1945年9月，蒋介石考虑再三，决定派张治中飞往迪化（今乌鲁木齐），谋求和平解决新疆问题。在出发前两天，周恩来、邓颖超得知消息后便前往桂园张家拜访，请他设法营救在新疆被盛世才逮捕关押的131名中共党员。

10月17日，张治中作为国民党政府中央代表和三区代表进行了初次谈判。他在谈判中满怀深情地说："我们各民族都是亲爱的兄弟，由这些兄弟构成了中华民族这个大家庭。今天这次会面，等于一家人坐在一起，心里当然感到无限的愉快。"

新疆被释放人员回到延安之后合影留念。

情深且质朴的讲话很快拉近了双方的距离,为下一步和谈打下了良好基础。从1945年11月到1946年1月,双方每隔一两天就会谈一次,每次都在四五个小时以上。尽管张治中已经年近六旬,常常感觉到口干舌燥、筋疲力尽,但他依然坚持与三区代表进行艰苦谈判。1946年1月2日,最终达成和平解决新疆问题的十一项协议。

1946年7月1日,新的新疆省政府成立,张治中担任主席。主政新疆期间,他制定颁布了一系列措施:坚决禁止鸦片和赌博,严惩公务人员贪污腐败,释放了大批政治犯,清查并发还了被盛世才没收的人民财产,免除了新疆省一年的农牧税和半年的所有捐税……这一系列政策促进了新疆的和平发展,为最后新疆和平解放奠定了基础。

张治中在新疆期间一直没有忘记周恩来总理的嘱托,先后派屈武等到监狱中看望被盛世才关押在新疆的中共党员,并特意交代主管方面改善中共党员的生活条件。另外，为了营救这些同志，他几经电报蒋介石，反复说明情况，劝蒋为了增进国共两党友好，表达和平诚意，应该尽快全部释放。

在张治中的努力下，这些同志终于获救。张治中还专门派新疆警备总部交通处长刘亚哲负责护送以保证他们返回途中的安全，并考虑到伤病情况吩嘱医务人员随行。1946年7月8日，被营救的党员顺利回到了党的怀抱。

1961年，周恩来总理在纪念西安事变25周年的宴会上见到已任国务院副秘书长的获救党员高登榜，还特意提及："文白先生是你们的救命恩人，当年释放在新疆的共产党人，是文白先生给做的一件好事，这在国共关系史上是空前的，绝无仅有的。"

推动新疆和平解放

在人民解放军挺进大西北过程中，张治中也发挥了重要作用。彭德怀曾说，新疆的和平解放，"还有一位功臣我们也不能忘记，这就是张治中将军。"

1949年5月，在周恩来的指示下，张治中从北平给时任新疆警备总司令部总司令陶峙岳发电报，劝导他起义，陶峙岳接受劝导，并开始在新疆军界中进行动员起义的准备工作。与此同时，张治中留在新疆政界的老部下——时任省政府秘书长刘孟纯、新疆外交特派员刘泽荣等，也开始在政界开展促进和平解放的运动。

9月8日，毛泽东约张治中见面，告诉他解放大军已经决定由兰州和青海分两路向新疆进军，"我们寄希望于新疆方面能够认清形势，宣布起义。现在我们从新疆方面得到的消息是，只要你给他们去电，他们就一定会照办。"

张治中旋即于10日致电新疆的陶峙岳、包尔汉，希望他们"及时表明态度，正式宣布与广州政府断绝关系，归向人民民主阵营"，并要求他们"当机立断，排除一切困难与顾虑，采取严密部署果敢行动"。

17日，陶峙岳和包尔汉联名复电张治中，表明了和平解放新疆的原则立场。

在张治中的鼓励下，经过一段时间的筹备，25 日，陶峙岳领衔，会同各师长、旅长联名发出起义通电，宣布即日和广州国民党政府断绝关系，接受中国共产党的领导，归向人民民主阵营。

26 日，国民党新疆省政府及其所属单位，在新疆省政府主席包尔汉、秘书长刘孟纯、委员屈武等人的带领下也通电全国，表示接受中央人民政府的领导。至此，新疆省宣告和平解放，为新中国诞生献上了一份厚礼。

29 日，张治中致电陶峙岳、包尔汉，对他们的义举表示欢迎，并号召新疆起义官兵"坚决地诚挚地在中央人民政府和毛主席的正确领导下，加紧学习，努力改造；改造自己，并改造部队全体官兵和全省公教人员；搞通思想，争取新生"。

此后，张治中为了对新疆问题处理经过作一交代，专门撰写一篇书面报告《新疆概要的问题》送给毛泽东，详细介绍了新疆的地理、历史与政治沿革，伊宁事变与和平协定，新疆省政府改组与伊方撤退等问题，为新中国新疆的建设提供了参考和建议。

为表彰张治中在新疆和平起义中的功绩，张治中于 1955 年被授予一级解放勋章。

为新中国建言出力

1949 年 9 月，张治中作为特邀代表，参加了中国人民政治协商会议第一届全体会议。期间，他多次向中共中央提出重要建议。

在酝酿和讨论国家名号时，大家各抒己见，现场气氛热烈。最后，毛泽东提出，中共中央的意见拟用"中华人民民主共和国"。张治中表示，"共和"一词本身就包含了民主的含义，二者没有必要重复，建议将"民主"二字去掉，直接为"中华人民共和国"。毛泽东认为此建议有理，经众人反复讨论，最终决定采纳。

1949年11月,周恩来为张治中夫妇由北京飞西安送行,前往送行的有赵寿山、邓宝珊、张一纯、张素久等。

确定国旗的过程中,也吸取了张治中的建议。当时,毛泽东从所有国旗备选图案中保留下了两幅图案。一幅是红底,左上方一颗大五角星,中间有横杠。说明是:红色象征革命,五角星代表共产党,横杠代表河流,象征中华文化发源地。还有一幅,就是现在五星红旗的原型,以此征求大家意见。多数人倾向于赞成前一种方案。张治中认为此种方案并不合适,建议选择五星红旗方案。他在分组讨论时详细说明了自己反对的理由,但是没有结果。

他心中十分着急,正好有机会见到毛泽东,遂婉转地说:"有一件事我想请问你,不过你如不便公开使人知道你的意见,我当守秘密。"毛泽东隐约知道是关于国旗方案的事情,自己也同意前一种方案,但见张治中专门来问自己的意见,便又问道:"你觉得如何?"

"我反对!"张治中直接说,"第一,杠子不能代表河流,中间有横杠容易被认为分裂国家,分裂革命;第二……"

毛泽东听后沉思片刻,慎重地说:"你说的是一个严重的问题。"

张治中陪同毛泽东视察长江。

过了两天,毛泽东专门约了四五十人专门讨论此问题。最终,张治中的建议被采纳,大会再次讨论时一致通过了五星红旗方案。

除了为国家名号和国旗建言,张治中还曾多次向毛泽东直谏。

新中国成立后,张治中担任西北军政委员会副主席。1949年11月,张治中参加完民革二大后,从北京飞赴西北。为了筹备改组新疆省人民政府,张治中协同西北军政委员会主席彭德怀前往迪化,商榷拟订新疆省的施政方针。

张治中还利用自己的特殊身份主动参加对起义部队的改造工作。1949年12月6日,张治中面向新疆起义军官和干部作了《怎样改造》的重要讲话。之后,又应邀为人民解放军第一兵团和起义部队驻迪化军官及机关干部作了长达3万字的《再谈怎样改造》的报告,以自己的亲身经历讲述了在北平8个月的经过、见闻,真诚希望官兵正视现实,勇于承认错误,诚意改正错误。

会后,彭德怀鼓励他将所讲内容发表。为了打消他对于内容太长的担心,彭德怀说道:"不要紧。详细些,具体些,使人看了既真诚,又生动,很好嘛。"文章发表后，果如彭德怀所言，引起了起义部队的触动，取得了很好的反响。

12月17日，新疆省人民政府宣布成立，张治中在成立大会上激动地说："今后，凡有利于新疆的事情，我一定尽全力去做。"

在讨论宪法草案时，张治中建议草案总纲第四条中"台湾地区除外"的字样，应予删除。他特别解释说，台湾问题是暂时的，而宪法是永久的，不必在宪法上面这样写出。对此，毛泽东十分赞成。

一届全国人大一次会议后，张治中还提出一份书面建议，主张每位人大常委会委员每年都要出去视察，了解地方情况，听取群众意见。这个意见也得到了毛泽东的支持，不仅被采纳，还把范围扩大到全国人大代表、全国政协委员每年都视察，成为几十年来始终坚持的一项制度延续到今。

1956年3月，在民革三届一中全会上，张治中被选为民革中央副主席。一年后，民革中央成立了和平解放台湾工作委员会，经民革中央常委会研究决定，由他担任主任。为了实现祖国统一，他做了大量工作，撰写了《台湾应主动抛弃美帝》《告逃在台湾的人们》等文告，热切呼唤在台湾的国民党军政人员以中华民族的统一、中国领土的完整为重，不要再与美帝勾结，回到祖国的怀抱。

主要参考文献：

1.《张治中回忆录》，张治中，全国政协文史资料研究委员会编，文史资料出版社1985年。

2.《纪念父亲张治中将军》，张素我、张素久，团结出版社2003年。

3.《回忆父亲张治中》，张素我口述、周海滨执笔，江苏文艺出版社2012年。

4.《和平将军张治中》，杨者圣，上海人民出版社2011年。

5.邓亚斌《"和平将军"张治中三到延安》，《党史纵览》，2018年第9期。

6.孟昭庚《北平和谈中的张治中将军》，《党史纵横》，2008年第1期。

7.张素久《"和平将军"冲到抗日最前线——记抗战时期的张治中》，《决策与信息》，2015年第9期。

8.佟莲《张治中：敢言直谏》，《中国人大》，2010年第7期。

9.刘向晖，陈伍国《张治中不解的新疆情缘》，《湘潮》，2004年第2期。

10.葛德茂《一位始终坚持国共合作的国民党将军——张治中》，《浙江师范大学学报》，1987年第3期。

11.李豫《张治中三谏毛泽东》，《前进论坛》，1999年第2期。

熊克武（1885-1970），字锦帆，四川井研人，1949年加入民革。1949年后，曾任西南军政委员会副主席等职。民革第三、四届中央副主席，民革川康临时工作委员会委员兼召集人。第一至三届全国人大常委会委员。第一届全国政协委员。

熊克武

推动起义的川康渝民众自卫委员会主任委员

1949年12月30日，入冬的成都大街小巷到处是一派喜气洋洋的热烈景象，成都各界人民自发地排列在道路两边，欢迎贺龙司令员率领的中国人民解放军第一野战军的到来，欢庆这个西南重镇终于在1949年迎来了期盼已久的解放。在北门外驷马桥，贺龙见到了国民党元老熊克武与刘文辉、邓锡侯、潘文华等国民党将领和成都各界人士代表。刘文辉、邓锡侯、潘文华不久前在彭县宣布起义，熊克武则是在30日当天发表书面声明，表示拥护中国共产党和中央人民政府。

在孙中山领导下投身革命

熊克武，字锦帆，1885年12月26日出生于四川省井研县盐井湾。1904年留学日本时，熊克武见到孙中山，并加入同盟会。1906年冬，奉同盟会总部命令返回四川开展武装斗争，在四川各地联络革命党人，设立机关、发展同盟会员、积极组织起义，先后发动泸州起义、成都起义、广安起义、嘉定起义等。

1911年4月27日，熊克武参加了由黄兴领导的广州辛亥"三二九"起义。后来，熊克武在孙中山领导下，率部参加护国运动、护法运动，与蔡锷等人并肩作战，迫使袁世凯取消了帝制。1918年，熊克武就任四川靖国军总司令，后兼摄四川军、民两政，成为四川的实际统治者。

1924年，在国民党一大上，熊克武被选为中央执行委员会委员。广东军政府委任其为建国联军川军总司令。1925年，熊克武被广州国民党政府无端扣押，罢免了职务，解除了兵权，这使他逐步看清了国民党内投机分子的面目。

主张团结抗战

"九一八"事变后，熊克武多处奔走呼吁，要求抗日御侮。但是，蒋介石并没有给他安排实职工作，只是让他挂名国民党中央委员、国防委员，使他空有一腔热血，难酬报国之志。

1936年，张学良将军在发动西安事变前夕，曾赴上海倾听各方对抗日救国的意见，并亲往熊克武住宅与熊商谈。熊克武道："日寇气势汹汹，亡国灭族之祸，迫在眉前，稍有血性的中国人，都应团结起来，共御外侮。"他希望张学良

1925年孙中山逝世后，熊克武写下纪念文字。

以大局为重，以民族大义为重，停止内战，一致对日。临别时，张学良表示："锦公之言，乃当铭记于心。"

1937年卢沟桥事变发生不久，熊克武抱病前往太原面见阎锡山，力主团结抗战。当时，冯玉祥正好也在太原，两人相遇，分外高兴，随即他们在行馆推心置腹地作了长谈，回顾了自己军戎生活的坎坷历程，谈到了正在进行的抗日战争，两人互相鼓励，表示誓与日军斗争到底。

8月13日，日寇对上海发动了大规模进攻，淞沪抗战爆发了。当时，杨森亲率川军第二十军开赴上海与日寇血战，熊克武、但懋辛等人随即代表旅沪川人前往战火纷飞的第二十军前沿阵地大场、蕴藻浜、陈家行等处劳军，并鼓励杨森要以打内战为耻，抗击日寇为荣。淞沪抗战失利后，熊克武把家属送回四川，自己却只身到南京。当妻子陈静芬劝他一起返川时，他严肃地说："我是政府的官员，在此国难期间，应与政府共存亡，政府在哪里，我就应该在哪里。"在南京期间，熊克武经常前往川军营地看望官兵，向他们讲述辛亥革命前后四川革命党人在推翻清王朝、建立民国时英勇斗争的动人故事，激励战士们为中华民族的生存而奋斗。

上海失守后，国民党政府于11月20日宣布迁都重庆，熊克武随后由汉口抵重庆。1939年，熊克武返回成都，住在北新街64号。蒋介石派宪兵来做门卫，名为保护，实则监护，熊克武一面与朱之洪潜心编撰《四川国民党史》，应对蒋介石，一面与刘文辉、邓锡侯等人加紧联系，暗中抵制蒋的反共反人民政策。他经常以国防委员会上将军事参议员的身份出席最高军事会议，为抗战大业积极谋划、献计献策。

1945年8月，日本天皇宣布无条件投降，抗日战争胜利。国民党政府为了表彰熊克武在抗战中的功绩，向他颁发了胜利勋章。

积极策动反蒋起义，推动四川和平解放

抗日战争胜利后，熊克武目睹国民党当局悍然撕毁《双十协定》，发动全面

内战，而中国共产党事事处处以民族利益为重，这使他看清了中华民族的光明和希望所在，他积极策动反蒋起义，期盼四川早日解放。

早在1948年初，人民解放军在粉碎了蒋介石对解放区的猖獗进攻、进入反攻阶段后，蒋介石为了把四川牢固控制在自己手里，作为其反共复兴的基地，于3月间下令把他认为靠不住的四川省主席邓锡侯召到南京，宣布撤去邓的省主席职位，另调江西省主席王陵基接替。

邓锡侯返川后即到布后街拜访熊克武，讲述了蒋介石逼其辞职的经过，咨询熊的意见。熊克武对邓说："蒋介石诡谲阴险、十分狠毒，我早就把他看穿了。"他力劝邓另谋出路，靠拢共产党，做好起义准备。

4月中旬，追随蒋介石的王陵基前来四川走马上任。1949年1月18日，张群接受蒋介石的任命替换朱绍良，任重庆绥靖公署主任。

熊克武故居全景。

熊克武故居主庭院。

张群是熊克武的老部下，与刘文辉交谊亦较深。张长袖善舞，利用旧日的感情积极拉拢四川地方实力派，亲往成都拜会熊克武，并向王陵基、刘文辉及省参议会中的上层人物征询意见，要求川省各界对安定西南予以充分合作。

张群刚来四川，刘文辉和熊克武便进行商议，打算利用与张的旧关系，结成同盟，共同反对王陵基。因此，当张群拜会熊克武时，熊即告诫张："你也是四川人，希望你能尊重川人的利益。"张群投桃报李，在就职时提出了"团结、自卫、自保"三项治川原则。

王陵基对此十分不满，曾说："张群接替了朱绍良，四川的问题就会更多。我对这位'华阳相国'一向不怎样恭维，加上他一直支持刘文辉，使我对他更不满。"

1949年4月，张群改任西南军政长官后，熊克武和刘文辉、邓锡侯、潘文华等人商量，利用张群与王陵基之间日渐加深的矛盾，借张群这块牌子展开"拥王驱张"运动，扩大张、王二人之间的矛盾，使四川政局动荡不安。这样，即使赶不走王陵基，也可以打击其拥蒋反共的气焰，换取群众同情，削弱蒋的控制，为四川的和平解放铺平道路。他们商定，一致向张群表示拥护他兼任四川省主席。熊克武随即对张群表态说："岳军（张群字岳军），你出任四川省主席，我愿意给你当委员。"张群见众人拥护，自己也有心取王而代之。这样，张、王二人的矛盾更加尖锐。

5月，中国人民解放军已横渡长江，占领南京，正在向西南挺进。当时，蒋介石的策略是绝不退缩，凭险固守四川。而毛泽东的方针是大迂回大包围，通过这种战略席卷大西南，他决定兵分南北两线迂回包围四川，一路即南线由刘伯承挂帅，整个二野由南京、芜湖、安庆等地向西迂回，由湖南入川，进而攻占重庆；另一路即北线由贺龙挂帅，整个一野十八兵团由甘南、陕南出动，经四川绵阳，向西南进军，进而攻占成都。

古人云："天下未乱蜀先乱，天下已治蜀后治。"四川在整个西南格局中有着举足轻重的地位，牵一发而动全身——辛亥革命始于四川的保路运动，之后历经二次革命、护国运动、护法运动，四川早已是一个"独立王国"，军阀多如牛毛。在20世纪二三十年代就有金、木、水、火、土五大军阀长期割据一方，连年混战，排外倾向严重；加之蒋介石入川后苦心经营多年，蒋系势力根深蒂固、力量庞大，这使得四川的局势更为复杂。而且蜀道之难难于上青天，故解放四川的任务极为艰巨。作为争战四川多年的当事人，熊克武深知四川地位的重要、局势的复杂和解放的艰难。但同时，他对四川的解放也深有信心，一方面是因为毛主席、共产党深入人心，国民党大势已去，人心思变，人民解放军能征善战，势如破竹；另一方面，他也暗中佩服毛泽东的知人善任、用兵如神，毛泽东派了刘伯承和贺龙两员身经百战的蜀中大将来收复四川，可谓顺天应人，四川的解放指日可待。因此，熊克武信心满满，时刻关注着人民解放军的胜利进程，并积极联络川康地方实力派潘文华、刘文辉、邓锡侯等国民党将领，准备脱离国民党阵营，投入到人民的怀抱，为起义做着充足的准备。

在熊克武等人的努力下，1949年7月1日，经张群批准，"川、康、渝民众自卫委员会"正式成立，熊克武被推选为主任委员。该委员会以保乡自卫名义，反对王陵基的"戡乱""扩军"政策；以"人不离枪，枪不离乡"的口号，反对王陵基集中地方武装、替蒋介石充当反共反人民炮灰的行径；提出"自治方案"，以反对国民党政府滥发纸币，增加人民的负担；提出"军事自卫"方案，以反对蒋介石的"军事戡乱"。总之，熊克武等人以种种理由，向王陵基展开合法斗争，使王陵基不能集中人力、物力，顺利进行"戡乱"。

王陵基把自卫委员会视为眼中钉，大肆咆哮："自卫委员会侵犯了我省主席的职权，与中央颁布的组织法完全不合，于法无据，我根本不承认。我兼保安司令，有责任维持四川地方秩序。"他还向蒋介石告密说："自卫委员会态度暧昧，连'剿匪''戡乱'的字眼都没有，与共产党有勾结。"王陵基还串通国民党立、监委员，国大代表曾扩情、徐中齐、冯均琏等百余人，以"民众自卫"与"戡乱国策"相抵触为名，要求国民党政府制止该委员会的活动。

蒋介石命令行政院长阎锡山严令取缔。7月18日，行政院电川省转熊克武，斥责川、康、渝民众自卫委员会"未经政府批准，即行成立，殊属非是"。8月15日，又电令熊克武将"川、康、渝民众自卫委员会"改名为"川、康、渝反共保民委员会"，熊克武等人拒不接受。自卫委员会被迫转入地下活动。

10月1日，毛泽东主席在北京天安门城楼庄严宣告中华人民共和国中央人民政府成立。

10月14日，中国人民解放军解放广州。李宗仁、阎锡山相继从广州来到重庆。

张群为了固守，于10月19日邀请熊克武和邓锡侯、王缵绪、刘文辉、向传义来渝商讨川省自卫组织问题，李宗仁亲临会场听取意见。会见时，熊克武等人提出撤换省主席的要求遭到拒绝，坚定了他们"倒拐"的意愿。熊克武协同刘文辉、邓锡侯等人从重庆返回成都后，便加紧准备，迎接解放。

11月27日，人民解放军解放綦江，与南川人民解放军胜利会师，迅速向重庆挺进。

28日，阎锡山、张群逃至成都。当天下午2时，即在励志社接见熊克武、向传义等人，要他们协助政府共渡危艰。熊克武仅敷衍搪塞地说了几句。张群还通过邓汉群给熊克武做工作，要熊将其家眷先送到台湾。熊克武执意不从，并立即把家属疏散到成都郊区高店子躲藏。

30日,中国人民解放军解放西南重镇重庆。蒋介石于这天由渝飞逃至成都。到成都后,即约见熊克武和刘文辉、邓锡侯、向传义、王陵基等人。蒋在讲话中,竭力掩饰溃败真相,要求"川、康的朋友与胡宗南合作"。并诱迫熊克武等人立即携家属飞往台湾。熊克武在布后街的住宅被特务严密监视,但被熊克武机智地躲开了。

12月10日,蒋介石由成都仓皇飞逃台湾。胡宗南也逃离成都。24日,熊克武从乡间返回成都。为了使成都免遭散兵游勇、袍哥土匪的洗劫,为了迎接解放,熊克武立即联络国民党成都市长冷寅东等人出面组织力量,暂时维持成都市区治安,约集各界成立了四川省会临时治安委员会。25日,由熊克武领衔在成都市内贴出布告,表示拥护中国共产党和中央人民政府。12月30日,成都解放。在熊克武等人的积极配合下,国民党四川将领纷纷起义或投诚,四川在1949年底回到了人民的怀抱。

1950年1月6日,贺龙司令受毛泽东主席、朱德总司令、周恩来总理等党和国家领导人的一再嘱托和派遣,亲自来到成都布后街2号拜访、看望自己的老长官和老前辈熊克武先生。

努力建设新中国

在四川解放的同时,1949年11月12日至16日,中国国民党民主派代表会议在北京召开,熊克武虽然未来得及出席,但仍当选为由李济深、何香凝等72人组成的以"团结和联系国民党爱国民主人士"为任务的民革中央团结委员会委员。团结委员会作为民革在当时特定的历史条件下成立的一个特殊机构,发挥了独特的作用。

1950年6月14日,熊克武作为特邀代表赴北京列席全国政协第一届第二次会议。会议期间,他见到了自己十分景仰的毛主席、朱总司令、周总理、董必武等党和国家领导人,见到了与自己多年相交的老朋友吴玉章、张澜、李济深、唐生智等人,也见到了自己倾慕的沈钧儒、何香凝、蔡廷锴、郭沫若等各界朋友。

熊克武（右）与张澜。

郭沫若特意走到熊克武跟前，同他握手致意，十分赞佩地说道："能在北京见到你有说不完的感慨，你在四川闹革命时，我们还是娃娃呢。"

在会上，熊克武认真聆听了毛泽东主席的开幕词和闭幕词，认真学习了中共中央提请会议讨论的《中华人民共和国土地改革法》，听取了刘少奇、周恩来、陈云、薄一波、郭沫若、聂荣臻、沈钧儒分别作的关于土改、政治、经济、财政税收、文化教育、军事、法院工作的报告。

6月28日，中央人民政府主席毛泽东正式任命熊克武为西南军政委员会副主席。西南军政委员会由7人组成，主席是刘伯承，副主席是邓小平、贺龙、王维舟、熊克武、刘文辉、龙云。

6月30日，中央人民政府正式颁布《中华人民共和国土地改革法》，决定在新解放区分批分期进行土地改革，彻底废除封建土地制度。熊克武号召民革同志们："积极地投向土地改革的斗争，尽量参加土地改革的实际工作，自己有土

熊克武任命书。

地的同志,率先奉行人民政府的法令,在地主阶级中起带头作用,为迅速摧毁封建土地制度、发展生产力而奋斗;坚决地投向镇压反革命的斗争,利用我们特殊的历史关系和社会关系,协助人民政府,扑灭特务匪特,为彻底肃清反革命,巩固革命秩序而奋斗。务期作出实际的成绩,真正发挥统一战线一个成员的作用,与全国人民、全世界人民共同来完成当前的伟大政治任务。"

熊克武返回成都做了简单安排后,于7月赴重庆任职。熊克武在离开成都时,嘱咐八弟熊达成将全都房产重新整修后,连同家具和花木一起,上交军管会。军代表在接收熊克武的房产时,拟保留北新街住房。熊达成将此事转告熊克武,熊立即回答说:"在新社会里,我们不应留下私有的尾巴!"同时,熊克武还将他在井研的万余册藏书全部函赠井研县文教部门。

熊克武和西南军政委员会共产党的高级干部刘伯承、邓小平、贺龙、王维舟同志一起工作,看到他们平易谦和、艰苦朴素、兢兢业业和对党和人民的忠心耿耿,看到他们那么尊重同志,熊克武深深地认识到,共产党的干部真是与自己"肝胆相照、荣辱与共"!

熊克武在共产党领导干部模范作用的熏陶感染和循循善诱的帮助下,不断剖

熊克武捐赠的图书。

析自己，自觉进行思想改造，思想觉悟得到了迅速提高。他曾针对自己的弱点，工整地写了以下文字来勉励自己："经常考虑别人意见，修正补充自己意见，去掉固执与偏见。"

在担任西南军政委员会副主席期间，熊克武同邓小平、刘伯承、贺龙同志密切合作，对安定西南社会秩序、完成民主改革、恢复和发展生产、巩固和扩大爱国统一战线作出了重要贡献。

1950年11月，熊克武任民革川康临时工作委员会委员兼召集人，他为整理、建设和发展川康两省的民革工作不懈地努力着。

1952年7月1日，熊克武应当时西南人民广播电台之请，为成（成都）渝（重庆）铁路在中国共产党诞生31周年纪念日全线通车撰写广播稿，欢呼这一辉煌成就。他说："清政府只在宜昌修了一座车站，后来索性将川汉铁路收归国有，人民的股款亦被吞没了。人民掀起争路民潮，成为辛亥革命的导火线，国民党政府把这条铁路遗忘了……可人民还是需要铁路，尤其是成渝铁路。这条铁路连接两个经济重心的大都市，是西南铁路干线的中心环节……反动政权经过半世纪没有铺成一尺一寸轨道，而新中国成立后在毛主席、共产党领导下仅仅两年便完成了西南空前的巨大工程——成渝铁路。西南人民乃至全国人民所热烈期望的成渝铁路，现在胜利地完成了。"

1954年6月14日，中央人民政府委员会第30次会议审查通过了《中华人民共和国宪法草案》，决定予以公布并在全国人民中组织讨论，以便搜集意见，再作修改，最后提交第一届全国人民代表大会第一次会议制定颁布。熊克武积极撰写文章，参加讨论和宣传宪法草案的活动。他将宪法草案的公布视为"开创我国民主宪政新纪元的一个光辉标志"，之所以得出这样的结论，是"由于它是人民的宪法草案"。从宪法草案起草过程看，中共中央提出宪法草案初稿后，经过宪法起草委员会的研究和讨论，并组织各方面人士8000多人参加讨论，慎重加以修正，然后定稿，由中央人民政府公布于全国人民。宪法草案公布后，又展开全民讨论，广泛征求意见，以便据以再度修正，提请第一届全国人民代表大会决定实行。他指出："用中央民主方式来起草宪法，与旧中国由少数官僚政客和御用学者的师心自用，恰恰是一个相反的对照。"并公开表示："我们西南民革全体同志要以高度的热情和严肃的态度，一面学习，一面研究，尽量提供意见，答谢我们伟大领袖毛主席的殷切期望；同时要在中国共产党的领导下，积极参加国家建设工作，发挥人民民主统一战线在社会主义建设和社会主义改造事业中的作用，以实际行动来表示我们拥护宪法草案的无限忠诚。"

熊克武非常关心祖国统一大业，深切怀念在台湾和海外的老同事、老朋友于右任、张群、黄季陆、萧毅肃等人，曾多次发表讲话、撰写文章，呼吁他们共同为促进国家统一大业作出贡献。

晚年，熊克武以高度的责任感和使命感，努力写下多篇回忆文章，为后人留下了丰富、鲜活、宝贵的资料：《辛亥革命宜宾起义的经过》《广州起义亲历记》《大革命前四川国民党的内讧及其与南北政府的关系》《订正余切参加同盟会的时间》《四川护法之役的回忆》《虎门蒙难记》《十年军政工作回忆录》等。

1956年和1959年，在民革三届一中和四届一中全会上，熊克武均被选为民革中央副主席。他为民革工作的开展、组织的巩固与发展做了大量的工作，为巩固和扩大爱国统一战线贡献了自己的力量。

熊克武临终前上书毛泽东同志，信中说"唯有共产党才能拯斯民于水火、致国家于富强"，并以自己能在中国共产党领导下为社会主义事业贡献力量而感到无限欣慰。

主要参考文献：

1.《熊克武传》，周富道、马宣伟，重庆出版社 1989 年。

2.《民国高级将领列传》（第七集），王成斌、刘炳耀、叶万忠、范传新等主编，解放军出版社 1988 年。

龙云（1884-1962），初名登云，字志舟，四川金阳人，生于云南昭通，1948年加入民革。1949年后，曾任中央人民政府委员，人民革命军事委员会委员，西南军政委员会副主席，西南行政委员会副主席，国防委员会副主席等职。民革第二届中央委员，第三届中央副主席，第四届中央常委。第一届全国人大常委会委员。第二、三届全国政协常委。

龙　云
打造民主堡垒的"云南王"

云南省昭通市位于莽莽的云贵高原滇、川、黔接合部，人称"鸡鸣三省"之地。巍峨壮阔的乌蒙山像一道天然的屏障，在它的切割下，万峰耸立，层峦叠嶂，峡谷纵横，水流湍急。在昭通这片2.3万平方公里的土地上，居住着汉、彝、苗、回、壮、傣等23个民族。1884年11月19日，龙云就出生在昭通市境内偏僻的炎山镇松乐村，一户先世来自四川凉山的彝民大姓家里。龙云初名登云，祖父纳吉迪府，曾任部落酋长，后封土司。父亲纳吉瓦梯，汉名龙清泉，生龙云及妹澄凤。

龙云在家乡云南昭通出资修建的龙氏家祠。

龙云在南京国防会议上慷慨陈词，主动请战。

以民族大义为重，全力以赴支援抗战

龙云 1911 年加入滇军，1912 年 5 月进入云南陆军讲武堂第四期学习，1914 年毕业，为云南督军唐继尧所赏识，初任唐继尧警卫军伙飞军大队长，后升任代理第一军军长、云南省警察厅厅长，随即担任第五军军长，兼滇中镇守使。从此，他开始掌握滇军实权，成为滇军中举足轻重的人物。1927 年 2 月 6 日，在北伐战争节节胜利的形势下，龙云等人响应广州国民政府号召，对反对北伐、拥兵自重的唐继尧实行"兵谏"，逼唐下野。1928 年，龙云任国民党云南省政府主席、国民革命军第三十八军军长、国民革命军第十三路军总指挥（后改任讨逆军第七路军总指挥）。1935 年，任"剿匪"第二路军总司令、黔滇绥靖公署主任。抗日战争爆发后，主张国共合作，全民族抗战，支持爱国民主运动，与蒋介石矛盾渐深。

1937 年 7 月 7 日，卢沟桥事变爆发后，龙云先后担任国民党政府军事委员会委员长昆明行营主任、军事委员会驻滇干部训练团副团长、陆军副总司令等职，在云南组织人力、物力，支援全国抗战。

将龙云称为抗日爱国将军毫不夸张。就凭两件事，他就无愧此誉：一是组织滇军士兵20多万奔赴抗日前线；二是开辟滇缅公路，打通抗日的国际援华通道。

当时，蒋介石决定召开国防会议，要求各省军政长官参加，商议出兵抗日问题，同时邀请中共派代表出席会议。

在国防会议召开前夕，龙云致电蒋介石，表示"时局至此，非集我全民力量，作长期抗战之计，无以救亡"，请求云南组成建制部队，亲自率领，开赴前线。

龙云在南京期间，多次表示，尽地方财力、人力贡献国家，牺牲一切，抗战到底。离开南京前，蒋介石曾会见龙云。龙云向蒋介石表示，云南地方团队素有基础，出兵20万抗战不应有困难，不过目前先派出一个军，以后看战争情况再继续派兵出师。同时建议修筑滇缅铁路和滇缅公路，打通对外交通。公路由地方负责，中央补助；铁路由中央负责，地方协助。蒋介石同意，表示将通知铁道部和交通部与云南商量，早日着手进行。

1937年秋天，中国军队在华东重镇徐州与来势汹汹的日军展开了一场生死决战，正是在这样的紧急关头，龙云毫不犹豫地把自己多年精心培养出来的、训练有素、装备精良的数万子弟兵送上了前线。9月9日，龙云一身戎装，誓师巫家坝，滇军首批以卢汉为军长的第六十军4万余官兵浩浩荡荡步行1000多公里到达长沙集结，随即奔赴台儿庄战场。此时的台儿庄战事对中国极为不利，孙连仲部第二集团军被日军包围，面临着全军覆没的危险。滇军就是在这样的危急关头，甚至还没来得及将机枪从马背上卸下来就投入战斗。英勇的战士前仆后继，与日军展开了反复肉搏，没有人因胆小而退却，没有人因怕死而逃跑。尹国华全营500人，最后仅一人生还。台儿庄战役胜利了，滇军坚持了20多天，重创日军，威震敌胆，名扬天下。但自己也付出了伤亡2万余人的代价。接着，云南又新编成第五十八军和新三军，与六十军合组第三十军团，年底又扩编为第一集团军，由卢汉指挥，龙云自兼总司令，参加武汉保卫战等。十四年全面抗战，在仅有900万人的云南，龙云共组建派出了22万人的大军开赴前线，经历各种重大战役 20 余个，伤亡官兵 10 余万。龙云还动员和组织全省军民投入滇西抗战，使云南大部分地区一直掌握在中国人手里，成为中华民族背水一战时的重要基地。这是龙云政治军事生涯中最为光彩和辉煌的一笔。

抗战期间，昆明是国际援华的战略物资主要集散地。龙云主动向蒋介石请命修筑滇缅公路，打通这一抗日的重要国际通道。滇缅公路基本上是东西走向，全长 900 多公里，中间横穿横断山脉，跨澜沧江、怒江两条大江，山势险峻，河深流急。桥梁、隧道很多，工程难度极大。不要说当时落后的中国，就是西方强国，也望而却步。国难当头，在资金、人力、技术、设备都不具备的情况下，龙云毅然下达了筑路命令。云南人民不分男女老幼，他们长途跋涉 3 天到 5 天，纷纷赶往工地，平均每天出动 11.5 万人，最多时达 20 多万人，不论白天黑夜，肩扛手凿，仅用不到 9 个月的时间就使滇缅公路于 1938 年夏全线贯通。为了修通这条公路，3000 多云南人民付出了生命。也正是这条路，1940 年后成为中国主要的对外通道，成了支撑中国抗战的重要补给线，有"抗日输血管"之称。

秘密联系中共，使昆明成为民主堡垒

民族大义使龙云与中共领导人坐在了一起。抗战爆发初期，中国共产党即与龙云建立了秘密联系。1937 年 8 月，龙云在西安和周恩来、朱德、叶剑英同机飞往南京参加国防会议，并在会议期间多次会晤。朱德和龙云、叶剑英是云南陆军讲武堂校友，双方探讨对日军事问题，交换电台密码，开始建立联系渠道。在与中共领导人交谈中，龙云受到巨大鼓舞，坚定了抗日的决心。也正是在那次会议上，龙云慷慨陈词，表示要"尽地方所有之人力，贡献国家，牺牲一切，奋斗到底"。

1943 年，中共又派华岗同志到龙云身边，进行统战工作。华岗向龙云介绍中共中央关于抗日救国的政策方针，阐明坚持抗战、反对内战、支持民主运动、反对独裁专政的重大意义。龙云对中共的政策有了进一步的了解，对蒋介石排除异己的一贯手段，有了更深的认识。在龙云倡议下，中共在五华山龙云驻地设立

龙云（左）与朱德从西安飞往南京，在飞机上交谈。

电台，加强了双方的联系。1945年7月，龙云又同意中共《新华日报》报社在昆明青云街31号设立营业分处，发售《新华日报》和《群众》半月刊，民盟机关报《民主周刊》也在昆明发售。这年年初，昆明还成立了中国民主青年同盟、民主工人同盟、新民主主义同盟等组织，这些都是在龙云的默许下进行的。战时只有昆明这个城市才有这样的民主运动。

　　龙云与民盟的联系也很密切。他与民盟领导人罗隆基等交往频繁。对民盟的组织和活动，龙云不仅在政治上加以保护，而且在经济上也给了不少的帮助。1944年底，龙云加入了民盟。在龙云的支持下，民盟在云南工作比较活跃，在群众中有比较广泛的影响，对于配合共产党、开展抗日民主运动起了积极的作用。

　　云南的抗日民主运动，在中共领导和民盟推动下蓬勃开展。而集军政大权于一身的省主席龙云，则起了极其重要的作用。他在中国共产党的帮助下，对民主运动采取了保护和支持的态度，使云南昆明具有了民主堡垒之称。大批进步教授、青年学生和民主人士集结在昆明，推动了当地人民的思想进步，也助升了当地的政治活动。龙云对抗战期间迁校移滇的一批大学热情相待，如西南联大、中山大学、同济大学、中正医学院、华中大学等等，在经济上予以大力支持，并对广大师生在政治、生活等各方面予以关照。使云南的文化教育建设，更上一个台阶。

"此路行不通，去找毛泽东！"

龙云主政云南以来，虽然一直支持蒋介石，但蒋、龙之间存在着深刻的矛盾。多年以来，龙云把云南的政治、经济、军事、人事等，都抓在自己手里，不容中央政府染指，这在蒋介石看来，是绝对不能容忍的。1938年12月，汪精卫离开重庆，经昆明逃往越南河内，后到南京组织汪伪国民政府，蒋介石对龙云耿耿于怀。尤其是龙云保护、支持共产党和民主人士在云南开展活动，严禁特务抓人，使昆明成为民主堡垒，更让蒋介石寝食难安，认为龙云"阻挠政令，危害抗战，包庇左翼分子，使昆明成为共产党的温床"。而随着抗战的胜利，蒋介石要消灭共产党和各种民主力量，就不能不强化在其大后方的独裁统治，以消除其发动内战的后顾之忧。因此，解除龙云在云南的统治，清除民主阵地，就成为蒋介石在抗战胜利前后不得不面对而又必须解决的一件大事。

1945年4月，蒋介石秘密召见昆明防守司令官杜聿明，商谈解决龙云的问题，要杜在政治、军事、经济各方面作好准备。日本投降的消息还未正式公布，蒋又秘密电召杜聿明来渝，面授机宜。日本投降后，蒋急忙调龙云的滇军主力——由卢汉率领的第一方面军，全部开赴越南接受日军投降，调虎离山，使龙云成为无兵之帅。蒋还命令杜对昆明所有的通信、交通设施都进行监视和切断部署，严防龙云乱中逃跑。一切布置完毕后，蒋又以日军有阴谋、我军接收兵力不足、恐出意外为借口，要龙云把他留在昆明护驾的家兵——龙云的大儿子龙绳武的暂编十九师，爱将潘朔端的二十三师都调防越南。至此，龙云多年来训练、装备起来的看家宝就只剩下二儿子龙绳祖率领的二十四师，以及宪兵团和警卫大队了。

在做好准备、发动突然袭击之前，杜聿明多次举办舞会、宴会，并到龙公馆拜访，以示亲热。1945年10月3日，根据蒋介石密令，杜聿明指挥中央军包围

龙云（前排左二）被迫离开昆明赴重庆时，在机场与宋子文、卫立煌等人留影。

昆明城，解除龙云的警卫部队和滇军守城地方的武装，并传达蒋介石命令，免去龙云军事委员会昆明行营主任、云南省政府主席及所兼各职，调任军事参议院上将院长，史称十三事件。

龙云逃出公馆，登上五华山省政府驻地后，一面指挥警卫营奋死反抗，一面等待后援，双方僵持不下。最后，在宋子文等人的反复劝解下，龙云放弃抵抗，留恋地离开了他苦心经营 17 年的云南，被迫飞往重庆接受蒋介石任命。实际上，他已经完全失去了自由，等同于被软禁起来了。

卢汉离昆前，龙云为了以防万一，曾对卢说，如果昆明有变，闻讯即率部队回昆。但蒋介石早有安排，在中越边境布置大军堵截，并任命卢汉为云南省政府主席，以分化龙、卢关系。因此，十三事件发生后，卢汉犹豫不决，部分滇军想打回云南，但一分析军事态势，确实也难以办到。卢汉完成受降任务回国后，于 12 月 1 日就任云南省主席职位，但只带回了一个营的兵力。蒋介石为了消灭异己，将驻越滇军调到了东北内战前线。

十三事件，龙云切齿难忘。他曾多次说："我并没有和蒋介石争江山、夺社稷，大不了只是政治主张的不同。蒋先生搞中央集权，我主张地方均权；蒋介石要独裁，我主张民主。抗战期间，昆明就被称为民主堡垒。哪里料到抗战一胜利，这个龟儿竟用卑鄙无耻、小偷式的流氓手段对付我。古今中外哪有军事突袭的方式改组一个地方政府的，真正是贻笑外人了，真可恨真可笑。龙绳文（龙云的四儿子）从美国来信说，美国报纸刊登10月3日的事件，标题是《小偷式的袭击》，并说这是'中国抗战胜利后的第一枪'。本来嘛，连我都容不下，蒋介石还容得下共产党吗？"从此，龙云对蒋介石完全失去了信任。

龙云到重庆时，正值国共谈判期间，他很注意中共的主张及谈判的情况，每天都找人把《新华日报》的重要消息读给他听。见着要好的熟人，龙云总是问："看了《新华日报》没有？""你们必须看新华社的消息，新华社的报道正确、可信，不像中央社是个造谣社。"一谈到时局问题，他常说："此路行不通，去找毛泽东！"这差不多成了龙云到重庆后的口头禅了。处于软禁中的龙云，不惧蒋介石的淫威，经常与中共、民主人士和滇军老部下秘密联系策动反蒋，并在旧政协开会前，资助民盟经费2000万法币（当时值黄金200两）。后来，潘朔端在辽宁海城、曾泽生在吉林长春起义和张冲到延安加入中国共产党，都与他们的老长官龙云不无关系。

1946年5月，国民党政府迁都南京，龙云提出先回昆明一趟，再去香港，希望脱离政治。蒋介石却不允许，龙云只好于5月到了南京。第二年，龙云所在的军事参议院被撤销，另立战略顾问委员会，由何应钦任主任，龙云任副主任、代主任。这时，蒋介石在苏北的内战已暗中发动，后来又在山东沂蒙山区进攻解放军，蒋多次命令战略顾问委员会给他拟出"剿共""戡乱"计划。龙云直截了当回答说，我只会搞国防计划，不会搞内战计划。一次，蒋介石问龙云："能不能同共产党打？"龙云非常干脆地回答道，请委员长问问"三心"，如"三心"皆曰可战，就可以打。如"三心"中有一心曰不可战，那就打不得了。蒋问"三心"是什么。龙云说，就是"一问军心，二问民心，三问良心！"双方的关系越来越紧张。

龙云在南京受到严密的监视，一举一动都要受到限制。1946年秋他想到杭州参观，1947年夏想到上海送女儿国壁赴美留学，均被无情拒绝。1948年秋，龙云听到了蒋介石要把自己挟持到台湾的消息，决心逃出虎口，立即着手进行自救行动。他先与上海中共地下组织负责人吴克坚取得联系，计划乘船北上解放区，但未能实现。接着又派人到上海找抗战期间在云南结识的美国飞虎队大队长、老朋友陈纳德将军求援。在陈纳德的帮助下，1948年12月8日，被蒋软禁了3年的龙云终于脱离牢笼，搭乘陈纳德的一架飞机从南京经上海飞赴广州，随即避走香港。

劝说卢汉早日起义

1947年初，李济深离开上海秘密南下的时候，刘宗岳代表龙云送李济深上船，李济深悄悄地对刘说："请你告诉龙志公，我这次借扫墓之名，其实是去香港，不会再回来了，请他也赶快设法逃离南京。"刘宗岳回来后，立即转告了龙云，更坚定了龙云脱离牢笼的信心和决心。

1948年民革成立后，龙云秘密加入民革，开展策反工作，因形势所迫，民革身份没有公开。龙云到达香港后，立即站到了反蒋反内战的第一行列。他发表长篇谈话，公开抨击蒋介石的阴谋，拒绝了代总统李宗仁要他去南京"共商国是"的要求，并力劝李宗仁接受中国共产党所提出的八项和谈条件。他时常关心云南的局势，多次派人去云南劝说卢汉早日起义。1949年8月15日，他同黄绍竑、刘斐、贺耀祖等44人，在香港发表《我们对于现阶段中国革命的认识与主张》的声明，痛斥蒋介石祸国殃民的政策，表示同蒋彻底决裂，并号召国民党军政人员认清形势，不要跟着蒋南逃。蒋介石恼羞成怒，下令开除龙云等人党籍并加以通缉，甚至派遣特务到香港伺机刺杀。据说，这批特务最初接到的刺杀目标就是龙云，后来才临时改为即将赴北平出席新政协会议的民革中央执行委员杨杰的。

20多年来，龙云从拥蒋到反蒋，经历了曲折的道路，他彻底与蒋介石反动集团决裂，走向光明，受到了中国共产党和人民的欢迎。

9月21日，中国人民政治协商会议第一届全体会议在北平隆重开幕，龙云被列为特邀代表。新政协会议颁布了新中国的临时宪法《共同纲领》，制定了国

龙云（右四）与毛泽东、李济深、黄炎培、史良等人合影。

旗、国徽、国歌。尚在香港的龙云高兴地对《文汇报》记者表示："我觉得最高兴的一点是《共同纲领》的颁布和有了新国旗。看了《共同纲领》后，觉得它胜过百万雄师，足够压倒百万美帝装备的反动军队……这可以说是全中国人民真正的共同的意志。中央政府中所有的各政府机关，非常完备，可以说将阻碍国家统一的一切因素都扫除了。阻碍中国建设繁荣的毛病扫除得干干净净，全中国人民都清楚看出我们国家的远景。"

1949年10月1日，在毛泽东主席签名的中华人民共和国中央人民政府公告中，龙云被委任为中央人民政府委员。19日被任命为人民革命军事委员会委员。12月9日，卢汉在昆明通电起义，云南实现和平解放。

中共地下党原计划安排龙云早日北上，但龙云不愿意把早年养成的吸食鸦片的恶习带到北京，决心戒了烟再动身。1950年1月14日，在中共华南局的安排下，已经成功戒除"芙蓉之癖"的龙云偕夫人顾映秋及随员10多人离开香港，踏上了北上的火车。在广州，龙云受到云南讲武堂老同学叶剑英的盛情款待。1月18日，列车缓缓驶进北京车站。月台上，锣鼓喧天，鼓号齐鸣，欢迎龙云进京。当时，毛泽东和周恩来在访问苏联，由朱德总司令代表中共中央为他设宴洗尘。

1950年6月28日，龙云被任命为西南军政委员会副主席，1953年1月14日任西南行政委员会副主席。1954年9月当选为第一届全国人大常委，同月任国防委员会副主席，主席为毛泽东，副主席包括了9位元帅和4位原国民党高级将领。1954年12月，龙云任政协第二届全国委员会常委。1959年4月，任政协第三届全国委员会常委。国家给了龙云副总理级的待遇，工资500元人民币，配有司机、警卫、秘书、服务员、勤杂工、厨师等。到达北京后的龙云，生活舒适，心情欢畅。夫人顾映秋在给儿子的一封信中曾这样写道："你爸爸来到北平以后，中共各级人员的态度非常好，对你爸爸优礼有加，过去在昆明的民主人士，也非常亲洽，所以心情特别愉悦，更显然精神好了。"

在1949年11月12日至16日的中国国民党民主派代表会议，即民革二大上，龙云缺席当选为第二届中央委员。1956年2月21日至29日，民革第三次全国代表大会在北京召开，龙云当选为第三届中央委员会副主席。

主要参考文献：

1.《民革领导人传》，民革中央宣传部编，团结出版社2007年。

2.《龙云传》，江南，中国友谊出版公司1989年。

3.《龙云传》，谢本书，四川民族出版社1988年。

4.《国民党高级将领传略》，沉度、应列等编，华文出版社1995年。

5.《中国革命史人物研究综览》，曾成贵主编，河南人民出版社1989年。

6.《云南王龙云》，郭化夷，《西安晚报》2006年连载。

7.《龙云与昭通龙氏家祠》，民革中央宣传部编，团结出版社2018年。

邓宝珊（1894-1968），名瑜，字宝珊，甘肃天水人，1953年加入民革。曾任国防委员会委员，西北军政委员会委员，甘肃省人民政府主席、省长等职。民革第三、四届中央副主席，民革甘肃省委会第一至三届主委。第一至三届全国人大代表。第一届全国政协委员，第三、四届全国政协常委。

邓宝珊
北平和平解放的"钥匙"

1949年2月3日，人民解放军在北平举行隆重的入城式。上午10时，4颗信号弹腾空而起，庄严的入城式开始了。行驶在队伍最前头的是载有巨幅毛泽东主席、朱德总司令画像的指挥车，后面紧跟着整齐的军乐队、装甲部队、炮兵队、步兵队、骑兵方队。古都北平城沉浸在狂欢中，到处人山人海、红旗飘扬、彩旗翻飞，饱受苦难的人们载歌载舞，以各种形式欢庆和平解放。

北平和平解放让这座文化古都免于战火涂炭，完整地回到了人民的手中，为新中国定都北平奠定了基础。在这个过程中，原国民党高级将领傅作义、邓宝珊功莫大焉。邓宝珊在促成北平和平解放中起到了非常关键的作用，当时北平《新民报》发表文章《北平和谈的一把钥匙——邓宝珊将军》，上海《大公报》通讯也称"只有邓宝珊这把钥匙能够打开傅作义的锁"。

"傅之灵魂是邓宝珊"

1948年底的北平，大战在即，古都危在旦夕。

在辽沈战役结束、淮海战役正在胜利发展之际，中共中央决定由林彪、罗荣桓和聂荣臻指挥东北野战军和华北军区第二、第三兵团共100万人，联合发动平津战役，在北平、天津、张家口地区对国民党军进行的大规模的分割包围。为避免人民群众生命财产和文物古迹遭受损失，中共中央积极争取和平解决北平问题，采取了"围而不打""隔而不围"的战略，布下天罗地网，使国民党军队完全陷入人民解放军的大包围圈中。面对时局，傅作义本着为历史负责的态度，早在1948年11月上旬，由长女、中共地下党员傅冬菊通过中共地下人员王汉斌给中共中央、毛泽东发了密电，提出和平解放北平问题的试探。12月15日，傅作义派出了《平明日报》社长崔载之为代表出城谈判。

当时，驻守北平的军队以蒋介石嫡系部队中央军兵力居多，且占据了军事有利位置，这一点傅作义很担心。此时，美国和蒋介石鼓动傅作义坚守平津，封官许愿，并同意增加傅作义的装备，傅作义又有了整军大战之想法。是战是和，是留是撤？此时陷入四面楚歌之中的傅作义如坐针毡，他还有一个很大的顾虑，怕被一些人视为"降将"，脸面无光。这些因素综合在一起，傅作义表现出来就是首鼠两端，使得谈判久拖不决，双方的条件始终无法达成一致。

为打破傅作义的幻想，中共采取了"以战促和"的方式，很快傅作义控制的地区已经从整个华北收缩到京津塘三个孤立的城市，他赖以起家的部队被歼灭。12月25日，中共中央宣布将傅作义与蒋介石等一同列为罪大恶极的头等战犯。

傅作义本来担心和平解放后得不到中共谅解，现在把他列为战犯，精神上刺激就更大了，思想上也想不通，情绪非常低落。他的副官后来回忆说："据说他当时就是不想吃不想喝，在屋子里头来回地走，拿不定主意。他有的时候想跟你谈，谈的是这么一个情况，过了一会儿呢，他忽然就变了，就举棋不定，来回这么变，来回走。他这个痛苦到什么程度呢？据说他曾经到了吃火柴、咬火柴盒的地步。实际上就是想自杀的。"

正在傅作义一筹莫展，徘徊、焦急、苦恼之时，12月底马占山登门访晤，开门见山地说："东北已经完了，平津已经深陷重围，你究竟打算怎么办？我看你把宝珊找来，让他为你出主意吧。"

傅作义、邓宝珊、马占山是"桃园结义"的拜把兄弟，邓宝珊向来以"善于

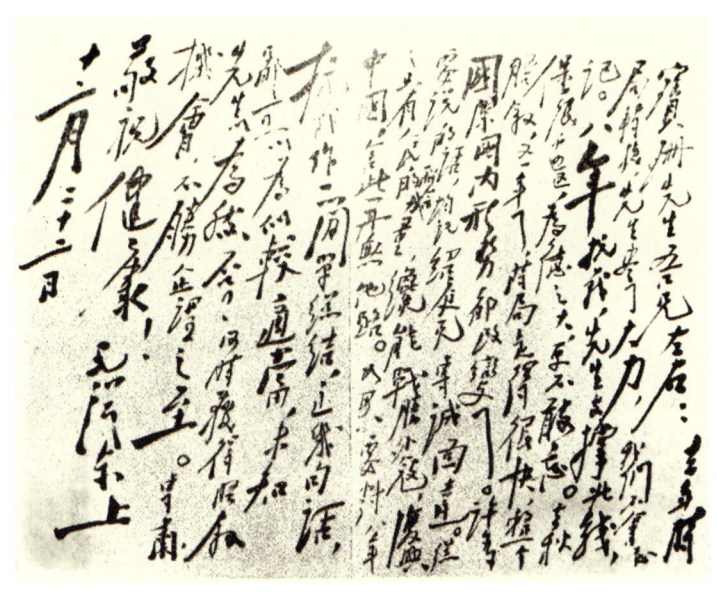

1944年12月22日，毛泽东致函邓宝珊，里面写道"八年抗战，先生支撑北线，保护边区，为德之大，更不敢忘"。

调停、折冲樽俎"闻名，且政治眼光独到过人，处事沉稳、能言善辩、灵活性强，且时任华北"剿总"副司令，深受傅作义信任。同时，邓宝珊还和中共交谊深厚，抗日战争期间，他在榆林地区抗击日军西侵、支撑北线、保护陕甘宁边区，毛泽东同志曾写信给他，说"八年抗战，先生支撑北线，保护边区，为德之大，更不敢忘"。傅作义左思右想，最终采纳了马占山的建议，马上派专机把邓宝珊接来北平，作为真正能够代表他进行谈判的人选。

12月28日，邓宝珊抵达北平。马占山以洗尘为名，举行家宴，邀请傅作义作陪。席间三人推心置腹、直抒己见、分析形势、阐明利害，指出和谈是应走之路。傅作义请邓宝珊即日出城与解放军谈判。邓宝珊说："不行，这不是草率的事，你要考虑几天再说。"邓宝珊了解傅作义，他要做些调查研究，深入地做傅作义的工作，坚定他的信心，这样和谈才有把握。

针对傅作义的担心和顾虑，邓宝珊经过多方了解和深入分析后认为：北平的民心、军心渴望和平，厌恶战争，这是大势所趋、人心所向。同时，傅的部队控制了北平的制高点——景山，很多要害位置和城门也是傅的部队把守，北平基本由傅的部队控制，估计蒋系部队和特务不敢捣乱，不会出什么大问题。邓宝珊表示："只要你下决心和平解决，其他一切具体问题，包括你个人前途问题，都由我去谈判解决。"

傅作义连续几个通宵在孙家坑邓宝珊的住所讨论时局的发展变化，慎重地研究了和平解决北平的各种问题。邓宝珊对傅作义说："蒋介石一意孤行打内战，几年举措失当，才演变成了国民党今天这个可悲的局面。你不听老百姓的心声，弃民心大义于不顾，你不考虑民心、不考虑大义，你还要打、不做降将有什么意义呢？再说如果你还这么坚持下去，这个古城最后就会毁于战火，即使你成了党国的英烈了，你也逃不脱千古罪人的骂名。你到底是要做党国英烈，还是要做一个对人民有好处，对保护这个古城、保留这文化有好处的这么一个有功之人呢？"

邓宝珊一番肺腑之言扫清了傅作义的思想顾虑，在以后的十几天里，傅作义和邓宝珊经过反复商议，进一步明确了所面临的形势，分析了傅作义部下和北平其他国民党部队的情况，设想了和平解放北平过程中可能发生的各种事变的应变措施。

中共地下党也加强了同邓宝珊的联系，派出了崔月犁同志三次与邓面谈，讨论国内外形势，希望邓宝珊劝说傅作义速下决心，进行具体和谈。崔月犁初次与邓宝珊见面时，一见面邓就说："我是了解共产党政策的，我有个孩子在延安学习过，我见过毛主席，陕北电台的广播我经常听。"邓宝珊表示蒋介石败局已定，自己将全力劝傅作义走和平起义的道路。

邓宝珊为了和平解决北平问题，四处奔波、终日操劳，每天差不多都要午夜两三点才能休息。他的部下说："邓先生每天异常忙碌，连洗澡的时间都没有，体重已减轻，面容也显露睡眠不足。"

1949年元旦，中共中央和毛泽东主席电命林彪、罗荣桓、聂荣臻，明确说希望傅派一有地位能负责之代表偕同崔载之及张东荪一道秘密出城谈判。傅作义派华北"剿总"少将处长周北峰偕同张东荪进行第二次和谈。这次和谈后,傅作义看完了会议纪要,只是唉声叹气,摇摇头说:"谈的问题还不够具体。"没有明确表态。

纪要规定,1月14日前为答复的最后时限。11日,傅作义电告林彪,将派邓宝珊作代表再次出城谈判。毛泽东主席听说后指示:"傅之灵魂是邓宝珊,可向他表示,毛主席知道他出来谈判,表示高兴,并致欢迎之意。"

达成《关于和平解决北平问题的协议》

1949年1月13日,邓宝珊作为全权代表与周北峰出城,经清河镇到达五里桥,与林彪、聂荣臻、罗荣桓谈判。为加快和谈,14日解放军发起了对天津的总攻,仅仅用了20多个小时就顺利解放了天津,活捉傅作义的亲信陈长捷,这大大打击了傅作义在谈判中的信心和资本。

由于邓宝珊了解中共的政策,并真正知道傅作义的想法,所以谈判进展比较顺利,很快达成了《关于和平解决北平问题的初步协议》,电达中共中央军委主席毛泽东等领导后,毛泽东主席表示:"经邓先生达成的协议是可行的,我们对邓先生完全信赖。"

1月16日,双方在初步协议上签字。此后,双方又经过多次磋商,达成了正式协议。1月21日,傅作义在《关于和平解决北平问题的协议》上签字。双方协议:开出城外的傅作义所部全军在大约1个月后开始改编为人民解放军。双方又协议在过渡期间,北平市内的各级行政机关、企业机关、银行、仓库、邮电机关、报社、学校、文化机关等,一律暂维现状,不得损坏,听候处理。22日开始,国民党军队开始撤出北平,31日撤退完毕。1月31日,人民解放军开进北平接管防务,北平获得和平解放,回到了人民的怀抱。

邓宝珊在和谈中充分发挥了他的才智。1月16日,毛泽东见傅作义还有所保留,为了敦促和谈进度,起草了《最后通牒》。这是一封讨伐傅作义的书信,措辞严厉且尖锐,历数傅作义3年内的罪行等,表示还要追讨其内战责任。但在

1949年2月22日,邓宝珊(左六)与周恩来(左五)、傅作义(左七)等人在西柏坡合影。

通牒到达前,谈判已成功了。邓宝珊看完信后,担心傅作义受不了,会贸然行事来个"玉石俱焚",搞不好和谈会前功尽弃,他对中共代表说:"傅作义不一定会受得了,我决定回去后,暂时不把信交给傅作义将军。"这个建议得到了林彪、罗荣桓和聂荣臻的同意和支持。这封毛主席的信,就这样被"扣留"下来。不出所料,傅作义后来看到这份"通牒"大发雷霆,心情之坏比当初看到"战犯名单"时还有过之而无不及,因协议已签,已成定局,只能作罢。

北平和平解放的意义十分重大,不仅保护了闻名于世的文化古城、文物古迹,还保护了两百多万人民的生命财产安全,而且为未解放地区树起了和平解放的北平方式,成为后来解放湖南、四川、新疆、云南等地的范例,大大促进了解放战争胜利的进程。

1949年2月22日,毛泽东、周恩来、朱德在西柏坡亲切接见了傅作义、邓宝珊,热烈欢迎他们站到人民一边的正义行动,充分肯定了他们保护千年古都的珍贵文物、建筑和人民生命财产安全,以及为人民解放战争作出的贡献。3月,中共中央迁到北平。3月25日下午毛泽东同志在西苑机场检阅人民解放军,特邀傅作义、邓宝珊参加检阅。4月1日,傅作义向全国发表通电,表示拥护共产党和毛主席的领导。

促成榆林、绥远和宁夏起义

毛泽东在西柏坡接见傅作义、邓宝珊时提出了"绥远模式",即两军划一分界线,维持现状,让董其武将军做好内部工作,待条件成熟时起义。后来,毛泽东在中国共产党七届二中全会报告中进一步阐述了"绥远模式",就是有意保留一部分国民党军队,作暂时的让步,在相当长的一段时间以后,再去按照人民解放军的制度,将这部分军队改编。"绥远模式"的提出令邓宝珊非常敬佩中共中央和毛泽东的高瞻远瞩的政治远见、得心应手的斗争艺术和驾驭全局的领导才能,他也成为了"绥远模式"的宣传者和实践者,在促成榆林、绥远和宁夏起义中发挥了重要作用。

邓宝珊部队主要驻防榆林。早在1947年夏,爱国民主人士刘绍庭携朱德及续范亭的信来榆林见邓宝珊,要他当机立断发动"榆林起义",他在复信中表示:"只要有机会,决当为人民革命事业尽一番力。"北平和谈期间,与地下党崔月犁秘密接头时,崔月犁催问他在榆林的部队怎么办。邓宝珊认为,北平和平解放,自己起义后,榆林问题将迎刃而解。邓宝珊在晋谒毛泽东确定"绥远方式"后,他和周恩来、聂荣臻商定了榆林问题和绥远问题一起解决的主意。

邓宝珊给驻守榆林的二十二军军长左世允打电话说:"在石家庄附近见到了毛主席,毛主席说,绥远、榆林再不打仗了,要部队自行学习,以后再整编。"同时派张云衢向部队传达"榆林问题和绥远问题一起解决"的决定。由于邓宝珊在榆林部队具有崇高的威望,经过他的鼓动,榆林部队在中共西北局争取下,于1949年6月1日宣布起义。

绥远董其武部原属傅作义部,北平和平解放后,时任绥远省政府主席的董其武立即飞往北平,向傅作义表示愿意和平解决绥远问题。1949年夏,中共华北局和傅作义派人先后来绥,协助董其武进行和平起义工作。"绥远起义"原计划在中国人民政治协商会议9月开幕以前完成,由于国民党反动集团的破坏,反共顽固派叫嚣："第三次世界大战就要开始了，蒋介石有美国人支持，绝不会完蛋；绥远要坚持到底，等待时局转变"，至 8 月中旬起义仍未能实现。

1949 年 8 月下旬，经毛泽东提议，派傅作义、邓宝珊来到绥远协助董其武促成了绥远"九一九"起义。他们的到来攻破了特务们散布的种种谣言，指出走和平起义道路是最正确的道路，解除了一些人的顾虑，坚定了他们走向人民方面的决心。邓宝珊积极给绥远军队做思想工作，他不从正面谈起义问题，而是讲蒋介石卖国殃民、失尽人心，失败的命运根本无法挽回，共产党取得全国胜利，已是人心所向，开倒车是不会有出路的。在多方努力下，1949 年 9 月 19 日，董其武部率部 6 万余人举行起义，脱离国民党政府，绥远和平解放。

傅作义和邓宝珊正策划绥远起义时，人民解放军兵临宁夏，驻防宁夏的马鸿宾到包头专门会晤邓宝珊，寻求出路。傅作义和邓宝珊在包头皮革厂同他谈到深夜，邓宝珊谈了全国解放的大好形势，以北平和平解放为例，力劝马鸿宾别受国民党的欺骗性宣传，还鼓励他："对宁夏的各级将领来说，你也是老长官，他们是会听你的话的，要好好控制队伍及早起义。"马鸿宾说："我把宁夏当作一份礼物，请你和傅先生代我转送好了。"傅作义、邓宝珊向毛泽东、朱德、周恩来转达了马鸿宾的请求。马鸿宾率由其儿子马惇靖、马惇信担任正、副军长的国民党陆军第八十一军和绥远部队一样，亦于 9 月 19 日通电起义。

任职甘肃，参加新中国社会主义建设

邓宝珊作为特别邀请代表参加了中国人民政治协商会议第一届全体会议，他在会上发言说："中国人民政治协商会议在全国人民的热烈盼望下，在全世界爱好和平的人民热烈盼望下，胜利地召开了，这是一件历史上空前的大事。英勇的中国人民不仅打垮了帝国主义的武装干涉，还打垮了国民党反动派的血腥统治，而且开始建设自己独立、民主、和平、幸福的新中国。我愿意劝告西北、西南、华南、台湾等待解放区的真正的爱国分子，不要徘徊、不要犹豫，赶快冲破黑暗，走向光明，坚决地、毫无保留地向人民靠拢。各位代表先生们，今天我们中国有

邓宝珊在中国人民政治协商会议第一届全体会议上发言。

了这样一位英明的人民领袖——毛主席,有了这样一个坚强的人民政党——中国共产党,有了这样一支无敌的人民军队——人民解放军,有了这么多为统一战线奋斗的民主党派和民主人士,以及四万万七千五百万觉醒的人民。我坚决地相信:独立、民主、和平、繁荣的新中国必将永远屹立于世界。"

中华人民共和国成立前夕,毛泽东和朱德举行宴会,专门宴请了程潜、张治中、傅作义、邓宝珊等26位国民党起义将领,李济深、周恩来、刘伯承、陈铭枢、蔡廷锴、蒋光鼐等作陪。席间,毛泽东几次举杯庆祝到会的原国民党军将领举行起义和响应人民和平运动的功绩,他说:"由于国民党军中一部分爱国军人举行起义,不但加速了国民党残余军事力量瓦解的速度,而且使我们有了迅速增强的空军和海军。"10月1日,邓宝珊应邀参加了中华人民共和国开国大典,登上天安门城楼观礼。邓宝珊深有感触地说:"我甲午战争那一年出生的,可以说生于忧患,也是饱经忧患。现在,我能够亲眼看到新中国屹立于世界,中华民族再也不受帝国主义凌辱,这是我一生最大的欣慰和自豪。"

新中国成立后,邓宝珊被中央人民政府任命为西北军政委员会委员、甘肃省人民政府主席。他出生在甘肃,又曾在甘肃任职,与甘肃各族各界都有交往,

《甘肃日报》关于《甘肃省人民政府成立》的新闻，刊登了省人民政府主席邓宝珊的照片。

对于任命他为甘肃省人民政府主席，毛泽东对邓宝珊说："蒋介石不信任你，始终不让你当甘肃省主席，我们要让你回甘肃做甘肃省主席，相信你一定能做好工作。"同邓宝珊在甘肃共过事的邵力子曾说："从前，我曾三次向蒋介石举荐你这个甘肃人担任甘肃省主席，都没有任命。共产党一建国就起用了你，可谓知人善任。"新中国成立初期，爱国民主人士担任省主席的还有湖南省主席程潜，一时有"南程北邓"之谓。

1950年1月8日，甘肃省人民政府成立，邓宝珊就任主席，他出席成立大会并致辞说："宝珊等于即日起就职视事，谨依《中国人民政治协商会议共同纲领》及中央人民政府法令，忠勤为人民服务，为建设新甘肃而奋斗。"

在任期间，邓宝珊"勤政爱民、造福乡梓"，他从甘肃的实际出发，认真贯彻执行中共中央和国家的方针、政策，以高度的责任感认真履行自己的职责。他非常注重调查研究，为了掌握实际情况，他每年都用不少时间深入基层、接近群众、体察民情，足迹遍及全省各县。他对全省的农村工作特别是粮食工作特别关

甘肃兰州邓宝珊展览馆。

心,甘肃的粮食问题由于种种原因长期不能自给,不仅拖了工业的后腿,更使占甘肃人口绝大多数的农民群众的温饱没有保证,农村教育事业的发展也受到影响,这些都使邓宝珊思想上压力很大,因此他对发展农牧业、兴修水利、植树造林等有关农业发展的建设事业尤为关心,想通过解决干旱问题扭转甘肃农业落后的状况。全省大中型水利工程他几乎都去视察过,对各地小型水利工程的建设他也指示有关部门给予积极支持。他不顾年事已高,亲自参加植树劳动,挥汗如雨地干着,给干部群众留下很深的印象。

邓宝珊极力促成甘肃工业的发展,经常深入工业建设工地,参加义务劳动,慰问苏联专家,接待从事工程技术工作的知识分子,并与指挥建设的领导干部交谈工程进展情况。天兰公路、兰新铁路、白银公司、刘家峡水电站、金川公司、酒钢公司等建设,他都极为关心并多次亲临指导。早在旧时代,他就期望家乡能够解决民生问题,但动荡的环境使他的期望终成泡影。新中国成立后,邓宝珊建设甘肃的愿望一天天成为现实,当时甘肃是第一个五年计划建设的重点地区,他亲眼所见、亲身经历的"陇中苦瘠甲于天下"的局面开始发生变化,这给他带来莫大的喜悦。他曾感慨地说:"从左宗棠办甘肃机械局、兰州织呢局到新中国成立前，甘肃的近代工业没有显著的变化，民族工业自生自灭，官僚资本主义企业也办得很不景气。新中国成立后仅仅 10 年，许多大企业就在甘肃建立起来了，这是最生动的新旧社会的对比。"

邓宝珊认为，要改变甘肃的落后面貌，必须首先普及教育，大力培养各种人才。因此他非常重视文化教育事业，积极倡导和支持对文物古迹的维修保护、积极促成省博物馆的建设，关心大中小学的建设和知识分子的工作、生活，并结交了许多高级知识分子挚友。在全国政协一届二次会议上，邓宝珊提交了关于创建民族学院的提案，建议中央人民政府拨款在兰州创办可容纳 1000 名学生的民族学院，招收各少数民族青年，培养少数民族干部。这一提案立即受到党和国家的高度重视，不到两个月，西北民族学院即在兰州成立。

新中国成立初期甘肃在社会主义改造和建设事业所取得的成就，凝聚了邓宝珊的心血和智慧，为今天甘肃的发展奠定了坚实的基础，人们亲切称他为"我们的好省长"。

1954 年 9 月 28 日，根据中华人民共和国主席毛泽东的提名，经第一届全国人民代表大会第一次会议审议通过，邓宝珊被任命为国防委员会委员。在这次会议上，邓宝珊作为全国人大代表参会并发言说："新中国成立前的甘肃曾被人用 3 个字来形容，就是'乱、旱、穷'。在长期的反动统治年代里，由于统治阶级的残酷剥削、各民族之间的严重隔阂、自然灾害的不断侵袭，甘肃各族人民被拖到绝境。新中国成立以来，在短短的 5 年期间，甘肃的情况已经发生了根本的变化。各族人民在平等的基础上，建立了友爱互助的新关系。1953 年，甘肃人民在历史上第一次用自己的力量胜利地渡过了严重的旱灾，工业、农业和畜牧业生产有了显著发展，国民经济中社会主义成分稳步增长。在全省现代工业和工厂手工业的产值中，国营、合作社和公私合营所占的比重到 1953 年已达到 77.35%。参加农业生产互助合作组织的农户，到今年春耕前已占总农户数的 52.38%。在发展生产的基础上，各民族人民的生活有了改善。这是中国共产党、中央人民政府和毛主席的正确领导，以及各民族人民共同努力的结果。"

主要参考文献：

1. 《邓宝珊将军》，全国政协文史委、甘肃省政协文史委、陕西省文史委编，文史资料出版社1984年。

2. 吕传彬《促使傅作义接受北平和平解放的三位重要人物》，《协商论坛》，2015年第12期。

3. 付小东《新中国甘肃首任省长邓宝珊》，《发展》，2009年第6期。

4. 凤凰网卫视《我的中国心》，2012年12月29日，http://phtv.ifeng.com/program/wdzgx/detail_2012_12/31/20705436_0.shtml。

5. 《董其武将军传奇人生》，张崇发主编，中国社会出版社2011年。

6. 《民革领导人传》，民革中央宣传部编，团结出版社2007年。

7. 《傅作义传略》，蒋曙晨著，中国青年出版社1990年。

8. 《民国高级将领列传》，王劲，解放军出版社1988年。

9. 任红《一个新政权的诞生：甘肃省人民政府成立记》，《档案》，2009年第5期。

陈绍宽（1889-1969），字厚甫，福建闽侯县（今福州）人，1950年加入民革。1949年后，曾任福建省人民政府副主席、副省长，华东军政委员会委员，国防委员会委员，第一至三届福建省政协副主席等职。民革第三、四届中央副主席。第一至三届全国人大代表。第一届全国政协委员。

陈绍宽
海军名将坚拒赴台

我国海疆辽阔，海域面积约300万平方公里，拥有大陆海岸线1.8万多公里，岛屿岸线1.4万多公里。福建省位于欧亚大陆的东侧边缘，地处于中国东南沿海，海岸线复杂曲折，沿海岛屿星罗棋布。加之其地山多田少，必须衣食于海，因之自古以来闽人即擅长海上活动，而且以精于海战著称。因此，清末民初，闽中有志热血男儿多投身水师，矢志报国保家。

陈绍宽1889年出生于福建闽县胪雷乡（今属福州市仓山区）一个贫寒之家。他的父亲在家乡以开一间杂货店为生，后服务于晚清海军，由水手升至中士管轮，把陈绍宽推荐给海军元老萨镇冰，萨见陈绍宽聪颖过人，就鼓励他多读国学，并推荐他报考江南水师学堂，陈绍宽毕业后被选派赴英国留学。陈绍宽奋发为雄、大展鸿图，先后到德、法、意等国考察，致力于发展中国海军，成为中国海军史上的一个重量级人物。

陈绍宽执掌中国海军长达17年，在海军经费极其困难的情况下，想方设法为中国海军力量的发展壮大作出了突出贡献；他具有现代海军统帅的远见卓识，向中国海军官兵和广大民众反复宣传海洋主权同中国命运的密切关系，大声疾呼要加强中国海军力量，夺回中国海权。陈绍宽被誉为"中国近代航母事业的先驱"、"中国航母第一人"：抗日战争期间，他率领中国海军，与力量强于自己数十倍的日本海军进行浴血奋战，向世界展示了中国人誓死不愿作亡国奴的英勇气概；解放战争初期，他深明大义，不愿中国同胞骨肉相残，愤然辞职明志；解放战争后期，在政权更迭的关键时刻，他毅然弃旧图新，走向光明，脱离了国民党阵营，接受中国共产党的领导，积极参与新中国的建立与建设，书写了与共产党真诚合作的爱国人生中崭新的一页。

积极抗战，功不可没

陈绍宽在民国军界可谓位高名显。1935年圣诞节，蒋介石特派妻弟宋子文到上海，邀请陈绍宽到浙江奉化溪口，同蒋一家人一起度岁。根据有关数据记载，国民党政府授予的将军军衔分为特级上将、一级上将、二级上将、中将、少将。其中，拥有特级上将军衔的只有蒋介石一人。国民党政府授予一级上将则始于1935年，早年共9人受衔，其中包括8位陆军一级上将和1位海军一级上将。这些将领都是在中国现代史上占有相当地位的威风八面的风云人物，其中陆军一级上将有：何应钦、冯玉祥、阎锡山、张学良、李宗仁、唐生智、朱培德、陈济棠，海军一级上将仅授予陈绍宽一人。

板荡识诚臣。1937年5月，陈绍宽作为中国使团副使在伦敦参加英王加冕大典。7月7日，全面抗战爆发，他正在德国商谈购买航母事宜，闻变后只身搭机回国，部署抗战。日本驻华使馆武官公然威胁陈绍宽，说："如果中国海军保持中立，则日本海军可以不攻击中国舰队；相反，如果违反严守中立的状态，那么中国海军将受到毁灭性打击。"陈绍宽当即给予严正驳斥，表示一定要抗战到底。

弱国无外交，但有勇赴国难、万死不辞的刚硬之忠臣，他们是我们中华民族赖以生存的基石。陈绍宽曾撰文写道："我们弱小的海军凭着什么能使敌机无法完成他们的任务呢？……那就是我们的民族精神！海军今日为民族牺牲了，在未来，他将为着民族而建立起来！"

8月9日虹桥机场事件发生后，日本舰队企图溯流而上，夹击中国陆军主力，梦想三个月内灭亡中国。8月11日，蒋介石指示陈绍宽迅速将现有的31艘军舰和征用的轮船开往江阴水道，构筑堵塞式封锁线，并在防备敌人溯江而上的同时，堵住位于长江内河的日本海军10余艘战舰的退路。

在接到命令的当晚，陈绍宽即率第一舰队主力舰艇驰往江阴，与此同时，江阴下游的炮艇也奉命西上，轰毁沿途水道航标。8月12日，陈绍宽抵达江阴后，令人痛心无比的沉船封江行动开始了，将由国营招商局和各轮船公司征集的20余艘轮船，及"同济号"等8艘老式军舰，在拆除舰炮后逐一沉入江底，以沉船方式构筑江阴水上封锁线。

此后，为加固水上封锁线，海军部队还在沿江之江苏、浙江、安徽、湖北等地，征集180只民船，运送3000多立方米巨石、6500多担碎石，以此填充沉船间的空隙，并在江阴一段布设水雷。随后，陈绍宽又命海军部次长、第一舰队司令陈季良中将率领多艘主力舰负责守卫长江水上封锁线。

自8月16日起，日军出动飞机临江侦察，企图炸开水上通道。中国海军主动出击。江阴区江防司令部派出102号快艇，经内河驶至黄浦江，接连向日军旗舰"出云号"施放两枚鱼雷，使日军旗舰受创。日舰当即还击，102艇被击沉，官兵泅水离艇。

9月22日上午，日本海军联合航空队出动首批30余架攻击机和战斗机，以大编队机群袭击江阴，轰炸中国海军第一舰队，主要目标指向旗舰"平海号"及其姊妹舰"宁海号"。此次海空战持续两个小时，战况惨烈。期间，中方击落日机3架，伤8架；中国海军阵亡6人，伤30余人，"平海""应瑞"两舰受伤。

此后，连续几天，陈绍宽面对强敌，毫不畏惧，率领第一舰队、第二舰队全力奋战，打出了海军的军威，但自身也损失惨重。9月29日，蒋介石传令海军部嘉勉海军将士："此次暴日肆意侵略，犯我领土，各地遍受荼毒，我海军将士同仇敌忾，该部部长及次长督率官兵，不惜牺牲一切为国奋斗，此来苦心焦思，筹划江防，拱卫京城，并且愿拆除舰炮，巩固江岸防务，此种破釜沉舟之决心，殊为可贵。近来江阴附近敌机肆行轰炸，致伤亡我海军将士多名，尤所轸念，仰该部长转饬所属知照，并对所有受伤将士代致慰问。"

后来，由于封锁江阴要塞的军事机密被汪精卫的亲信泄露给日本总领事，致使封堵、围歼日本海军于长江内的计划失败。

持续一个多月的江阴海战，是中国海军主力与日本海军航空兵之间，展开的一场以空袭和反空袭为主要形式的殊死拼杀。战斗的结果是中国海军击落日机20架，而中国第一舰队主力也损失殆尽。这充分说明了中国海军不仅在数量上，而且在质量上也极为落后的状况。然而，就是在如此数量与装备极为落后的劣势状况下，陈绍宽依然带领全体中国海军，不畏牺牲，与敌浴血奋战，显示了中国人民抗战的决心和英勇气概。

南京失守后，陈绍宽撤往武汉。1938年，海军部改组为海军司令部，陈绍宽被任命为海军上将总司令。在武汉保卫战中，陈绍宽奉命在马当布设水上第二道阻塞线，两挫日舰的进攻。之后，日军改用陆军迂回挺进，迫近马当炮台。中国陆军要塞司令临阵惊慌失措，不战而退，致使马当失守。蒋介石为此大发雷霆，质责海军部。军委会借机落井下石，下令追查日舰何以能安然通过阻塞线，陈绍宽闻讯怒不可遏，反问道："阻塞线是需要军队掩护的，每次战斗都是陆军先退，或被敌迂回而仓皇逃走，这种擅自撤退的军队何以不见追究？"他对蒋介石的不满溢于言表，甚至在公开场合亦不顾忌。

国民党政府迁都重庆后，陈绍宽积极组织海军敌后布雷游击队，打击敌人，配合战场的作战。

同时，为了振兴中国的海军事业，增强中国海军的实力，陈绍宽时刻不忘育人工作。即使是在抗战的动荡年月里，海军学校仍然克服各种困难，每年招收新生100名，从未间断，为民族培养海军人才。

1945年5月，为了筹备成立联合国，制订联合国宪章，宋子文率领中国代表团前往美国旧金山出席联合国第一次代表大会，陈绍宽出任代表团顾问。陈绍宽早在1917年奉命赴英国任驻英大使馆武官时，就勤奋学习外语，通英、

1945年,陈绍宽以中国代表团顾问身份赴旧金山出席联合国筹备会议。

法、德、西班牙等国语言。有一次,美国总统罗斯福主持国际会议,需用西班牙语翻译,不少外交官瞠目相对,而他却能应付自如。在当时积贫积弱之中国无外交的环境下,他为民族争了光。会后,他应英国政府邀请,转程英国,考察海军工作。

8月15日,日本天皇裕仁正式宣布日本无条件投降。陈绍宽以海军总司令的身份任受降官,代表中国海军在东京湾美舰密苏里号上出席盟军对日受降仪式;继以中国海军代表身份,在南京出席中国战区对日受降仪式。

在抗战期间,陈绍宽基于海军的建设得不到重视,深感到自己通过建设海军以强大中国的抱负难以实现,无法为抗战作出更多的贡献,而痛苦不已,先后三次提出辞职呈请。在蒋介石、孔祥熙等人一再苦苦劝说下才收回呈请。其爱国之真切,名利之淡泊,由此可见!

反对内战,辞职明志

疾风知劲草。1945年底,人民解放军自山东半岛渡海,向辽东半岛挺进。

陈绍宽等代表中国海军接收美国海军移交的日本降舰（身后为日舰"安宅"号）。

蒋介石命令陈绍宽率长治号舰驶赴渤海堵截。陈绍宽为此陷于进退维谷之境：一则他目睹蒋介石的所作所为，厌恶内战；二则他对共产党又缺乏了解，不知何去何从。是年冬，蒋介石再次电令陈绍宽率长治号舰赴山东堵击共产党军队。在经过长时间的思考后，陈绍宽表示"抗战后海军元气尚未恢复，且绍宽在抗日期中报效无多，已愧对国人，若再参加内战，内疚殊大"，借口舰只需要修理和急需增拨油费，毅然率长治号舰南下台湾视察。蒋介石闻听之后，颇为愤怒，拍案大骂："岂有此理！"当即电召陈绍宽回南京。

内战开始时，国民党军队拥有兵力和装备上的绝对优势，蒋介石等一大批国民党军政高层自以为稳操胜券。当时何以如此坚决地反对内战，陈绍宽后来并没有进行过解释，但他爱国爱民的拳拳之心和具体行动，值得我们尊敬、景仰。

稍后，蒋介石下令裁撤海军司令部，免去陈绍宽的海军司令一职，在军政部成立海军处，由陈诚兼任处长。1945年12月28日，陈诚派陆军警卫队取代海军警卫连执行海军部警戒任务。面对武力接管，陈绍宽断然迁出海军部。当蒋介石觉得处理欠妥，欲召见他时，他避而不见。蒋介石考虑到陈绍宽的声望，准备任命他为战略顾问委员会委员，支给他一份干薪。陈绍宽认为此事已经触碰到自己的做人底线，他无意保官求荣图贵，安能为五斗米折腰！？陈绍宽拒不受任，偕

福建福州陈绍宽故居。

强地把薪金悉数退回,并辞职离开南京南下福州,隐居故里胪雷乡。

他身为高官多年,两袖清风,身无余财。1946年春节后,他无官一身轻,孑然一身回到家乡,随身只带着装满书籍的多个皮箱,别无他物。

前来接他的乡亲误以为箱子里面是金银财宝、绸缎纱罗等贵重物品,后来才知道里面装着的全是书籍。面对乡亲们"部长当了许多年官,怎么不带回一些值钱的东西回来"的疑问,陈绍宽大笑:"天下之大,唯书最值钱了。"乡亲们都跷着大拇指称赞说:"陈部长真是个清官啊!"多年后,乡人根据陈绍宽的遗嘱,将他毕生珍藏的5000多册图书,捐赠给福建省立图书馆,这些书被列为"厚甫书目"(陈绍宽字厚甫),以表纪念。

他说:"不论做官与做人,都要光明磊落,清廉自守。"还说,"当官不是终身制,而做人却是终身的事。不当官,人还是要做的。"他用光明磊落的一生诠释了他清廉高峻的做人做官之道。

他在家乡过着平淡而充实的平民化生活:一是精读史书,练习书法;二是主持修建陈氏祠堂;三是有时到胪雷小学授课;四是种花植果,垂钓螃蟹。平日饭食,一如往昔,清淡俭约。早餐以煮黄豆为肴,家人认为长期食黄豆会腻味,想改为花生,陈却觉得浪费而加以制止。

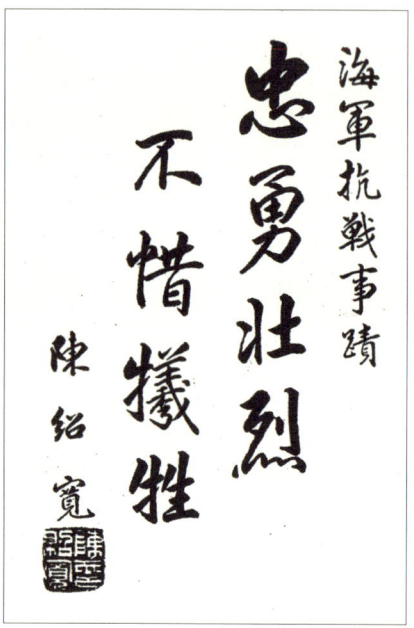

陈绍宽手迹。

坚决拒绝去台湾，策动海军起义

陈绍宽归隐期间，国民党政府希望利用他的政治影响，多次威胁利诱他出山，都被他一一拒绝。

新中国成立前夕，蒋介石想裹胁他去台湾，派福州绥靖公署主任、福建省主席朱绍良，携带丰盛的菜肴往访陈绍宽，陈闭门谢客，朱惆怅而返。稍后，朱轻装简从，再次悄悄登门，陈绍宽躲避不及，只好硬着头皮见客。朱单刀直入地对他说："委座来电，要老前辈离闽赴台，共襄国是。"

陈绍宽情不自禁想起历历在目的往事：航母计划被蒋介石搁置一边；堂堂海军司令部竟被无故撤销；国家陷入内战，海军强国梦遥遥无期。这些全是国事，如果可以商量，早就商量了，何必迟迟等到今天！

陈绍宽答道："我年逾花甲，月是故乡圆，水是家乡好，还去台湾做什么？蒋委员长如一定要我飞往台湾，只好从飞机上跃下，葬身闽海波涛之中。"

朱面对他鲜明的立场、无法割舍的乡情、不可动摇的决心，万般无奈，无语告辞。在重大抉择面前，陈绍宽是非分明，没有半点含糊。

解放战争后期，陈绍宽和中共地下组织建立了联系，并配合解放战争的大好形势，策动一部分海军官兵起义。

1949年2月25日，跟随陈绍宽多年的邓兆祥率领"重庆号"舰起义后，毛泽东、朱德立即发来贺电。

同年9月26日，周恩来接见邓兆祥、林遵、周应聪、郭寿生。周恩来说："新中国就要成立了，需要建设一支强大的海军，以保卫国家的海疆。你们四位是老海军了，今天请你们来，就想听听你们对海军建设的意见。"

邓兆祥说："我有一个建议，我们海军刚组建，应该让过去的一些旧海军人员出来工作。他们在旧中国饱尝了有海无防的苦难，有爱国思想，懂专业技术。让他们出来，发挥他们的一技之长，是很有好处的。"

接着，邓兆祥列举出一些爱国的原海军人员的名单，特别提到陈绍宽。他向周恩来介绍说："陈绍宽先生我是了解的。他是爱国、懂技术的人才。建议请他出来。"周恩来听完后，朝邓兆祥笑了笑，高兴地说："好，好，你的建议很好，我们就是要团结一切可以团结的人，齐心协力为建设祖国而奋斗。你提到的陈绍宽先生，我一定向毛主席汇报。"

张鼎丞三顾胪雷

邓兆祥的建议受到了毛泽东的重视。周恩来按照毛主席的意思，指示新中国第一任中共福建省委书记兼省人民政府主席张鼎丞去请陈绍宽出来工作。

张鼎丞是福建永定人，闽西革命根据地的主要创建人之一。中共派如此重要人物去劝说陈绍宽，说明中共对陈绍宽参加新中国的建立与建设的重视程度之高。

张鼎丞先是请陈绍宽的故交挚友潘守正、福州政界名宿陈培锟（抗战时任海军总司令陈绍宽秘书陈培源的胞兄）等人到胪雷劝说。陈绍宽当年是挂冠回到故里，曾决心以后不再踏入军界、政界半步。经过他们的劝说，这种决心有了一些动摇，但仍心存犹豫。张鼎丞又听说陈绍宽最听萨镇冰的话，于是请萨镇冰写信给陈绍宽。

1970年，时任胪雷大队党支部书记陈依明在陈绍宽故居的卧室无意中发现了这封信，信的内容为：

厚甫同舟惠鉴：

足下高才，46不与合污，今仍钦佩至极，昨张鼎丞先生来舍，述及现全国已解放，足下理应出山，重整海业，统率澎湖之列岛，事成之后，再返故园，未晚矣。

萨镇冰

虽原信已不知所踪，但信的内容却已牢牢地铭刻在陈依明的脑海里。根据史料推测，此信应写于1949年10月。

接信后，陈绍宽立即赶赴福州冶山萨镇冰的住处仁寿堂。萨镇冰对他说："共产党要请你出来为新中国做事，不知你愿意不愿意？"两人在屋里谈了很久，人们只听到陈绍宽疑惑地问道："我这人，国民党都不要我，共产党还会要我吗？"此时，陈绍宽尚未下决心"出山"。

接着，张鼎丞三顾胪雷。张鼎丞第一次到胪雷，就对陈绍宽说："陈先生为中国海军作出了很大的贡献，我们是很钦佩的。新中国成立了，百废待兴，还请先生鼎力相助。"再后来，张鼎丞对陈绍宽还谈了人民政府的施政纲领，以及共产党对旧军人、爱国民主人士的政策。

张鼎丞这位朴实的老资格共产党人，以其诚恳、坦率，肝胆相照的态度，赢得了陈绍宽这位耿直的海军宿将的信任和尊敬，同时也打消了陈绍宽的种种顾虑。陈绍宽欣然表示：跟着共产党走，参加革命工作，建设新中国。尔后，他来到福州，通电拥护中国共产党的领导。从此，陈绍宽与张鼎丞两人结下了真心相见的情谊。在以后的日子里，陈绍宽曾多次在故居的荔枝成熟之时，邀请张鼎丞到家品尝荔枝美味，好友相逢，分外亲热，有说不完的话。

新中国成立后，陈绍宽历任华东军政委员会委员；福建省人民政府副主席；省政协副主席；民革中央副主席；国防委员会委员；第一、二、三届全国人大代表等职。

在担任福建省副省长期间，陈绍宽每年都要抽时间深入基层，到福建各地进行考察，足迹遍布福建省百分之九十的县城以及许多公社、大队。考察结束后，他认真撰写书面报告，谈观感、提建议。在陈绍宽眼中，自己的家乡福建地理优势得天独厚："有山海之利，大有可为。"他认为福建有几千公里的海岸线，有理想的海湾，将来可以开辟商港；沿海的十几个县有广阔的海滩，可以发展滩涂养殖；有的地方可以利用海潮发电；有的地方可以发展盐业等。他还将自己的这一想法在第三届全国人民代表大会第一次会议上的发言中进行了阐述。

陈绍宽十分关心我国钢铁产业的发展，在外出考察时，都要把参观当地的钢铁企业列入日程表，鞍山钢铁公司、首都钢铁厂、上海三钢、武汉钢铁联合企业，他都实地考察过。提起原因，他曾对身边的秘书说，钢铁产量的多寡，关系到一个国家是否强大，造兵舰需要钢铁，造大炮、枪支需要钢铁，火车、汽车、铁路、桥梁、机械、建筑乃至日常生活，都离不开钢铁。没有钢铁，寸步难行，没有钢铁也就没有国家的工业化。

1959年7月，他参观鞍山钢铁公司回来后，专门写了一个报告，其中有这样一段话："新中国成立前，我国的钢产量少得可怜，全国除东北外，每年只生产4万吨左右……现在这种情况已经根本改变了，我们不但有自己的重工业，并且是一日千里地向前发展，真叫人高兴……鞍钢公司已经发展到49个厂矿，17800多职工，厂房栉比，烟囱林立。看到我国有这样大规模的钢铁联合企业，我感到有一种难以形容的喜悦和自豪。"

对于福建省的钢铁工业发展，陈绍宽尤其关心。1958年福建省为三明建设钢铁厂投资，翌年3月，他即同尤扬祖副省长一道到三明视察正在建设中的工厂。看到钢铁厂第一期工程已接近完成，即将投入生产，他十分高兴地说："我省手无寸钢的历史将要结束了。"1960年，他不顾古稀高龄和旅途劳累，又一次视察三明钢铁厂，还连夜乘专用火车，奔赴铁矿石产地潘洛视察。火车抵达矿区时，天还没亮，陈绍宽就在火车上坐等天明，然后转乘载运铁矿石的卡车，一路颠簸

陈绍宽在讲话。

着到达矿区,就为详细了解、考察铁矿石开采、运输、破碎、装车的全过程。临走时他激动地对矿长说:"我在这里看到很好的炼铁原料,很高兴。有了钢铁厂,也有了铁矿石,福建钢铁工业的发展是很有前途的。你们在这里工作很辛苦,但很有意义。你们为福建人民办了大好事。"

回到福州后,陈绍宽就将视察情况作了详细的报告,还应中国新闻社之约以"前进中的福建"为题介绍福建经济发展,文中特别提到:"福建不但结束了'手无寸铁'的历史,并且用自己炼出的钢铁,制造各种机器、车床、新式农具等等。福建落后的经济面貌和社会面貌,正在发生深刻的变化。"

陈绍宽曾先后赴苏联、印度尼西亚、缅甸等国访问。访问归来后,他感慨地说:"海外华侨同祖国好像有一条无形的纽带,紧紧地联结在一起。"出于对海外华侨的深厚感情,他对福建的侨乡建设非常关心,时常到沿海去看看侨乡建设和归侨、侨眷的生产和生活情况。1962年2月,他按照全国人大常委会的指示,先后考察了福州、莆田、晋江、厦门、漳州、云霄等地的华侨农场、华侨新村以及侨区的工厂、人民公社等。在晋江的石狮镇,他还特意向当地负责人了解侨乡变化的情况；在泉州他深入工艺美术厂进行考察，逐个车间地了解情况。当得知著名的侨办国光中学举行校庆活动时，他专程赶到南安参加，并请省教育厅大力支持学校的发展，多派好的老师到学校任教。

1950年，陈绍宽加入民革，他始终严格要求自己，以普通成员的身份参加组织活动。民革省委会组织老同志的"读书会"，两周一次，他每次必到，会前认真准备发言稿；偶尔因故不能参会，必事先请假。他认为这是自己作为老学生应有的认真学风。

临终前，陈绍宽还念念不忘祖国的统一，特意请秘书潘守正代写遗嘱呈交给周恩来，转告他对党、对毛泽东和周恩来的感谢，以及他对祖国早日实现统一的愿望。

主要参考文献：

1. 马俊杰《陈绍宽造航母终成一梦》，《环球时报》2006年1月6日。

2. 周应璁《陈绍宽与旧中国海军》，《文史资料选辑》（第85辑），文史资料出版社1983年。

3. 《陈绍宽文集》，高晓星编，海潮出版社1994年。

4. 《民国高级将领列传》，胡必林著，解放军出版社2006年。

5. 《民国人物传》，中国社会科学院近代史研究所编，中华书局1978年至2002年。

6. 《福建文史资料》，中国人民政治协商会议福建省委员会文史资料编辑室编，福建人民出版社。

7. 《福建郊区文史资料　陈绍宽一生专辑》，政协福州市郊区委员会文史资料工作组编，1986年。

8. 《陈绍宽一生》，郑玉华编著，福建教育出版社2001年。

贾亦斌（1912-2012），原名再恒，字思齐，湖北阳新人，1957年加入民革。1949年后，曾任第一至四届上海市政协委员。民革第五至七届中央副主席，第八至十一届中央名誉副主席；民革上海市委会第三至六届副主委。第四届全国人大代表。第二、三、四、九届全国政协委员，第五至八届全国政协常委。

贾亦斌
举行嘉兴起义，震撼"蒋家王朝"

1948年年底，36岁的国民党国防部预备干部局代理局长贾亦斌少将内心备受煎熬，他在思考：是否要离开蒋经国？中国共产党领导的中国人民解放军已经开始战略反攻，国民党内外交困，土崩瓦解就在眼前，若不及时抽身离去，终将成为独裁者的陪葬品。可是自己的上级——蒋介石之子蒋经国，又对自己有知遇之恩。滴水之恩当涌泉相报，怎能在这个时刻"忘恩负义"、背弃离开呢？贾亦斌陷入了痛苦的抉择，离去与否，虽然只在一念之间，但这个抉择，实在是难以作出……

半年后，1949年4月7日凌晨，在家乡奉化溪口遥控指挥的蒋介石、蒋经国父子收到一则从嘉兴和上海同时发来的电报，电报上寥寥数字："贾亦斌昨晚叛变。"贾亦斌在经过激烈的思想斗争后，用实际行动作出了正确的抉择！

投笔从戎，保家卫国

贾亦斌1912年出生在湖北阳新县的一个贫苦农民家庭。由于父亲病逝，他早早辍学，18岁投笔从戎、报效国家。1931年"九一八"事变，正在武昌平湖门第十军干部学校当学兵的贾亦斌得知东北沦陷消息，当场大哭。他发誓，身为军人，要保家卫国，好好练兵，时刻准备捐躯沙场。

1937年8月13日，淞沪会战拉开序幕，中日双方投入总兵力达百万之众。中国军队的装备不如敌军，但日军的暴行却强烈激发了中国人同仇敌忾的民族意识。年仅25岁的贾亦斌，当时任第十军第四十一师少校营长，持"天下兴亡，匹夫有责"，誓死不当亡国奴的信念，多次代表全营官兵向上级提出增援前方、杀敌报国的要求。后经批准，从湖北赶往淞沪前线，随部队增援国民党第一军第一师，并任该师第二旅第四团少校营长。此后，贾亦斌又先后参加了武汉会战、长沙会战、徐州会战等多次大战并屡立战功。

抗战的岁月是艰苦的，中国官兵的牺牲是巨大的。贾亦斌回忆，淞沪会战中，他所在的部队是完整的一个营，有400余人，装备很差但仍以血肉之躯苦战两个月，至撤离之时只剩下几十人。营长、营副均受伤，连长3个阵亡，1个受伤，排长以下干部伤亡殆尽。贾亦斌自己也受了两次伤，所幸命大未下火线。1939年秋，他以国民党第四十一师补充团上校团长身份带领该团在汉宜公路打游击。官兵们出发时身着单衣，还未归队就赶上了深秋。有一天部队突遇大雨、气温急剧下降，很多官兵被冻得小便失禁，随后狂笑直至冻死，很是凄惨。目睹惨状的贾亦斌内心非常悲愤。

经过14年的抗战，中国军民终于取得抗日战争的胜利。在回忆这段经历时，贾亦斌说："中国军民前仆后继、流血牺牲的感人情景深深铭刻在他的心中，永远像昨天发生的一样鲜明生动，激励他不断前进、努力奋斗。"抗战的洗礼也让贾亦斌深切感受到，抗战之所以能够胜利，有国际国内诸多原因，而国共两党第二次合作、抗日民族统一战线的建立则是一个十分重要的原因。1985年，73岁高龄的贾亦斌在回忆这段历史时，仍然认为，如果没有国共第二次合作，要取得抗日战争的胜利简直不可想象。也正因为如此，贾亦斌希望抗战结束后，国共能够继续合作，和平建国。在纪念抗日战争胜利50周年时，贾亦斌写下一副对联：醒狮怒吼，谁敢鲸吞蚕食；散沙凝聚，哪怕豆剖瓜分。国共两党合则两益，分则两损，这是应汲取的经验教训。

2005年9月3日,贾亦斌在人民大会堂参加纪念抗日战争胜利60周年活动时获胡锦涛同志颁发中国人民抗日战争胜利60周年纪念章后留影,时年93岁。

与蒋经国因公谊而结私情

抗日战争胜利后,贾亦斌热切期盼祖国能休养生息,和平建国。1946年,从当时最高军事学府——陆军大学毕业后,他拒绝赴山东前线参加内战,经老上级彭位仁介绍到当时国民党政府军事委员会青年军复员管理处工作。该机构由蒋经国组建,主要解决抗战时期青年军复员问题。1944年,针对日本发动豫湘桂等大规模的进攻战役,国民党政府广泛发动知识青年从军,先后征集知识青年12万人入伍。蒋介石将训练青年军的大权交给蒋经国、陈诚等人。蒋经国任青年军政治部中将主任,亲自挑选过问青年军各部门人员,因此青年军又称"太子军"。贾亦斌到此工作,担任复原管理处副处长,成为蒋经国的直接部下,也因此认识了蒋经国。

那时,蒋经国35岁,贾亦斌33岁,二人血气方刚、意气相投,很快成为了至交好友。贾亦斌结合抗战时期的经验研究预备干部制度,提出让爱国青年服役后能够再学习,真正做到文武合一,战时能报国、平时能为民服务的富国强兵见

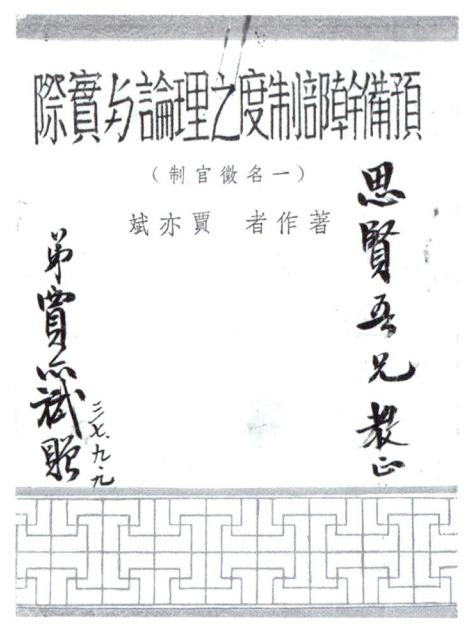

贾亦斌著《预备干部制度之理论与实际》。

解,蒋经国对此很是欣赏。在一次恳谈中,蒋经国拍着贾亦斌的肩膀说:"你这些见解,讲到我的心里去了,今后我们必定会成为长期合作的同志。"

蒋经国对贾亦斌着实厚爱,信任有加。1946年6月4日,贾亦斌与谭嗣同孙女谭吟瑞喜结连理,蒋经国得知消息主动要求当婚礼的证婚人,并让青年管理处帮助筹办婚礼,重庆的《大公报》《和平日报》还对婚事进行了报道。国民党政府还都南京后,南京物价飞涨,贾亦斌一家老小生活拮据而清苦,蒋经国知道后便逢年过节派人送些钱给贾家补贴家用。工作中,贾亦斌因工作问题多次与蒋经国发生冲突,但蒋经国都不以为忤,反而表示欣赏,并力排众议亲自向蒋介石保荐提升贾亦斌。蒋经国对许多反对者说:"贾亦斌为官多年,官居少将,却无半点积蓄,极为少见。且贾在抗战中参加过诸多重大战役,作战勇敢、几度负伤,将生死置之度外,实为难以多得的文武兼备的将才。"他还说:"中国有两句老话:'文官不要钱,武官不怕死,则天下太平矣!'这两者贾亦斌兼而有之。这种人不用,我还用谁?"不到两年时间,贾亦斌就由组长、办公室主任升为副局长,最后接替蒋经国担任代局长,负责主持国防部预备干部局的工作,成为"太子军"的领导人之一。

蒋介石不顾各方和平建国、休养生息的愿望，执意发动内战，贾亦斌一度情绪低落准备辞职。蒋经国得知后，不但不责备，还真诚挽留："亦斌兄，你哪能走啊！你是我这的台柱，你走了，这里岂不垮台了吗？"贾亦斌感觉，蒋经国识人、用人、容人，不同于其父蒋介石，不同于其他国民党官员。这种异乎寻常的器重之情，让贾亦斌非常感激，深感知遇之恩。古人云：知己难得，知音难觅。贾亦斌暂时打消了辞职的想法。虽然理想与现实存在矛盾，但身边的蒋经国让贾亦斌似乎看到了希望，似乎找到了思想上的新出路。半个世纪后，他在自己的回忆录中记录了此时的心情：我和蒋经国之间的同事情感又前进了一步。我感到他是知我又能用我，更能倾听逆耳之言的不曾多见的领导人，他的领导是推行我所提出旨在强国强兵的预备干部制度的关键因素。

虽然因公谊而增的私情并没有让贾亦斌与蒋经国站在同一条战线很久，二人最终因政见不同分道扬镳、身处海峡两岸无缘会面，但这段萍水相逢的不解之缘让彼此都难以忘怀。40年后，蒋经国在台北病逝，得知噩耗的贾亦斌悲痛莫名，写下《哭经国兄》一诗，以寄托对故人的深切怀念和哀思。

在极度失望的现实中作出艰难抉择

留在蒋经国身边的贾亦斌曾天真地认为，自己可以在蒋经国身边发挥作用，影响蒋经国，并进而影响蒋介石，让形势朝着自己所希望的方向发展，实现自己的抱负。但现实让他愈来愈不满，并经常在言行上表现出来，最终与蒋经国决裂。

为扩大内战，蒋介石推行预备干部制度，召集10万高中生入伍培训，这与贾亦斌理想中的预备干部制度性质截然不同。他的理想，是在下次发生类似第二次世界大战之前，能够培养出众多精炼而真正文武合一的预备干部，能够建设"人人能战、物物能战、时时能战、处处能战"四战论的新国防，从而扭转国家命运，达到富强康乐的境域，并且能作为远东与世界和平的支柱。蒋介石则是把预备干部制度作为了维护"蒋家王朝"的工具，昧着良心让年轻的学生去充当炮灰。贾亦斌的理想付诸东流,内心十分矛盾和痛苦。

1948年,贾亦斌奉命赴台湾处理驻台湾凤山青年军中一些事项,清查军官走私畏罪潜逃案件。处理过程中,贾亦斌更是感到国民党内部贪污腐败成风,如病入膏肓、无药可救。解放战争进入战略反攻阶段后,蒋介石指示蒋经国成立组织严密的青年秘密组织铁血救国会,仿效普鲁士俾斯麦铁血手腕克服危机,发挥控制和指挥作用,挽救摇摇欲坠的"蒋家王朝"。贾亦斌当众表示不赞成,他觉得这样的行径完全是逆历史潮流而动,吸引不了广大青年,完全没有前途。蒋经国虽未言语反驳,但心里相当不满,也因此事对贾亦斌产生疑虑,采取明亲暗疏的办法,并对其进行暗中监视。

当时,为挽救如同军事一样濒于崩溃的国统区经济,蒋介石抱着只准成功、不准失败的决心,任命蒋经国为上海经济管制副督导员推行经济改革(正职由时任中央银行总裁俞鸿钧担任。蒋经国虽是副手,但实权在握)。蒋经国上任伊始,运用铁腕手段,公布有关经济管制法令和物价管制办法,雷厉风行、大刀阔斧。他颇为自信,相信充分运用"革命手段"政策,就一定能够达到经济改革的目的。蒋经国还以"上海向何处去?"为题发表告上海人民书表示自己的决心:"本人此次执行政府法令,决心不折不扣,绝不以私人关系而有所动摇变更!"并誓言"不惜以人头来平物价"!法出令行,轰轰烈烈地打"老虎"行动暂时发挥了作用,几只"苍蝇""蚊子"被打掉,上海的物价在短时期内保持了稳定,财政金融危机似乎也有所缓和,一时舆论称赞不断,让许多人对蒋经国产生了希望。但时间不长,在查处孔令侃的扬子公司时,遭到"第一夫人"宋美龄的干预,事情不了了之;以行政手段勉强维持的上海经济秩序又出现崩溃之兆,老百姓怨声载道。

贾亦斌对国民党早已失去了信心,但对蒋经国还抱有一线希望。他认为,通过打击豪门、严惩贪官污吏和奸商、平抑物价,对老百姓而言是有利的。特别是对那些囤积居奇、横行不法的豪门资本更不能退缩,全国人民都在拭目以待,蒋经国应当大义灭亲、依法严惩,给人民和历史一个交代。他以部下身份进言,同时也是以朋友身份劝告蒋经国:"坚持原则,不要犹豫不决、消极退缩。"而蒋经国却无可奈何:"亦斌兄,你是有所不知,我是尽孝不能尽忠,忠孝不能两全啊!"贾亦斌接受不了这样的解释,以个人须尽孝来为不能为国尽忠辩护,明显是把个人和家族的利益放在国家利益之上。贾亦斌深感失望,拂袖而去,走之前对蒋经国说:"你有对你父亲尽孝的问题,而我,只有对国家和民族尽忠的问题!"上海的经济改革只维持了70天便宣告失败,物价以更加惊人的速度扶摇直上,经济秩序更加混乱,呈现出"世界末日"的景象。1948年11月,蒋经国黯然离沪,离开前他在上海广播电台凄凉地发表了《告别上海市父老兄弟姐妹书》,向上海市民致以深切的歉意,并宣布经济管制失败。

上海"打老虎"给贾亦斌以深刻的教训,使他对四大家族的腐朽黑暗内幕有了进一步的了解:国民党政权由他们掌握,只能走向灭亡,他对蒋经国的幻想也破灭了。事实证明,蒋经国不能摆脱蒋介石的影响,最后终于同蒋介石合流。遍地战火,已无一处可安身。想当年,自己仿效班超投笔从戎,开启保家卫国的军旅生涯;抗日战场奋勇杀敌,希冀挽救国家社稷于危亡,誓死不当亡国奴。自己是忠诚于国家的军人,忠诚于民族的将士。国弱招外侮,百年来列强欺辱中国的教训历历在目,抗战刚刚结束,国家需要和平建设,人民需要休养生息,中国人不能打中国人。如果继续追随效忠蒋经国,结局只能是楚囚对泣、束手待毙,纵然实现了小我的"成仁之心",但会造成内战的继续,会置民众于水深火热,置国家、民族于万劫不复,对个人的"示忠"实为祸国殃民之举。贾亦斌经过反复的思想斗争,在个人情感与国家民族利益之间作出了抉择:牺牲忠于个人的小忠,选择忠于国家民族的大忠。贾亦斌决心同"蒋家王朝"决裂,同蒋经国分道扬镳,去寻找新的道路,一对好友从此决裂。

战国时期荀子说:"从道不从君。"明朝名臣于谦有言:"社稷为重,君为轻。"半个世纪后,贾亦斌在回忆中写下:"民心所向即是个人选择的最好指南。"

嘉兴举旗震撼蒋家中枢

1948年下半年起,人民解放军转入战略进攻阶段,国民党屡战屡败,只剩

1981年4月7日，嘉兴起义32周年之际，贾亦斌（左）与段伯宇（右）在北京合影留念。

下半壁河山，惶惶不可终日。蒋介石幻想控制长江以南经济命脉，在美国的支持下继续顽抗。是年年底，贾亦斌与陆军大学同学段伯宇相约中山陵密谈另谋出路的问题。经过一番商量，两人达成共识：国民党是没有希望了，要另谋出路乃势所必然，需要自己掌握武装力量。经过分析讨论，贾亦斌和段伯宇拟订了自己掌握武装力量的计划，并决定尽快与中国共产党取得联系。他还不知道，与自己志同道合的段伯宇，其实就是中共地下党员。

正在此时，蒋介石授权国防部参谋次长林蔚，计划在江南建立30个新军，急需中层干部组织动员和训练工作，贾亦斌感到建立自己武装力量的机会来了，连忙毛遂自荐，表示愿意前往南京、嘉兴、杭州一带，负责动员、招募大批当地的复员青年军并组织训练。他迅速草拟了一份培训计划，很快得到批准。贾亦斌在南京以国防部预备干部局陆军预备干部训练第一总队总队长身份开始了他的"计划"，将这支"蒋家王朝"的"勤王之师"培养成反蒋的武装部队。经过大半年时间的筹备、组织、动员，贾亦斌领导下的预干总队学员达到4000余人。贾亦斌与段伯宇对干部的配备、编制、思想训练及武器装备都作了周密细致的安排，特别是在思想教育上，自始至终都置于贾亦斌的掌握之中，以此确保队伍调得动、拉得走、打得响，能够为我所用。

1949年初，三大战役后的东北、华北、淮海等地区相继解放，国民党溃不成军，胜负已经明朗。形势变化迅速，蒋介石被迫"引退"回到老家奉化溪口，预干总队也奉命调至浙江嘉兴。嘉兴地处国民党政权的心脏地区，在这里起义所面临的困难和危险可以想象，但有中共中央上海局策反委员会对预干团武装起义一事进行掌握和领导，让贾亦斌等人感受到强有力的依靠，信心倍增。他认为无论成功与否，都应当在此起义：一是能够在国民党心脏地区产生强烈震撼，宣告"蒋家王朝"众叛亲离的局面；二是打乱国民党军队在沪杭一带的军事部署，动摇其军心；三是宣告国民党借长江天堑以期隔江对峙的计划破产。此时，贾亦斌等人已经把生死完全置之度外。

4月7日凌晨，一场高举反蒋大旗、震惊全国的嘉兴起义终于爆发。在此之前，贾亦斌经组织批准，秘密地加入了中国共产党。

得知起义消息的国民党如同晴天霹雳，惊恐万状。国民党喉舌《东南日报》哀叹："其（起义）在政治意识上，给政府给人民以极大的刺激，因为这一批正是万人瞩目之'国之瑰宝'的知识青年。"社会上更是传云："'蒋家王朝'，大势已去。"蒋介石急令国防部在浙苏皖调兵遣将，派出几十倍于起义部队的兵力进行围追堵截，还悬赏5万银圆购买贾亦斌的项上人头。

面对强敌，起义将士奋力突击，冲出乌镇之围，巧过京杭国道封锁线，血战妙西山良村。在敌我力量对比过分悬殊的情况下，起义部队经过惨烈悲壮的战斗，队伍受到重创，仅剩80余人。

在浙江安吉县境内，贾亦斌身负重伤，好在遇到好心的守山人和当地爱国进步人士的帮扶，得到游击队员的护助，九死一生，终抵达游击队的根据地，找到党组织。几十年后，贾亦斌调到民革中央机关工作。据他身边工作人员回忆，每次大家与贾公一起吃饭，都会避开带有竹笋的菜品。因为在嘉兴起义时，贾公连日与敌军激战，身负重伤，就靠山林中的竹笋果腹充饥——一生能吃的竹笋都在那段时光吃尽了。

经过休养，贾亦斌到达丹阳，受到中共中央华东局和第三野战军首长陈毅、

1989年2月，贾亦斌与部分嘉兴起义骨干重访旧地时合影，左起：张若虚、张健行、杨兴华、李恺寅、贾亦斌、杨今、冯一。

曾山及中共中央上海局书记刘晓等人的接见。陈毅高度评价贾亦斌率领的嘉兴起义："你已经胜利完成了起义的任务，你的英勇爱国行动值得称赞。"并鼓励他努力学习、积极工作、多作贡献。此后，贾亦斌随同华东军区社会部副部长杨帆和王征明等人进入上海，被任命为上海市公安局干部训练班副主任。当时还有20多名流散在杭州等地的嘉兴起义人员被找到，上海市军事管制委员会安排他们进入干部训练班学习。学习结束后，大家走上了新的工作岗位。

1949年4月，人民解放军百万雄师横渡长江攻占南京，统治中国22年的国民党政府覆灭。10月1日，新中国成立，中国人民从此站起来。贾亦斌激动得热泪盈眶，这是他一生中最大的喜悦。贾亦斌曾说：以嘉兴起义为界线，他的一生可以鲜明地划分为在旧中国度过的前半生和在新中国的后半生。在后半生，他无怨无悔地跟着中国共产党走社会主义道路，不管如何风吹浪打，从未有过丝毫的政治动摇，一本起义之初衷。

新中国成立后，贾亦斌投身于新中国的革命和建设事业。他于1950年调任中国人民解放军第三野战军第九兵团联络部台训团团长和中国人民解放军华东军区港澳工作组，参加解放台湾的准备工作。他曾化名"王致中"受命前往香港，秘密从事对台湾国民党军政人员的策反工作。台湾当局获悉后，悬赏10万美元

1950年1月，贾亦斌参加解放台湾准备工作，调任中国人民解放军三野九兵团联络部台训团团长时与同事们合影（后排左二为贾亦斌）。

设法捕捉暗杀他。中共党组织出于安全考虑，不得不将其调回。1958年，金门炮战后，贾亦斌奉中共党组织之命前往前线发表广播讲话，号召在金门的国民党将领弃暗投明、反正归来。

主要参考文献：

1.《半生风雨录：贾亦斌回忆录》，全国政协文史和学习委员会编，中国文史出版社2011年。

2.《贾亦斌百年人生》，贾浩、贾毅、周龙庚编，团结出版社2012年。

3.《贾亦斌诗词集》，贾亦斌，团结出版社2008年。

4.《贾亦斌文集》，贾毅、贾维整理编辑，团结出版社2011年。

5.郑建邦《永存心间的怀念》，《团结报》，2012年5月12日。

6.《黎明前的抉择——国民党国防部陆军预备干部训练团第一总队嘉兴起义始末》，嘉兴市政协文史资料委员会编，当代中国出版社2009年。

7.《民革同志忆抗战》，民革中央祖国统一工作委员会，1985年。

孙越崎（1893-1995），原名毓麒，浙江绍兴人。1950年加入民革。1949年后，曾任中央财政经济委员会计划局副局长，开滦煤矿总管理处副主任、煤炭工业部顾问、中国和平统一促进会会长、欧美同学会名誉会长等职。民革第三、四届中央委员，第五、六届中央副主席，第七届中央监察委员会主席，第八届中央名誉主席。第二至四届全国政协委员，第五至七届全国政协常委。

孙越崎
带领资源委员会员工集体起义

1949年11月4日这天，香港附近的海面，波涛汹涌。一艘客轮鸣着汽笛，离开香港码头，调整了航向，向北方驶去。船驶出港口不久，突然，四艘国民党海军的小军舰径直开了过来，将客轮包围在当中。船长非常紧张，不知道发生了什么事情，只好把船慢慢停了下来。客船才停稳，小军舰上的国民党士兵一窝蜂地冲了上来，他们不由分说，进入客舱大肆搜查，一边搜查，一边喊着："孙越崎在哪里？快出来！"这些士兵上上下下，几乎把客轮翻了个底朝天，但没有找到他们想找的那个孙越崎，只好悻悻地回军舰复命去了。

其实，他们欲得之而后快的那个孙越崎所乘坐的客轮，也是刚刚驶离香港岛。但为了保险起见，船主没有按照常规走台湾海峡，而是改走台湾外海，避开了国民党的搜查。几天后，孙越崎到达了天津，投

孙越崎抗战期间主持的四川嘉阳煤矿矿区今貌。

孙越崎在穆棱煤矿。

入刚刚成立的新中国的怀抱,受到了热烈的欢迎。

这个孙越崎,到底是什么人,让国民党如此大动干戈呢?

孙越崎,确非等闲之辈,是中国现代能源工业的奠基人之一,有"工矿泰斗""煤、油大王"之称,曾经在国民党政府担任行政院政务委员、资源委员会主任等要职。此刻,他就在刚刚从香港出发北上新中国的另一艘船上。这艘船的船主与孙越崎相识,觉得孙越崎目标太大,按照常规走台湾海峡很不安全,就临时改道绕行台湾外海,使孙越崎躲过了这一劫。

改名铭志,立志报国

孙越琦晚年曾说:"什么是爱国?爱国就是爱这片土地山水,爱这里的草木砖石,爱这里的历史文化,爱这里的百姓生灵,爱这里所有的一切!"

孙越崎生于1893年,原名"毓麒",这是个当时比较常见的传统名字。当时,中国积弱积贫,饱受列强欺凌,曾经辉煌灿烂的文明古国一蹶不振。孙越崎满怀爱国情怀，他 20 多岁的时候，袁世凯与日本秘密签订了空前卖国的"二十一条"，孙越崎虽然年纪轻轻，但有感于中国屡遭磨难，有亡国之忧，前途崎岖，就把自己的名字改成发音相近的"越崎"，寓意一定要使国家"越崎岖以达康庄"，实现民族的伟大复兴。

当时，很多仁人志士不忍看到国家战乱不已、民不聊生的惨状，不断探索救国道路，军事救国、教育救国、科学救国、实业救国，等等，各种救国思想争相涌现。孙越崎一边读书，一边不断思考着自己的救国道路，他从北洋大学理科转入北京大学采矿系学习。

1924 年初，孙越崎毅然离开内地，奔赴远在东北边陲的中俄官商合办穆棱煤矿公司（在今黑龙江省鸡西市），开始了他的第一个事业——勘探开发煤矿。在他的带领下，地处偏远的穆棱煤矿很快在东北远近闻名，得到中国地质学先驱翁文灏的关注和赞许。

1932 年 11 月，孙越崎从美国哥伦比亚大学毕业后，辗转回到祖国。他应翁文灏邀请，参加了在南京刚建立的国防设计委员会（即资源委员会前身），先任矿室主任，后奉派担任该会所属的陕北油矿勘探处处长。在陕北延长，孙越崎克服种种困难，组建了中国第一支油矿钻井队，打出了石油，这是有史以来中国人自己第一次用西方科学技术大规模开采石油，具有重大的历史意义。1934 年，因中外合资的河南焦作中福煤矿陷入困境，翁文灏命孙越崎协助整理煤矿，短短一年时间，孙越崎就将中福煤矿扭亏为盈。

全面抗战爆发后，孙越崎力排众议，想方设法将中福煤矿的机器设备全部内迁。在他的领导下，中福煤矿成为我国近代煤矿中迁到后方而没有沦入敌手的唯一一个煤矿。

白手起家，创办玉门油田

在日寇咄咄逼人的攻势面前，国土大片沦丧，沿海各口岸相继陷落，一向依赖"洋油"过日子的国民党政府基本断了油源，很快发生了严重的油荒。为了支

1939年,孙越崎带领下自行研制的井架顿钻机。

撑抗战,解决"油荒"问题,1941年3月16日,甘肃油矿局在重庆正式成立,隶属资源委员会,孙越崎被任命为总经理。他在荒无人烟的戈壁滩上,克服技术落后的困难,仅用两年时间在玉门老君庙建起了我国第一座现代石油城,玉门油田所产的国产汽油大力支援了抗战,基本满足了西北军用交通和重庆工业民用等方面的需要,并且还生产了大量煤油、柴油,为赢得抗战胜利作出了贡献。

玉门油矿是在抗战期间,唯一以国人之力建设而成的新型油矿,为我国的石油及石化工业奠定了坚实的基础。1949年9月29日,人民解放军进抵玉门油矿。孙越崎指示油矿抵制国民党破坏,和平办理移交,全矿不仅生产一刻未停,而且还积存了粮食一万余担,金银现金约合30多万银圆。

新中国成立后,玉门油矿得到迅速发展,并且作为中国石油工业的基础,一批一批地输送人员和装备,支援其他油矿和炼油厂的建设。诚如诗人所写:"凡有石油处,就有玉门人。"其中,在20世纪60年代调到大庆油田参加石油会战,以拼死苦干的精神获得了"铁人"美誉、成为时代榜样的王进喜,就是玉门油田培养出来的。

孙越崎曾作《咏杨柳》一诗,反映玉门油田从无到有的建设过程:

> 关外荒漠接连天，出关人道泪不干。
>
> 移沙运土植杨柳，引得春风到油田。

孙越崎也因办矿成绩卓著，被人称为后方的"煤、油大王"。1942年8月，孙越崎赴兰州参加中国工程学会第十一届年会，年会对孙越崎抗战以来在大后方开发煤炭、石油取得的成绩给予很高评价，特别是在十分艰难的条件下，开发建设玉门油矿功绩卓著，因此成为了继创办粤汉铁路的凌鸿勋、发明侯氏制碱法的侯德榜、架起钱塘江大桥的茅以升之后第四位被授予金质奖章的人。此后，只有在我国率先自制柴油机的支秉渊获此金制奖章。

审时度势，筹划起义

抗战胜利后，满怀救国报国梦想的孙越崎以为终于等来了和平建设年代，准备大干一场。他辞去担任的四川4个煤矿和甘肃油矿局总经理职务，以特派员的身份由行政院经济部、战时生产局派往东北，主持接收东北地区的重工业，同时又兼任行政院河北平津区敌伪产业处理局局长。为了扶持东北的工矿企业，孙越崎不辞辛劳，奔走于山海关内外，殚精竭虑，周旋京沪、平津之间，全力于国家工矿业的恢复，仅1946年一年间，他先后出入山海关就达9次之多。可是，国民党政府顽固地坚持独裁道路，处心积虑地挑起内战，孙越崎的理想和抱负根本找不到施展的舞台。

1947年7月，孙越崎到华北及东北视察资源委员会所属工矿企业。到东北后，他看到国民党军队士气低落、节节败退，共产党军队士气高昂、深得人心、节节胜利，逐渐认识到：国民党的败亡，共产党的胜利，基本已成定局。国家建设、民族复兴的重任，必将落在共产党的肩上。孙越崎开始认真思考资源委员会和自己到底该如何审时度势，作出正确的抉择。

1948年2月，人民解放军解放了鞍山。在北平的孙越崎从回到北平的鞍钢公司人员口中得知，鞍山解放时，鞍钢公司员工无一人伤亡，公司协理和不少高级技术人员都被留下并受到优待，其他人员愿留者欢迎，愿走的发路条沿途放行。

1946年，孙越崎视察吉林丰满发电厂。

孙越崎大为感动和欣慰，从这件事情上，他了解到了共产党对待资源委员会所属工矿企业工作人员的真实态度和政策。他反复思考，认为共产党建立新中国之后，肯定要建设新中国，这离不开工矿企业和技术工人。只有跟共产党走，资源委员会下属的众多工矿企业才能获得新生，广大职工才不会背井离乡、抛妻别子、四处漂泊。他决定顺应民心，站在人民的一边，运用自己的智慧和魄力，将一个庞大的国民党政府工业部级机构和宝贵资产完整地保护下来，使其脱离独裁腐败的国民党政府，在祖国大地充分发挥富强祖国、振兴民族的作用。

孙越崎担任委员长不久，辽沈战役爆发，东北全境即将解放，关内的解放区也日益扩大，国民党统治区一片混乱。1948年10月，国民党政府全国工业总会在南京召开。会议期间，孙越崎事前未与任何人商量，以委员长的身份，召集资源委员会各地的负责人秘密开会，商议把资源委员会留在大陆。会上，孙越崎明确表态："我终于明白在国民党下面是没有出路的，去年我把东北一些工矿企业的负责人撤到关内是个错误，工程技术人员离开企业还能发挥什么作用？现在共产党胜利在望，我们难道还要继续跟着这个腐败政府一路走下去，跟他们一起毁灭吗？"他在会上说："我们这些人，都是学工程技术的，都是怀着工业救国的理想，在抗日战争开始前就参加了中国的工业建设。资源委员会现有的工矿企业，是中国仅有的一点儿工业基础，我们有责任把它们保存下来。"他要求资源委员会所属企业的全体员工弃暗投明，"坚守岗位、保护财产、迎接解放、办理移交"。孙越崎还让大家回去后向附近资源委员会所属厂矿负责人秘密转告。

这次会议成效显著，会后，分散在全国的资源委员会各厂矿企业和32000余名职员及数十万技术工人，有组织地开展活动，与当地国民党政府、军队百般周旋，最终全部留在原岗位，护厂护矿迎解放，为百废待兴的新中国保存了一批重要的重工业家底和大批物资。如玉门油矿新中国成立前夕，国民党政府西北长官公署要求中国石油公司甘青分公司（即玉门油矿）经理邹明炸毁油矿。邹明为此专门赴香港请求孙越崎的协助，孙越崎当即联系邵力子等人，请解放军尽快进军玉门，以免油矿受损。邹明回到油矿，积极组织武装护矿，最终玉门油矿在1949年9月25日迎来了解放，我国唯一的石油基地就这样完好地移交到了新中国手中。

在国民党统治的中心，孙越崎敢于当众公开表示对政府的"叛逆"，这不啻是石破天惊之举。只要有一个人出卖他们，后果将不堪设想。当时也确实有一个人当场提出了反对，但也没有去告密揭发。为什么呢？很简单，是因为大家都对国民党的统治深恶痛绝，都认为孙越崎的这个提议是给企业和职工指出了明路，是正确的，是会受到所有职员拥护的。

会后，孙越崎通过资源委员会财务处长季树农，找到了中共地下党潘汉年系统的关系，同中共地下党员季崇威取得联系。这样，在以后指导资源委员会起义的工作中，孙越崎就有了获得中共组织指导和帮助的可靠渠道。

百般拖延，拒不搬迁

1948年12月底，就在孙越崎布置属下坚守岗位之时，蒋介石突然召见他，当面要孙越崎把在南京的资源委员会所属5个厂，即南京电照厂、有线电厂、无线电厂、高压电瓷厂和马鞍山机械厂全部拆迁到台湾去。

孙越崎说:"长江封江,轮船不好雇。"

蒋说:"京沪铁路畅通无阻,你可以把机器由铁路运到上海,再船运台湾。"

孙越崎说:"'五厂'现在都有困难,拆、运、建都需要很多费用。"

蒋说:"你做个预算来,我交财政部照拨。"并提出"限 1 月 11 日迁出南京"。

孙越崎让五位厂长编出一个高达 132 亿台币的预算,希望蒋介石知难而退。没有想到,钱款很快到账了。孙越崎只好与同事一起冒险拖延。

1949 年 1 月 21 日,蒋介石"下野",李宗仁任代总统,国共两党开始和谈。借着这个机会,孙越崎马上下达了停迁令,将南京"五厂"集中在下关码头的机器设备搬回。同时,他把留守职工组织起来,成立了"留京员工励进会",发挥群众的力量,扩大声势。

但是,孙越崎很快又收到蒋介石亲信、京沪杭警备总司令汤恩伯来电,原来是蒋介石一直记挂着这件事,特意让汤恩伯继续催迁。2 月,翁文灏应蒋介石的邀请赴奉化溪口,孙越崎托翁文灏向蒋解释一下。哪知,他们一见面,蒋介石不等翁文灏提起,就主动说:"我要孙越崎拆迁南京的五个工厂,他一直没有迁,我看他是受了资源委员会里中共地下党的包围了,糊涂了。这个人对我们很有用,你回去劝劝他,叫他不要上共产党的当,告诉他不要失去信心。"孙越崎得知这一情况后,感到问题越来越严重,就召集有关人员开会,在会上宣读了汤的电报,告诉了大家翁文灏和蒋介石谈话的内容。孙越崎说:"尽量拖延吧……"大家知道这风险极大,"迁厂组长"、电照厂长沈良骅要求分担孙的责任,其他人也支持,孙越崎感动万分,但他表示:"还是我承担。"对此,孙越崎终生感恩。四十年后见到厂长之一的王端镶时,孙越崎激动地和他紧紧拥抱,说:"我们是生死之交!"

孙越崎感到拒绝搬迁的风险和压力不断加大,他请季树农与季崇威联系,请求中共派正式代表见面,以指导今后的行动。

3 月,中共代表与季树农见面,指示的大意是:共产党不做强人之难的事,汤恩伯既看重物资，那就能留则留，不能留就让他运走些。人第一，物资第二，保全人是最要紧的。

后来，汤恩伯又来电催，孙越崎借北平和谈的时机，向"代总统"李宗仁求助，说："现在你正想派和谈代表去北平谈判，我如果从南京拆厂去台湾，不就显得政府没有诚意，对和谈不利吗？"李宗仁权衡之后，答应说："那就不要拆了。"虽然孙越崎得到了李宗仁的同意，但李宗仁在南京并无嫡系军队，生杀大权仍在汤手中。又经过几次艰险，由于解放军渡江进展迅速，汤恩伯自顾不暇，南京五厂终于完整地留了下来。新中国成立以后，这五个工厂中有四个成为中国电工工业的基础厂，后来四机部的许多工程师也出自这几个工厂。

集体起义，贡献突出

1949年4月21日，国民党政府公开拒绝在和平协定上签字，人民解放军百万大军横渡长江，国民党政府逃到了广州。一片混乱之中，孙越崎把资源委员会搬到了上海。上海是当时中国最大的进出口贸易港口，资源委员会主管物资进出口的材料供应事务所设在这里。凡是资源委员会直接采购的物资，都由材料供应事务所办理进口和分配事宜，主要进口的有成套设备、五金材料、工具仪表以及美援物资。资源委员会主管出口钨、镁、汞、锡等的金属管理处和台湾十大公司驻上海营运处也在这里，还拥有各类物资的大小仓库70余座，另外在高桥油库存储进口原油10万吨，产自甘肃玉门、新疆独山子的汽油1800万加仑，以及一套炼油厂设备和档案等，还有从台湾调来的大批白糖等紧俏物资。为了便于集中力量保护，孙越崎经过深思熟虑，把资源委员会本部迁到了上海。国民党政府知道上海肯定会被解放，把上海撤运当成最大任务，其中资源委员会及其所掌控的资源是重点之一，汤恩伯等轮番督促，形势一直十分紧张。作为负责人，孙越崎到了上海，可以以自己的身份和阅历，帮助资源委员会各部门继续做好护厂护产工作。

为了不引起蒋介石的怀疑，孙越崎与他的同仁不仅采用拖延战术，而且转守为攻。他们编造了两本清册，一本是《半年来已运台湾物资清册》，另一本是《急待抢运台湾物资清册》，并付文"恳切要求抢运"。他们知道，局面一团混乱，上海至台湾船运十分紧张，蒋介石的亲信们很难再顾及到这些物资了。

孙越崎处理好紧要事务后，按照规定，他作为阁员必须要去广州向行政院报到。临行时，吴兆洪、杨公兆人等一再叮嘱他："孙先生，解放军进入上海前，你务必不要辞职，我们需要你掩护。"孙越崎答："一定照办。"孙越崎与上海的同事按照既定计划，分头行动。

4月26日，孙越崎从上海飞到广州，随身携带一张面值为208万美元的资源委员会的支票。按当时1盎司黄金价35美元现价约1300美元折算，相当于现在的7000多万美元。到广州之后，他立即电令还没有解放的中南、西南、西北各地区资源委员会所属厂矿的负责人50余人到广州来领取钱财。孙越崎考虑得十分细致周到：美元是金本位制，世界通用的货币，硬通货，购买力很强。当时国统区经济崩溃，很多资源委员会人员的生活难以为继。在必要之时把美元发给员工作工资，可以有力地支撑局面，稳定人心，避免在和平移交过程中引起波动，发生意外。在广州，孙越崎凭着丰富的斗争经验，取得了行政院长何应钦的同意，资源委员会及管理下的大量物资一直留在上海。

5月27日，上海解放。30日，资源委员会将全体员工及大批机器设备、资产移交给军管会。孙越崎虽然机智地完成了掩护任务，但陈诚已经开始怀疑他。孙越崎给李宗仁、何应钦各留下一封辞职信，就飞到了香港。到港后，孙越崎与中共取得了联系，得知周恩来欢迎他随时北上到北京后，非常高兴。陈毅在对人谈及孙越崎时也说："他是为国家事业而做官的，我们对他甚为谅解，请他即返上海。台湾及广州两地人才，也请他设法召回。"然而，为把资源委员会设在香港的国外贸易事务所所拥有的价值五六百万美元的钨、锑、锡、汞等出口矿产品移交人民，孙越崎没有马上北上，而是在中共香港组织的领导下，策动该所员工组织保护矿产品委员会进行起义。最终，该所员工于1949年11月14日通电全国宣告起义，将巨额资产完整地交到新中国手中，并发电向毛泽东主席致敬，受

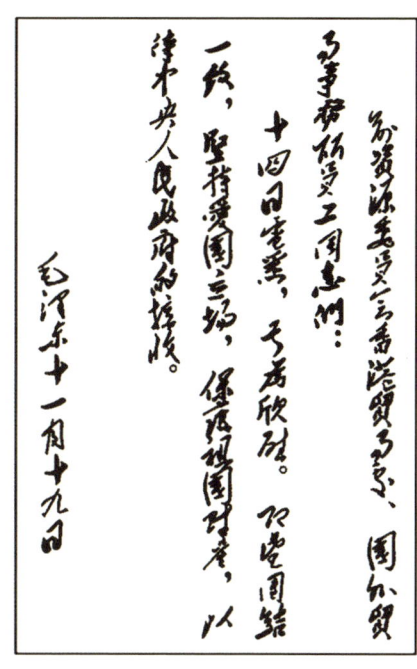

毛泽东给资源委员会香港起义人员的信。

到了毛主席的复电嘉勉。

孙越崎领导的资源委员会是国民党政府逃往台湾时，中央各部会中唯一有组织有领导地起来护产的部门。在孙越崎的策动和领导下，除原在台湾省接收工矿企业资源委员会人员外，所有留在大陆的员工均选择了投向新中国。作为国民党政府最主要的工矿事业机构，资源委员会垄断了从重工业到轻工业，包括钢铁、煤矿、电力、有色金属矿、机械、电工、石油、化工、水泥、造船、糖业、纸业等行业，121个总公司，近千个生产单位。它还拥有世界产量第一的钨、锑等矿产品专有出口权，享有外汇留成收入，经济实力居各部会之首。在人才方面，资源委员会拥有职员3.2万余人，技术工人六七十万人，职员中60%以上是国内外大学毕业的工程技术人员和企业管理人员。可以说，资源委员会集中了当时中国轻重工业绝大部分的建设和科研人才。这些人员全部留在大陆参加了革命队伍，为新中国成立后我国经济建设事业作出了贡献。曾任资源委员会委员长的翁文灏、钱昌照二人，后来也由孙越崎等人电请从国外回到北京。

陈毅曾对此作出评价："'蒋家王朝'已经垮台，所有伪单位纷纷南迁台湾，伪中央部、会一级中，只有资源委员会所有人员，包括各级负责人，以及在已解放地区所属各厂矿企业员工及设备器材，几乎未走一人，几乎未有一点破坏，实在是伪中央文职机构中的一个全体员工起义的团体！"1992 年 3 月 16 日，江泽民同志邀请孙越崎到中南海面谈，并共进晚餐。席间，江泽民明确肯定资源委员会人员在新中国成立前夕拒迁台湾、护厂护产、保存大批美援物资的行为，称为国家作出了很大贡献。

孙越崎领导资源委员会顺利向新中国移交的一大批稀缺物资有：16000 吨白糖、50000 余桶原油、一套炼油厂的大部设备、钨锑锡等矿产品、大量钢材等。同时，他们的主动起义也使旧中国的大部分工矿企业免遭战火涂炭，基本完好地回到人民手中，让新生的共和国不仅有了一定的物资储备，也迅速地运转起工业的车轮。

投身新中国经济建设

孙越崎到北京后，受到周恩来总理接见。随后被任命为政务院财政经济委员会计划局副局长兼基建处处长。财经委主任是陈云，计划局局长是宋劭文，副局长是四人，孙晓村、钱昌照、孙越崎三位副局长是党外人士，还从全国各地调入一批原资源委员会高级职员。

1950 年 3 月，孙越崎由邵力子介绍加入民革。

孙越崎在担任计划局副局长时，基本建设是当时工作的重点。虽然处于国民经济恢复时期，但在苏联专家的帮助下，我国的一些重点建设项目已经开始设计，为了搞好大规模的经济建设，在陈云同志指示下，孙越崎主持制订了《基本建设工作程序暂行办法》。该办法规定了在基本建设中，进行勘探、设计、施工、验收应遵循的程序，后经中财委批准，于 1951 年 3 月以中财委计（建）字第 984 号文件颁发各大行政区，省、直辖市、自治区。

陈云同志非常重视这个文件，建议孙越崎大力宣传贯彻，并让他借助《人民

孙越崎中央财经计划局副局长任命书。

日报》这个平台去广为宣传。1951年6月16日,孙越崎起草的《没有工程设计就不可能施工》的社论,发表在《人民日报》上。这篇文章反映了孙越崎当时对基本建设工作的指导思想:基本建设是我国工业化的具体工程,涉及面广,影响重大,是百年大计,明确提出"施工必先设计"的基本建设原则。这篇社论发表后,中央很多单位纷纷请他去作关于基本建设的报告。事实证明,《基本建设工作程序暂行办法》在三年经济恢复和"一五"期间,对全国的基本建设起到了良好的指导作用。

1952年6月,政府机构进行大调整,财经委员会与其他委员会一并被取消,干部要重新分配工作。在填写志愿时,孙越崎写下"愿意到煤矿去做技术工作"。1952年7月,中财委和计划局正式撤销,孙越崎被分配到当时的全国第一大矿——唐山开滦煤矿,担任总管处第三副主任。

1952年12月,孙越崎正式去开滦煤矿上任,在开滦,他不顾自己年过花甲且患糖尿病,经常下矿井指挥生产,从1952年到1959年,共下井100多次,甚至爬过几次竖井，很快熟悉了开滦的井井巷巷。由于他懂技术和生产，提出不少有益建议，并取得了很好的效果，在全矿赢得了很高的威望。例如孙越崎十分关心矿工们的身体健康，下决心改变开滦煤矿使用的干式钻机粉尘很大的问题，他组织工程技术人员攻关，大家一起研究、探讨和实验，终于改造出了当时中国绝无仅有的低尘钻机，改进后的钻机产生的粉尘比普通地面上所含的粉尘还低。孙越崎还组织实施以机械代替人力的工程，不仅减轻了工人的劳动强度，并且大大提高了煤炭产量。

党和国家领导人以及开滦煤矿的领导干部对孙越崎很关心，支持他的工作。周恩来总理到唐山视察时，曾看望过他，后来还安排他回京，陪同英国工党领袖艾德礼带领的访华代表团由北京前往唐山开滦煤矿参观访问。

孙越崎一向尊重真理，追求真理，坚持真理。在开滦煤矿，他因反对开采为防止水、火、瓦斯蔓延而设的保安煤柱与主任发生争执，但建议未被采纳。令人痛心的是，20多年后的1984年6月2日，开滦范各庄矿突发大规模透水，由于没有保安煤柱的阻隔，大水不受阻挡地冲进附近4个矿，造成中国及世界煤矿史罕见的灾难！

中共十一届三中全会以后，孙越崎已届耄耋高龄，仍壮心不已。他先后率队视察煤矿、就三峡水利工程兴建与否深入调研、提交《煤炭法应当尽快制定出台》提案，等等，继续为国家富强、民族复兴发挥热量。

孙越崎还为开展两岸交往，促进和平统一，到处奔走呼吁。1988年和1990年，他两赴香港，通过电话隔海与在台湾的老朋友张群、陈立夫等人共叙友情，互致问候。在香港期间，孙越崎出席复旦大学校友世界联谊会，他在会上呼吁："海峡两岸的隔离隔阂，是历史原因造成的，当务之急是要为民族的利益，尽快完成祖国统一大业，越快越好，这是我这个百岁老人最后一次对年轻人要说的……"他多次在北京接待台湾来访的原国民党政要，向他们宣传"和平统一、一国两制"的方针，希望在台湾的旧属，共同为实现祖国统一大业而努力。

主要参考文献：

1.《孙越崎传》，孙越崎科技教育基金官委会组织编写，石油工业出版社，1994年。

2.《孙越崎文选》，孙越崎编，团结出版社，1992年。

3.《孙越崎纪念文集》，吕德润主编，中国文史出版社，1996年。

4.民革中央《孙越崎：带领资源委员会员工起义》，《大道——多党合作历史记忆和时代心声》，团结出版社，2017。

5.《爱国老人孙越崎传略》，政协绍兴市文史委编，石油工业出版社，1997年。

赵祖康（1900-1995），字静侯，上海松江人，1951年加入民革。1949年后，曾任上海市副市长等职。民革第三、四届中央委员，第五、六届中央副主席，第七、八届名誉副主席；民革上海市委会第三至七届主委。第一至七届全国人大代表。

赵祖康
和平移交上海市政权的代理市长

一名党外人士两度出任上海副市长,这样的政治安排非常少见。有意思的是,上海解放前,他还担任过国民党政府时期的末任上海市市长——任期7天的代理市长!正是在这短短的7天,上海迎来解放,他做了大量工作,推动政权和平交接,上海市政设施基本完整地交到人民手中。拥有如此传奇经历的人,叫赵祖康。

公路泰斗,致力工程为民服务

除了"赵市长",赵祖康还有个更加响亮的称呼:公路泰斗。"詹天佑铁路,茅以升桥梁,赵祖康公路。"这句话充分彰显了赵祖康在交通界的重要地位。研究中国交通史的人都公认赵祖康在中国公路事业中作出的奠基性贡献,甚至将他视为近现代中国公路第一人。

赵祖康1900年出生于上海市郊松江县,自幼就表现出强烈的求知欲,他聪明好学,成绩出众。赵祖康的学生时代,中国正处于大动荡时期。这一时期发生的一系列重大历史事件,深刻地影响了他的人生道路。特别是1911年孙中山领导的辛亥革命推翻了封建帝制,让赵祖康萌发了求真理、爱国家的进步思想。除了学习文化知识,他阅读了大量宣传革命思想的书籍和文章,把读书和爱国救民紧紧联系在一起。他手书"勤于读书,爱国爱民"八个大字,压在书桌上用以自勉。中学时期的赵祖康喜爱文学,受孙中山实业救国思想的影响,他果断弃文学工,把目光聚焦到当时上海声名卓著的南洋公学(今上海交通大学前身)。

1918年夏,赵祖康如愿以偿考入南洋公学土木工程系。在这里读书时,中国内忧外患频仍,进步知识分子为救国进行着不懈努力,赵祖康也积极投身爱国洪流。他积极参加学生会工作,创办校内进步刊物,领导学生开展爱国宣传,成为学生会的活跃人物。

赵祖康有一位同乡、同窗挚友侯绍裘,是中国共产党早期在江苏的领导。受侯绍裘影响,赵祖康更加关心政治、追求进步,对共产党有了初步的了解,亦生景仰之情。几十年后,赵祖康回忆往事,依然满怀深情地说:"侯绍裘是我的学友,也是我的良师,是第一个用社会主义思想和实际行动对我进行启迪的人。"

大学毕业后,赵祖康举家到上海,一开始在上海苏生洋行当制图员。但是从事中国公路建设事业、"致力工程,为民服务"才是赵祖康的奋斗目标。1923年起,赵祖康先后赴青岛胶澳商埠督办公署工务部门、交通部韶赣国道工程局工作,后又辗转至江西、广东、广西等地,为中国公路事业奔忙。1929年春,经交通大学凌鸿勋教授帮助和推荐,赵祖康到南京国民党政府交通部任职。

1930年,赵祖康等10人被国民党政府铁道部选派赴美国康奈尔大学深造。临行前,交通大学校长黎照寰向每人赠送一份礼物——孙中山著作《三民主义》和《实业计划》,并以孙中山的实业救国主张鼓励他们刻苦学习,学成归来为国效力。1931年夏,婉谢了许多继续深造和谋取高就的机会,赵祖康毅然回国,以期实现筑路救国的抱负。一开始,赵祖康在铁道部工务处从事与所学专业一致的公路建设工作。1932年5月,国民党政府为加快发展经济设立全国经济建设委员会,赵祖康进入该委公路处工作,从此与中国的公路建设事业结下了不解之缘。

调入公路处后,他立即参加领导修建江南地区公路的工作。赵祖康经常深入工地,了解工程进度,现场解决困难和技术问题,短短几年就修建了苏、浙、皖、南京和上海三省两市六条联络公路。而后他的工作机构几经改变，职位也由股长、副处长、处长，一直升至副总局长，但始终耿耿于公路事业。当时的中国，公路事业极其落后：各省各自为政，互不联系；工程技术缺乏标准；经费无固定来源；管理缺少规章制度；汽车无统一牌照……赵祖康觉得自己肩上的担子很重。他先后制定了全国公路技术和概算统一标准，创立了省市间互通汽车制度，建立了全国公路监理体制，还两次代表中国出席国际道路会议。20世纪30年代初，中国公路开始大发展，到1936年，全国公路增至10万公里，初步形成了全国互通的联络公路网。这其中赵祖康功不可没。1938年1月，国民党政府把公路处划归交通部，成立公路总管理处，赵祖康被任命为处长。

抗日战争爆发后，建设公路的任务更加重要、更加紧迫，成为关系民族存亡的大事。赵祖康把年幼的孩子交给妻子抚养，全力以赴投身工作。这一时期，"三西"公路（系指西兰公路：陕西省西安至甘肃兰州；西汉公路：西安至汉中；乐西公路：四川乐山至甘肃西昌）相继完工通车，举世闻名的滇缅公路在赵祖康的主持带领下也比原计划提前两个月打通。这些道路都是当时国家从战略角度出发规划与修筑的公路，均集中于西北、西南地区。这些地区山势险峻，地形复杂，贫瘠落后，百姓穷苦，再加上当时行政管理混乱、人事关系复杂，修筑过程困难重重。但赵祖康并未退缩。他和一批具有爱国热情和远大抱负的科学家、工程技术人员，带领十多万衣不蔽体、食不果腹的民工，顶寒暑、冒风雨，日日夜夜奋战在崇山峻岭之间，与天斗、与地斗。特别是在修筑乐西公路时，赵祖康因日夜操劳，身心疲惫，积劳成疾，病倒卧床，吐血不止。但他无怨无悔，在病中写下了"久愿风尘殉祖国，宁甘药饵送余生"的诗句，表达他以身许国的壮志。

从1937年全面抗战爆发至1945年日本投降，大量的人员、物资由大后方经赵祖康主持修建的这些公路运送至抗战一线，为整个民族抵御外侮发挥了重要的纽带作用。特别是1942年滇缅战役爆发后，西南交通线断绝，西北运输线成为我国陆路通往国外的唯一通道。"开边须筑路，救国仗书生。"这是赵祖康写下的诗句，表达了自己愿以"工程救国"报效国家的心愿。1946年，赵祖康因领导修建滇缅公路等抗战工程被美国总统杜鲁门授予"独立自由勋章"。

几十年后,赵祖康的儿子赵国通说:"父亲留学美国,但受儒家忠国爱家思想影响很深,中国历史上有儒臣、儒将、儒商,我的姐姐赵国明认为,父亲可称为儒工!"

内心彷徨,党的召唤指引新出路

1945年抗战胜利后,赵祖康被任命为上海市工务局局长。当时的上海被侵华日军摧残得满目疮痍,伤痕累累。赵祖康坚持"致力工程,为民服务"的宗旨,收拾旧山河,重建上海。为此,赵祖康主持制定了《上海市都市计划》。这是一个酝酿已久、庞大且历时甚长的计划,为上海未来发展描绘了一幅宏伟的蓝图。赵祖康广纳群贤,组织国内外著名专家完成了《大上海区域计划总图草案》(三稿)和《上海市土地使用及干路系统计划总图草案》。与此同时,他还与茅以升、赵曾钰等社会各界为开发浦东规划越江隧道、跨江大桥及开闭桥建设的战略构想绘制了三个方案。然而,就在他准备大展身手之时,蒋介石挑起全面内战,根本无暇顾及经济的发展,更不要说城市建设。赵祖康只能千方百计领导上海市政工人进行有限的公路和市政设施建设,宏图难以施展。

1949年初,国民党兵败如山倒,中国革命的胜利曙光隐约可见,上海人心浮动。这时,赵祖康的心里充满了矛盾。一方面,他对青年时代就十分景仰的中国共产党历经磨难,即将夺取政权、建立新中国而欢欣鼓舞;但另一方面,顾虑和恐惧也不时袭扰着他的思绪。他自信自己一心以"筑路救国"立身,把生命贡献给了中国公路事业,但毕竟算得上国民党政府的一名高级行政官员。是去还是留?他的心里甚是苦闷彷徨:"新中国成立前三四年的上海宦途生涯,逐渐使我擦亮了眼睛,深感国民党的命运已如日薄西山,危在旦夕了。我的出路又何在呢?是跟着蒋介石去台湾吗?这是死路,当然不愿再跟了。去香港或南洋吗?没有经济基础和社会关系,怎样工作与生活?留下吧,去教书还是搞工程呢?总之,犹豫不决,拿不定主意。但是,由于多年来的阅历,认识到蒋政权的腐朽没落,所

赵祖康和王月英同志（化名李敏）晚年的合影。

以，有一点是肯定的，即无论如何不再做'蒋家王朝'的官。由此得到一个结论，就是无论去留何处，我今后还应以搞我的本行为事业。至于到哪里去搞，主要是想在上海，但也没有把握。"

这时发生了两件事，让他心里的苦闷得到了化解。

1949年初，赵祖康的同事、副局长王绳善偷偷告诉他，曾听到陕北解放区广播电台指名欢迎赵祖康等三位重要人士留沪迎接解放，共建新上海，为新中国服务。赵祖康听了异常兴奋和激动，感到有了可靠的光明前景。

另一件事是，就在那时，中国共产党向他伸出了关怀之手。通过好友钱春江女儿钱抱珊和女婿曹石俊介绍，1949年2月4日，在复兴中路绿村钱家，赵祖康与中共地下党名为李敏的女士（李敏为化名，新中国成立后得知其真名为王月英）见面，进行了一次亲切而又严肃的谈话。之后，这位年轻的隐蔽战线的共产党人"李小姐"经常与赵祖康联系，赵祖康与中国共产党开始了密切的联系与合作。多年后，在讲述这段经历时，赵祖康说："这就是党同我第一次的直接接触。党伸出了温暖的手在拉我了，我永远也忘不了这次会见——1949年2月4日，在我生命史上的一个重要的日子！"

赵祖康与"李小姐"的联系多通过曹、钱间接联系，伪装成世交间的家庭交往。"李小姐"送他两本毛泽东的书《论联合政府》和《目前形势和我们的任务》，赵祖康读得津津有味，进一步认识到蒋介石的独裁统治必将灭亡，只有向共产党和人民靠拢，才有自己光明的前途。有了党的呼唤与指引，赵祖康心中久久萦绕的去向问题迎刃而解了。

"李小姐"每次都会带来许多令人振奋的好消息，自然也会提出一些新的工作要求，赵祖康利用自身工作之便都设法去完成，为中国共产党做了大量有益的工作。2月间，设法获取上海市郊大桥地址图，帮助复绘汤恩伯军队在郊区所筑的碉堡位置图；5月，通过个人关系获取浙赣铁路方面的资料；对国民党军队在上海市郊构建的钢筋混凝土碉堡，以种种借口设置障碍，拖延工期；多次反映国民党及市政府的动态情况，并多次在市政会议上为市政员工的生活待遇、为群众的人身安全等呼吁呐喊。

1949年3月，赵祖康还参加到上海工程界代表赴南京请愿活动中。面对硝烟战争，一批爱国忧民的科学技术专家，通过中国工程师学会和中国技术协会，发起了一场影响广泛的上书请愿活动，呼吁国共双方在"内战时期"对工矿企业和交通公用设施尽力保护。赵祖康与侯德榜、茅以升、恽震、顾毓琇五人共同商议起草了一份致国民党政府代理总统李宗仁、行政院长何应钦和中共中央主席毛泽东的请愿信，这封公开信看起来是向国共两党提出的，实际上得到了中共地下党的首肯和支持。据《赵祖康日记》记载，起草和送交公开信前后，他都专门拜访了与他有联系的中共地下党员曹石俊同志，汇报有关情况。

在南京，赵祖康等人先后见了李宗仁、何应钦，要求他们切实履行保护城市建筑和生产建设设施的责任。为了尽可能达到预期目标，五位科学家不辞辛劳，在南京城四处奔走，拜访各路政要、社会贤达，希望共同努力，为减少真正的破坏而出力。在回上海之前，他们对原定写给毛泽东主席的信又修改一番，措辞尊重而婉转，委托和谈代表邵力子先生进行转交，表明了他们对共产党的信任和期望。

根据党组织的要求，赵祖康与上海工程技术界方面，特别是老一辈的茅以升、中国技术协会负责人宋名适、闵淑芬等保持着联系，做了一些工作，说服一

1949年3月,赵祖康(左二)、茅以升、侯德榜、恽震等赴南京向李宗仁递请愿书时留影。

批工程技术人员留下来共同建设新中国。通过他们,赵祖康还草拟了一份《接收上海市公用事业计划大要》,并将获取的上海科技界情况的资料、上海市电力公司重要技术人员名单等交给了党组织。

此时的赵祖康已然是一名"身在曹营心在汉"的党外朋友了。

代理市长,和平交接上海政权

1949年4月21日,人民解放军发起渡江战役,南京随即解放。上海的国民党军政人员惶惶不可终日。5月21日,人民解放军开始向上海外围进攻。上海市市长吴国桢是中共中央认定的国民党战犯之一,见势匆忙辞职逃离,原市府秘书长陈良改任市长,市属各局的局长也大多辞职离开。上海物价飞涨,民众生活陷于水深火热,城市一片混乱。

5月24日凌晨1时半,忙碌了一整天的赵祖康,刚上床休息不久,便被一阵急促的电话铃声惊醒。他赶紧拿起听筒,听见市政府社会局局长陈保泰紧张而短促的话语："赵局长，陈市长（指陈良市长）请你立即去市政府，有要事相商。"到了陈良家，陈良照例谈了一些对局势的看法，然后说明，他们已经准备撤到台湾去，委托赵祖康担任代理市长。陈良列举了三点理由："第一，你在市政府担任局长时间最长、资格最老，出任此职，容易被大家接受；第二，你的操守都属于'标准官员'，得到市民的信任；第三，你是技术人员，无政治派系，对方不会为难你。"陈良还给赵祖康看了何应钦在4月间给他写的一封信。信中讲道，国民党在撤离南京时"秩序甚乱，市民遭受极大的损失，国际视听太坏"。最后陈良说："当前时局紧张，希望你能够在我离开上海后担任'代理市长'，以维持市政局面。"赵祖康万万没有想到会有这种情况，推托说自己长期做技术工作，无力担当主政责任。但随后想到，与他有联系的中共地下党员"李小姐"曾多次对他说，一旦形势紧急，如有机会，可设法把市政府机关接过来，配合人民解放军解放上海。于是，赵祖康接受了代理市长的任命。

明明下定决心不当"官"，偏偏又"升官"，人生总是让人始料不及，但这样的情况与中国共产党的召唤与指引分不开，似乎又是人生的必然。

受命后，赵祖康立即想到要控制住上海市警察局，以维持社会治安，也避免直面冲突、便于解放军进入上海。于是在24日下午3时，他安排了早已与共产党有联系的上海市警察局副局长陆大公负责警察局工作，并委派陆大公为代理局长。接着，他又着手解决上海警备部队的问题，于下午6时前往位于苏州河的淞沪警备司令部，要求他们在将来撤退时，不要与人民解放军发生大的冲突，要顾及上海老百姓的生命财产安全，并使警备司令接受了这一要求。离开苏州河后，他又拜访了颜惠庆、张元济等知名人士，争取他们的支持。

晚上9点，人民解放军已向上海市区发动总攻。赵祖康通过办公室电话指示已经被占领的区警察分局，务必维持好秩序和治安，避免与解放军发生冲突。当解放军到达八仙桥地区时，赵祖康再次嘱咐陆大公务必保护好市府大厦，并立即在市府大厦和警察局升起白旗，以示投诚。陆大公答允照办。5月24日，是赵祖康一生中最紧张、最繁忙的一天。这一天24小时，他没有合过眼，没有好好吃

赵祖康（前中）与武和轩（右一）、刘昌义（左一）、陆大公（后立者）亲切交谈。

过一顿饭，只是恪守职责，与各方联系，千方百计稳定上海的局势，尽量减轻国民党军队的抵抗，减少国家和人民生命财产的损失。到5月25日清晨，上海苏州河南岸地区已经解放。由于维护得当，社会秩序没有出现大的混乱，市民人心安定，电力、自来水等供应如常，电车、公共汽车、黄浦江上的船舶很快恢复通行。赵祖康说，这样的情景，比原来料想的要好。

5月25日清晨，赵祖康到达市府大厦，嘱咐留守的各局处工作人员在原岗位继续工作，然后开始办理向共产党移交政权事宜。为了保存工务局、财政局等部门档案，赵祖康拒绝执行国民党规定的自行销毁档案的"应变"要求，也不允许各部门擅自移交处理，而是将所有档案收回封存，确保档案和财产的完整和安全，便于移交时完整而系统。在与中共代表取得联系后，赵祖康与中共代表商定了接收机关人员、维持治安、保存资料档案、恢复工商业等八项原则事宜，并与解放军联系，得到批准，释放了一批"政治犯"，其中大多数是学生。

5月26日上午，赵祖康召开市府各局负责人会议，将八项原则事宜传达给他们，并就移交事宜进行讨论。会议最后作出决议：在军管会接收人员来接洽时，应对他们说明关于旧市府和所属各局的情况；办理移交时，必须由各局、处从上而下，整体移交。5月26日下午，赵祖康参与协助沟通，劝说苏州河北岸还负隅顽抗的国民党驻军残部停战缴械。赵祖康与解放军及国民党驻军反复沟通后，这些国民党驻军举起了白旗，解放军则对他们的去留做出了安排，并同意这些驻军提出的尊重"军人人格"的要求，称他们的行为是缴械而非投降。就这样，苏州河北岸以和平的方式解放了。

5月27日早晨，中国人民解放军浩浩荡荡开进苏州河北岸，上海全部解放。新上海诞生了！人民群众欢欣鼓舞，赵祖康感到心情无比舒畅。上海军事管制委员会派总务处处长熊中节带来通知，说28日将过来接管，让赵祖康做好准备。赵祖康随即通知市府各局准备移交，遵照通知要求，不准有任何破坏。

5月28日，上海政权交接仪式在市府大厦举行。赵祖康在门口怀着喜悦而又紧张的心情迎接司令员兼市长陈毅与曾山、韦悫、潘汉年等人的到来。陈毅微笑着与赵祖康握手，谦和地招呼他在办公室坐下来。"赵先生，那个陈大庆、陈良是怎么跑走的？"陈毅一句拉家常式的话语，揭开了新旧政权交接的序幕。看到陈毅市长和蔼可亲、平易近人的态度，赵祖康如实汇报，紧张心情立刻消除。陈毅操着浓重的四川口音说："赵祖康先生率领旧市政府人员悬挂白旗，……保存了文书档案，这种行动深堪嘉许。希望今后努力配合做好市政府的接管工作。"

接着，市府全体职工，包括勤杂工警二三百人集中到小礼堂，参加欢迎会。陈毅在会上讲话。他对赵祖康等人没有去台湾表示欢迎，批评蒋介石背叛革命，搞得民不聊生。讲到此，陈毅指着墙上的孙中山像说："怎么对得起他！"讲话最后，陈毅说："上海解放是一个伟大的历史变革。几十年来，在国民党反动统治下的上海，现在已成为人民的城市，望大家各安职守，努力学习，要相信我们的党是不会埋没人才的。"现场与会人员深深地感动了，报以热烈的掌声。据公开资料显示，军管会共接收了1397个旧上海市政府下属的各个机构及国民党在沪其他机构，共接收旧政府官员及普通职员、技术人员122316人，另外还有12万余名工人。由于赵祖康采取有效措施"稳定军心"，被接管的上海市财政局所有机构、所有物资无一损失，全体职员中，只有两名官员离开上海前往台湾，其余都留下来成为新政府的员工；上海市工务局的主要官员都没有选择离开上海，众多技术力量得到了保留。

会后，陈毅又特地把赵祖康留下来谈心，鼓励他能够利用自己的专长继续为人民服务。赵祖康表示想去大学教书。陈毅诚恳地说："赵先生，不要有其他想法，你留下来很好，国家需要人才，你可以发挥自己的专长，为上海的市政建设贡献自己的力量。"陈毅还特别强调："赵先生，我们是一定能够很好合作的。"几十年后，赵祖康先后担任了上海市副市长、市人大常委会副主任等职务，逢人都会提起陈毅的这句话。他说，陈毅的话出乎至诚，感人肺腑，令他永生难忘。这句话在他的一生中许多重要时刻都起过作用，帮助他作出了选择。历史证明，这样的选择对了。

5月30日，赵祖康交出了当时上海市旧政府的大印和市长小方印，这意味着国民党旧政府完成了向共产党领导下的新政府的转变，同时自己的代理市长一职也宣告结束。很多人至今都感慨，这是一个很有历史价值、很有历史意义的象征举动，正是有了这样的权力和平交接，上海避免了战争的破坏，无论城市建筑、生产设施还是档案资料、人民生命财产基本都得到了保全，完整地交到人民手里，可谓功莫大焉！赵祖康在其中的贡献值得后人肯定。

在陈毅的再三劝慰下，赵祖康担任了新生的上海市人民政府工务局局长，走上了在中国共产党领导下为人民服务的新道路。关于市工务局领导班子组建工作，陈毅市长充分尊重赵祖康的意见，委派了一名中共党员副局长作副手，并再三叮嘱其要做好助手。这些使他们的合作始终非常愉快。

重获新生，投身上海建设圆夙愿

中国共产党政策的温暖，陈毅市长的通情达理、宽仁大度，令赵祖康感动万分。陈毅多次对赵祖康委以重任，教导他团结好上海科技界人士，并鼓励他赴京参加全国科技大会筹备会。从京返沪后，陈毅又带领赵祖康视察浦东海塘，参加抢修工程。10月2日，上海市人民政府举行隆重的升旗典礼，庆祝中华人民共

1949 年 7 月，陈毅（右二）率赵祖康（右三）赴上海浦东高桥视察海塘修浚合龙工程。

和国成立，赵祖康怀着兴奋的心情参加了活动。他深深感受到，从旧社会过来的国民党军政人员获得了新生。能够与共产党合作，是他的幸运，也是上海人民的幸运。他把自己的心完全交给了共产党，把个人的事业和新上海的恢复建设紧密结合在一起。

1950 年 2 月 6 日，逃亡台湾的国民党以舟山为基地，派出战机对上海进行大规模轰炸。为紧急抢修机场道路，让人民空军飞上蓝天，陈毅市长带领赵祖康等工程人员冒着敌机的狂轰滥炸赶往江湾机场视察。陈毅在战斗第一线指挥制订保卫上海的计划。赵祖康按照指示，精心组织工务人员全力抢修。赵祖康曾向自己的家人讲述当时弹片横飞的惊险场面，对陈毅为人民事业不顾个人安危的大无畏精神深表敬佩。他折服于共产党人对人民事业的赤胆忠心，情不自禁地说："唉，共产党就是不一样！"

新生的人民政府百废待兴，工务局涉及的工作范围相当宽，加之国际社会对新生的中国实行经济封锁，政府财政有限，少花钱多办事的工作任务很是繁重。但赵祖康毫无怯色，对崭新的工作环境非常满意，感觉能够如鱼得水施展所长。他以克己奉公、任劳任怨的一贯作风，与中国共产党亲密合作、同甘共苦，战胜一个又一个的困难，赢得了党和人民的信任。

1949年12月，陈毅在上海市一届二次人民代表会议上，就上海的市政建设提出为劳动人民首先为工人阶级服务的方针。据此，上海市政府决定首先对沪东和沪西两个劳动人民聚居地的危棚陋屋进行改造，改善老百姓的生活条件。一次，赵祖康到沪西地区药水弄考察民情，劳动人民恶劣的生活环境对他触动极大，他心生愧疚。这一改造工程后来赵祖康亲自过问多次，不久，那里的老百姓率先住进了窗明几净、设备完善的新居，药水弄改造也成为上海解放初期城市建设的一个缩影。

肇家浜地区的改造，则是当时赵祖康参与上海市政民生工程成功实施的又一个典型。肇家浜地区原是旧上海最大的水上棚户区，新中国成立前长期积聚着一批批从外地到上海逃难谋生的贫苦人民，是当时上海的"龙须沟"。1954年，上海市政府拨出750万元，在肇家浜填浜筑路，建造新房。赵祖康认真贯彻执行市政府的改造计划，对肇家浜改造工程进行了比较超前的规划设计，采用先进办法建设道路，用绿化带把两边的车行道加以隔离，使道路中间形成一条宽阔的林荫大道，既美化了环境，又有利于行车安全，还给当地的劳动人民提供了良好的休息娱乐场所。这样的设计今天已司空见惯，但在当时尤为先进，因此相当长一段时间内，这条道路成了上海的样板路。

1953年，我国开始执行第一个国民经济五年计划，上海的城市建设随之进入一个新的发展阶段。上海的公路建设从维持通车向增强通车能力的高质量要求转变，也给赵祖康发挥聪明才智提供了新天地。几年时间里，赵祖康领导上海市工务局做了大量卓有成效的工作，上海市区、郊县以及与邻近省市的交通状况大大改善，几十年公路建设积累的丰富经验在这些工作中得到了很好的展现。据统计，从1949年到1957年8月间，上海共修建公路280公里，这样的成绩与新中国成立前相比，是非常可喜的，也为上海以后的发展奠定了初步的基础。

与中共的成功合作，让赵祖康真切感受到了共产党确实在一心一意为人民谋福利：自己在新中国成立前曾提过许多设想，最后都化为泡影；而这些设想，今天可能变成现实。这是他梦寐以求的。从此，一个个夜以继日的研究思考，化作一份份切实可行的建议方案，不断出现在市政府的建设规划之中，一个个改变面貌的工程建设项目，在上海的东西南北依次展开实施：昔日的跑马场改建成人民公园和人民广场，高尔夫球场改建成西郊公园，绿荫环绕、整齐划一的工人新村建立起来，令上海人民笑逐颜开的建设画卷相继展开……

城市交通建设，要有规划、有步骤、有超前意识，要与国家经济社会发展的长远目标结合起来。赵祖康利用留学深造时掌握的各国城市规划理论，从上海的长远发展出发，进行了大量调查研究，他搜集资料、组织实施、制定长远发展规划的工作，受到党和政府的肯定与支持。他就上海市政和道路建设提出了大量切实可行的建议，如加强交通命脉南北干道建设，打通中山环路，拓宽天目中路等，都得到党和政府的重视和采纳。他曾主持制定的上海城市发展规划，诸多真知灼见在中共十一届三中全会后得到采纳。

随着一个个项目完成，一件件民生工程实现，赵祖康年轻时立下的"工程救国"的心愿得到实现。他总是心情畅快充满感慨地说："只有在新中国，只有在中国共产党领导下，科学技术人员才能真正发挥聪明才智。"

1951年，在陈毅及中共上海市委有关同志的支持下，赵祖康加入民革，随即担任民革上海市分部筹委会委员，工务局的民革组织也在中共的支持下开始建立。1957年1月，赵祖康被任命为上海市副市长，直至1967年2月。此后在1979年12月，上海市七届人大二次会议上赵祖康再次被任命为副市长，直至1983年4月卸任。赵祖康成为唯一一位间隔十余年再次担任副市长的党外人士，前后相加，他当了13年6个月的副市长。

1995年1月19日，赵祖康走完了不寻常的95年人生历程。吊唁大厅里的一副对联——"一生唯淡泊以明志，食草脊梁，白头除国事外，更无得失动喜忧；万事求宁静而致远，尽瘁肝胆，沧桑任变幻多，自有信念衡是非"，便是他一生最好的写照。

主要参考文献：

1．赵祖康《旧中国公路建设片段回忆》，《文史资料选辑》第83辑，文史资料出版社1982年。

2．赵祖康《党指引我走上光明大道》，《解放日报》1981年7月30日。

3．《上海文史资料选辑（民革专辑）》，中国国民党革命委员会上海市委员会、政协上海市委员会文史资料委员会编，上海市政协文史资料编辑部2008年。

4．《民革党员在新中国》，中国国民党革命委员会上海市委会编，团结出版社2002年。

5．《民革党员与新中国》，上海市政协文史资料委员会、中国国民党革命委员会上海市委员会合编，上海市政协文史资料编辑部1999年。

6．《赵祖康》，陶柏康、顾潜，复旦大学出版社1998年。

7．储静伟、郑林《上海解放档案解密：军管会共接收超12万名旧政府职员》，《东方早报》2014年5月23日。

8．霍井《民盟市委主委陈群任上海市副市长，你知道还有哪些党外人士当过上海副市长》，解放日报社微信公众号"上观新闻"2017年7月30日。

9．《原上海代市长赵祖康家训：入则勤俭礼和出则忠信廉诚》，上海文明网，http://sh.wenming.cn/yw1/201504/t20150414_2557253.htm，2015年4月14日。

10．《公路泰斗赵祖康在宝鸡》，《宝鸡日报》2014年5月23日。

郭春涛（1898—1950），原名名忠，又名子章，湖南株洲人，民革创始人之一。1949年后，曾任政务院副秘书长兼参事室主任等职。民革第一届中央常委。第一届全国政协副秘书长。

郭春涛
被悬赏 20 根金条的地下工作者

1950 年 6 月 30 日，新中国成立刚刚 9 个月，爱国民主人士、民革领导人郭春涛却因操劳过度，在北京医院去世，享年 52 岁。周恩来总理闻讯后，非常难过，满怀痛惜地说："春涛是累死的。"根据政务院和民革中央的安排，郭春涛安葬于香山脚下的万安公墓。周总理特意为郭春涛题写了墓碑：郭春

郭春涛墓地。

涛先生之墓 一九五〇年十一月 周恩来题。墓石镌刻完毕后，周总理又嘱托说："还得加个红星！"于是，在郭春涛的墓碑上端，雕刻了一颗闪闪的红星。

学生领袖，赴法勤工俭学

1898年4月8日，郭春涛出生于湖南省炎陵县水西村的一个农民家庭中。1915年，郭春涛考入湖南省第一中学。郭春涛在长沙求学期间，在学生运动中崭露头角，成为长沙学生中的领头人物，并且和毛泽东、蔡和森、李维汉等人结识。他们常聚在一起阅读进步书刊，纵论天下大事，探索救国救民的道路。

1918年，郭春涛考入北京大学。在成立湖南同学会时，郭春涛被选为主席。当时正值新文化运动兴起，郭春涛在李大钊的指引下，加入了马克思主义研究小组。1919年的巴黎和会上，中国外交失败，社会各界群情激愤，5月4日，北京大学等14个学校的学生3000多人到天安门广场游行。在整个五四运动中，郭春涛是重要骨干，他组织"救国十人团"，大规模开展演讲活动。随着斗争的深入，参加演讲的学生越来越多，单是北京大学就有8000多名同学参加，他们深入到北京的大街小巷之中，宣讲爱国反帝的道理，赢得了民众的广泛支持。

1919年9月，在毛泽东的组织下，郭春涛和蔡和森、李维汉等一批湖南青年赴法国勤工俭学。1920年2月，赴法勤工俭学的李富春、李维汉等人发起成立了"勤工俭学励进会"，同年8月改名为"工学世界社"，该社以探讨改造中国的道路为宗旨，实际上是新民学会的欧洲分支组织。郭春涛当选为工学世界社的秘书长。同时，郭春涛和蔡和森联名写作了《论中国革命的道路》等文章，主张只有马克思主义才能救中国。文章发表后，在国内产生了很大影响，并受到孙中山的赏识。

1921年6月初，北洋政府内务总长以特使的名义来到法国，企图向法国政府借 1 亿法郎，购买军火，扩大内战。为了借款，北洋政府不惜以出卖海关、邮政和滇渝铁路建筑权作为担保。当这一消息在巴黎传开，在法国的中国留学生无不义愤填膺，坚决反对。6 月 30 日，周恩来、郭春涛等人联合巴黎的中国旅法学生会、华工团体和华侨团体，组织成立委员会，发表《拒款宣言》，并公布了关于借款真相的调查报告，号召中法两国人民联合起来，反对这一肮脏的交易。在一片反对声中，法国政府只好宣布暂缓借款。10 月 18 日，法国政府以"从事布尔什维克活动"等罪名，将郭春涛等人驱逐出境，把他们武装押上轮船，强行遣送回国。中国留法学生被驱遣回国一事，在国内各界引起震动，孙中山特别电告沿途港口的国民党支部给予援助。当郭春涛等人到达广州时，孙中山接见了他们，详细了解事件的来龙去脉，对留法学生的遭遇十分同情，对他们敢于斗争的做法表示赞赏。同时，孙中山还询问了留法学生对中国革命的看法，孙中山特别对马克思主义、法国及俄国革命感兴趣，他说，中国革命也要考虑重新选择新的道路，一定要吸收更多青年革命者参加，以充实国民革命队伍。这次接见对郭春涛而言，是他投入革命的一次重要转折点。

营救邓小平

1923 年 6 月，中共第三次全国代表大会在广州召开，大会决定执行同中国国民党合作的方针，同意共产党员以个人身份加入中国国民党，实现国共合作。在这种形势下，郭春涛以个人名义加入了中国国民党。1926 年 7 月，在中国共产党的推动下，广东国民政府决定北伐。国民政府选派郭春涛担任西北国民军总政治部副主任兼组织处处长，辅佐冯玉祥统理军政。1927 年 4 月 12 日，蒋介石在上海发动反革命政变，屠杀共产党员和工农群众，建立南京国民政府，与武汉国民政府分庭抗礼。郭春涛旗帜鲜明地站在武汉国民政府一边，发起"护党救国"运动。

为了东征讨蒋，武汉国民政府派国民革命军总政治部主任邓演达到陕西潼关做拉冯反蒋的工作,而在当时,冯玉祥对蒋介石的反革命面目缺乏认识,多次颁令不准部属从事反蒋活动。

在欢迎邓演达到来的会上,邓演达发表了震撼人心的演说,揭露蒋介石背叛革命的反动面目,并带头高呼"打倒新军阀蒋介石"。口号刚一停息,会场后排走出了一个身穿灰色军装、个子不高的青年,高举着拳头,连喊三声"打倒蒋介石!"这位热血青年,便是受中共派遣,到冯玉祥部队从事政治工作的邓小平。冯玉祥无法容忍部属的这种行为,立刻宣布散会,并将邓小平逮捕囚禁。

郭春涛与邓小平曾先后赴法勤工俭学,素来钦佩邓小平的才智和胆识。当晚,郭春涛夜不能寐,于是找到国民军第二集团军政治部主任刘伯坚,商量联手营救邓小平的办法:决定利用冯玉祥对刘伯坚的信任,请刘伯坚出面劝说。次日清晨,刘伯坚来到冯玉祥家中,对冯玉祥说:"昨天被军法处抓起来的那位青年是应您请求,由中共派来的政治工作干部,早在苏联学习时,就是您女公子冯弗能的同学,这样做,恐怕影响国共合作,女公子也会有意见;再则在那天会上,他呼喊'打倒蒋介石'的口号,完全出于他对邓演达主任讲话的拥护,对蒋介石背叛国共合作的憎恨;三则在昨天大会上带头喊口号的是邓演达先生,如果他知道了,也可能不好交代。"冯玉祥立即命令军法处释放被囚禁了一天的邓小平。

谁曾想到,郭春涛搭救的这位热血青年,竟是日后新中国改革开放的总设计师。

"难民必须先撤走"

1937年,日军占领上海,南京岌岌可危。蒋介石急调第七战区司令长官刘湘率领川军驻守南京,时任川康绥靖公署秘书长的郭春涛随军出征,担任第七战区司令部阵地委员会主席,参加南京保卫战。

郭春涛与秦德君的结婚照。

一日,当郭春涛正在部署战防阵地时,忽然接到蒋介石签署的电报,命令第七战区部队全部撤离,前往武汉。此时,刘湘已去武汉,川军转移的重担便落在郭春涛的身上。

郭春涛到南京下关的江边巡视,发现这里一片混乱,大批难民挤在码头上等待渡江,而江边的军舰却没有运人,而是正在装运轿车。郭春涛当即下令,停止运车,改运难民。船队的负责军官不从,拿出政府限期撤出小轿车的命令。郭春涛拿过来命令,义正词严地说:"告诉蒋介石,我是郭春涛。人命关天,难民必须先撤走!"同时命令所属部队缴了船队官兵的枪,组织难民上船过江,安全疏离了难民两万多人,一时传为佳话。

几天后,郭春涛也撤出南京,他乘坐的汽车在芜湖一带的山区行驶,不慎跌下山谷。车子连滚带摔,掉在一块稻田中,郭春涛昏迷了6个小时,所幸伤得不重,但同车随从都牺牲了。

由于郭春涛长期以来一直坚持反蒋抗日，使蒋介石非常恼怒。1937年冬，蒋介石主持召开国民党中央临委会，以"勾结奸党，危害党国"的罪名，将郭春涛开除出党。

获取情报，支援国际反法西斯战争

为了扩大抗日民族统一战线，1939年初，周恩来指示中共地下党员王炳南与郭春涛配合，组织东方文化协会，协会成员还包括日本反战同盟，如越南、印度、泰国以及中国台湾地区的代表，旨在通过文化活动，协助中共工作，团结东方各国共同开展反法西斯战争，同时积极配合中共地下工作。郭春涛担任常务理事并兼任秘书长，主持日常事务，郭春涛的家也是协会机关所在地。通过东方文化协会，郭春涛把从日本共产党领导人和日本反战同盟代表那里获得的日军大本营的动向、日德之间的外交密电、被俘日军高级将领的口供、截获日军的文电等重要情报，经过分析整理后及时转告中共中央，并为配合国际反法西斯战争，向各国提供情报。

1940年，周恩来将郭春涛介绍给苏联驻重庆大使馆武官罗申，并请郭春涛帮助了解当时国内军事、政治、经济、文化、教育、各党派、各阶层的一些动态。1941年春，蒋介石在双周例会上通报德国大使陶德曼和奥国总理来访的会谈内容，提到德国将以"闪电战"袭击苏联。郭春涛在获悉这一重要情报后，立即嘱托妻子秦德君将情报送给罗申。为此，斯大林特意发来电报，对郭春涛给予国际反法西斯战争的支援表示感谢。

参与组建民主团体

1941年，根据形势发展的需要，郭春涛等人在周恩来、董必武、王若飞的帮助下，发起成立中国民主革命同盟，郭春涛是18个发起人之一。中国民主革命同盟的主要任务是在国民党内部进行坚持抗战、坚持团结、坚持进步和争取民主、争取自由的斗争，积极争取爱国民主人士参加到统一战线中来。

1943年，由谭平山、郭春涛等人发起，联合一部分国民党爱国民主人士，在重庆组织成立"民主同志座谈会"，通过时事座谈的形式，达到广交朋友、团结群众、扩大民主力量的目的，座谈会得到了中共南方局的支持。9月，在座谈会的基础上，郭春涛等人着手筹建国民党民主派组织。

1945年10月28日，"三民主义同志联合会"在重庆曾家岩特园正式成立，选举郭春涛为常务委员兼秘书长，并通过了《反内战宣言》《告美国人民书》。三民主义同志联合会积极参加国统区争取和平民主、反对独裁、反对内战的爱国民主运动，出版《小时报》揭露蒋介石阴谋准备发动内战的恶行。为了增加经费来源，掩护民主人士的活动，郭春涛积极支持李济深约请龙云等人集资在上海组建企业公司。在郭春涛的配合下，由龙云投资5000万元，李济深、陈铭枢等人共同集资的"允华企业公司"于1947年在上海成立，为民主人士的活动提供了许多资助。

1947年秋，人民解放战争由战略防御转为战略进攻，国统区的民主运动进一步高涨。在这种情形下，李济深、何香凝在香港联名写密信给谭平山、郭春涛等人，告之将在香港成立中国国民党革命委员会，郭春涛表示积极支持。1948年元旦，中国国民党革命委员会在香港正式成立，宋庆龄为中央名誉主席，李济深为中央执行委员会主席，郭春涛等17人组成中央常务执行委员会。

深入上海策反

经过辽沈、平津、淮海三大战役后，人民解放战争的胜利指日可待。1948年底，周恩来命郭春涛留在上海继续做策反工作。郭春涛化名胡君健，配合中共地下组织，通过各种关系，积极开展军界和政界的策反工作，有力地配合了解放南京、上海以及华东的正面作战。

郭春涛通过秦德君的二哥秦仲文的生前朋友认识了《新蜀报》的总经理王白与。王白与又介绍晏道刚给郭春涛，晏道刚原系国民政府军事委员会委员长侍从室第一处主任，因曾流露过对蒋介石的不满，丢了官职。与郭春涛接触后，受到郭春涛的多番启发，决心投入反蒋斗争。晏道刚介绍了他的得意门生、侍从室机要处处长江浩东与郭春涛结识。江浩东是复旦大学新闻系的毕业生，写过一些花边新闻，其中有一篇因被指控影射宋美龄而被监禁8个月，后被释放继续留用。由此，江浩东也对蒋介石产生不满。经与郭春涛多次交流，江浩东下决心参与反蒋斗争，成为我方打入敌人心脏的情报员，提供了很多重要情报，例如保密局在全国各地的组织名册、长江流域特务组织的分布情况、特务机关准备搜捕交通大学地下党以及爱国师生的名单、实施暗杀宋庆龄的命令等。

江阴炮台位置重要，是当时军事策反工作的重点。郭春涛经朱蕴山的干女儿徐又擎介绍，得以接近司令陶洪钊。郭春涛是国民党的老前辈，陶洪钊很想听听郭春涛对时局的看法。两人交谈后，陶洪钊对蒋介石已经失去信心，但又对共产党不够完全相信，最终提出"叛蒋"条件，给20根金条，不向解放军开炮。郭春涛将此事汇报后，中共中央表示只要叛蒋，不炮击解放军，可以重金交换，并保证其今后安全或去国外。最后，江阴炮台起义，人民解放军从长江东段胜利渡江，并于1949年4月23日迅速解放南京。

南京解放后，国民党困兽犹斗。毛人凤率保密局来到上海，伙同上海警察局局长毛森，疯狂屠杀共产党人和民主进步人士，上海城内一片恐怖。特务机关在上海街头四处张贴通缉令，悬赏20根金条后又悬赏20万美元捉拿郭春涛，并密令特务人员，一旦捉住可以不经审讯，就地正法。中共中央为此电告上海地下党转告郭春涛处境危险，必要时立即进入解放区。考虑到许多策反工作已经进入成熟阶段，如果这时候离开，损失会非常大，于是郭春涛毅然决定继续留在上海，坚持策反斗争，迎来了上海的解放。

参政建言,积劳成疾

1949年6月,郭春涛作为三民主义同志联合会的代表,到北京参加中国人民政治协商会议筹备会。新政协的筹备工作设置了6个工作小组,郭春涛参加了起草新政治协商会议组织条例小组的工作。9月,郭春涛担任第一届全国政协委员、副秘书长,并出席了开国大典。中央人民政府政务院成立后,他被任命为政务院副秘书长、指导接收委员会委员和政法委员会委员,负责原国民政府中央机构的接管,政令、法律、条例的组织起草和提交政务会议前的初审,地方政府请示报告、人民来信的汇总及处理建议等工作。

新中国成立后,党和政府十分重视政权建设和民主政治建设。1949年10月28日,为了拓宽政府听取党外人士意见的渠道,中央人民政府第三次政务会议任命了32位政务院参事。12月16日,第十一次政务会议决定设立政务院参事室。

《统一战线的忠诚战士郭春涛》图书封面。

郭春涛被任命为参事室主任。政务院参事之中，多数是来自民主党派和政治、军事、外交、文化等方面有代表性的知名人士。为了带领参事们更好地履行职责，为政府决策的民主化、科学化作出贡献，郭春涛组织参事们认真学习毛主席的著作、《共同纲领》和统一战线的重要文献，熟悉有关方针、政策，以提高政治素养和参政能力。

开国伊始，百废待兴。土地改革工作正在开展，地方政府不断向中央政府请示有关方针政策。作为参事室主任，郭春涛先请参事们认真研究，提出建议，再向周总理报告。周总理综合了各方的意见建议后，作出批示：新区土改要慎重，防止一哄而起的急躁情绪，要在巩固政权后再进行。此后，郭春涛又承担了《土地法》的组织起草工作。由于理论水平高、文字能力强，郭春涛深得周总理的赏识，并成为周总理的得力助手，负责各种政令、政策、条例的起草工作。郭春涛工作勤奋，夜以继日，其妻秦德君早就发现郭春涛有尿血的症状，可是常在深夜醒来还见他伏案疾书。秦德君多次劝郭春涛去看看病，而郭春涛总说忙过这一阵再说，由于工作任务紧迫，便一直耽搁着没去看病，却因此积劳成疾。

1950年五一国际劳动节，郭春涛登上天安门城楼观礼。由于在城楼上淋了雨发高烧才被送往了医院，确诊已是膀胱癌晚期。病榻之上，郭春涛跟长子郭志坚说："我一生最终信仰马克思主义，也相信只有共产党能救苦难的中国。我对毛泽东一直是朋友，又很敬佩他。你问我为什么不参加共产党？我曾和共产党的朋友表示过入党的意愿，后来给我的回答是：'中央的意见，你在党外比在党内的作用大。'所以，我只好做一个党外的布尔什维克了。"

1950年6月30日，郭春涛因病去世，享年52岁。

主要参考文献：

1.《统一战线的忠诚战士郭春涛》，湖南省炎陵县档案史志局编，团结出版社 2002 年。

2.《中国国民党革命委员会的历史道路》，中国国民党革命委员会宣传部，湖南人民出版社 1987 年。

3.《湖南省志》，湖南省地方志编纂委员会，湖南人民出版社 1998 年。

4.《民革党史简明读本》，民革中央《民革党史简明读本》编写组，团结出版社 2002 年。

王葆真（1880-1977），又名凤玉，字卓山，河北深泽人，民革创始人之一。1949年后，曾任政务院法律委员会委员、华北行政委员会委员等职务。民革第一届中央执行委员会委员，第三届中央常委。第一届全国人大代表。第二届全国政协常委，第三、四届全国政协委员。

王葆真
身陷囹圄的京沪暴动领导者

如今的上海闸北公园，绿荫掩映、池水净澈，樱花与红枫点缀其中，蜿蜒的曲径与富含底蕴的历史建筑坐落其间。但在70年前，这里却是另一番景象。南京解放后，解放军向上海挺进，国民党作垂死挣扎，大批革命志士在这里被枪杀、活埋。当时还被称为宋公园的这片土地，是国民党反动派杀害革命志士的刑场。

1949年5月9日，京沪暴动案的三位"要犯"孟士衡、吴士文、肖俭魁就在这里英勇就义。当时已经70岁高龄、入狱两个多月、饱受折磨的民革前辈王葆真，也于同日被宣判死刑。

王葆真与京沪暴动的这段惊心动魄的历史，要从民革建立讲起。

建立京沪民革组织，开展军事策反工作

1948年是解放战争至关重要的一年，在这一年里，中国的形势发生了翻天覆地的变化。人民解放军从战略防御阶段转入战略进攻阶段，在华北、中原、东北、西北、山东等战场上捷报频传，国民党军大批有生力量被歼灭，国民党方面逐步丧失了进攻能力，这不仅引起国民党内部人心、军心的动摇，国民党统治区域内的广大民众更是盼望解放、盼望蒋介石早日垮台。但是，为了挽救行将崩溃

1939年至1941年，王葆真任国民参政员、战地党政委员会委员及华北分会副主任时摄于重庆。

的统治，反动当局抓紧了对共产党人和进步人士的疯狂屠杀，宁沪地区的白色恐怖尤为严重。

随着局势的演变，大批爱国民主人士意识到，要推翻蒋介石独裁统治，必须组建政党进行号召。1947年10月，古稀之年的王葆真亲赴香港，参加民革筹备工作。这时的王葆真已经是国统区内两个反蒋政治力量民联和民促的成员，与中共领导人周恩来、叶剑英、徐冰等人接触频繁，商讨反蒋事宜。1948年元旦，中国国民党革命委员会在香港正式成立，王葆真作为民革发起人之一，当选为常务委员兼任军事特派员。王葆真在港发表宣言："实行与共产党合作，实行团结党内外各派反蒋力量，共同尽力民主革命，促进解决民生问题，推翻蒋介石国民党反动派统治。"随后，他奉命回到上海建立沪宁地区民革组织，在国民党统治心脏开展分化瓦解工作。

王葆真抵沪后，在永川医院院长、老友王振川的掩护下，以养病的名义住进了上海八仙桥永川医院。他利用广泛的人脉关系，秘密联络国民党上层民主人士发展民革组织，成立了民革上海临时工作委员会（简称临工会），王葆真任主任委员兼管南京民革组织工作，委员有吴荣、许卜五、梁佐华、任廉儒、李国珍、林漆非、刘云昭等 16 人。其中，梁佐华、任廉儒是中共地下党员，参加民革工作。临工会下设秘书、组织、宣传、联络等工作组，梁佐华、许卜五负责组织工作。另设民革南京分会，孟士衡任主任委员，胡勤业任副主任委员，其他负责同志还有夏琫瑛、刘海亭、马广运、吴士文、肖俭魁等人。孟士衡经常到上海联系工作，接受王葆真的领导。

临工会成立后，积极开展社会联系、组织发展、搜集情报、对外宣传等工作，其中，以策反起义工作为重点。他们研究分析了国民党军队驻军上海的情况，很快发展了国民党第十九集团军副司令、原西北军将领刘昌义加入民革。11月初，王葆真秘密会见刘昌义。他侃侃而谈，把民革得到中国共产党的支持，以及共产党对国民党官员区别对待，立功者受奖的政策都一一讲给刘昌义听，并晓以利害关系，希望刘昌义能认清形势，为解放事业作出贡献。王葆真说："我们这样做，是符合中山先生的联共主张的，也是同志们革命的出路。有李济深主席和民革的领导，共产党一定相信我们。"刘昌义深受鼓舞，坚定了起义的决心，表示愿为解放事业效犬马之劳。此后，王葆真又两次秘密约见刘昌义，明确要刘昌义"相机起义，迎接解放"。

策动京沪暴动，"毁件保人"遭逮捕

为配合解放军的渡江作战，1949 年初，上海、南京地下民革组织在王葆真领导下，拟定了"控制南京明故宫飞机场，防止国民党重要人物逃跑；切断交通线，占领车站码头，策动驻南京的国民党军警起义；扣留国民党在南京的军政要员，移送人民解放军；在中共地下组织领导下，协助成立人民解放委员会，维持社会秩序，保护人民生命财产安全；协助中共地下组织，筹组南京人民政府；接应人民解放军横渡长江"的六项计划，计划在宁沪地区发动一场武装起义。王葆真对此欢欣鼓舞，兴奋地说："枕戈待旦，准备起义！"

2月22日中午，王葆真在寓所召开常委会。5位常委中，王葆真、许卜五、林涤非、梁佐华4人已经等了1个小时，吴荣却迟迟未到。他们凭借丰富的地下工作经验，预感到情况不对，紧急疏散。王葆真将一个枕头交给梁佐华，郑重地说："内有重要文件，生死与之。"梁佐华回到家中打开一看，里面是沪宁民革组织情况和正在联系起义人员名单，郭汝瑰、刘昌义、张轸3名国民党高级将领的名字均在其中。梁佐华当即将文件销毁，到苏州、无锡一带暂避，随后赶赴香港向民革中央汇报情况。

王葆真离开寓所后，原本可以撤离上海，按照原计划从武汉转赴豫南张轸部策动起义，但是他却没有走。他还有重要的事要办——有关国民党最高层军事情况的绝密文件。这些文件，是郭汝瑰冒着生命危险得到的。郭汝瑰通过直接联系人任廉儒、梁佐华，把文件交给王葆真。把文件转交中国共产党时，王葆真亲口说道："郭汝瑰把生命都交出来了，我这副老骨头不要了，也要保证郭的安全。"在危难之际，王葆真记挂的不是个人安危，而是文件一旦落入敌人手里，郭汝瑰必遭杀身之祸！

2月24日，王葆真和许卜五来到存放秘密文件的民革成员徐锡驹家，将文件销毁，并给任廉儒打电话，王葆真坚定地说："情况急，你交给我的那包东西已烧了。请放心，在任何情况下都请放心。"实际上，这是王葆真在向党保证，任何情况下他都不会背叛。也正是在王葆真和民革成员的全力保护下，刘昌义、郭汝瑰、张轸等人才没有暴露，并在日后成功起义。就在王葆真处理完文件不久，国民党淞沪警备司令部的军警就闯入徐家，将3人逮捕，押送至淞沪警备司令部。

身陷囹圄，视死如归

京沪暴动虽然失败了，但是经报刊报道揭露后在社会上造成了强烈的影响。2月底，上海民营报纸《铁报》冲破了国民党当局的新闻封锁，率先刊发出一条爆炸性消息：民革京沪暴动失败！当天报馆就遭到特务冲砸。次日《申报》、南京《建设日报》又将这篇新闻全文转载。这则报道犹如一颗重磅炸弹，在社会上掀起轩然大波，一时间，朝野震惊，舆论哗然。

原来，在此之前，南京地下民革组织的秘密联络点暴露，在孟士衡到沪向王葆真汇报工作时，特务跟踪他到上海，在宁沪两地警特联合行动下，宁沪两地的20多名民革主要成员被逮捕。在上海与王葆真一起被捕的还有孟士衡、许卜五、吴荣、张克强、许志远、王履和、万行浩、林涤非及樊崧甫、沈士荣等人。在南京被捕的有刘海亭、夏瑑瑛、马广运、吴士文、肖俭魁、马骏铭、王鼎臣、周臣千等人。

王葆真先被关押在威海卫路国民党上海警备司令部第一大队牢房。国民党特务为了得到口供和信息，采取各种卑劣手段，威胁利诱、拷打逼问，无所不用其极。王葆真已经70岁高龄，身体本就虚弱，两次刑讯晕了过去，醒来后仍然斩钉截铁地说："关于军事问题，只有我一个人知道，与别人无关。"

国民党特务见硬的不行，就想骗供。3月3日下午，一个特务伪装成李宗仁代总统的代表，来探监慰问。他对王葆真说："我姓杨，天津人，从前在延安抗日大学读过书，目前在法院做法官。这次是李代总统派我来的。国共两党正在和谈，政府准备释放一批政治犯，请你开列与中共有关系的人员名单，以便一一释放。"王葆真识破了这是敌人的阴谋诡计，只说："我信仰三民主义，追随孙中山先生多年。我虽与共产党是朋友，但现在没有什么往来。现在民革组织仅有六七个人，均已被捕到此。我是负责人，具体情况只我一人清楚。"特务纠缠了3个多小时，什么信息也没有得到，只好灰溜溜地离开了。

第二天，特务换上穷凶极恶的嘴脸，对王葆真又骂又打，还冲他咆哮："你的罪，枪毙都有余。"王葆真痛斥道："你们把国事弄得这么糟，哪一件是三民主义，对得起孙中山先生吗？"在刑讯逼供中，王葆真的头部、腰部、腿部多处被打伤，无法行动，他依旧坚持绝食抗议，特务对他无可奈何，就把他转移到提篮桥监狱警察医院五楼房间，隔离关押。

其实，王葆真早已做好为革命牺牲的思想准备，为保护其他被捕同志，在入狱之初，他就悄悄嘱咐吴荣等人："关于军事策反工作，一概推在我身上，你们都说不知道，我也说你们不知道。因为我是一定要死的，欲避免是不可

王葆真因发动京沪暴动被捕的报道。

能的。"他还勉励大家:"为人民求解放,我们应先受苦难,为主义要革命,我们应先付代价。"他以自己坚贞不屈的实际行动,实践和证明了自己的诺言与品格。

狱中,王葆真回顾自己的一生,感慨万千,赋诗138首,"在沪入狱,观察敌特,必置我于死地而后快,乃留诗几篇,说明我们革命的意义,便好与世长别。"这些诗作,真实而真挚地展现了他在狱中的所思所想,虽然他早已抱定必死的决心,但对祖国的未来、革命的前途,却充满信心。

他在《入狱》中写道:"烈士多殉名,贪夫多殉利。名利两都忘,人生重信义。信义亦空华,安命在真理。吾心得所安,浩然歌正气。"在《决死》一诗中,有"临难毋苟免,舍生贵取义。人坚信仰心,闻道夕可死。"的名句。王葆真常以文天祥的《正气歌》自励,他在《失败》中写道:"正气歌留文信国,霸才囚羁管夷吾。死生荣辱浑无事,立地参天大丈夫。"他在狱中三月余,受尽折磨,非但没有颓丧,反而在诗中咏道:"此间可乐不思蜀,中共党歌唱入云。尽管明朝砍头去,谈笑歌唱意欣欣。"

5月9日，南京民革分会主委孟士衡、成员吴士文、肖俭魁被判死刑，英勇就义。王葆真"闻有同志死，气结不能食"，写下了《闻同志牺牲不食》一诗。王葆真也在同一天被判处死刑，但因各方力量的大力营救、保护，在强大的舆论压力下，缓予执行。中共中央副主席周恩来和民革中央主席李济深分别致电南京政府提出抗议，"在和谈期间，逮捕民主人士，应即予释放"。李济深亲笔写信给李宗仁的秘书黄启汉，请其转告李宗仁，要求恢复王葆真的自由。南京一些国民党元老本着良知也为王葆真求情，"姑念"王是孙中山时的辛亥老人"免其一死"。王葆真的女儿王振琳上书李宗仁，要求代父入狱，这封信在《大公报》刊出后，获得各界人士的深切同情。与此同时，时任淞沪警备副司令的刘昌义也在暗中保护、营救王葆真。由于各方的努力，王葆真虽未获释，但也未遭杀害。

5月下旬，人民解放军进军上海，铁窗内的老人听到炮声隆隆，兴奋不已，在《入狱三月有感》中写道："黑狱光阴三月更，十年心力付牺牲。识时英俊惊驱散，开国耆贤失会盟。燕塞风云空怅望，吴都王气已飘零。蹉跎一误成千古，只恨临行死未成。老躯生死竟由人，狱里堪悲节序新。梅落榴开空想象，雷鸣炮震夹惊心。漫嗟花木更春夏，却喜江山换主宾。倘见自由都解放，狂欢海上共人民。"

5月27日，上海解放。王葆真在解放军代表和民革负责人朱蕴山及家人的迎接下出狱，因病体不支，住进了医院。在住院期间上海各界代表和亲友纷纷来访，王葆真感慨地说："我这条老命是九死一生，没有共产党和解放军的到来，我早就命归西天了……今后在共产党领导下，同心协力来完成伟大的革命事业。"

6月中旬，李济深、周恩来先后电邀王葆真到北平参加新政协筹备会。

敢于直言相谏，投身新中国建设

中华人民共和国成立后，王葆真先后担任政务院法律委员会委员、华北行政委员会委员、全国政协常委、河北省政协副主席、民革中央常委等职务，为建设社会主义新中国，发展爱国统一战线、发展民革组织，作出了贡献。

1956年春，王葆真与李济深等同志视察农村水利建设。

河北省历来是受洪水灾害较严重的省份之一，每到雨季，堤坝溃决、洪水横流、良田被毁，严重威胁人民生命财产安全。王葆真自青少年时期就关心水利工作，对农田水利建设造诣颇深。1917年10月，应天津《益世报》约请发表《治水一夕谈》一文。1945年冬，在重庆时撰写了《华北水利计划概略》，阐述他对华北治理水患的见解。1953年12月，撰写《开凿沟池消灭水灾意见书》。

王葆真希望多为国家和人民做实事、做好事，他认为，"吾辈负有重任，诤友之责不可辞"。他敢于直言相谏，提出批评意见，绝不当"好好先生"，不愿"白吃闲饭不劳动"。1956年河北省遭大水灾，王葆真感到十分痛心。他对当时的河北省政协驻会副主席赵辉楼说："我得为河北省的水利建设做点事。"为了了解造成水灾的原因，他不顾年事已高，长途跋涉，亲自深入到海河水系的一些县区，进行实地勘察和调研。又夜以继日地撰写了长达两万余字的治水方案——《沟池制》，送交河北省领导和有关部门参考。

他还在1957年3月17日的全国政协二届三次会议上作了题为"建设改进河北水利计划，保证省、快、好、多地消灭水灾"的发言，分析了河北水患的原因，提出了治理河北水患和改进河北省水利计划的具体意见，并分析了修建小型水库和池塘的好处。他诚恳地讲："根据客观事实，结合群众经验，掌握自然法则，精打细算、因地制宜，一定能多、快、好、省地战胜几千年来未能战胜的洪涝灾

新中国成立后王葆真在西城区松鹤胡同居住,1958年摄于居所。

害;保证农业增产,富裕人民生活,保证完成第二个国民经济计划所给予河北人民的任务。"

主要参考文献:

1.《王葆真文集》,民革中央宣传部编,团结出版社1989年。

2.《民革领导人传》,民革中央宣传部编,团结出版社2007年。

3. 杨子、王璞《王葆真与京沪暴动》,《文史精华》,1994年第2期。

4.《辛亥革命回忆录》,文史资料委员会编,文史资料出版社1981年。

5.《河北文史集萃·政治卷》,河北省政协文史资料委员会编,河北人民出版社1991年。

6.《百万国民党军起义投诚纪实》上册,蔡惠霖、桑伯、鲁宁、穗蓉、碧蓝主编,中国文史出版社1999年。

7.《河北历史名人传·政治军事卷》上册,河北省政协文史资料委员会编,河北人民出版社1997年。

　　冯玉祥（1882-1948），原名基善，字焕章，安徽省巢县（今安徽巢湖市）人，生于直隶青县（今属河北沧州市），民革创始人之一。民革第一届中央常委，政治委员会主任。1948年7月回国参加新政协会议途中遇难。

冯玉祥
牺牲在归国途中

1947年10月10日，美国哥伦比亚大学教职员俱乐部正在举行中国学生欢迎庆祝会。中国留学生、华侨和关心中国的各界人士以及美国记者，500多人出席大会。现场气氛热烈、掌声雷动、群情激昂。一位身着西装、身材魁梧的老者正在慷慨陈词：

"中国今天的形势，就好像1927年北伐大革命成功的前夜，只要把各党派各阶层一切民主的力量都联合起来，向贪污无能的旧势力进攻，精诚团结，坚强组织，我们便是不能摧毁的革命力量，我们便可以促进民主胜利的更早到来。""民主的胜利已经为期不远，你们要效法孙中山先生在美国睡洗衣馆熨衣板的精神，要有孙中山先生伦敦蒙难不畏惧的精神。大家携起手来，团结起来为真正的联合政府而奋斗！"

这位演说人，是西北军领袖、曾经与蒋介石结拜的国民党上将冯玉祥，他所作的是轰动一时的《国庆演词》，《国庆演词》不负众望，在美国打响了反美反蒋的第一枪。次日，纽约各大报纷纷以"中国基督将军公开谴责蒋介石，美国不要支持蒋""基督将军说蒋介石是希特勒第二"等为大字标题，详尽报道了冯玉祥的讲话。《国庆演词》还以专辑形式，发往新加坡、菲律宾等东南亚各地，影响波及甚广。

冯玉祥在美国街头演讲。

叱咤风云,谱写传奇

1911年,武昌首义后,冯玉祥等人领导陆军第二十镇与第六镇第二混成旅在滦州起义,成立北方革命军政府,通电全国,力主共和,冯玉祥任参谋总长,后因准备不充分等原因而失败,但对推翻清廷统治起了积极的作用。

袁世凯窃取辛亥革命果实,宣布称帝,冯玉祥不顾其威胁利诱,毅然加入讨袁护国的行列。1917年,冯玉祥率部队攻入北京,参与平定张勋复辟。他支持孙中山护法运动,公开通电全国,主张罢兵息争,南北议和,并反对曹锟贿选和军阀混战。1924年9月,冯玉祥发动北京政变,出任国民军总司令,并电请孙中山先生北上,主持国家大计。

北伐战争中,冯玉祥接受李大钊的建议,成立国民军联军总司令部,并就任联军总司令,举行五原誓师,有力配合北伐。此后,在共产党人的帮助下,他在陕甘等地颁布治理条例,改革地方行政机构,扶助工农运动。九一八事变后,冯玉祥发表通电，指责国民政府"压制民众、诚心媚外"，提出了抗日救亡的13项主张。他支持十九路军英勇抗敌，强烈反对国民党的卖国政策。在中国共产党的帮助下，冯玉祥成立了察哈尔民众抗日同盟军，亲任总司令，收复察东四县，实现九一八事变以来中国军队首次从日伪军手中收复失地的壮举。

冯玉祥积极促进抗日爱国力量的发展，参与福建事变，调停西安事变。卢沟桥事变发生后，冯玉祥抱着共赴国难的决心，以军事委员会副委员长的身份，奔走各地，呼吁团结抗战。

冯玉祥身经百战，在中国近代历史进程中的关键时刻，作过重大贡献。他出身贫苦，对劳苦大众情深义重，对贪官污吏深恶痛绝，被世人称为"布衣将军"。周恩来评价他："自滦州起义，中经反对帝制，讨伐张勋，推翻贿选，首都革命，五原誓师，参加北伐，直至张垣抗战，坚决御侮，都表现出先生的革命精神。"

坚持团结，反对内战

抗日战争胜利后，国民党反动派违背全国人民和平建国的愿望，再一次燃起内战的战火。"本来抗战十四年，胜利之后，无论是全国军人或者是全国国民，都盼望重新建设一个民主幸福的国家。因此许多人一听见又要内战都觉得痛苦万分。"在这种情况下饱受政治迫害的冯玉祥，深感在国内难以继续立足，遂动意出国远行，向蒋介石提出去美国考察水利的请求。这也正中蒋介石的下怀，为借此机会把冯玉祥放逐海外，他给了冯玉祥一个"水利特使"的头衔，并且未征得冯玉祥同意，就给他办了退伍手续，使冯玉祥被迫离开了军界。

1946年9月1日，冯玉祥夫妇一行人以"考察水利"的名义出使美国。同日，他在《大公报》发表了致蒋介石的一封公开信，再次劝他停止内战，实现民主和平。信中有这样一句："今日大局以和平为天经地义，国际要和，国内也要和。与其将来和，何如现在和。故和平为不二之计。"

9月14日，冯玉祥夫妇一行抵达美国旧金山，受到侨胞们的热烈欢迎。尽管生活很快安顿下来了，但是冯玉祥的处境实际是流亡异国，开始时有一段时间，

1947年，冯玉祥、李德全与女儿冯理达在美国太平洋西岸留影。

他的心情烦躁不安。但他是个自强不息的人，不论在什么环境中，总要找点事情做。来到美国后，他一如既往，为自己安排了严格的作息时间：每天学习3个小时的英文，另外还要读书、写作、练字、剪报、听讲美国史，晚上记1000字以上日记，有时还写诗、作画。

从1947年1月13日起到3月底，冯玉祥先后到美国东部和南部八个州，参观考察水利工程和水利机构，来回78天，行程3万多里，获得了不少一手资料。关于水利问题，冯玉祥得出的结论是："水利是关系全民族性命的根本大事。"对于美国的经验，他对随员们说："美国的经验，我们不能抄了就用，但他们的研究方法，实在值得我们学习。至于他们不说空话，注重实干的精神，我们更应效法。他们利用机械的各种方法，我们更应迎头赶上。"

身在美国，心系祖国

进入1947年，国内局势更加严峻。蒋介石已经放手，挑起了全面内战。美国的报纸上对中国内战的报道很详细。每当看到这方面的消息，冯玉祥就感到心像被刀子扎一样痛苦。他常和人谈到，重庆谈判时，毛泽东亲自到重庆，可见他心地光明、行事坦荡。国共重庆谈判后，本应和平可期，可是蒋介石出尔反尔，害苦了全国老百姓，真是上无以对同胞，下无以对子孙，也无以对先烈和孙中山总理的在天之灵。他向报业指出："而今中国内战之炮火惨烈，为抗战十四年中所未见。同胞们死的死，伤的伤；饿殍载道，百业凋零，人人都已走投无路。苟无有效之方法制止，中国将成何局面？中国将成何国家？"

1947年5月4日，上海学生举行反内战、反饥饿游行示威，接着全国各地学生纷纷响应。5月20日，南京各校学生与上海、杭州、苏州等地学生代表6000余人在南京举行联合游行，遭到国民党军警的镇压，重伤者20余人，轻伤590余人，被捕者20余人。同日，天津学生举行示威，也同样遭到警察的袭击，学生受伤者50余人。这就是"五二〇"血案。为了抗议血腥暴行，各地学生纷纷行动起来，一时"反内战、反饥饿、反迫害"的口号响遍全国各地，运动从5月持续到6月，形成了全国性的洪流。南京政府不像政府，国家不像国家，全国老百姓在独裁统治压迫下，生活处在水深火热中，求生不得，求死不能。这种现象，叫冯玉祥怎么能沉默？怎么能心安？他愤怒了，他呐喊了，他于5月26日在旧金山《世界日报》上发表了著名的《告全国同胞书》。他指出："青年学生是中华民国的青年主人，因为吃不饱穿不暖，诚恳地向仆人们说：'你们不要打仗！'这是他们的本分，他们应当有这个权力。仆人杀主人，仆人打主人，这是彻底的反叛行动。"他的声音，传到了北平，传到了美国和全世界。他痛斥蒋介石镇压学生运动、迫害国民党民主派领袖宋庆龄、李济深、何香凝等人的罪行，指责国民党"纲纪扫地""滥杀无辜"，要求立即停止内战，组织真正的联合政府。

此文发表，在海内外引起强烈反响。当它的全文传到北平后，学生们振奋鼓舞，大量翻印，分发到各学校和广大群众的手中。时在北平的余心清向冯玉祥报告说："自先生之言论隔洋传来，使青年朋友兴起，使舆论激动，使腐败当道震栗，使老百姓寄以最大希望，此所谓'一言九鼎''一鸣惊人'，而国际人士，更引起重视。"冯玉祥奔走呼号，在各种集会和街头上发表演说，在报刊上撰写文章，举行记者招待会，向世界舆论公开表明他反对蒋介石独裁，反对美帝扶植蒋介石打内战。他对蒋介石政府的反动行为进行了淋漓尽致的揭露，呼吁美国政府不要再援助蒋介石打内战。冯玉祥的言论引起美国朝野极大的关注。《告全国同胞书》的发表，是冯玉祥公开站到爱国民主运动方面来的新开端。

国民党当局对《告全国同胞书》的反应，则是气急败坏，破口大骂，大小"御用"报刊，一齐披挂上阵，猖獗狂吠。国民党在海外的特务们，也秉承上级的指示精神闹腾了一阵。其中，国民党美东支部、巴拿马支部电请国民党中央"开除冯玉祥党籍"。

延长留美，继续斗争

1947 年 9 月，转眼冯玉祥出国考察一年期满。他知道此时回国，一定会遭到蒋介石的报复。因此，他决定以继续考察水利为由，给行政院长张群写信要求延期一年。同时，经过努力，冯玉祥留在国内的其余三个儿女也于 9 月底来到美国，实现了全家团聚。解除了后顾之忧，冯玉祥准备大干一场。他在日记里自勉自励道："要敢说、要敢做，要为人民受难，要为人民死，不要东西，不要钱，不为自己，不怕一切，不为自己活着。"再一次显示了他为国家、为人民勇于赴难、视死如归的决心。

这年的 9 月，应在美国纽约的爱国进步人士赖亚力、吴茂荪、王枫等人的邀请，冯玉祥决定从美国西部迁居纽约，以便领导大家开展反美援蒋的斗争。10 月 9 日，冯玉祥到达纽约，第二天下午即在旅馆举行记者招待会，公开表明了反对蒋介石独裁统治、反对美国援蒋打内战的政治态度，并直言不讳地批评"美国的对华政策犯了严重的错误"。当晚，冯玉祥发表了《国庆演词》。

为了更加有效地开展反对美国援蒋打内战的斗争，冯玉祥有了准备在美国建立一个民主统一战线组织的想法，得到了旅美爱国民主人士的积极响应。经过近一个月的紧张筹备，1947 年 11 月 9 日，旅美中国和平民主联盟（简称"旅美联

> ## 我为什么与蒋决裂？
>
> 冯 玉 祥
>
> 一九四七年十一月五日于美国
>
> 作为一个行伍出身的中国士兵，我始终衷心赞赏美国据以立国，而如今又据以领导全世界的伟大民主传统。因此，我十分高兴能有此机会通过《民族报》，向美国人民讲话。
>
> 由于我惯于坦率说话，我希望美国传统的宽仁精神不致于指责一个士兵的粗鲁。
>
> 首先，我想说，除了国民党阵营中少数反动分子外，百分之九十的中国人民是衷心要求和平、民主与自由的。百分之九十的中国知识分子是不满中国的现状的。他们信仰孙逸仙博士所主张的三民主义，并愿意付之实现。我完全同意马歇尔将军的意见，我相信中国的希望是寄予这些自由民主因素的。
>
> 在外国观察家看来，这些因素似乎是软弱的、无组织的，因为蒋介石残暴的恐怖主义已将所有反对派赶入地下。我自不得不去保护我那些进步的国民党同志以及包括有影响的民主同盟在内的其他民主团体以来，我就不能公布他们的人数或组织了，但是，我可以说，他们在几乎所有的中国大城市中，都是十分活跃的。在中国的西南，非共产党人所领

冯玉祥《我为什么与蒋决裂？》。

盟"）在纽约正式成立，冯玉祥主持大会，通过了联盟章程和宣言，选举王昆仑、赖亚力、吴茂荪等13人为执行委员，冯玉祥被公推为主席。这个组织有国民党民主派、民盟、共产党员及无党派人士参加，很快拥有会员200余人，先后在旧金山、华盛顿、明尼苏达等地成立了分部。他们演讲、办刊物、组织多种活动，为争取各界人民对中国和平民主力量的同情与支持，开展反对美国援蒋的运动，做了大量工作。特别是冯玉祥在美国《民族报》上发表的《我为什么与蒋决裂？》的檄文，对美国政府和蒋介石进行严正指控，告诫美国政府："历史证明，用外国金钱来干涉中国的政治斗争是白费的，这种做法只能唤起中国人民的仇恨。"他用事实揭露蒋介石暴戾恣睢的种种无道以后说："蒋政权是所有中国坏政府的顶点，无论多少外国金钱也不能挽救他的垮台。""我为什么与蒋决裂，不为别的，就是出自上面诸种政治原因。"

各地演讲，大声疾呼

冯玉祥对国内局势的分析，赢得了美国进步人士的广泛支持，就连教会中许

多正直善良的人对他的主张也极表同情。他的讲话生动具体、深入浅出、富于幽默感，极受中外听众欢迎。各种团体纷纷邀请他到美国各地讲演，日程一直排到了 1947 年年底。

一次，纽约华侨服装行业组织衣联会请他演讲，为的是让会员了解实情。这次演讲会，盛况空前。还不到开会的时间，侨胞们就挤到无插足之地，后来连办事处、图书处议事厅以至门口，全站满了人，而外面的人还在不断地往里挤。会场负责人眼看人满为患，急忙临时安装扩音器，好让许多站在大街上挤不进来的侨胞，也能听到冯玉祥的声音。当时的情形真是人山人海、万头攒动，人人都想一睹冯将军的风采、聆听他的救国道理，会场情绪之热烈，前所未有。

当冯玉祥步入会场时，全场起立，掌声雷动。华侨青年团歌咏队放声高歌，许多人情绪激动、热泪盈眶。冯玉祥登台演讲，他身高 1.86 米，体格魁伟，往台上一站，好像一座铁塔。虽然他穿着朴素，但仍仪态庄严，不失大将风度，把所有的人都深深吸引住了，会场里鸦雀无声。这天讲的题目是民主和平。冯玉祥向侨胞们讲述了蒋介石反动政府为了打内战，向民间征兵征粮所采取的暴虐手段。他说："外国人批评我们的政府贪污、无能和腐败，而还未说出尤甚者。实际上现在的政府是个屠宰公司，是个屠杀政府，把人民当牛、当猪、当羊一样来任意屠杀，所以是屠杀政府。"听众听到这里热烈鼓掌，掌声经久不息。等大家安静下来以后，他又说："这种情形玉祥就是花八个钟头或八十个钟头也不能和各位父老兄弟姐妹们说得完尽。现在要说的是，既然如此，我们应该怎么办？现在要紧的事情就是要和平要民主。没有和平就一切都没有办法，有了和平而没有民主，政府坏也没有人敢批评也不行。所以目前最要紧的是要实现和平与民主。""但是怎样才能实现和平，实现民主呢？那就需要我们的侨胞共同向美国人宣传了。每个侨胞，无论男女老幼，都负有责任向美国朋友说在中国没有实现和平民主前，不要给军火军械帮助蒋介石打内战去屠杀中国人。"

为了团结争取侨胞，冯玉祥事无巨细，有求必应。当时有个团体主办了一个国语班，他们特别来商请冯玉祥亲自去讲授，每周一次，晚8时至9时上课。这样的事情，按照常情而言，以他的声望和地位，是断难应允的，但他却欣然接受了，并且说明纯当义务，不收分文。他亲自动手，认真热心地编写了教材。他讲授时，像个彬彬文人。如不是课前听了冯玉祥的简介，学生们真不敢相信眼前这位温和的老人，竟是过去在中国政治舞台上叱咤风云的人物。

冯玉祥亲近侨胞、深入侨胞的行动，使国民党反动分子惶惶不可终日。为了抵制他在华侨中日益增长的威信和影响，连讲授国语这件区区小事都大做文章，写成社论。

了解实际情况的侨胞都知道，冯玉祥正受到多方的压力和打击，举手投足都被国民党特务看在眼里，处境十分不利。因此，仍有不少爱国华侨想来拜访他、请教他。在当时，这种拜访是需要勇气的。一位署名"留石"的青年，曾写过一篇《见老冯》的文章在报上登出来。他是这样开头的："见老冯，这句话，听起来有点失敬。但我们明明是说过'要去见冯玉祥将军'，却不得不向老叶暗约只说'见老冯'。"由此可知国民党特务分布之密如蛛网，也可见华侨青年对冯玉祥之敬仰。

义无反顾，为革命而流亡

斗争的日益激化，最终促使冯玉祥以破釜沉舟的决心宣告和蒋介石彻底决裂。

1947年12月20日，国内各大报赫然醒目地刊出一条消息："南京政府今日宣布，冯玉祥去年被派赴美考察水利，已任务完毕，着令其在年前返国，此令由美京中国大使馆传达予冯。"到了27日，一纸盖着"中华民国驻美利坚合众国大使馆"大红印章的公函送交给冯玉祥。冯玉祥当即在纽约举行招待报界会议，就被召回国一事发表声明：他将和所有要推翻蒋介石的人合作；他将继续赴美国各地讲演，以号召更多的人起而支持反对蒋介石。

蒋介石的回国令对冯玉祥没有生效，继而便又以"冯玉祥在美国肆意诋毁元首"的罪名,撤掉了他"水利特使"的职务,断绝了他的经济来源。如此仍难解心头之恨,进而又串通美国政府,吊销了他的护照。使冯玉祥在国外陷入了寸步难行的境地。紧跟着,1948年1月7日,蒋介石再以"行为不检、言论荒谬""违反党纪、不听党的约束"的罪名,革除了冯玉祥的党籍。同时,他又非正式电请美国,希望能把冯玉祥驱逐出境。冯玉祥写了一封《致蒋介石的一封公开信》,断定蒋介石"崩溃之期已逼近",敦促他下野,把权力交还人民,到国外以终余年。

进入1948年,决心推翻蒋介石反动政权的各方爱国民主力量,以更快的速度进行集结。其中由中国国民党民主派和其他爱国民主分子组成的中国国民党革命委员会于1948年1月1日在香港成立,由李济深任主席,远在美国的冯玉祥被选为中央执行委员会常务委员和中央政治委员会主任。

民革成立的消息传到美国,冯玉祥和国民党的进步同志兴奋欣喜。冯玉祥当即挥笔疾书,向委员会的同志们表示,他认为委员会的宣言和行动纲领的理论与主张均极正确。民革的成立,实现了在美国的国民党内进步同志的心愿。2月初,冯玉祥组织国民党在美进步同志成立了民革驻美总分会筹备会组织,冯玉祥并以驻美代表的资格向美国司法部作了正式登记。筹备会每两周开一次会,与旅美和平民主联盟间隔举行。冯玉祥十分重视民革的工作,当吴茂荪、赖亚力、刘良模等几位同志告诉他民革的四大文件复印五百本即可印好时,他当即表示印刷费由他捐献。

冯玉祥不是等着朋友们拿起笔杆当武器,他首先身体力行,带头实干起来。1948年1月17日这天,吴茂荪等几位朋友去看望冯玉祥。他同他们谈起打算写一本书,这本书要写出20年来他对蒋介石的亲身见闻,书名他已经想好了,就叫《我所认识的蒋介石》。大家听了,热烈赞成,马上就和他讨论如何着手。

冯玉祥接触蒋介石20年,近距离观察蒋介石20年,他对蒋介石其人,可谓是一清二楚。于是,他只用了两个月的时间进行回忆与思考,便拟出了42个章节的题目。他在酝酿这本书的过程中,曾在日记里写下几句他之所以要写此书的

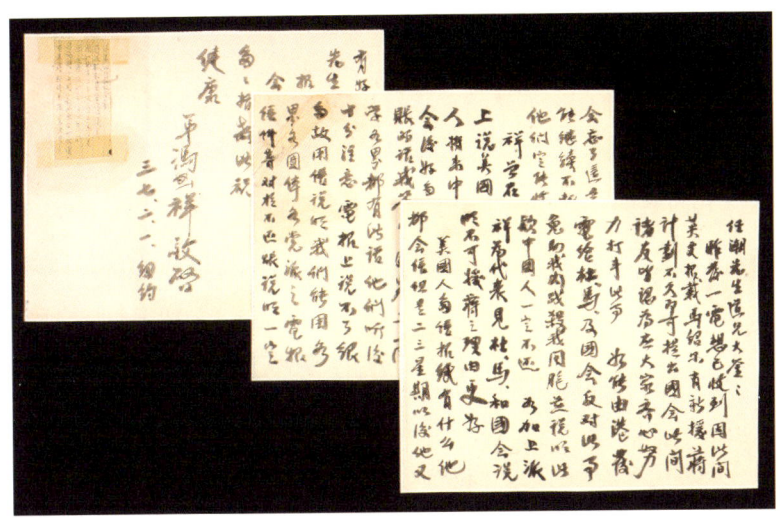

1948年2月1日，冯玉祥为反对美国援助蒋介石发动内战给李济深写的亲笔信。

思想动机。他说："蒋真卖国，共有真见，蒋介石的失败在于人心已去，美国再怎么帮助他，也只是打打不起作用的吗啡针而已。我是这段历史的见证人，有责任把它写出来让今人和后人有所了解。"

　　关于写出这本书后可能引起的不利后果，他也认真考虑了，那就是很可能要为此付出生命的代价。他在日记里是这样写的："1. 要下监。2. 要被蒋枪决。3. 要被蒋特务杀害。这是为民主和平努力应得的报酬。"冯玉祥心里很清楚，美国政府随时可能驱逐他出境，他必须抓紧时间"赶快写书"。他对自己提出如下要求："凡事要自己下手，自己过眼，不可靠别人。"

　　《我所认识的蒋介石》由冯玉祥口述，冯夫人记录，工作进行得异乎寻常的紧张。全书写完，大大超过原定计划，共77章。由于冯玉祥在中国政界有几十年的资历，又是一个对蒋介石知底很深的军政要人，所以他的著述，生动真实，极具感染力。《我所认识的蒋介石》在国外曾一版再版，在香港又曾重新出版，它像一发发重型炮弹般对蒋介石及其政权予以沉重打击。

给国会议员发亲笔信

反蒋反美的斗争,尖锐、激烈而又错综复杂。冯玉祥和他的同志们,勠力同心,挫败了美蒋一个又一个阴谋。

1948年春天,美国国会准备正式讨论通过"援华"案。冯玉祥拿定了一个拼命的主意。他对朋友们说:"我打算在美国国会讨论'援华'案的那天,去华盛顿,站在国会门口给每一个议员散发一份传单。"朋友们对这个办法认真议论了一番,都觉不妥。他们了解冯玉祥此时的心情和决心,但是又必须阻止他这样做。他们委婉地向冯玉祥谈了他们的想法:天气这么冷,您以这么大年纪长时间站在国会门口是不行的。再说,万一大使馆弄些流氓来侮辱您怎么办?万一美国出动警察加以干涉怎么办?大家百般劝他打消此意。冯玉祥听后声泪俱下地说:"你们的好意我感激,可是你们要知道,现在世界死了多少人,我冯玉祥已经活到60多岁了,平生足矣!这次我必定要去,什么危险我也不怕,老命拼掉也是值得的!"朋友们深深被感动了。

冯玉祥态度如此坚决,朋友们便决定按他的意志行事。大家紧急行动,分头为他准备传单和华盛顿记者招待会用的讲话稿。当一切准备就绪,正待启程时,美国朋友们获悉了冯玉祥的决定,也都纷纷赶到他的住所力阻,其中有一位是律师,他从美国法律的观点向冯玉祥力陈此举不可行的道理。冯玉祥最后妥协了。虽然这个方式行不通,但斗争仍必须进行下去。大家又想出了一个办法:以冯玉祥的名义,给每位国会议员发一封信。

3月27日下午,这封信迅速拟稿定稿,用打字机打出500多份。晚上,冯玉祥家里热闹起来了,赖亚力买来了大批信封,吴茂荪、刘良模来了,在国内便是知交、如今正在美国的王昆仑和他的女儿金陵以及朱启贤夫妇等也都来了,一共十几个人聚集在一起,动手帮助装封信件。冯玉祥第一次用英文签名,他一边签,大家一边忙着装信封,糊封口。冯夫人则端茶倒水热情招待。气氛热烈紧张又充满革命激情。冯玉祥一口气不停在500多封信上签完了名。

冯玉祥每次演讲,街上都挤满了人。美国人民对于真理和正义热烈支持的态度，使冯玉祥深受感动，也更增强了他的勇气和信心。但是，当他被剥夺了官职以后，他成了没有身份、没有护照的"非法"旅人，这样，他在公开讲坛上发表演说就受到美国政府的限制，他的文章美国报纸也渐渐不予刊登了。处在这种艰难情况下，他毫不气馁，斗志更旺，干脆走上街头，抓紧利用美国职工中午下班吃饭的半个小时到一个小时的空隙，进行宣传演说。此时的他，以一个流亡革命者的身份，无所畏惧地站在美国大都市纽约的街头，站在摩肩接踵的普通美国人民中间，愤怒指责美国政府错误的对华政策，告诉美国人民，他们的血汗正在被其政府大量浪费于支持一个腐败残暴的中国反动政权。他以拼了性命的决心，和当时的杜鲁门政府作直接的斗争。

随着蒋介石的节节败退，这时的美国政府也意识到继续采取一味支持蒋介石、与中国人民为敌的政策，对美国在华利益极为不利。因此美国政府开始密谋踢开蒋介石，扶持中国的第三势力改换门庭，另组织一个政府，耍一个换汤不换药的把戏。冯玉祥拒绝了美国的利诱，表现出了大义凛然的爱国情怀和崇高的民族气节。

绕道回国，黑海遇难

1948年2月10日，冯玉祥在一本极普通的黑色硬壳封面笔记本里，用毛笔写下了亲笔遗嘱。谁也没想到，他会立下遗嘱。他是那么充满活力、精力充沛，在斗争中不知疲倦；他是那么富有朝气，充满了百折不挠的进取精神；他是那么满怀希望和信心，准备迎接新中国的诞生。但是，他想到了。于是，他写下了。他在遗嘱里强调"蒋是封建头子，帝国主义之狗，非铲净不可"，并对身后事作了安排："我死后最好焚成灰，扔到太平洋。如果国内民主和平真的联合政府成立了，那还是深埋六尺种树，不要把我这肥料白白浪费了。将来树长成好给学校和图书馆做桌椅用。"当晚，冯玉祥在日记中写道："我的遗嘱写好了，不怕任何时候皆可死的。"

1948年，中国人民解放军在各个战场上势如破竹，捷报频传，国民党反动

位于山东泰安的冯玉祥墓。

派败局已定。4月30日,中共中央发布了关于召开新的政治协商会议的"五一口号",各民主党派、各人民团体、各界爱国民主人士纷纷响应,坚决地团结在中国共产党的周围。远在海外的冯玉祥将军无比振奋,他决心响应共产党的号召,回到祖国的怀抱,出席新政协,参加新中国的建立工作。

7月30日和31日,冯玉祥先后发表《告别留美侨胞书》和《告别美国人士书》。7月31日,冯玉祥一家冲破国民党特务的重重围困,经过周密安排,终于登上苏联"胜利号"客轮,踏上归国旅途。船行一月,9月1日,在黑海航行途中,轮船突然起火,抢救不及,冯玉祥不幸遇难。这位领导旅美联盟斗争、为新中国诞生而奋斗的老将军,竟牺牲于新中国成立前夕,终年66岁。

冯玉祥逝世后,中共中央主席毛泽东、人民解放军总司令朱德致电冯玉祥家属,表示痛悼,称誉冯将军"置身民主,功在国家"。1949年9月1日,在冯玉祥将军逝世一周年追悼大会上,毛泽东、朱德、周恩来、宋庆龄、李济深等送了挽联、花圈和挽词。中共中央根据冯玉祥将军的历史功绩,同意家属的请求,决定将他的遗骨安葬在泰山。墓分三层,为金刚石砌成,庄严肃穆,巍巍壮观,墓壁上面有郭沫若题字:冯玉祥先生之墓。中间嵌有冯玉祥鎏金铜像,并刻有他生前所写自题诗:

我

平民生　平民活

不讲美　不讲阔

只求为民　只求为国

奋斗不懈　守诚守拙

此志不移　誓死抗倭

尽心尽力　我写我说

咬紧牙关　我便是我

努力努力　一点不错

主要参考文献：

1.《传奇将军冯玉祥》，余华心，学苑出版社2007年。

2.《民国演讲典藏文库　冯玉祥卷：火光》，冯玉祥，中国文史出版社2017年。

3.《冯玉祥传》，简又文，岳麓书社2016年。

4.《布衣将军冯玉祥》，李定元主编，巢湖市文化广播电视新闻出版局编著，2014年。

陈铭枢（1889-1965），别号真如，广东合浦（今属广西）人，民革创始人之一。1949年后，曾任中央人民政府委员，中南行政委员会副主席，中南军政委员会委员兼农林部长等职。民革第二、三届中央常委。第一届全国人大常委会委员。第二届全国政协常委，第三、四届全国政协委员。

陈铭枢
在上海秘密开展策反的铁军名将

1948年9月17日,这一天是中秋节。杭州西湖在一轮明月的照映下显得格外清澈宁静。在位于保俶塔下的浙江省政府主席陈仪官邸里,主人陈仪与来客——国民党上将、铁军名将陈铭枢边赏月酌酒,边聊起了15年前的福建人民政府往事。"当年我曾说过,我们中华民族要生存,非打倒蒋介石的卖国政府不可,我和蒋介石打了20多年交道,深知他的秉性,他是绝不会自行退出历史舞台的。"陈仪听了陈铭枢的这番话颇有感触,"你们反蒋反得早,这条路走对了,我很惭愧,真是望尘莫及。"

陈铭枢此行,为的是执行民革的计划,在国民党统治的核心地带策反陈仪,给国民党以致命一击。

铁军名将,易帜革命

位于广西的钦廉地区,西邻大山,南邻大海,这里四季常青,三冬不雪,温暖潮湿,山水险恶,古称瘴疠地区,瘟疫流行,地瘠民贫。有"铁军名将"之称的陈铭枢就出生在这里。

陈铭枢青年时期军装照。

广州黄埔陆军小学第二期、南京陆军中学、保定陆军军官学校第一期,一路军校学习后,陈铭枢于 1925 年 2 月率部参加第一次东征。5 月,回师广州,参加南征,平定滇、桂军阀杨希闵、刘震寰叛乱。8 月,任国民革命军第十师师长,与叶挺率领的独立团同属李济深第四军战斗序列。他们在北伐战场并肩作战,连续击溃北洋军阀吴佩孚的部队,可以说是无坚不摧,有"铁军"之誉。

1926 年 12 月,蒋介石委任陈铭枢为第十一军军长,并兼任武汉卫戍司令。九一八事变发生后,蒋为了缓和国民党内宁粤矛盾,调陈任京沪卫戍司令长官,陈铭枢所部成为拱卫国民党政府政治、经济核心地区的重要军事力量。是年 12 月,蒋介石下野,陈铭枢就任行政院代院长、交通部长等职,成为孙科政府的支柱要角。

1932 年 1 月 28 日,驻沪日军悍然向第十九路军发动袭击,"一·二八"事变爆发。陈铭枢支持十九路军奋起抵抗,他致电总指挥蒋光鼐、军长蔡廷锴:"此时唯有准备最光荣之牺牲,切不可轻做退后之辱。"后来英美等国调停中日冲突,重新复出的蒋介石主张"一面抵抗,一面交涉",南京政府签下丧失部分主权的

1933年11月22日上午10时,中华共和国人民革命政府举行成立典礼,各省人民代表、省会各机关团体代表共千余人出席,陈铭枢在典礼中发表讲话。

《淞沪停战协定》。不久,第十九路军调驻福建"剿共",陈铭枢从此开始转变思想,联络各方,进行反蒋活动。

中华人民共和国成立后,毛泽东主席深情地对原第十九路军总指挥蒋光鼐说:"没有你们那时的人民政府,就没有我们现在的人民政府。"周恩来总理也说:"你们十九路军对中国人民做过两件大好事,一是在上海抗日;二是在福建反蒋。"毛泽东所说的"人民政府",就是1933年国民党第十九路军部分将领发动福建事变后成立的中华共和国人民革命政府,虽然它只存在了短暂的54天,但是它是中国革命史上一件令人印象深刻的事件。这一场改元易帜的革命,就是陈铭枢策动的。

这场改元易帜的革命以第十九路军和在当地活动的第三党势力为主要支柱,由于是秘密进行,陈铭枢虽一手设计党政军的一切,但没有过分出头露面,更多的是幕后活动。他在《何谓人民革命》一文中对革命的理论意义作了阐述,认为人民革命是生产的人民革命,是真正的民族革命,是改造中国政治、促使中国经济进步的革命。

福建人民政府颁布的一系列纲领和政策，说明它是一个主张维护民族独立、实行政治民主、发展民族经济的政府。然而，在蒋介石的重兵"围剿"下，福建人民政府很快就失败了。蒋介石还下令通缉陈铭枢、李济深等人，陈铭枢避居香港，后来还组织了社会民主党。

1935年，社会民主党改组为中华民族革命同盟，积极响应共产党发出的团结御侮主张和《八一宣言》的主张。抗日战争时期，陈铭枢担任军事委员会参议，为中国国民外交协会和世界反侵略大会中国分会的领导人。他赞同国共合作、团结抗日，还不断向国际社会揭露日军侵略暴行，呼吁各国支援中国抗日。

参与筹建民联、民革

1943年，整个反法西斯战争形势发生了根本转折。此时，在重庆的陈铭枢、谭平山、杨杰、王昆仑、郭春涛等国民党民主派，酝酿组织一个时事座谈会，交流对国内外形势的看法，团结国民党内的民主分子、中间分子，开展抗日救亡运动，具体事宜由甘祠森、郭春涛等人出面进行。甘祠森和邓初民一起去找陈铭枢，陈表示支持，但认为自己"不宜公开露面"——当时他的动向都在蒋介石的关注之下，公开露面有害无益。

由于组织得当，这个座谈会从1943年2月到1946年4月，持续了三年多，通过座谈交流，分析形势，交换看法，传递信息，大家对当时的局势与未来的发展有了更清楚的认识，加强了彼此的联系，为国民党民主派组织的成立打下了基础。这个座谈会还得到了中共方面的关心。

据甘祠森回忆说："南方局的几位领导同志，都知道有这个座谈会，十分关怀。有一次董必武同志去到谭平山家，谭要孙荪荃来找我也去谈谈。我向董老汇报了座谈会情况。董老听起来很感兴趣。最后董老微笑着对我说：'你们这个座谈会搞得很好嘛。抗战的胜利，民主的实现，要靠大家去做才有希望。你们交了许多同情革命的朋友，也是对我们党的支持嘛。'"

经过一段时间交流，大家都认为建立一个国民党民主派组织的时机已经成熟，这个想法还得到了何香凝、李济深、冯玉祥、龙云、刘文辉等人的支持。于是，一个筹备组应运而生，成员有谭平山、陈铭枢、杨杰、朱蕴山、王昆仑、郭春涛、许宝驹、于振瀛、何公敢、甘祠森10人，这也是常说的"十人小组"。

1943年9月，陈铭枢在重庆的家里热闹起来，筹备组的聚会经常在陈铭枢的家里举行。这所住宅位于重庆曹家巷，两室一厅，门前冷落，地段幽静，作为聚会场所再合适不过了。陈铭枢受冷落多年，既为自避，也为避人，现在有好友相聚，高兴之余还作诗挂到墙上：水远山长一草庐，八年陶醉是诗书。而今宾客常盈座，又有兴亡到老夫。

筹备组聚谈的主题主要是成立国民党民主派组织问题。组织名称成为大家首先讨论的话题，取的名称都没有脱离国民党的范畴，如中国国民党民主同志会、中国国民党民主联合会、中国国民党民主同志联盟、中国国民党民主同志联合会等。最后大家决定，组织名称叫三民主义同志联合会（简称民联），以团结国民党内民主进步人士为宗旨。陈铭枢为了民联的建立做了大量默默无闻的幕后工作。

1945年10月28日，三民主义同志联合会第一次全体大会在重庆上清寺特园举行，大会选举了中央临时干事会，干事17人，推举陈铭枢、谭平山、杨杰、柳亚子、朱蕴山、王昆仑、郭春涛为常务干事。民联的成立，使国民党民主派形成了一支有组织的力量，在推动国民党民主派参加民主政治运动方面起了积极作用。

民联成立后，很快在全国十余个省市建立了组织，并发展到海外。全面内战爆发后，民联开始公开批判国民党与蒋介石的内战政策，并准备从组织上与国民党决裂，与其他国民党民主派组织组成新的政治党派。

1946年4月，李济深、蔡廷锴、蒋光鼐等人组织了中国国民党民主促进会（简称民促），李济深任主席。1947年5月，李济深、何香凝、蔡廷锴等在香港聚会,讨论成立一个共同的革命组织,以团结国民党内的爱国力量共同斗争。因为在港的多为民促的同志,李济深等认为应该邀请民联的同志来港共商大计,李济深、何香凝遂联名致信陈铭枢、谭平山、柳亚子、郭春涛:"国民党民主派,集中力量,正名领导,对内对外,紧要万分,盼先生等迅即来港,共同筹策一切。"

1948年1月1日,中国国民党革命委员会在香港成立,会议选举李济深为主席,民联的谭平山、郭春涛、何公敢、朱蕴山等为中央常委,陈铭枢当选为中央执行委员会委员。陈铭枢作为民联主要领导人之一,支持并积极促成了民革的建立,成为民革的创始人之一。

隐居上海,秘密策反

民革成立后,民革号召各地国民党军政人员及单位"揭竿而起,向人民靠拢"。陈铭枢由于过去的经历以及与国民党军政人员的广泛联系,在策反工作中扮演了重要的角色。

民革成立后,民联仍作为一个独立的组织继续活动。民联中央确定的工作重心之一,就是以沪宁为中心,从事对国民党军政人员的策反工作,获取国民党军事情报,配合中共领导的人民解放战争。这也是民革的工作重心之一。陈铭枢回到上海,在十分复杂、危险的环境下从事第二条战线的秘密策反工作。

有意思的是,1947年6月9日,在抗日战争期间备受蒋介石冷落的陈铭枢被授予了上将军衔。这位虽然战功卓著,但早已手无一兵一卒的将军,在内战激烈进行之际,获得了一个毫无价值的虚衔。这颇具戏剧性的一局,显然是蒋介石的笼络手段。当然,这一没有实际意义的头衔并未改变陈铭枢的反蒋决心,倒是在策反工作中给他带来了便利。

1948年底,人民解放战争向南发展,已经迫近国民党统治中心的南京、上海地区。这一地区国民党统治严密,特务耳目众多,大批民主人士不得不躲避国民党特务的迫害,或北上解放区,或南下香港,但陈铭枢选择了留下来，坚持从事民主运动与秘密工作。考虑到陈铭枢的安全和工作的需要，民革中央建议他秘密活动。为此，陈铭枢以处理私人琐事之名从南京悄然抵达上海。

陈铭枢在沪期间，隐居在南昌路善庆坊 20 号原国民党政府驻北欧诸国公使诸昌年家中，陈铭枢对外联系，经常通过秘书李家友，找申江医院院长刘之纲接头。据李家友回忆："当时，在上海的民联同志们，都为陈真老的安全担忧。到淮海战役胜利在望之时，蒋介石反动派以重金收买特务，对他下毒手，于是他秘密离开南京来到上海，居住在原国民党驻外大使诸昌年家中。同志们说他'去了香港'，以转移视线，特意保护他。与他同住一起的，只有他的夫人、小孩、外甥女颜福英和我等人。由于安全原因，陈真老很少外出，许多对外联系工作，都是由我负责。""我以看病为名到上海申江医院找该院院长刘之纲（系民联成员，新中国成立后曾任江西省卫生厅厅长）接头，传递情报。"与民联的联系，通过郭春涛、吴艺五进行，与中共的联系则通过郭春涛与上海局吴克坚进行。陈铭枢就是在这样的环境下临危不惧、机智沉着地从事秘密策反工作。

经过思考，陈铭枢决定策动陈仪起义。据中共上海局地下党员胡允恭回忆，受陈仪之邀，当年中秋节，陈铭枢与旧识胡允恭（1926 年国民革命军北伐时，两人都曾在李济深的第四军工作）专程由上海赴杭州面谈，后陈仪专请陈铭枢一人共进晚餐。事后，陈铭枢对胡说，他们开门见山地谈到了反蒋。陈仪说："你们反蒋早，这条路走对了。" 陈铭枢接着说："当前世道正处在变革之时，公洽兄能当机立断，现在反蒋也不迟嘛！不过有句老话，困兽犹斗，蒋介石一定还要垂死挣扎，我们更要多加小心。"陈仪赞同陈铭枢的分析，表示"疑团尽释"。酒酣兴至时，陈铭枢书谭嗣同诗句赠送陈仪："斗酒纵横天下事，名山风雨百年兴。"可以说，陈铭枢这番谈话对陈仪决心反蒋起了重要的作用。可惜，陈仪轻信汤恩伯，为汤所出卖，后陈仪被押至台湾杀害。

陈铭枢又进行了策动湖南省政府主席程潜起义的工作。1949 年春，湖南民联成员钱去非来上海向民联中央汇报工作，陈铭枢请他给程潜带去亲笔信，信中对革命形势的迅猛发展作了精辟的分析，并劝程潜早日率部起义。7月底，程潜给陈铭枢写了亲笔信，对他表示感谢，暗示将待机起义，信上还盖有程潜随身所带的小翡翠私章，信则由民联地下组织转交到陈铭枢手中。8月5日，湖南宣告和平解放。

不仅这些，陈铭枢还做了更多的工作。据李家友回忆，在上海解放前夕，陈铭枢努力打开与国民党上海市代理市长赵祖康的联系渠道，并冒着生命危险与赵祖康面晤，使赵祖康打消了疑虑，为完好地将上海交回人民手中作出了重要贡献。除此之外，陈铭枢与郭春涛、立法院立法委员武和轩、范予遂等一同谋划争取立法院院长童冠贤的工作；派人到安徽南部策动国民党第二纵队司令陈瑞河起义；联系上海中央银行职员李恩澧、何正恩等，保护金融财产；启发、指导一批青年大学生组织时代青年社，开展反破坏、反搬迁、护校护厂活动；派人赴沪宁、沪杭线城市策反，并通过内线签发特别乘车证，以资掩护；让曾任军委会日本陆军密电研究组主任霍实子拒绝为国防部侦译中共军事密码电报等等。这一切的秘密工作虽然有成功也有失败，但影响所及却不能单用"成""败"二字来衡量。毫无疑问，作为积极力量，陈铭枢的秘密策反工作为人民解放战争的胜利发挥了特殊的作用。

陈铭枢从事的工作，无论多么隐蔽，难免会走漏风声。上海解放前夕，蒋介石下令逮捕陈铭枢，为了安全起见，陈铭枢迁往沪西某处隐居。在这种危险情况下，陈铭枢仍然没有终止自己的秘密工作。有朋友劝他到香港避难，他说："我要留在国内为解放战争做一点事情。"此外，陈铭枢还做了许多工作，布置保护厂房、物资，尽力规劝准备外逃者继续留在上海，迎接解放。

1949年5月27日，陈铭枢终于在上海——这座曾经对他充满着危险的城市迎来了解放。当天，他和郭春涛、吴艺五等人齐聚家中，共庆胜利。据赵祖康日记所述，5月29日，他回访了陈铭枢等人，叙谈连日来的紧张工作。新中国成立后，陈铭枢将赵祖康所列的有关保护上海物资完整移交的书面材料带到北京，交给了民革中央。

中美对话，秘密信使

1949 年 5 月底，陈铭枢正准备赴北平参加新政治协商会议的筹备工作，忽然接到美国大使司徒雷登邀他赴宁一叙的请求。原来，司徒雷登正在寻找机会同中共领导人对话，并已同燕京大学学生、当时南京军管会外事负责人黄华取得联系。司徒雷登听说陈铭枢将赴北平，便想托他给中共领导人传递信息。就在新中国即将诞生之际，陈铭枢又成为司徒雷登同中共领袖毛泽东、周恩来之间秘密谈判的信使。

陈铭枢与司徒雷登相识多年，颇为熟稔。1948 年，美国试图在中国扶持"第三势力"，推动"自由主义"运动时，司徒雷登请陈铭枢出面参加，被陈铭枢拒绝。同年，国民党军队在徐州战场陷入解放军重围，陈纳德准备重组飞虎队，为国民党解围。陈铭枢找到司徒雷登说："中国大陆的事情，美国就不要再插手了，何况蒋介石已是强弩之末，国民党大势已去，已是无可救药的了。"司徒雷登听取了陈铭枢的意见，阻止了陈纳德的行动。

陈铭枢与中国共产党也有着长期的合作关系，此时自然乐于为中共与美国增进相互了解和接触而奔走。于是，他和夫人朱光珍 6 月 10 日来到南京，同司徒雷登晤谈了将近四个小时。司徒雷登请他向中共领导人转达美方的 5 点意见和 4 个文件。

陈铭枢旋赴北平，向中共领导人转达了这些意见和文件。6 月 23 日，他通过助手罗海沙转告司徒雷登，说他已跟毛泽东、周恩来顺利接触，谈话令人完全满意。而这时，司徒雷登已向中共方面提出了亲赴北平的意向，毛泽东、周恩来也准备欢迎他来。美国与中共的关系露出了一线转机。然而在 7 月 1 日，美国最高层否决了司徒雷登北平之行的请求，他只好在南京坐等陈铭枢的消息。7 月 9 日，陈铭枢终于给司徒雷登带回了中共领导人的答复。他们在当天下午倾谈了四个多小时。第二天，陈又交给司徒雷登一份长篇备忘录和两个附件。

备忘录是陈铭枢根据到北平后同中共领导人的谈话，以及对毛泽东政治经济思想所作观察综合整理而成。中共的既定原则是美国必须先同国民党政权断绝关系,停止援蒋,容忍中共实行结好苏联的"政治路线",才能同美国进一步谈判。而美国当时并未决心停止援助国民党政权,也未放弃反共立场,却要求中共首先停止反帝反美的宣传与活动,疏远同苏联的友好关系,甚至背弃共产主义原则。双方的立场如此格格不入,在陈铭枢的斡旋下,中美虽有对话的机会,却无和解之可能。

直言无隐,中共诤友

1949年9月23日,中国人民政治协商会议第一届全体会议进入第三天,陈铭枢作为三民主义同志联合会代表在会议上发言,他充分肯定新政协筹备会所起草的人民政协组织法、共同纲领及中华人民共和国中央人民政府组织法,是"非常完善而具有划时代历史意义的三个文件",认为"这三个文件创造了中国历史的新页,也创造了中国人民的新生"。陈铭枢当选为中央人民政府委员,出席了开国大典。新中国成立后,陈铭枢以主人翁的态度积极参加社会主义革命和社会主义建设,为祖国统一献计献策,他敢于讲真心话,敢于秉笔直书,因此被誉为"中国共产党的诤友"。

1950年9月,中央人民政府提名陈铭枢为中南军政委员会农林部副部长。

1949年9月23日,陈铭枢出席在中南海怀仁堂举行的中国人民政治协商会议第一届全体会议,并代表民联发言。

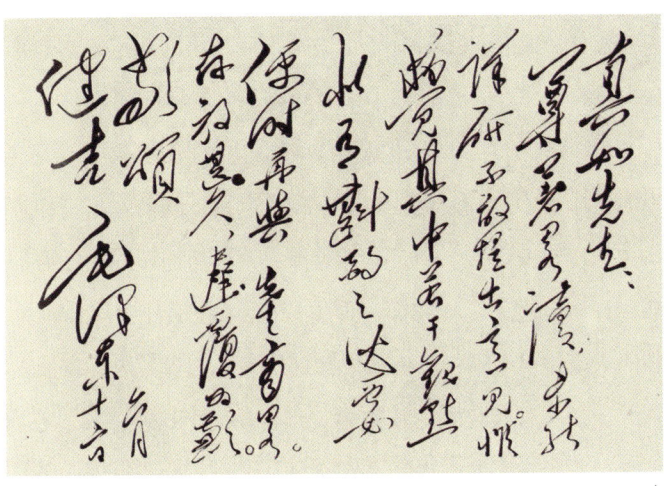

毛泽东主席1950年6月12日写给陈铭枢的信,全文为:真如先生:尊著略读,未能详研,不敢提出意见。惟觉其中若干观点似有斟酌之必要,便时再与先生商略。存放甚久,迟复为歉。敬颂 健吉 毛泽东 六月十二日。

陈铭枢担任中南军政委员会农林部部长的任命书。

他深感失落，迟迟不愿赴任，宁愿去华北人民革命大学学习。后经毛泽东亲自做思想工作，希望他了解一下地方情况后，再回北京来。他才接受这一工作，高高兴兴就任去了，不久转任中南军政委员会农林部部长。

1953年1月，陈铭枢被中央任命为中南行政委员会副主席。5月，陈铭枢上书中共中央中南局，反映自己发现的问题，随信附上三件意见书，一是《机关与机关的反官僚主义》，二是《目前灾荒形势与领导的任务》，三是《从几句话联想到许多问题》。他在第一件里指出："在旧社会里，机关是'衙门'，其中工作的人就是'老爷'。在旧思想层层包围的机关里，官僚主义很容易找到滋长它的温床。不管你自觉的或不自觉都容易走上这一条路。在官僚主义存在的地方，群众是不会起来的，更谈不到监督。因此，唯一希望上级党对机关的领导干部加紧进行思想教育，并不断检查和监督。"

主要参考文献：

1.《铁军名将——陈铭枢》，朱宗震、汪朝光，兰州大学出版社1996年。

2.《民革领导人传》，民革中央宣传部编，团结出版社2007年。

3.《陈铭枢纪念文集》，民革中央宣传部编，团结出版社1989年。

4. 屈武、朱学范、侯镜如《毕生爱国　典范永存——纪念陈铭枢同志诞辰一百周年》，《团结报》1989年11月4日第2版。

5.《陈铭枢回忆录》，陈铭枢，中国文史出版社1997年。

6.《陈铭枢将军图文集》，孙中山大元帅府纪念馆编，团结出版社2018年。

7. 郦千明《北伐名将陈铭枢的传奇人生》，《文史天地》，2014年第8期。

8. 牛大勇《陈铭枢为美国与中共对话奔走》，《团结报》1989年7月11日。

9. 庾新顺《陈铭枢：铁军名将　中共诤友》，《传承》，2014年第5期。

10．叶介甫《董必武争取和团结民主人士的故事》,《中国统一战线》,2016年第3期。

11．《民革党员与新中国》,上海市政协文史资料委员会、民革上海市委会合编,上海文史资料选辑第94辑,1999年。

　　蒋光鼐（1888-1967），原名憇，字憬然，广东东莞人，1950年加入民革。1949年后，曾任纺织工业部部长。民革第一届中央执行委员，第二至四届中央常委；民革北京市分部第三届常委、第四届主委；民革北京市委会第五、六届主委。第一至三届全国人大代表。第一届全国政协常委。

蒋光鼐
新中国首任纺织工业部部长

1947年6月,广州中山大学校园内,气氛凝重,仿佛空气都已经凝固了。

几个凶恶的国民党特务,在刚刚被解聘的经济系主任梅龚彬住所附近严防死守,不让这位备受学生爱戴的教授离开校园。

这位面容清瘦、戴着厚厚眼镜的梅教授,是一位中共秘密党员。几天前,他支持中山大学学生在广州举行了声势浩大的示威游行。游行队伍高喊的"反饥饿、反内战、反迫害"口号,再次触动了国民党政府脆弱的神经。军警和特务逮捕了梅龚彬,随即被愤怒的中山大学师生包围,无奈之下不得不将其释放,但坚决不让他离开校园。

局面僵持之际,校园里驶来了一辆高级汽车。眼尖者马上认出,这是广州行营主任张发奎的专车。这位长官"蛮横"的名声在外,军警和特务对他颇为忌惮,故而有意无意地放松了戒备。

被困许久的梅龚彬迅速搭乘此车,伴随着马达轰鸣,终于安全离开,奔向了广阔天地。

实际上,幕后运作此事的并非专车的主人,而是一位名闻天下的抗日将军。

他听闻梅龚彬被困,便向邻居兼上司张发奎借来了这辆汽车,帮助好友脱离虎穴。这位将军,便是身经百战、屡建战功的抗日名将——蒋光鼐,时任广州行营副主任。利用自己的特殊身份和广泛交情,蒋光鼐出面解救了众多中共党员和民主人士,梅龚彬只是其中之一。

革命战功卓著,曾领导淞沪抗战

蒋光鼐生于书香世家,其先祖是清末翰林。15 岁时,蒋母因病去世,临终前她因时局日颓,嘱咐蒋光鼐"弃文从武,勉以异日为民族干城"。这对蒋光鼐的一生有着极大的影响。

蒋光鼐青少年时,正值清廷腐败、国事日非、外侮深重之际。他 18 岁时,便毫不迟疑地剪掉了头上的辫子,经同学陈铭枢介绍,加入了孙中山先生领导的中国同盟会,自武昌起义后开始戎马生涯。

参军十余载,不改青云志。从加入同盟会到参与辛亥革命,从讨袁到流亡,从两次护法到率部北伐,蒋光鼐始终在革命的激流中奋进,也饱尝艰辛和苦难。1931 年,日本发动了蓄谋已久的九一八事变,东北军不放一枪,把东三省拱手让给日寇。1932 年,日军又在上海不断挑衅。战争乌云笼罩于黄浦江畔。时任京沪卫戍司令的蒋光鼐,无法容忍敌人在防区内任意横行。1 月 23 日,蒋光鼐抱病参加紧急会议,发表了坚决抵抗的讲话。

会后,蒋光鼐与同僚蔡廷锴、淞沪警备司令戴戟联合签发了一则给所率第十九路军各部的密电,明确告知:"我军以守卫国土恪尽军人天职之目的,应严密戒备,如日本军队确实向我驻地部队攻击时,应以全力扑灭之。"1 月 28 日,日军悍然发动进攻,第十九路军依照密令奋起抵抗。

正在医院治疗的蒋光鼐接到报告,立即驱车至司令部,与蔡廷锴、戴戟商讨作战方案,调动部队增援。时值春节前夕,冰天雪地、小路泥泞,三人步行到真如车站，建立临时指挥部，拉开淞沪抗战的大幕。

第十九路军是清一色的步兵，没有飞机、坦克和装甲车。士兵多是广东人，身材矮小、装备简陋，与配备空军、坦克、装备精良的日本军队相比，简直是天壤之别。日军指挥官扬言4个小时占领上海，但在中国士兵英勇抗击下接连受挫。

2月2日，蒋光鼐与蔡廷锴、戴戟暨第十九路军全体官兵通电全国，表示全军"洞胸断首，万众一心，牺牲最后一弹一卒"的决心。双方激战数日，日军始终未能前进一步。

由于作战受挫，日军三易指挥官，参战总兵力大大超过中方。蒋光鼐连续告急，请求增援，但蒋介石充耳不闻。第十九路军能在如此困难的环境中支撑，靠的是全国各界人民的支持。

淞沪抗战爆发后，海内外同胞踊跃捐款，总数达到1000余万元。宋庆龄、何香凝等全力组织推动，建立了几十个伤兵医院。民革前辈朱学范，当时担任上海邮工救护队队长，每天冒着敌人炮火到前线传递消息、开展战地救护。据朱学范回忆，蒋光鼐指出只有抗日才能获得中华民族的生存，对他给予很大鼓励。朱学范表示，这是"难忘的一件大事"。

但敌我力量实在过于悬殊。激战月余之后，第十九路军撤离。国民党政府和日本签署了《淞沪停战协定》，淞沪抗战结束。

壮志未酬，举国同悲。同年5月28日，淞沪抗战阵亡将士追悼大会在苏州举行。各界人士和群众约五万人参加了大会，群情激愤，场面动人。蒋光鼐书写了一副挽联：

　　自卫乃天赋人权，三万众慷慨登陴，有断头将军，无降将军，石烂海枯犹此志；

　　相约以血洒国耻，四十日见危授命，吾率君等出，不率其入，椒浆桂酒有余哀。

发动福建事变，失利后寓居香港

追悼大会后，蒋光鼐收到密令，要求第十九路军调往福建"进剿"红军。国民党内外的迥异态度，特别是蒋介石"攘外必先安内"的政策，让蒋光鼐感到十分失望和愤怒。他不愿参加内战，遂解甲返乡。

波澜时势造就风云人物。爱憎分明的性格和对国家民族的高度责任感，使得蒋光鼐在重新走出家园后，踏上了一条荆棘丛生又崭新的光明道路。

应挚友蔡廷锴登门诚邀，蒋光鼐终于同意赴福建主事。此时的福建，成为各路反蒋人士云集之处。1932年10月，中共代表潘汉年与第十九路军代表徐名鸿签署了《反日反蒋初步协定》，停止了双方的作战状态。第十九路军与红军签订停战协定，在国民党军队中是首例，意义重大。国民党针对苏区的封锁线，因此出现了一个突破口，由此运入的油块、布匹、医药和器材大大支援了红军的发展。这件事情，充分说明了蒋光鼐深明大义，以民族利益为重的非凡气度。

很快，国民党内反蒋派于11月20日在福建成立中华共和国人民革命政府，推选李济深、陈铭枢、蒋光鼐、蔡廷锴等11人为政府委员，公推李济深为主席，蒋光鼐兼任财政部长。李济深、陈铭枢、蒋光鼐等联名发出通电，宣布脱离国民党。

蒋介石对于福建事变十分重视，一方面立即抽调大军进行围攻，一方面通过各种途径进行分化瓦解。由于没有真正发动和依靠群众，在内外交困的情况下，福建事变很快失败。第十九路军这支有着光荣传统的队伍，在此后被取消番号。蒋光鼐知道大局已不可挽回，只能与李济深一道远赴香港。

蒋光鼐对于香港并不陌生。在二次革命失败后的1915年，蒋光鼐与同学张廷辅、李章达三人离开家乡到香港。他们租住在九龙塘边的一间木屋，靠种植贩卖花卉维持生活。后来，三人出版了一份宣传革命、声讨袁世凯的《平民日报》。

据说，这份报纸当时颇受百姓青睐。

此次故地重游，蒋光鼐坚持民主、热爱祖国的热情丝毫没有消减。1935年7月，蒋光鼐与李济深、陈铭枢、蔡廷锴等成立中华民族革命同盟（简称大同盟），李济深任主席，以"抗日反蒋"为主旨，提出"争取民族独立，树立人民政权"的纲领。蒋光鼐曾代理过主席职务。

此时，蒋光鼐等人认识到，必须团结各方力量才能挽救民族危亡。因此，大同盟与各抗日团体保持良好的合作关系，对于各界人士的抗日活动，都表示积极支持，对于坚持抗日的红军，蒋光鼐在经济上多次给予支援。内战失人心，抗战得人心。1937年7月，卢沟桥事变爆发，中国开始全面抗战。蒋光鼐等蛰居香港的爱国将领，先后接到蒋介石的电报，邀请他们返回内地、共赴国难。

此刻，蒋光鼐等人捐弃前嫌，公开表明了态度。8月，大同盟发表宣言，号召全体盟员和全国同胞"拥护政府，抗战到底"。1939年初，蒋光鼐出任第四战区参谋长。1939年底，日军沿粤汉铁路北进，驻守的十二集团军进行阻击，蒋光鼐以战区长官部的名义直接进行指挥，命令各部队沉着应战，取得粤北战役的胜利。

抗战中，蒋光鼐眼见中国共产党领导八路军和新四军，实行正确的抗战路线，在敌后开展游击战争，成为坚持抗战的中流砥柱和全国人民争取抗战胜利的希望所在。而国民党虽在正面战场初期有过积极行动，但随着时间的推移逐渐消极抗日、积极反共，四大家族借机大发国难财。对此，蒋光鼐对国民党的腐败彻底失望。

国民党统治的乱象，在抗战胜利后愈演愈烈。在黑暗的旧社会摸索半生、对爱国革命矢志不渝的蒋光鼐，终于作出了一个重要的抉择。

1939年蒋光鼐（左）与周恩来合影于重庆曾家岩。

高举民主旗帜，参与创建民革

民革前辈张克明曾说，蒋光鼐常说："已看准了的事，已决定了的事，就要坚决执行。"的确如此，蒋光鼐认识到和蒋介石已无任何妥协可能，决定参与筹建民主组织，团结国民党内的反蒋力量。1946年4月，蒋光鼐与蔡廷锴等在广州成立中国国民党民主促进会，号召国民党内的革命同志组织起来反对内战、反对独裁，实现民主政治与耕者有其田。

此时，蒋光鼐为便于今后的工作，在组织开会时从不出面。他只是在幕后策划、暗中协助工作，在物质上也给予了大量的支持。即便此后渐渐露面参加一些小范围会议，蒋光鼐也都没有签名。

不仅如此，蒋光鼐还身体力行，利用自己的地位与过去的关系，尽量帮助中国共产党。1946年，他曾为东江纵队的撤退问题，找过时任军调部政府方面代表的老部下王衡，帮助东江纵队得以全军安全撤退。这支部队北撤山东解放区，后来整编为中国人民解放军两广纵队，编入华东野战军的战斗序列，之后转战多地屡立战功。同时，蒋光鼐出面解救了包括梅龚彬在内的多位中共党员和民主人士，帮助他们离开国统区，在新的天地发挥了更大作用。

蒋光鼐等人开展的行动，迎合了国内普遍追求民主与和平的期望，有力声援了当时处于劣势的中国共产党。1946年5月，蒋光鼐接到了周恩来的亲笔信函，信中提到："先生以抗日前导而为华南和平民主之支柱，力挽狂澜，举国瞩望。"

内战爆发后，人心向背决定了解放军必胜和国民党军必败的命运。蒋光鼐和国民党中的一些爱国民主分子，毅然接受中国共产党的领导，拥护人民解放战争，投入新民主主义革命阵营。1948年1月，蒋光鼐与李济深、何香凝、蔡廷锴等在香港发起成立了中国国民党革命委员会，蒋光鼐被选为中央执行委员。民革的成立，为打败蒋介石、建立新中国作出了积极的贡献。无巧不成书，一年多前蒋光鼐在广州解救的梅龚彬，被推选为民革成立宣言的起草人，还起草了《中国国民党革命委员会响应中共"五一"号召》等重要文稿。新中国成立后，梅龚彬还曾担任了民革中央秘书长等职。

在解放战争从防御阶段转入战略进攻阶段后，周恩来委托给蒋光鼐一个重任，即争取坐镇广东的余汉谋起义。余汉谋出身粤军，与蒋光鼐是老相识。两人在抗战期间和胜利后一直共事，关系融洽。因此，蒋光鼐是进行此项工作的最佳人选。

此时，余汉谋受到蒋介石的重用，故虽然经蒋光鼐晓以大义，但仍下不了决心，仅对蒋光鼐说："我只能做到这一点，共军进攻广州，我将命令部下不战而撤退。"后来余汉谋虽然未能起义，但他实现了自己的诺言，使广州人民的生命财产和城市设施免受战火的破坏。

蒋光鼐早年的抗日壮举，也在内战中发挥了潜移默化的影响。他曾说："当年第十九路军'抗命'抗日，激发了广大官兵对南京政府不抵抗政策的'抗命'民族意识。"第十九路军虽然被迫撤退，但在上海人民特别是工人心中留下了再战的准备和决心，这是胜利之本。他还满怀信心地说："我们要成立民革，推翻蒋政权，也一定会很快联合中国共产党、民主党派和各界爱国人士，促其实现的。"

历史不断向前发展，很快证明了蒋光鼐的判断。

参与新中国建设，出任部长

解放战争局势的发展，促使更多的民主党派人士站到坚决反对美蒋、同共产党携手奋斗的立场上来。从1948年9月起，李济深、蔡廷锴等陆续离港北上解放区。蒋光鼐仍留在香港，秘密进行策反工作，并与张文等主持民革中央在港的留守工作。

直到1949年6月新政治协商会议筹备委员会的名单公布后，蒋光鼐因列名其中而身份暴露，于7月由中共地下党负责人乔冠华陪同自港到北平。

据蒋光鼐之女蒋定蜀回忆，蒋光鼐北上后，特意派妻子从香港接蒋定蜀去北平。那时在港定居的亲属曾希望把蒋定蜀留下，蒋妻为此带来了蒋光鼐的"军令"："一个不留全体北上，好好学本领，参加祖国建设。"

9月17日，蒋光鼐在新政治协商会议筹委会第二次全体会议上被选为中国人民政治协商会议第一届全体会议主席团成员。21日，中国人民政治协商会议第一届全体会议在中南海怀仁堂召开，蒋光鼐出席会议，并参加了宣言起草委员会的工作。25日，他在政协第一届全体会议上作大会发言。10月1日，蒋光鼐光荣地参加了开国大典。10月9日，中国人民政治协商会议第一届全国委员会在中南海勤政殿举行第一次会议，蒋光鼐当选为常务委员。

新中国成立后，蒋光鼐完成了从将军到部长的身份转变。1952年8月7日，在中央人民政府委员会第十七次会议上，蒋光鼐被任命为中央人民政府纺织工业部部长，一直到他去世，任职长达15年。

当时，纺织工业是国民经济的重要部门，从业人数众多，关系着千家万户。1950年4月12日，毛泽东主席曾在第一届全国政协常务委员会扩大的第

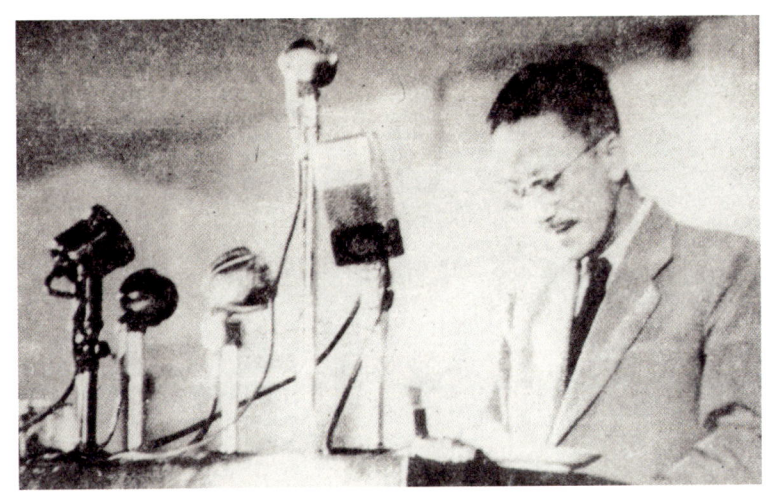

1949年在中国人民政治协商会议第一次全体会议上发言。

四次会议的讲话中指出:"有三种东西,即粮食、棉花、煤油,这是几十年来入口货的大宗,中国的外汇主要买这些东西。只有这三种东西靠自己,经济建设问题才能彻底解决。"可见,解决亿万中国人的穿衣问题,是关系国计民生的大事。

这个重担,自然压在了蒋光鼐等人身上。蒋光鼐一生戎马,从来没有涉足过这个行业,他戏称自己是跑龙套的,与副部长钱之光、张琴秋、陈维稷等保持了良好的合作关系。他继续发扬一贯的民主作风,虚心听取专业技术人员的意见,在群众中享有较高的威信。

蒋光鼐注意到,随着纺织工业的迅猛发展,纺织原料跟不上发展需要的问题越来越突出。1959年,年逾古稀的蒋光鼐亲自率领工作小组赴海南岛考察,了解优良品种海岛棉的情况。岛内交通条件不太好,特别是种植棉花的地方都比较偏远,但蒋光鼐不辞劳苦,亲临现场,与大家认真地调查研究,推动海岛棉在更大的范围内种植,为纺织工业的发展提供了更可靠的原料保障。

在纺织工业部的统一规划下,西部的新疆、青海、内蒙古等产棉省区大力发

蒋光鼐在中央纺织工业部部长办公室。

展纺织工业,建立纺织工厂,不仅实现了原材料的就地加工,还助推了少数民族地区经济发展。但在当时,首先要解决的是人民群众的粮食问题,如果纺织品全靠棉、麻、丝等天然纤维,必然要和粮食争地。蒋光鼐领导第一代纺织人,非常具有前瞻性地提出了发展化纤产业,现在看来这一主张是很有战略眼光和现实价值的。从1960年至1964年,仅用了短短四年的时间,新中国就在上海、南京、新乡、杭州、哈尔滨、广州等地建成了第一批现代化的化学纤维厂,丰富了纺织品的种类,提高了产量。

如今,中国已经成为世界第一化纤生产大国,不仅解决了近14亿人口的穿衣问题,还将其出口到全世界二百多个国家和地区,约占全球纺织服装贸易总额的四成。这是非常了不起的成就。

此时,人们更要记住蒋光鼐等老一辈创业的艰难。这是他们这代人筚路蓝缕,为祖国富强和人民幸福作出的积极贡献。

1953年蒋光鼐为北京国营第一棉纺厂开工典礼剪彩。

关注民革建设，推动多党合作事业发展

1949年11月中旬，中国国民党民主派代表会议在北京举行，会议决定将原国民党内的爱国民主人士统一到一个组织内，即中国国民党革命委员会，原有的三民主义同志联合会、中国国民党民主促进会同时宣布解散。会议选举李济深为主席，蒋光鼐等21人为中央常务委员。1951年6月，蒋光鼐到民革北京市分部主持工作，后担任民革北京市委会主任委员。此外，蒋光鼐还曾代理过民革中央组织部部长的职务。

针对中委、中常委的各种学习，蒋光鼐很少请假。他长期担任北京市民革组织的领导，对于民革工作抓得很紧。当时市委会每月开会一次，常委会每周开会一次，基本按时召开。他一贯主张将问题摆到桌面上，经过大家充分讨论，再形成决议。民革北京市委会初建时，成员来自五湖四海，情况复杂，难免有些门户之见，蒋光鼐努力消除各种无原则的矛盾，尽量团结各方人士，为市委会的工作

打下了良好的基础。

在生活方面，蒋光鼐一向提倡俭朴，并以身作则，教育子女。作为纺织部的最高领导，他从不拿样品，也不将样品作为礼物送人。开会时他从不用公款请客，偶尔请客也自己花钱。为支援抗美援朝，他将自己在广州仅剩的一所住宅捐献给国家。

蒋光鼐虽为纺织部部长，但自己所穿的许多内衣上都有补丁甚至破着洞。蒋光鼐之女蒋定桂回忆，有一年夏天父亲和她交谈，白色圆领衫背部上有许多小窟窿。她问父亲："你怎么还穿这件破衣裳呐？"蒋光鼐回答："天这么热，这件衣服凉快！"说完，两人哈哈大笑。

1967年6月8日，蒋光鼐因病在北京去世。蒋光鼐的骨灰先存放在北京八宝山革命公墓，后于1997年与蔡廷锴一同迁葬于广州第十九路军淞沪抗日阵亡将士陵园将军墓。

主要参考文献：

1.《蔡廷锴自传》，蔡廷锴，黑龙江省人民出版社1982年。

2.《九·一八——一·二八上海军民抗日运动史料》，上海社会科学院历史研究所编，上海社会科学院出版社1986年。

3.《陈铭枢回忆录》，朱宗震等编，中国文史出版社1997年。

4.《蒋光鼐将军》，民革中央宣传部编，团结出版社1989年。

5.《一代名将蔡廷锴》，广东省政协文史资料研究委员会编，广东人民出版社1992年。

6.《梅龚彬回忆录》，梅龚彬著，团结出版社1994年。

7.《袁崇焕评传》，金庸著，生活·读书·新知三联书店1994年。

8.《蒋光鼐》，卜大乾、蒋建国等著，《中共党史人物传》第66卷，中央文献出版社 2000 年。

9.《爱国将军蒋光鼐》，虎门镇人民政府编，广东人民出版社 2008 年。

10.《从九一八到七七事变》，全国政协文史资料研究委员会编，广西师范大学出版社 2009 年。

11. 淞沪警备司令部编《一·二八的一些纪念品》，《掌故月刊（香港）》1973 年第 17 期。

12. 蒋庆瑜《从辛亥一兵到孙中山警卫团团长》，《民国春秋》，1987 年第六期。

邵力子（1882-1967），原名景奎，字仲辉，浙江绍兴人，1950年加入民革。1949年后，曾任政务院政务委员等职。民革第二至四届中央常委。第一至三届全国人大常委会委员。第一至四届全国政协常委。

邵力子
举国闻名的和平老人

1949年4月，国共谈判期间，一名国民党政府的谈判代表利用国民党的专机，偷偷将数百万亿元的金圆券从北平运到了南京。这个人是想趁国难之际发横财吗？当然不是，这笔巨款，他没有拿一分钱，而是全部交给了江南的中共地下组织。中共将这笔钱投放在江南的国统区，以达到扰乱国统区经济秩序的目的。

这位帮助中共偷运巨款的国民党谈判代表是谁？他为什么要帮助中共做这件事呢？他是一个什么样的人？

他就是被称为"和平老人"的邵力子。

神童举人，追求新学

邵力子，1882年出生于浙江绍兴。他原名景奎，邵力子这个名字是他在1910年10月创办《民立报》时为自己改的。当时，他从《后汉书》中"游子天所弃，力子天所富"这句中取了"力子"一词为名，自称为"勤劳之人"。他这一生，为中国的和平事业真的是勤劳了一辈子。

邵力子的父亲邵霖，科举出身，曾任江苏吴江县县丞。邵力子出生后，长期由叔父邵莲坡抚养。幼年的邵力子因聪颖曾被乡亲们称为"神童"，加之邵莲坡

邵力子家乡浙江绍兴邵家溇村一景。

是廪生,又对侄子非常疼爱,亲自教邵力子读书识字,学习上对其要求严格,因此邵力子的学习一直很好。邵力子20岁时参加了乡试,以一篇《振兴实业论》的策论,被取为举人。中举后,家人催促他到北京参加殿试以博取功名,光宗耀祖,但邵力子觉得清政府太腐败无能了,国家命运多舛,取得功名又如何?那时候的中国发生了很多大事,清政府在甲午战争中惨败,孙中山创立兴中会,康有为、梁启超鼓吹维新。与此同时,新的文化思潮逐步兴起,这些新的思潮触动了年轻的邵力子。经过认真的思考,他毅然决定,放弃参加殿试的机会,去求新学!

邵力子来到上海,考入南洋公学,并进入"特班"。特班是南洋公学为培养高级人才而设立的,旨在"以待成才之彦士有志西学"。当时负责特班教学的正是他的同乡蔡元培。蔡元培不但知识渊博,而且思想进步。邵力子在这里得以看到很多进步书籍,学习到了很多新思想。后来南洋公学发生"墨水瓶事件",继而引发了学生抗议学校专制的学潮,邵力子决定离开南洋公学。之后他求学于上海震旦公学、复旦公学,25岁时赴日本学习新闻学。在日本留学期间,他一直坚持用报纸传达新思想。回国后,他也一直坚持创办报纸,宣传新思想、新文化,在当时的新闻界享有很高的声誉。

邵力子非常敬仰孙中山先生,26岁加入同盟会,算是国民党的元老了。

邵力子还曾经在上海加入共产党早期组织，成为一名共产党员。后因革命活动的需要，党组织决定让其退出共产党，保留国民党员身份。此后，邵力子一直秉承孙中山的三大政策，为国共合作、争取国家和平鞠躬尽瘁，因此被称为"和平老人"。

重庆谈判，满怀希望

1945年，抗日战争结束，饱受战火之苦的中国人民热切盼望和平的日子能够从此开始。当时国内的两大政党——中国共产党和中国国民党，它们将何去何从？它们将如何领导这个国家？这是所有中国人最关心的问题。这时候的蒋介石连连邀请中共中央主席毛泽东到重庆谈判，而中共方面也同意了。这令无数人感觉到了希望。邵力子内心更是激动不已！

1945年8月28日下午，重庆九龙坡机场，邵力子与几百名各界人士一起怀着激动的心情等待着。3点多，天空中传来飞机的轰鸣声，由远及近，随后飞机缓缓降落在停机坪上。他们来了！毛泽东、周恩来等中共代表走下飞机。邵力子等人热情地走上前去迎接。在当晚的欢迎晚宴上，邵力子盛赞毛泽东、周恩来此次赴重庆是"对和平最有诚意的表现"，一次又一次举杯，提议"为国共合作和平建国而干杯！"

然而，谈判的进行并不是一帆风顺的，而是充满了坎坷与艰难。国共双方均提出了自己的谈判条件，其中又以军队改编和承认解放区问题为两个矛盾焦点。邵力子与张群、王世杰、张治中被蒋介石指定为谈判代表。邵力子深感这次谈判是严峻的。他的内心认为中共提出的许多要求是合理的，可以接受，但是作为蒋介石指定的国民党谈判代表，他又必须按照蒋介石给的原则去谈。如何在谈判中取得平衡，最终达到和平建国的目的，其难度不可谓不高！但是国共合作是他的心愿，也是全国人民的心愿，为了四万万同胞能够过上和平的生活，邵力子决心全力以赴，坚信"和平建国必须国共合作"！此后，各种有关和谈的大小会议他都参加，遇到国共双方代表意见不一致的时候，他就竭尽全力地去调和。既要维护国民党的有关利益，又要考虑满足共产党的合理要求，他因此受到了国民党顽固派的指责，处境十分的艰难，有时真的到了进退维谷的地步。虽然如此，他还是忍辱负重，顾全大局，在力所能及的范围内，将和谈向成功的方向推进。

经过谈判双方的反复协商，在10月10日，国共双方终于签署了《政府与中共代表会谈纪要》（即《双十协定》）。邵力子别提有多高兴了！他兴奋地对人说："几千年以来的封建势力，100年以来的帝国主义压迫，都将在我们的努力下一起被消灭了，真是可庆可贺！"

谈判取得初步成效后，毛泽东返回延安，周恩来留在重庆继续谈判。中共方面希望立即停止内战，尽快召开政治协商会议。1946年1月10日，国共双方宣布停战，政治协商会议在重庆开幕。这个会议从1月10日一直开到了3月31日。几乎在每一个问题上，双方都展开了激烈的舌战，也经常使谈判陷入僵局。在谈判的硝烟中，邵力子始终秉持要在保障和平的前提下解决一切争端。他始终保持着理智，利用自己的身份和地位，运用智慧与胆识，不断在国共双方之间进行沟通和平衡，为两党之间的调和起到了重要的作用。经过各方的努力，政协会议终于取得了一定程度上的成功，达成了《政协五项决议》。和平的进程又向前推进了一步。

然而，和平的希望刚刚燃起，蒋介石却悍然撕毁协定！1946年6月26日，国民党军队大举围攻中原解放区，全面内战爆发！面对这样的结果，邵力子的内心无比的失望。一切努力付之东流！中国啊，什么时候才能迎来和平？

1946年11月15日，国民党单方面在南京召开所谓国民大会。邵力子坚决反对，他说："在国家没有共同意志时，急急忙忙召开国民大会，实属儿戏。"他拒绝担任国大秘书长，也坚决拒绝参加国大的选举。虽然他知道这样做会给他带来巨大的压力和风险，但是他要坚决以实际行动表明自己的立场和态度。几天后，周恩来为抗议蒋介石破坏政协决议、非法召开伪国大，带领中共代表团离开了南京，返回延安。邵力子又冒着风险，独自一人去送行。

虽然没能阻止内战的爆发，没能得到想要的和平，但是邵力子从不放弃任何将中国推向和平的努力。邵力子特别喜欢读鲁迅的书，他在家里放一套，在办公室放一套，经常拿起来看。鲁迅的"横眉冷对千夫指，俯首甘为孺子牛"这句话在他的心里一遍遍回响。只要能为中国人民谋得和平，邵力子愿意付出自己最大的努力。

八万斤白面，偷运解放区

1948年3月7日上午，位于南京的国民参政会传达室里来了两个人，声称要见邵力子。在邵力子的副官马德禄的引导下，邵力子热情地接待了这两位客人。待马副官走开后，其中一个自称姓李的客人突然弯腰将大衣的衣角撕开，从里面拿出一封信，交给了邵力子。邵力子打开信一看，立刻认出了写信人的笔迹，正是董必武先生！邵力子激动地对来客说："你们离开南京已经整整一年了啊！"

正是一年前，由于国共关系破裂，董必武率中共办事处人员离开南京回延安，邵力子不顾安危，同张治中一起赴机场送行，依依惜别。

那么，这次董必武派人来南京找邵力子，又如此神秘，是为了什么事呢？原来，董必武是想托邵力子设法从国统区搞几万斤白面运到华北解放区去。这可不是一件容易的事。当时的国统区，大米、白面已成为禁运品，凡车船装运，均需持有粮食部签发的运粮证。如被查出是私运，会受到严厉惩办。

这时，客人介绍情况说，他们知道国统区现在是物价飞涨，但是解放区的情况更加困难，有钱都买不着粮食，尤其是大米白面。眼下正是春天，青黄不接的时候，群众很困难，就连中央机关首长都已断了半年的细粮。董必武叮嘱他们说，中央机关可以克服困难，没有粮食，春天来了可以发动大家去挖野菜，但无论如何也要搞点细粮白面供应伤病员和中央机关保育院的孩子们。董必武还请来者捎话说："1万斤不少，10万斤不多。"

一下子搞这么多粮食，还要偷偷运出国统区，运到解放区，其难度之大双方都是了解的。但是，这个忙，邵力子决定帮。他考虑了片刻，想出一个办法，决定试一试。于是他便给粮食部的一位叫徐恭让的人打电话，让他来一趟。这位徐恭让曾做过邵力子多年的秘书。抗战胜利后，徐恭让正好在国民党政府粮食部任职。邵力子对徐恭让的为人很了解，他对客人说："徐恭让是一位有正义感的青年，他办事认真可靠，也很有能力。"徐恭让接到电话后，就马上驱车赶来。邵力子把他介绍给客人后，说："这两位朋友，远道而来，想从你们粮食部开一张运粮证。"徐恭让问："从哪里起运，发至哪里？"客人说："从上海装船发往天津中转。"听说是运往北方，徐恭让心里立刻明白了几分，他诚恳地回答说："我的权限只能弄到不超过 8 万斤的运粮证，多了要呈报上面核批。"客人立刻接话说："那就 8 万斤吧！"

第二天，徐恭让就把粮食部的运粮证开来了。为了万无一失，徐恭让征得邵力子同意后，亲自陪同两位客人去了上海。徐恭让是立法委员马晓军的内侄，他通过马晓军的关系，从孔祥熙在上海经商的儿子孔令侃手中弄到了 8 万斤白面，装船后立即发往天津转运至华北解放区。

董必武非常感激邵力子帮的这个大忙。1949 年 2 月，当邵力子和上海人民和平代表团抵达北平的时候，董必武就急着要见到邵力子。一见面，他就久久地紧握邵力子的双手，激动地说："感谢你在去年春上援助我们 8 万斤白面，帮我们解决了不少困难！"邵力子马上接着说："应该，应该，可惜做得太少了。"

两赴北平，推动和谈

辽沈、淮海、平津三大战役后，国民党的军事实力受到重创，国家在经济、政治等各个方面也面临着全面崩溃的局面。蒋介石不得不再次求和。

1949 年 1 月 1 日，蒋介石发表"元旦文告"，呼吁和平，并提出和谈的五项条件。14 日，毛泽东发表《关于时局的声明》，针锋相对地提出和谈的八项条件。16 日，蒋介石邀请邵力子、孙科、张治中等人就毛泽东所提出的和谈条件征询意见。邵力子直截了当地说，三大战役后，国民党已然战败，当下应以战败的态度求和。他对形势看得很清楚，也对蒋介石的此次求和并不信任，只是一直追求和平的他，仍然不愿放弃任何一次实现和平的机会。

1 月 21 日，蒋介石被迫宣告"下野"，李宗仁就任代总统。随后，国

1949年2月,上海人民和平代表团于南京机场合影,前排左起:童冠贤、吴铁城、于右任、邵力子、颜惠庆、章士钊、江庸。

民党决定先成立一个上海人民和平代表团赴北平探探和谈之路。按照李宗仁的意思,这支代表团是先去敲一敲和平之门的。邵力子又一次直截了当地指出,和平之门一直就是敞开的,只需要有诚意的和谈态度,不要像以前一样假和谈,如果还是从前那样,不如就别去了。邵力子非常希望国民党政府能够态度真诚,把握住这次和谈的机会。最后,代表团由三位德高望重的老者——颜惠庆、章士钊、江庸组成。邵力子推辞了请他做首席代表的邀请,而是以私人身份随团前往。

2月14日,上海人民和平代表团抵达北平,受到了中共方面的热情接待。在商谈中,代表团成员诚恳言和,表达了殷切希望和平的愿望。邵力子在中共的接待宴会上说:"和平是'野火烧不尽,春风吹又生',希望和平障碍得以扫除。我此来不代表任何方面,唯江南人民盼切和平,并且宁愿选北平式的和平,不愿选天津式的和平。"经过接触,四位代表一致认为和谈的障碍不在北方而在南方。27日,邵力子与代表团飞回南京,并带上了一封毛泽东给李宗仁的信。邵力子在接风宴会上说:"和谈前途困难很多,希望甚大,感到快慰。"他向大家传达了和谈的希望,鼓舞了人们和谈的信心。

随后,国民党政府正式成立南京政府和平商谈代表团,成员有邵力子、张治中、黄绍竑、章士钊、李蒸、刘斐。邵力子又一次推辞做首席代表,推举张治中担任。虽然邵力子坚信,此时国内的形势,和谈虽为上策,但是国民党内反对的声音仍然不少,邵力子不免感到一丝悲凉。但是和平一直是他的夙愿,他决心为和平大业做最后的努力,自己多年的追求和奔波就在此一举了!

国民党和谈代表团于4月1日乘专机抵达北平,开始了与中共和谈代表团的接洽。中共方面首席代表周恩来,成员包括林彪、叶剑英、林伯渠、李维汉、聂荣臻。虽然此时李宗仁是代总统,但是南京国民党政府实际上仍然操控在蒋介石手中。邵力子对黄启汉(李宗仁在北平的联络员)说,指望蒋介石为首的死硬派是没有希望了,只能寄希望于桂系,只有桂系在武汉、南京、广西局部接受和平解放,才能对整个局面起到推动作用。他让黄启汉把他的意思转告给李宗仁和白崇禧。7日、8日,李宗仁和毛泽东互通电报,交换了和谈意见。

13日至15日,国共双方代表团在北平举行正式会谈,最终形成了《国内和平协定(最后修正案)》,共八条二十四款。国民党代表团经过详细研究后,一致认为应以国家元气、人民生命财产为重,毅然决定接受此协定。双方确定4月20日为签字日期。15日当晚,黄绍竑和屈武携带《国内和平协定》最后修正案乘专机飞回南京进行请示。然而,蒋介石看到《国内和平协定》后,大骂"丧权辱国"。南京政府拒绝在《国内和平协定》上签字,和谈破裂。随之,解放军开始渡江,以排山倒海之势向南挺进。

邵力子、章士钊在北平看到这种情况,焦急万分,他们急忙致电李宗仁:"无论如何,莫离南京一步,万一别有危机,艰于株守,亦求公飞莅燕京,与某等共图转圜突变之方。"李宗仁回到桂林以后,国民党的说客络绎不绝。邵力子他们再次致电李宗仁:"此为公悬崖勒马之第二机会,盖长江之局面虽变,西南之版图犹存,盼公在桂林开府,屹立不动,继续以和平大义相号召。"只可惜,李宗仁没有听进他们的意见,还是去了广州。邵力子和章士钊万般无奈,在给李宗仁的信中说："不知公有何把握，作何打算，犹安然以国家存亡民生祸福为张皇工具？伤哉！伤哉！"

是回？是留？

和谈破裂了，南京政府要求和谈代表团返回南京。这对代表团成员来说，是一次至关重要，甚至是生死攸关的人生抉择。回去，将面临什么？不回去，又会面临什么？早在代表团出发前，国民党军统特务头子毛森就扬言："凡是主和的都是秦桧，我要用手枪对付他。"因此，代表团如果回南京，很可能会遭到不幸。如果不回去，也可能会被扣以叛徒的罪名。

代表团成员开会讨论去留问题的时候，邵力子首先表态：坚决留在北平！因为他早就打定主意，和谈不成功不返南京。在出发来北平前，他就找到孙越崎一起商量，想带夫人傅学文一起走。他说："现在和谈问题，蒋介石在奉化操纵，李宗仁失去自主权，看来和谈是不一定有成功希望的。和谈不成，我是不会再回南京，这点你是知道的。因此学文一定要同我一起走。"但是他又顾虑："但现在外边已有谣言，说我不是去和谈的，而是去出卖国民党的。如果学文同我一起走，谣言将更大，对和谈不利。不走吧，她一人在南京有危险。"夫人傅学文也说："我一个人不敢留在南京，我要一起走。"孙越崎也觉得如果带夫人一起去北平，容易落人话柄，对和谈不利。便给他们出主意说，现在正是换季的时候，到时邵力子肯定最早知道和谈是否能够成功，如果不成功，马上给孙越崎发个电报，就说换季衣服没带够，请家里送衣服来，届时以此为借口，由孙越崎帮着买机票把邵夫人送到北平去。大家认为此计可行。后来，在和谈期间，邵力子就托李宗仁在北平的私人代表刘仲容等人乘专机去南京之际，把夫人傅学文接到了北平。邵力子想的和做的都很周全，因此，已无后顾之忧。

邵力子动员其他代表也留下，以免凶多吉少。张治中比较犹豫，邵力子提议将张治中的夫人及子女也接来北平，免除后顾之忧。周恩来也来劝张治中，说："我们已经对不起一个姓张的朋友（指张学良），今天，再不能对不起你这位姓

1949年5月南京解放后,邵力子在北平送傅学文南下时留影。

张的朋友了。"张治中被感动,决定留下。张治中的家人后被中共地下组织安全护送到了北平。南京政府和平商谈代表团全体经过慎重考虑,集体留在了北平,等待新的局势来临,再做和平努力。

战争形势不断变化,5月27日,上海解放。邵力子等人联络在上海、南京等地的国民党立法委委员50多人,通电拥护中国共产党,声明同国民党政权脱离关系。从此,他们彻底地与蒋介石分道扬镳,以新的姿态开启了新的人生。在接下来的岁月中,邵力子为新中国贡献了自己余生的全部智慧和力量。

情系民生,梦系统一

1949年新中国成立的时候,邵力子已经是快70岁的老人了。战争虽然结束了,但新的国家百废待兴。邵力子的内心充满了热情,他要为新的国家贡献自己的余热。他出席了首届人民政协会议,参与了多项开国工作。中央人民政府成立后,他任政务院政务委员,并历任多届全国政协常务委员、多届全国人大代表和常务委员,同时在全国文学艺术界联合会、华侨事务委员会、中国人民外交学会、中苏友好协会、世界和平理事会等担任各种重要职务。在国内,他为国家各方面建设亲力亲为、鞠躬尽瘁;在国际上,他代表国家出席国际重要会议,为争取中

1951年5月,邵力子以中央治淮视察团团长身份到外地考察,图为到达安徽蚌埠火车站受到欢迎的情况。

国在国际上的地位发声,为世界和平贡献一己之力。

  他身兼数职,不辞辛劳,全身心地投入到新国家的各种建设中去。国旗、人民英雄纪念碑的设计讨论中有他的独到见解,宪法草案的讨论中有他的真知灼见……无论作为身居要职的大人物,还是日常生活中的一名普通百姓,他都身体力行地做着他想做的事。1950年,朝鲜战争爆发。邵力子结合当时抗美援朝实际撰写并发表了《抗日战争胜利日六周年中国人民应有的认识和努力》一文,指出:"全国人民应认识到现在必须加强抗美援朝的重要意义。日本侵略我国是从朝鲜入手的,美帝国主义现正以日本做它的侵略基地。美国武装日本的阴谋如果实现,必然要利用朝鲜来侵略我国,目前美帝国主义在朝鲜的侵略行为已经说明了这一点。"11月5日,民革中央召开有一百余人参加的反对美帝国主义侵略朝鲜座谈会。会上,邵力子作了《分析美帝侵朝战争和我们援朝的意义》的中心发言,他说:"美帝国主义侵略朝鲜的战争目前已严重地威胁到我们祖国的领土安全,所以,从任何角度看,我们都不能坐视美帝国主义对朝鲜的疯狂侵略而置之不理!"一向生活简朴的邵力子,将省吃俭用积攒的钱都慷慨地捐献出来用于支援国家购买飞机、大炮。他还积极动员身边的亲朋好友送年轻的子弟去参军,

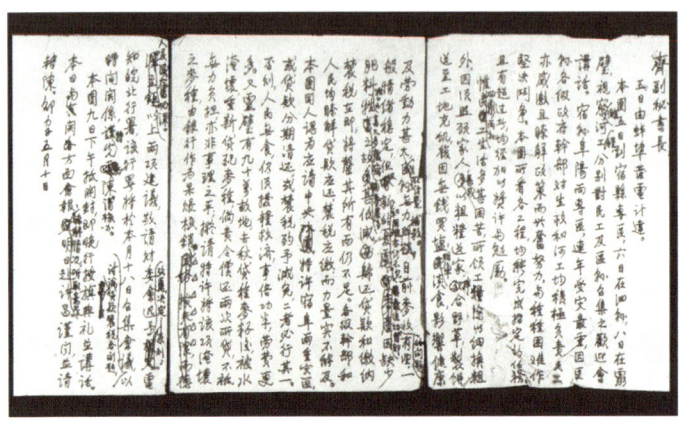

邵力子在视察中，深入了解情况，积极向中央提出建议。这是他就宿县、阜阳灾区情况向中央提出减免农税等建议致齐燕铭副秘书长的信。

鼓励年纪大的积极参加生产、厉行节约、支援前线。就连别人寄给他的信，他都要把信封留下来，翻个面糊好了留着以后寄信用。

邵力子敢任敢言，关心百姓疾苦，时刻把人民记在心里。1951年，邵力子担任中央治淮视察团团长，率各民主党派及中央有关部门负责同志分赴皖北、河南、苏北三省工地和南京、上海、海宁等地视察淮河治理的情况。他在视察中发现泗县、灵璧的民工生活非常艰苦。民工领了工粮以后先去把细粮换成粗粮，这样能多得几斤粮食，但还是不够，再掺上野菜，做成饼子充饥。还因为没钱买盐，影响了劳动和健康。区县限于经费不足，也无力补救。而这些民工还需要缴纳农税，还清贷款等，但他们根本无力支付。邵力子向中央申请特许宿县、阜阳两个重灾区的民工可分期还清贷款或者政府对其农税予以减免。由于他勤于体察民情，为民工排忧解难，深得民工的敬仰。

邵力子一直为祖国的和平事业尽心尽力。虽然大陆已经解放了，但是国家尚未统一，远在台湾的那些曾经一起奋斗的昔日国民党元老、同事、朋友，无一日不令他牵挂。他对夫人说："我奔波了大半辈子，还不是为了国安民康，至今海峡两岸父老兄弟姐妹还不能欢聚共享天伦，真让人心不安。"1949年经邵力子牵线，孙越崎回到大陆。同年年底，邵力子获悉国民党驻法大使馆及驻巴黎总领事馆全体工作人员联名通电起义。他写信给大使馆公使凌其翰，对其义举表示高度赞赏，认为其义举给在巴黎起义的外交人员以莫大的安慰和鼓舞。新中国成立后，翁文灏想从香港回内地，但自感有罪，不敢回来。孙越崎告诉翁文灏，有邵力子在北京，可请其帮忙。经过邵力子联系，1950年12月翁文灏回到祖国，一家祖孙四代得以团圆。

邵力子还积极地撰写文章、发表谈话，通过广播、国内外报刊等方式，向远在台湾和海外的老朋友、老同事、老部下们进行宣传和争取，特别是在春节、中秋这样的传统佳节之际，以及孙中山诞辰、逝世纪念日等具有特殊意义的日子里。孙中山诞辰90周年的时候，邵力子担任纪念筹备委员会副主任兼秘书长。他在中央人民广播电台发表了《在中山先生爱国精神感召下重新团结起来》的广播演说，他充满激情地号召台湾国民党员归来参加孙中山先生90周年诞辰纪念活动，"你们勾留海外，岁月稽迟，当此秋高气爽，是谁都要怀念祖国家友、故乡田园的。""归来吧，及时归来参加盛典，一叙契阔吧！"纪念活动还包括出版了《孙中山选集》、发行了孙中山纪念邮票、制作了特别金质纪念像章等，表达了邵力子对孙中山先生的无限怀念与敬仰之情。

就在去世的前一天，邵力子还对拜访他的张丰胄表达了他对台湾问题的关注和对祖国统一的期盼。他讲道，台湾自古是中国神圣领土的一部分，实现包括台湾在内的祖国统一事业是人心所向，盼望国共两党重新合作建国、兴国。

主要参考文献：

1.《邵力子传》，朱顺佐，浙江大学出版社1988年。

2.《和平老人邵力子》，中国人民政治协商会议全国委员会文史资料研究委员会办公室编，文史资料出版社1985年。

柳亚子（1887-1958），原名慰高，字安如；后更名人权，字亚卢；又更名弃疾，字亚子。江苏苏州人，民革创始人之一。1949年后，曾任中央人民政府委员、华东行政委员会副主席、中央文史研究馆副馆长等职。民革第一届监察委员会主任，第二、三届中央常委。第一届全国人大常委会委员。

柳亚子
在重庆公开宣称"中国的光明在延安"

1949年3月28日,新中国成立前夕,北平,柳亚子写下一首七律《感事呈毛主席》。诗中,柳亚子颂扬了毛泽东开天辟地的丰功伟绩,同时也直率地表达了"夺席谈经"的自信和"无车弹铗"的失落,弃满了落寞之情和归隐之意。

1949年5月,毛泽东在香山双清别墅接见柳亚子。

位于江苏苏州黎里的柳亚子纪念馆。

毛泽东对柳亚子的这首诗记挂在心。在解放军攻克南京后，4月29日，毛泽东即回赠一首七律《和柳亚子先生》，以"饮茶粤海""索句渝州"分别追忆了1926年、1945年与柳亚子两次会面时的场景，继而以政治家的大度和老朋友的坦诚，写出肺腑之言，劝导柳亚子放弃归隐、提振精神、放眼未来，留在北平继续发挥才智，共同建设新中国。

与毛主席互相唱和，向毛主席发"牢骚"的柳亚子，究竟是何等名士？

两易其名，创立南社

1887年5月28日，柳亚子出生于江苏吴江的书香门第，年幼时便跟母亲学识字、读诗。1902年，16岁的柳亚子考取了秀才。受梁启超、谭嗣同等人的影响，柳亚子的思想渐渐发生变化，先是倾向维新，后又趋于革命。柳亚子欣赏卢梭的天赋人权学说，将谱名慰高更改为人权，字亚卢，自命为"亚洲之卢梭"。

"思想界中初革命，欲凭文字播风潮。共和民政标新谛，专制君威扫旧骄。误国千年仇吕政，传薪一脉拜卢骚。寒宵欲睡不成睡，起看吴儿百炼刀。"这首《岁

位于江苏苏州黎里的柳亚子纪念馆。

暮述怀》，便是此时的柳亚子所作，表达了他对时局的关切和对理想的追求，字里行间充满着浓浓的爱国情。

1903年，柳亚子在陈去病等人的介绍下加入中国教育会，并到上海爱国学社读书。在这里，柳亚子认识了蔡元培、章太炎、邹容等一批思想家、革命家。6月30日，上海发生《苏报》案，章太炎、邹容相继入狱，爱国学社瓦解。当时，柳亚子与许多革命者一样，认为革命只有暴动和暗杀两种方式，面对局势柳亚子的心情十分低落。章太炎、邹容在狱中致函柳亚子，鼓励他继续写作。拿到信后，柳亚子热情倍增，他以五言古诗《放歌》痛斥清朝的腐朽统治，认为应该学习西方，用革命的方式推翻封建专制，建立民主共和政体。此后，柳亚子在给陈去病的《清秘史》撰写序文时，自署"弃疾子"以表达对南宋爱国诗人辛弃疾的敬慕，此后便更名弃疾。

1905年，柳亚子创办《复报》并担任主编。《复报》之名取自"光复"中华之意，柳亚子亲自撰文、油印，自己挨家挨户地送，以期启迪民众、宣传革命。1906年，血气方刚的柳亚子，赴上海理化速成科班学习化学，意在制造炸弹实施

柳亚子（前排右二）与南社成员的合影。

暗杀，并结识了高天梅、朱少屏等人。在高、朱二人的介绍下，柳亚子加入中国同盟会，后又经蔡元培介绍，加入光复会，成为"双料革命党"。后因身体原因，柳亚子中止了理化速成科班的学业，经朱少屏介绍，进入健行公学当国文教员。健行公学实际上是同盟会江苏分会的外围组织，任教期间，柳亚子一方面以革命读物《黄帝魂》为教材，宣扬孙中山、章太炎等人的革命思想；另一方面，参与同盟会的活动，结识了很多革命党人和爱国志士。当时，与柳亚子共同主持《复报》工作的高天梅嫌"亚卢"的"卢"字笔画太多，于是在给柳亚子的赠答诗笺上常常写作"亚子"，不仅笔画简省了，而且"子"也是对男子的美誉。高天梅又称剑公，"柳亚子"与"高剑公"亦有对称之意。于是，柳亚子也就渐渐将"亚子"应用起来。五四运动以后提倡名号统一，柳亚子极为赞成，"柳亚子"三字就此通行于世。

1908年1月，柳亚子与陈去病、高天梅等人聚于上海，相约结社。3月，将社名定为"南社",取自汉代古诗"胡马依北风,越鸟巢南枝",寓含不向清廷之意。由于期间人事变动,直至1909年11月13日,南社的首次雅集才在苏州虎丘召开,并就此宣告南社成立。来自上海、南京、松江、苏州等地的诗友共19人,其中14人为同盟会会员,足见南社革命氛围之浓厚。

南社成立后,柳亚子积极发展南社组织,编印《南社丛刻》,紧密配合同盟会的武装斗争,扩大南社的影响。1911年10月10日,武昌起义爆发,革命烈火燃遍大江南北,柳亚子与南社社友纷纷奔走国事。1912年元旦,中华民国政府在南京成立,部分南社社员在政府中出任要职,柳亚子受邀担任骈文秘书。各省独立起义后,南北开展和议。柳亚子痛恨袁世凯的窃国阴谋,又对南京临时政府的妥协深感愤懑,担任了3天便辞去了骈文秘书一职,奔赴上海担任《天铎报》主笔,发表了大量文章,力主革命派继续北伐。

1917年,南社内部因诗体问题产生嫌隙。当时弥漫诗坛的是尊宋的同光体,代表人物是清朝遗老郑孝胥、陈三立等人,他们通过赋诗表达对清朝的眷恋以及对革命的仇视。柳亚子则坚决反对同光体,进而反对亡国遗老。南社内部的论诗分歧最终导致南社的分裂。1918年,柳亚子心灰意冷,决定不再参加南社活动。1923年,南社活动完全停止。

1919年,五四运动爆发,马克思主义开始在国内传播。柳亚子身受感染,撰写了大量通俗易懂的白话文,宣扬新思潮、提倡新文化,积极投身新文化运动中。1923年5月,柳亚子与叶楚伧、胡朴安、邵力子等人共同发起成立新南社,柳亚子担任社长。在《新南社成立布告》中,柳亚子称新南社的精神是"鼓吹三民主义,提倡民众文学,而归结到社会主义的实行"。作为社长,柳亚子积极发展组织,仅一年的时间,新南社成员就增加到213人,其中既有廖仲恺、何香凝等国民党重要人物,也有沈雁冰、叶天底等共产党员,可谓俊彦云集。1924年10月,江浙战争爆发,柳亚子为躲避战祸住进上海租界,新南社事务停顿。面对战争的结局,柳亚子终于觉醒,著诗《空言》:"孔佛耶回付一噱,空言淑世总非宜。能持主义融科学,独拜弥天马克思。"从此,柳亚子开始醉心于马克思主义和布尔什维克主义。

"中国的光明在延安"

1941年1月,震惊中外的皖南事变发生。宋庆龄、何香凝、柳亚子等国民党民主派联名通电,正告蒋介石:"弹压共产党则中国有发生内战之危险,今后必须绝对停止以武力攻击共产党,必须停止弹压共产党行动。"3月,国民党政府邀请柳亚子出席五届八中全会,柳亚子严词拒绝,并斥责国民党政府发动皖南事变的反共行径。4月2日,国民党五届八中全会以"反对国策罪"开除了柳亚子的国民党党籍。得知此事后,吴玉章、林伯渠等人从延安发来慰问电,柳亚子收到电报兴奋异常、备受鼓舞。抗战时期,柳亚子便对延安的共产党人能够以民族利益为重、坚持国共再次合作表示敬佩,他认为共产党人"胸襟之广阔,意志之坚定,真足以惊天地泣鬼神"。此后,柳亚子与延安的共产党人之间常有赠诗往来。"商山诸老欣能健,头白相期奠夏华",便表达了他希望能够与共产党人一起团结合作,共同挽救民族危机。

1941年12月,日军攻占香港,困留香港的柳亚子抱着必死的信念,留起长髯,以示抗日。后来,在八路军驻港办事处的全力营救下,柳亚子得以离开香港,隐藏在广东海丰的山村里。周恩来对柳亚子转移一事非常关注,叮嘱各方全力协助。1942年6月,在共产党人的护送下,柳亚子安全抵达大后方桂林,与茅盾、夏衍、叶圣陶、田汉、欧阳予倩等人重逢,并结识了孟超、伍禾、司马文森、张锡昌等人。在桂期间,柳亚子继续为抗日救亡而创作,呼吁团结抗战,痛斥一切破坏抗战的反动谬论。

1944年,豫湘桂战役后,桂林失守,柳亚子在周恩来的殷切关怀下得以脱险,前往重庆。柳亚子在重庆加入了中国民主同盟,同一时期,还与谭平山、陈铭枢、郭春涛等人发起成立三民主义同志联合会,并在第一次全体大会上被推选为中央常务干事,担任文教委员会主任委员,继续驳斥国民党政府及其政策言论。

柳亚子在渝期间，适逢对日大反攻的前夜，国统区的民主运动大规模爆发。有人建议柳亚子宜凭借声望组建新的政治组织，柳亚子却拒绝说："中国已有最进步的政治组织和最适当的领袖了。"

1945年1月17日，柳亚子受邀参加《新华日报》创刊7周年纪念会，公开宣称："世界的光明在莫斯科，中国的光明在延安！"

5月26日，柳亚子又创作《延安一首五月二十六日赋寄毛主席》一诗，又一次提到："世界光明两灯塔，延安遥接莫斯科。"

一旅兴夏

1946年6月26日，国民党政府悍然撕毁停战协定，调集军队30万进攻中原解放区，全面内战爆发。由于在国统区难以实现政治抱负，李济深、何香凝等国民党民主派人士秘密前往香港，并给在沪的柳亚子等人捎去口信，提出"国民党民主派，集中力量，正名领导，对内对外，紧要万分。盼先生等迅即来港，共同筹策一切。"于是，柳亚子等人秘密前往香港，全身心参与到国民党民主派联合组织的筹建工作中。

1947年10月31日，中国国民党民主派联合代表大会第一次筹备大会在香港举行，共11人参加。柳亚子当选秘书长，并担任文件起草委员会的召集人，参加《成立宣言》和《行动纲领》的讨论，并根据大家的意见进一步修改文件。11月12日，中国国民党民主派第一次联合代表大会在香港开幕，出席代表38人，国民党民主派和其他爱国民主分子在坚持孙中山"联俄、联共、扶助农工"三大政策的基础上实现了大联合。柳亚子以秘书长的身份负责会议工作，并手书会场匾额"一旅兴夏"，引起与会者的广泛议论。

所谓"一旅兴夏"，是指夏朝的帝王少康，仅凭单薄的兵力便实现了中兴，借以表达国民党民主派虽然是少数派，但与各界民主人士联合起来，重树孙中山先生的旗帜，以"一旅兴夏"的决心和信心，便能推翻蒋介石统治。柳亚子提出"推翻现在的独裁者"，推翻"封建余孽、洋奴买办与法西斯效颦者"，主张各

柳亚子（中排左二）等在北上途中。

党各派及无党无派的民主人士"再来一次新政协"，成立合议制的民主联合政府，建立"民族平等、民权自由、民生康乐的三民主义新中国"，做中共的"严师益友"。

1948年元旦，中国国民党革命委员会成立大会在香港坚尼地道52号召开，柳亚子被推选为中央监察委员会主席。4月30日，中共中央发布《纪念"五一"劳动节口号》，提出彻底摧毁国民党反动政府、夺取新民主主义革命胜利、召开新政协、建立真正民主的联合政府新政权的纲领。5月2日，中共中央拟出邀请各民主党派代表来解放区协商召开新政协问题的32人名单，柳亚子名列其中。6月4日，柳亚子与在港民主人士共125人联名发表声明，热烈响应中共"五一口号"。9月，中共中央决定：安排民主人士代表来解放区，准备召开政治协商会议，成立中华人民共和国临时中央政府。

1949年2月27日，柳亚子在乔冠华等人协助下登上一艘挂着葡萄牙国旗的"华中号"海轮，同行的还有陈叔通、叶圣陶等27人。2月28日，华中号海轮自香港启程。柳亚子身着灰色长衫，按捺不住满怀的喜悦之情，赋七绝《二月二十八日启程有作》：

> 六十三龄万里程，前途真喜向光明。
> 乘风破浪平生意，席卷南溟下北溟。

1949年3月18日，柳亚子抵达北平，准备投身新中国的建国大业。

打消"牢骚"，积极建言

就在柳亚子满怀期待、准备全身心投入到建国大业之中的时候，却遭遇了一些挫折，而这些挫折对他来讲也是不小的打击。首先，在民革最初推选的新政协代表名单中没有柳亚子，仅在日后要求增加的三个名额中才加上了他。此外，在中华全国文学艺术工作者第一次代表大会的筹委会之中，柳亚子也未进入常委名单，后来全国文联的领导机构成立，他依然未能入选。来到北平之后，柳亚子准备去香山拜谒中山灵堂和衣冠冢，于是就写信给周恩来请求派车，可信件因故未能转达到，他又发出"出无车"的感叹。于是，柳亚子决心请假一月，不出席任何会议。

1949年3月28日，柳亚子写下一首七律《感事呈毛主席》，之后，毛泽东又回赠一首七律《和柳亚子先生》，也即文首所述的毛泽东与柳亚子唱和的佳话。同时，毛泽东邀请柳亚子和家人到颐和园休养。5月1日，毛泽东专程来到颐和园拜访柳亚子，二人共同欣赏颐和园的美景。毛泽东对柳亚子说："现在与蒋介石时代不一样了，你的人身安全是有保证的，你的意见会受到尊重的。"柳亚子听后，非常兴奋，表示一定按照毛主席说的去做，尽力做一些对人民、对政府有利的工作。

9月下旬，中国人民政治协商会议第一届全体大会召开，柳亚子出席会议并当选为中央人民政府委员。10月21日，中央人民政府政务院成立，柳亚子担任文化教育委员会委员。11月，中国国民党民主派代表会议在北京召开，会议决定将民革与民联、民促以及国民党其他爱国民主人士统一为一个组织——中国国民党革命委员会，柳亚子当选为中央常务委员。

1950年8月，柳亚子夫妇迁居到北长街89号。柳亚子一边赋诗撰文，一边参加各类政务活动，还连续出席民革中央常委会及委员会议。考虑到新中国的建设急需大量人才，柳亚子多次向有关部门举荐，先后推荐了尹瘦石、毛啸岑、姜长林、高尔柏、姚鹓雏等人。柳亚子还把自己珍藏的古籍图书、地方文献、南社时期的各类书刊共计四万余册捐赠给国家，北京图书馆专门为柳亚子辟出一间研究室，供其前往研究。

1950年11月，柳亚子在《孙总理与毛主席：兼论新三民主义和毛泽东思想》一文中指出："今天我们站在民革的立场，我们应该是革命的三民主义，亦即第一次代表大会宣言和三大政策及其一面倒地主张的三民主义为准，发展到新民主主义革命时代，则与新民主主义汇流，而成为毛泽东思想了。今天民革的领导思想，是毛泽东思想的新民主主义，而不是革命的三民主义。"

1951年，中央文史馆成立，柳亚子被任命为副馆长。1952年，柳亚子与李济深、章士钊、叶恭绰等人联名致信毛泽东，要求保全并修葺北京城内的明代爱国将领袁崇焕的祠墓。

1954年6月，柳亚子患上了急性盲肠炎，此后便减少了外出活动。1956年，在孙中山诞辰90周年纪念大会上，柳亚子病情已经很严重，行动十分困难，被人搀扶着才勉强上了主席台。1958年6月21日，柳亚子去世，享年71岁。

主要参考文献：

1.《柳亚子纪念文集》，中国国民党革命委员会中央委员会、中国革命博物馆，中国文史出版社1987年。

2.《柳亚子选集》，柳亚子，人民出版社1989年。

3.《我们的父亲柳亚子》，柳无忌，中国友谊出版公司1989年。

4.《我与民革四十年》，朱学范，团结出版社1990年。

5.《柳亚子早期活动纪实》，陈一飞，档案出版社1991年。

6.《柳亚子传》，张明观，社会科学文献出版社1997年。

7.《柳亚子史料札记》，张明观，上海人民出版社2008年。

刘文辉（1895-1976），字自乾，四川大邑人，1955年加入民革。1949年后，曾任西南军政委员会副主席，四川省政协副主席，国家林业部部长。民革第三、四届中央常委，四川省委会第二届主委。第一至三届全国人大代表、第四届全国人大常委会委员。第一届全国政协委员，第二至四届全国政协常委。

刘文辉

打破蒋介石"决战川西"图谋的"西康王"

"轰——哒哒哒——"1949年12月13日清晨4点,一阵炮弹和机枪声打破了黑暗的寂静。位于成都市新玉沙街的刘文辉公馆外,一队国民党士兵正在用无后坐力炮猛轰公馆大门。他们执行的,正是蒋介石下达的一道命令。

两天前的12月10日下午,蒋介石从成都凤凰山机场仓皇飞往台湾。飞机起飞前,蒋介石下达了他在大陆的最后一道命令——"炮轰刘文辉公馆"。

位于四川大邑安仁古镇的刘文辉故居。

锐意经营,终成"西康王"

刘文辉,四川大邑人,生于 1895 年 1 月 10 日,家境小康,在 6 个兄弟中排行老六。刘氏祖籍安徽徽州,清初移民入川安居名山县(今四川省雅安市辖),后迁居四川省大邑县安仁镇,世代务农。

小时候,刘文辉深得父亲宠爱,年龄稍长,被送到刘家祠堂读书。刘文辉自小聪慧不凡,成绩优异,深受老师的喜爱。13 岁时,为报考成都陆军小学,刘文辉将年龄虚报成 16 岁。考试时,他的议论令校长拍案称奇,特招面试,破格录取。从此,刘文辉开始了他的军旅生涯。后来,刘文辉被保送至西安陆军中学、北京陆军中学就读,直至从保定陆军军官学校毕业。

返川后,刘文辉在连年混战、群雄并起的厮杀中初露锋芒,以富庶的叙府(今宜宾)地区为基地,自成局面,形成一支独立的军事政治力量。

1938 年底,蒋介石任命刘文辉为西康省政府主席,省会设康定。刘文辉另成立省保安部队,自兼司令,还兼任了国民党西康省党部主任委员。西康省面积约 30 万平方公里,33 县人口 200 余万,其中少数民族约百万人。刘文辉实行恩威兼施政策,争取了少数民族对他的拥戴。西康地瘠民贫,经济落后,刘文辉即大力从事经济开发,以求摆脱困境。

刘文辉锐意经营,通过种种举措,集西康的党、政、军大权于一身,成为名副其实的"西康王"。

长期反蒋,与中共联系密切

早在第一次国共合作时期,中国共产党就对刘文辉开始了争取工作。1926 年,时为中共成都特支书记、曾在宜宾传播马克思主义的刘愿庵,担任了刘文辉的政治顾问,中共党员李静轩受任刘文辉的秘书长。

抗日战争爆发后,刘文辉在汉口秘密与中共中央代表吴玉章接触洽谈。1938 年 8 月,中共代表董必武、林伯渠赴汉口出席国民参政会取道成都,在成都方正

1944年8月27日,刘文辉在西康教师会议上演讲。

街同刘文辉会晤。刘文辉了解了中国共产党的抗日方针和统一战线政策,提高了对抗日前途的认识。同月,中共干部李一氓随中央特派员张曙时由延安赴川,与刘湘商谈建立统战关系期间,邀请刘文辉部师长张志和访问延安。张志和在延安期间受到毛泽东的亲切接见,与毛泽东进行了推心置腹的交流。深受中共抗日主张和政策感召和启迪的张志和,将在延安的所见所闻向刘文辉作了如实报告,刘文辉更进一步了解了中国共产党。

1938年1月,出川抗战的刘湘死于汉口,蒋介石即令撤销第七战区司令长官部,任命其亲信张群为四川省主席,裁除川康绥靖公署。四川地方实力派面对蒋介石的咄咄攻势人人自危,刘文辉开始联络邓锡侯等抵制张群主川。

在四川实力派的联合抵制下,蒋介石让步了,以建立西康省为条件,同意由刘湘旧部王缵绪任四川省主席。1939年1月,刘文辉如愿登上西康省主席位。与四川实力派达成共识并同中共接上关系的刘文辉虽然军事实力大不如前,但是毕竟恢复了他在政治舞台上的地位,从而更加坚定了他反对蒋介石的决心。

西康置省后，蒋介石设行辕于西昌，派军统特务头子徐远举任专管情报的第二处处长，监视刘文辉。同时，蒋介石加快了对四川实力派封官加爵、分化瓦解的步伐，王缵绪充当了蒋介石在四川的代理人。当时，西南各省地方实力派大都有联合起来抵制蒋介石控制的愿望，于是由刘文辉牵头约集邓锡侯、王缵绪、潘文华、龙云等在成都密订协议：共同抵制蒋介石控制西南。密会未结束，王缵绪就向蒋介石报告了。各派将领对王缵绪大为不满，众怒难抑的蒋介石不得不同意王缵绪辞去四川省主席职务。王缵绪下台了，蒋介石宣布自兼四川省主席。次年，蒋介石让张群接替四川省主席职务，四川完全为蒋介石控制了。刘文辉坚持反对蒋介石控制西康，使西康成为蒋介石难以插手的省份之一。

1939年夏，董必武、林伯渠、王若飞在重庆潘文华公寓里再次会见刘文辉，进一步增强了刘文辉联合潘文华等四川实力派同蒋介石坚决斗争的勇气。

秘密成立唯民社

刘文辉喜欢阅读报刊，尤其喜欢读其中的政论文章，得暇也读政经史哲和军事方面的著作，并且广交进步文化名人。

1941年3月，中共中央南方局派华岗作为中共中央代表来到刘文辉任省长的西康省省会雅安，受到刘文辉的热情接待和妥善安排。华岗和刘文辉面对面地切磋、交流，刘文辉对中共及其路线、方针、政策有了更深的领悟。四川大学森林系教授李相符是中共老党员，直接和中共南方局董必武联系。华岗自川康赴昆明后，就由李相符和刘文辉联系。李相符又联系杨伯恺、马哲民等进步教授一起和刘文辉以及其驻蓉办事处主任邵石痴交往。刘文辉对他们不但尊重、信任，而且希望依靠他们团结文化界人士开展反蒋民主运动。于是由他组织成立了秘密政治团体——唯民社。

李相符曾在有关唯民社的材料里介绍说："我们几个经常往来的朋友（其中有邵石痴、马哲民、黄宪章、杨伯恺、李相符等）在一次聚会中（地址在邵宅，时间约为1941年春）根据自公（指刘文辉）的授意，我们一致认为，为开展后方民主运动，有成立一个政治性的团体的必要。后经几次商议，便决定成立唯民社，推刘文辉为社长，邵石痴主持财务，马哲民主持宣传，李相符主持组织。后来，唯民社发展社员约为三十余人，多数为成都各大学教授。记得重庆方面参加的有朱蕴山和邓初民。唯民社成立宗旨是：'全民团结，坚持抗战，反对独裁，实行民主。'"

唯民社成立后，主要是通过开展进步文化工作来推动抗日民主运动，在成都创办《大学月刊》《青年园地》，在重庆创办《唯民》半月刊，由马哲民、沈志远、李相符、邓初民等分别主持，为争取学术自由、宣扬抗日民主发挥了重要作用。李相符在回忆《青年园地》时说："本刊对当时成都澎湃一时的青年民主运动，在思想和组织上都起了一定的作用。"

唯民社及其刊物团结了许多全国文化名流，这些爱国知识分子都是一腔热血，两袖清风，满腹经纶，是民族正气的重要代表。刘文辉不但为他们的活动提供条件，在政治上掩护他们，而且在生活上亦给予资助。李相符在给刘文辉回忆资料的附信中满怀深情地写道："当时在自公的领导下团结了我们这一班人，无论在工作上，或个人某些生活困难上，都全靠你的大力支持的。"民盟中央委员潘大逵教授在回忆中亦曾讲道，1947年秋，他奉民盟总部之命回四川筹建民盟西南总支部时，刘文辉曾经通过张志和资助他法币1000万元（可购黄金13两）作活动经费和个人生活费用。

李相符、杨伯恺等几位学者，既是刘文辉的密友，也是他政治上的指导者。刘文辉每遇到重要问题，便要约他们几位密商。与此同时，刘文辉用秘密电台和中共中央保持联系，了解形势的发展和中共的政策主张。这帮助他认清了形势，明确了方向。

爱国民主人士的"避风港"

刘文辉对民主运动的贡献，除了直接的支持参与外，其提供的掩护也很重要。成都地区的民主运动因有了刘文辉、潘文华、邓锡侯等地方实力派的暗中支持，国民党要镇压打击也会有所顾忌。但这里毕竟是蒋介石控制的地区，特务机构密布，进步人士随时都有被捕杀的可能。然而，在刘文辉完全控制的西康省就不同了。国民党调查统计局虽也在西康省设调查统计处，但处于刘文辉的包围和控制之中，不敢横行霸道。因此，各方面的进步人士在四川遭受迫害或有被捕危险时，远之出走香港，近之便去西康雅安。雅安一时便有了"大陆上的香港"的称号。

1942年，杨伯恺、邓初民、马哲民、黄松龄、李相符、黄宪章等著名进步教授被刘文辉请去雅安讲学。彭迪先等教授躲避特务追捕到雅安不久，刘文辉的代军长刘元瑄闻讯，将其奉为上宾，并安排到自己的公馆下榻。作家刘盛亚、洪钟、《西方日报》主笔杨正南等也先后到雅安。据刘元瑄的机要秘书罗西玲回忆说，国民党政府内政部曾下令西康省政府通缉盟员赵锡骅和一位地下党员，被刘元瑄压下不理。

1949年初夏，蒋介石在重庆对刘文辉说，"张志和是共产党员，听说在西康活动，你回去赶快把他抓起来杀了，免贻后患。"刘文辉满口应允。其实这时张志和正被安排在参谋长杨家桢家里，还受到警卫员的保护。

打破蒋介石"决战川西"的图谋

1949年1月，蒋介石准备下野之前，派张群回重庆任西南行政长官。为取得刘文辉的支持，蒋介石将其请到南京。刘文辉1月5日到南京后，立即命随行的参谋长杨家桢秘密到上海代表他看望被软禁中的张澜，商量川康下一步的行动。张澜提出了三点建议：一是局势在两三个月内将有大的变化，要注意蒋介石的阴谋；二是川康今后行动要看自己的力量来定，如力量许可，就应采取主动，迅速脱离蒋帮，加入革命阵营；如力量不行，则等待解放军入川时再配合行动；三是不管怎样都应事先做好准备，并嘱他早回四川。刘文辉完全同意张澜的意见。

国民党派代表团去北平和谈期间，张澜派人通知刘文辉："如和谈成功，你就首先通电拥护。"

百万解放军横渡长江后，张志和写信给刘文辉，告知中共南方局希望他派代表去香港商谈。刘文辉便请民盟中央委员曾庶凡代表他去香港，并派参谋长杨家桢到成都与张志和及邓锡侯商量，组成联合参谋部，由张志和代表民盟，杨家桢代表刘文辉，陈离代表邓锡侯，统一筹划川康起义。

8月，刘文辉通过秘密电台向周恩来通告准备起义，请示今后如何行动。周恩来指示说：大军行将西指，希积极准备，相机配合，不宜过早行动，招致不必要的损失。

张澜秘密到北平后，于10月命杜重石给刘文辉带去亲笔写在一小方白手绢上的十六字指示："时机未至，不可轻动；时机已至，不可放过。"再度要刘文辉掌握好起义的时机。稍后，邵石痴来京看望张澜。张澜嘱他回去告诫刘文辉，起义时不要乱拉队伍，以免以后带来麻烦，刘都遵嘱照办。

1949年11月30日，重庆解放，蒋介石逃到成都。当日下午，蒋介石在北较场约见张群、邓锡侯、刘文辉等军政要员。刘文辉回家后说："蒋素来善于强自镇静，这次不行了，原来的神气没有了。口头上还说川西大会战的形势如何好，但有气无力，他自己也不相信了。"

12月3日至5日，蒋介石派张群、胡宗南等约邓锡侯到刘家开会，要刘、邓和胡宗南"合署办公"，将家属先送到台湾。刘、邓对合署办公允而不办，对送家属去台湾也找借口推脱。刘文辉说："我是大军阀、大官僚、大地主、大资本家，共产党搞的是无产阶级革命，哪里会要我？"

7日上午，蒋介石通知刘文辉、邓锡侯下午去北较场谈话。刘、邓二人和其他将领联系，发现未通知其他人，估计凶多吉少，决定立即出走。刘文辉的汽车空车通过宪兵检查哨出城，自己从小巷过城墙溜出城再坐车，到崇义桥镇邓部特务营，与分头溜出来的邓锡侯和早已在那里的潘大逵聚首，次日一同赴彭县龙兴寺。病中的潘文华也拒不接受蒋介石要求飞赴台湾的命令，微服出走，经灌县赶

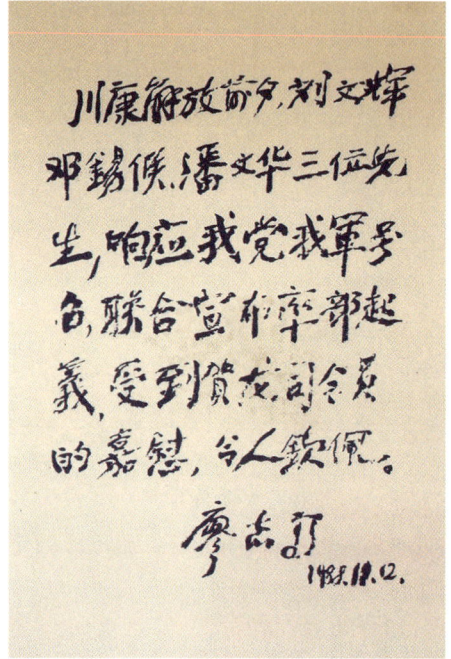

廖志高对刘文辉等起义的评价。

来会合。中共地下党、民革也有人来会合,解放军还派人来联络。

12月9日,刘文辉、邓锡侯、潘文华所属部队联名通电起义。刘、邓、潘三部联合起义通电发表不久,正在出国访问的毛泽东得知此事时,抑制不住内心的激动,对身边工作人员说:"总司令的那位老乡(指刘文辉),给了蒋介石当胸一拳,请我们的总司令代表中央复电嘉奖!"于是,中国人民解放军总部朱德总司令代表中共中央发来复电。

12日,刘文辉以西康省政府主席身份下令,西康全省在雅安举行了起义誓师大会。是日,刘文辉以省主席、军长名义签发《西康省政府、二十四军布告》,拥护中国共产党领导的人民解放事业;令摘去国民党党旗、帽徽、蒋介石像以及反动标语。14日,又成立了西康省临时军政委员会。由刘文辉任主任委员,刘元瑄副之;杨家桢、陈耀伦、张志和、彭迪先等为委员,接管西康军政事务,迎接全省解放。

邓小平曾说:"西南战役之能获得如此胜利,是由于毛主席领导的正确,全国胜利形势的影响,以及人民解放军无坚不摧的力量。同时卢汉、刘文辉、邓锡侯、潘文华诸将军于12月9日宣布起义,亦起了良好的配合作用。"

"兢兢业业,不懈努力!"

新中国成立后,刘文辉相继担任了国家一系列军政要职。

1950年1月8日,西南军政委员会在重庆成立,经中华人民共和国政务院总理周恩来的提议,中央人民政府第八次会议通过,由中央人民政府毛泽东主席任命刘文辉、邓锡侯为西南军政委员会副主席,潘文华为西南军政委员会委员。

是年秋,刘文辉到北京参加全国政协会议,受到毛泽东、刘少奇、周恩来、朱德、彭德怀、贺龙等中央领导同志的亲切接见。周恩来会见刘文辉时,高兴地笑道:"刘将军,你经过几十年的坎坷历程,终于走到了人民阵营。作为老朋友,我衷心地欢迎您哪!"

"周副主席,我能有今天,全靠您对我的开导、帮助和教育呀!"刘文辉握着周恩来的手诚挚地道,"我衷心感谢您呐!"

1953年中央人民政府任命刘文辉为西南行政委员会副主席的任命书。

林业部部长刘文辉（中间拿拐杖鼓掌者）在东北林区视察工人养老院。

"来到人民阵营，我们可就是一家人了！"周恩来语重心长地道，"您要在党的领导下，以主人翁姿态积极参加民主改革运动和社会主义革命与建设！"

"周副主席，我一定遵照您的希望和要求，"刘文辉表态说，"兢兢业业，不懈努力！"

刘文辉来到人民阵营后，在周恩来的亲切关怀和提议下，除了西南军政委员会副主席之职，他还历任四川省政协副主席、国防委员会委员、林业部部长，还担任全国人大代表、常委会委员，全国政协委员、常委，民革中央常委，民革四川省委第二届委员会主任委员。1955年，中央人民政府授予刘文辉一级解放勋章。

1959年，已经65岁的刘文辉调北京出任林业部部长。国务院分配他住在史家胡同的一座四合院里，与荣毅仁为邻。刘文辉在任林业部部长期间，干劲十足，兢兢业业，先后视察了江西等地的林业发展情况，为全国的林业发展作出了贡献。

主要参考文献：

1. 刘文辉《走向人民阵营的历史道路》，全国政协《文史资料选辑》第33辑，中国文史出版社2002年。

2.《刘文辉史话》，彭迪先、舒国藩主编，四川大学出版社1990年。

3. 倪良端《中共引导刘文辉走向人民阵营》，《党史纵横》，2013年第4期。

4. 赵锡骅《刘文辉何以走到人民阵营》，《百年潮》，2008年第6期。

5. 邓光汉《刘文辉彭县起义的前前后后》，《文史杂志》，2009年第5期。

6. 韩福东《起义者刘文辉》，《南方都市报》，2011年9月14日。

　　余心清（1898-1966），安徽合肥人，1949年加入民革。1949年后，曾任中央人民政府委员会办公厅副主任、典礼局局长，政务院机关事务管理局局长，中央民族事务委员会副主任等职。民革第一届中央执行委员，第二届中央委员，第三、四届中央常委，民革北平市分会筹委会副主任，民革北平市分部第一届执行委员会常委。第一至三届全国人大常委会副秘书长。第一至四届全国政协委员。

余心清
从策反入狱到新中国典礼局局长

1947年9月24日清晨，北平的天刚蒙蒙亮，大街上鸦雀无声，秋风吹过，带来了阵阵寒气。位于交道口京兆东街24号院的一间屋子里，一名男子端坐在电台前，戴着耳机紧张地收发着电文。正当他像往常一样准备结束任务时，一群国民党国防部保密局的特务突然破门而入，抓走了这名男子，并当场从屋内搜出了一部电台和大量电报原始文稿。原来，这个小院儿里住的并不是寻常百姓，中共北平地下党组织设立的秘密电台就隐藏在这里。

特务们看到这些原始文稿简直如获至宝，其中，有一封电报很不一般，居然写在了香烟盒的背面："孙决心合作，请速派负责人员来商——余心清。"

几天后，上海《时代日报》刊发了一条爆炸性新闻："合众社北平27日电：河北孙连仲部下政治部主任余兴钦（音，即余心清）与人事组主任谢子延在27日黎明前被此间中央政府当局逮捕。"

这封电报为何如此特别？余心清又因何被抓？

事情还要追溯到1946年。

北上争取孙连仲

1946年1月，为早日促成中国统一寻求解决方法、避免全面内战，在各方面的努力下，由全国主要政党代表组成的政治协商会议在重庆召开。这次会议取得了一系列重要成果，推动达成了政府组织、国民大会、《和平建国纲领》、宪法草案、军事问题等五项协议，并且"开辟了国家建设的坦途和程序"，"是一个不流血的革命"。然而好景不长，会议刚刚闭幕，蒋介石集团就制造了校场口血案，政协会议的成果功败垂成，中共领导的争取实现民主统一、和平建国的努力化为泡影。

此时的余心清已在两年前参加了中国民主革命同盟（即"小民革"），积极投身于民主运动，以反内战、反独裁，从国民党内部瓦解其反动统治作为重点工作。他深感时局动荡不安，国家命运暗淡。当看到蒋介石口中的和平，只是嘴上说得漂亮，其本质仍然是要搞独裁，心情更是无比沉重。经过审慎考虑，余心清觉得与蒋谈和平如同与虎谋皮，绝不可对其"假民主"抱有幻想。他更加坚定了反蒋决心，虽然他知道这条路绝非一条坦途！

于是，余心清和陈铭枢、朱蕴山商定了一个方案——由各自分头接洽，把重庆方面的民主力量和各方面反蒋的军事力量联合在一起，配合中共的行动，扩大政治影响。

一天晚上，冯玉祥、李济深、张澜、龙云、李一平、陈铭枢、朱蕴山、余心清聚集在重庆民权路聚兴诚银行楼上的客厅里，共商救国之策。余心清首先作了开场白："中国十四年抗战，赢得一个惨胜！今天正是休养生息的时候，蒋介石却偏要一意孤行打内战，政协的前途已经被这几天的军事会议决定了。诸位先生都是政治上、军事上的领导人物，而且在革命的历史上有过光辉的一页，今天集会在这里，谁都能信任谁，希望大家能共同商讨出一个挽救国家民族命运的办法来。"

随后，大家纷纷表示，不能把国家断送在一个人的手中，要团结起来，进一步合作。冯玉祥最后作了发言，他称这次会议是一次"无话不说、真诚坦白的革命会议"，并且提议：一是在大都市建立起规模较大的言论机关，二是将工作的

全国重点文物保护单位聚兴诚银行旧址碑。

重点放在北方。由于余心清熟悉北方的人、事,去北方做工作是最适当的人选。会谈一直持续到深夜,大家都觉得这次会议非常有意义、有价值。

余心清知道北上工作的重要性。会后,他与周恩来、叶剑英进行了两次接洽。周、叶二人都希望他尽可能把北方一些"杂牌"军争取过来,以策应解放大军。但如果起义的事情做不好,就采取说服的方式,动摇蒋介石军队作战的决心和信心。

确定好大方向,余心清又对"北上到何处去、哪里最容易收到效果、用什么方式去"进行了反复思考。处在北方的孙连仲、冯治安、刘汝明,都曾是冯玉祥的旧部,余心清在做"红色牧师"的时候和他们接触得很多。经过一番分析,余心清认为,如果北上,做刘汝明的政治工作最为困难,而冯治安对于革命一点儿认识也没有,做他的工作也不是那么容易。孙连仲有政治的欲望,可性格优柔寡断,被好多人批评行动像头牛,不牵着鼻子不走。所以,到底应该怎样北上,余心清心里还是有些焦虑的。但是暂时也只好先等等看,看是否能找到一个理想的机会,以一种自然、安全的方式,堂堂正正地去。

7月,余心清接到孙连仲发来的"有事相商,请即命驾来平"电报,主动邀请余心清到北平议事,并汇了旅费,余心清的困扰就这样迎刃而解了。做了一些准备后,他于7月底动身离开重庆,辗转南京、上海、天津,9月初到达北平。

路过南京的时候，余心清和冯玉祥、李济深等人商定了最终的反蒋军事策动计划：冯玉祥赴美之后，国内策反工作由李济深来领导，西南方面由龙云负责，余心清以北平为工作基地，朱蕴山驻上海负责联络工作。此间，冯玉祥特意嘱咐余心清，北上的工作有危险，要十分小心。

北平，这方多灾多难的土地，对于余心清来说并不陌生，他在这里不仅从事过三年的教育工作，还经历了多年的革命运动。

到达北平的头些日子，虽然余心清并没有太多机会和孙连仲接触，但是与孙连仲多年的私人友谊未断，他对孙连仲十分了解，也只有耐心等待。10月底，孙连仲决定让余心清组建一个顾问团体，作为"智囊团"随时提供意见，解决出现的困难问题。余心清提出建立"战区政治设计委员会"，并且由他来担任政治设计委员会的中将副主任委员。这期间，他经常组织著名的专家学者，如吴晗等，一起讨论军政问题、国际问题，从思想上入手对孙连仲开展教育工作，使其有所进步和转变。

1947年，冯玉祥发表了震惊中外的《告全国同胞书》，谴责蒋介石卖国独裁及种种倒行逆施。余心清去信表达了对冯玉祥的支持："故国情势，已临最后关头，不治之症，待其死灭。……腐枝不去，新干不生，黑夜深时天破晓。自先生之言论，隔洋传来，使青年朋友兴起，使舆论激动，使腐败当道震栗，使老百姓寄以最大希望，此所谓'一言九鼎'，'一鸣惊人'，而国际人士，更引起重视。"

随着形势一天比一天紧张，在余心清的耐心争取下，孙连仲的态度逐渐有了明显变化，他也认为：如果跟着蒋介石再打下去，结果只能同归于尽。余心清帮孙连仲分析了形势，认为目前摆在孙面前的只有两条路：一是兵败迁到南方；二是留在北方与中共合作，加入革命阵营。经过一番挣扎，孙连仲终于向前迈进了一步，他对余心清明确表示：要留在北方，让余心清去联系。

余心清的工作好不容易有了进展，考虑到这件事对于孙连仲、对于华北局势都会有所影响，他便想方设法向解放区发电报告知，一个香烟盒的背面记录了

余心清夫妇与女儿余华心的合影。

这则电文——"孙决心合作，请速派负责人员来商"，并毫不犹豫地署名"余心清"。这份电报发给周恩来后，周恩来、叶剑英当即对北平地下党同志作了指示，指出这是华北的一个重要军事行动，要高度重视。

被捕入狱受煎熬

1947年8月，北平的政治局势进一步恶化。在蒋介石特务密布的白色恐怖下，大规模逮捕已是司空见惯。余心清很早就意识到，他的这个工作，可能是有成就的，也可能是有危险的。他曾叮嘱妻子刘兰华："我走的是一条危险的路，随时可能发生意外，万一有那一天，我把母亲和孩子都托付给你了，千万把孩子培养成人，继承我没有做完的事业。"

1947年9月24日，中共地下党秘密电台被侦破，电台台长李政宣叛变，供出了中共在华北、东北、西北、华东等地的情报系统和地下党组织。国民党保密局局长郑介民、副局长毛人凤立即向蒋介石作了汇报，蒋介石听后极度震惊，气得不住地喊道："一律逮捕！一律逮捕！一律逮捕！"并命令他们："宁可错抓，也不能放过一个。"北平、沈阳、南京、西安等地120多名中共地下工作者先后被逮捕。阴霾像瘟疫一样迅速蔓延，中共情报工作遭受了多年未有的重大损失。这就是当年轰动一时的北平"共谍"案。

9月27日，余心清被捕入狱。

在余心清眼里，这次坐牢是对意志、品质的一次磨炼，他已将生死置之度外，也做好了流血牺牲的准备。他曾写道："大丈夫生有时，死有地。流血！那，太光荣了。""今后监狱就是我的课室，法庭就是考验我的地方。""这一切的磨难，只有叫我更倔强。"

狱中的条件是艰苦的。牢房里除了墙壁、门窗、地板和角落的粪坑外，什么也没有。余心清只能蹲一会儿、站一会儿、沿着墙走一会儿。冬天，在寒冷的囚室里，狱警只给他们穿单薄的囚衣，晚上也不给被子盖。吃的食物更是糟糕，被动受着"饿刑"。大米饭是用霉烂的军米做成的，小米饭里有三分之一是砂子，没法咀嚼，只能一口一口往下吞。饥饿的威胁，过分的疲劳，使余心清的身体渐渐衰弱。出狱后，他曾写过一首诗描述当时的境况："北风吹到屋里，我就东摇西晃，摸着胸腔的筋骨，像铁打的钉耙一般样，皮包骨的两只瘦腿，恰好做了钉耙把……"

除了身体上的折磨，精神上还要经受各种考验，跟敌人斗智斗勇。第一次审讯前，余心清给自己打气："在敌人面前要坚强！要有硬劲儿，不要把骨头输给他们，反正是个死，死得要英雄。"特务们采取疲劳审讯的方式，一连纠缠了余心清好几个月。他们旁敲侧击，四面张网，常常转弯子，说好话，演双簧，为的就是骗取口供。而余心清呢，始终坚贞不屈，毫不屈服，保持着一成不变的原则，和特务们推磨子——拖时间。余心清还经常和被关在一处的"难友"，一起同敌人作斗争，曾一度迫使监狱取消侮辱和折磨犯人的制度，争取改善伙食，争取做操、下棋、看书的权利。有人称赞他们"把革命带到牢里来了"。

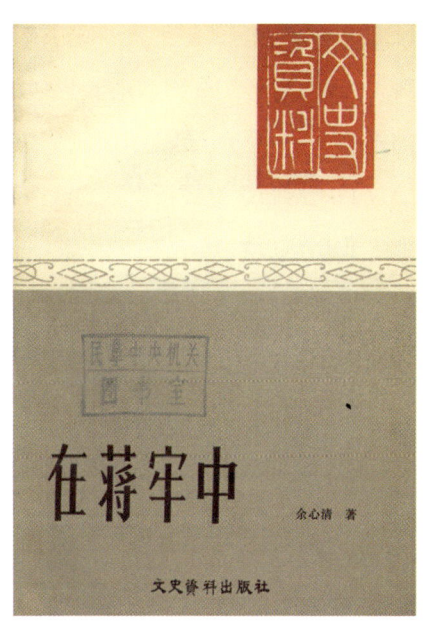

余心清的回忆录《在蒋牢中》。

1947年11月,余心清被转移到南京,先被关进了宁海路19号国民政府军法局,后被关入"木笼大厦"看守所,又作为重犯关押在老虎桥监狱,命在旦夕。当时他的女儿余华心只有13岁,正在北平贝满女中读书。为了救父亲,她到处找关系,曾跑到李宗仁的家,向李宗仁问询父亲的下落,但李宗仁什么也没说。正在美国治病的妻子刘兰华闻讯后立即回国,决定求助于司徒雷登。司徒雷登曾是刘兰华就读燕京大学时的校长,时任美国驻华大使。司徒雷登为此两次面见蒋介石,对蒋介石说:"这个人杀不得,他不是共产党,你杀了他会引起许多人不满。"远在美国的冯玉祥得知余心清被捕后,四处奔走,尽一切力量营救他,不仅通过舆论支援,还写信托人在国内营救。小民革与中共地下党也抓住机会大力开展营救。余心清在狱中共待了17个月,经历了5次起解,虽然被作为重犯,但最终未被杀害,也是各方面努力的结果。

在狱中,余心清非常清楚地看到了"蒋家王朝"的穷途末路,他曾经在一份遗嘱中写道:"中国在黑暗中,我死在黑暗里。黑夜不会太长。独夫就要完场。朋友们!不必为我悲伤,天亮以前,要把恶势力的残余扫光。"

1949年元旦，报纸上刊登了《蒋总统元旦文告》，蒋介石承认"戡乱"失败，转而"呼吁"和平。军事上的失败和经济形势的恶化，导致国民党内部分崩离析，不久，蒋介石被迫下野，"代总统"李宗仁上台。

1月28日，老虎桥监狱的铁门缓缓打开了一道缝，余心清从里面走了出来，他终于重新获得了自由。

出狱后，余心清赴上海转道香港进入解放区，并且把他在狱中的经历写成了10万余字的长篇传记——《在蒋牢中》，出版成书。

忘我献身新中国建设，制定我国最初的一套外交礼仪制度

新中国成立后，余心清干劲儿十足，开始全身心投入到建设新中国的繁重工作中去，他在机关事务、礼宾礼仪、外事活动、交际接待、民族事务、统一战线等各项工作中都做出了显著成绩。

新中国成立不久，迎来了第一次建交高潮。按照国际和中国传统惯例，中央人民政府成立了典礼局，余心清担任第一任典礼局局长。余心清早年曾在美国哥伦比亚大学留学，学的是行政管理专业。他与外交部的同志一起，参照各国礼仪典制，制定了我国最初的一套外交礼仪制度。他多次到省市视察工作，并亲自为地方同志授课，讲解礼仪典章制度，把爱国精神和增强现代文明意识结合起来，深受欢迎。

对待礼宾工作，余心清要求必须做细，方方面面都要考虑周到，不能有任何疏忽。为了规范工作，新中国成立之初制订了《接待外宾须知》，从礼貌、服装、迎送、住所、饮食、拜会、茶会、舞会、游园会、酒会、宴会、晚会、参观游览、照相、拍电影、礼品等十多个方面作了规定。

余心清工作起来有条不紊，事无巨细都要亲自过问。他经常外出检查工作，有一次，他在接待中外贵宾的北京饭店检查，发现楼梯扶手背面存有灰尘，便立刻指了出来，并找人擦干净。对于外宾所住的房间，窗台上一盆花如何摆放，他都要反复斟酌，特别讲究。当时有的同志认为"细致得太过分，没有必要"，但

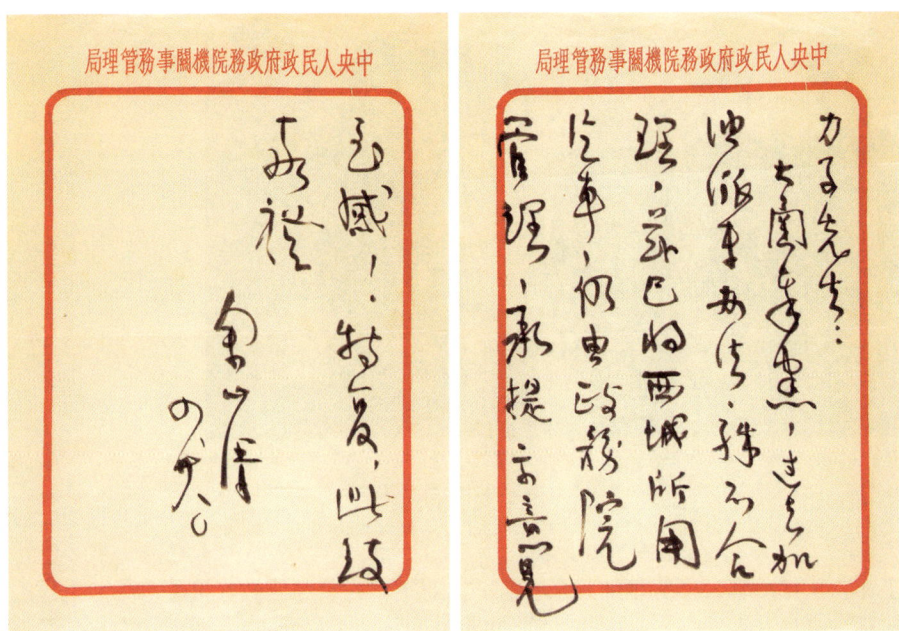

余心清回复邵力子的信。

周总理却表扬了他。周总理说:"余老是党外人士,对我们的外事礼宾工作这么认真,这么细致周到,我们应该学习他这种对工作高度负责的精神。外事无小事,大家一定要谦虚谨慎,不得有任何失误和差错。"

每年的两会,余心清负责总务工作,对年老体弱的代表和委员,他指定专人照顾;遇到选举时,他会事先召集工作人员进行预演,把选举的路线、发票、计票等工作进行细致具体的部署;照相时党和国家领导人的座位也必须妥善安排好,不能出现任何差错,甚至要提前试坐一下毛主席的座椅,看看是不是稳当。

在余心清任典礼局局长期间,典礼局的编制只有局长一人,还是兼职的,没有其他副职。周总理曾说:"现在各部门都在叫干部不够用,典礼局就余心清同志一个人,工作也干得蛮好的嘛!"

1950年12月,中央决定成立政务院机关事务管理局,任命余心清为首任局长,他在管理局工作了近四年的时间。管理局主要负责政务院系统的事务性行政

1956年，余心清（右一）等人大代表、政协委员视察云南时留影。

工作，头绪纷繁，任务琐细。余心清一再对工作人员强调做好机关事务性工作的重要性，不能有丝毫马虎。他非常形象地对政府工作的两个方面作了比喻："政府工作有两种，一种是政务工作，一种是机关事务工作。这两种工作等于汽车的两个轮子，少了一个轮子车也开不走。"

余心清不仅严于律己，处处以身作则，对属下工作人员要求也十分严格。他要求每个同志都必须树立"兢兢业业"和"勇于负责"的敬业精神，"要像中国人民志愿军一样，以热爱祖国、不怕困难、不怕牺牲的精神去做好每一项工作"。如果有人在工作上出了差错，他会当面批评，绝不姑息迁就，从不顾忌什么党内党外、资历背景、人情世故。干部们都对他敬畏有加，一听说他来检查工作，大家都非常紧张并迅速做好准备。为了改进工作，防止重复失误，他要求每次完成任务后，写一份检查失误记录，存在档案里，待接到新的任务后，先组织有关人员阅读这些失误记录，做好充分准备，防患于未然。

余心清开拓创新的工作理念、严谨认真的工作态度和学用结合的工作作风，给不少人留下了极其深刻的印象。时任北京市市长的彭真曾说："论年龄，余心清同志比咱们大；论学问，余心清同志比咱们多；论工作效率，余心清同志比咱们高。咱们都要向余心清同志学习。"

主要参考文献：

1.《在蒋牢中》，余心清，文史资料出版社1981年。
2.《民革领导人传》第二辑，民革中央宣传部编，团结出版社2007年。

唐生智（1889-1970），字孟潇，湖南东安人，1950年加入民革。1949年后，曾任湖南人民临时军政委员会委员，湖南省人民政府副主席、副省长，湖南省政协副主席，中南军政委员会委员，中南行政委员会委员。民革第三、四届中央常委。第二、三届全国人大常委会委员。第二至四届全国政协常委。

唐生智
"佛教将军"策动湖南起义

1949年9月,人民解放军入驻湖南长沙后,继续追击华中"剿总"白崇禧指挥下负隅顽抗的国民党军队。一天,白崇禧派出一二六军三〇五师进驻地处湖南、广西交界的永州东安芦洪司,将国民党陆军一级上将唐生智的宅邸树德山庄层层包围,搜捕主人唐生智。如此大的阵势却并未收到预期效果,只抓到唐生智的家眷亲友,但其本人却消失无踪。

搜捕期间的一个傍晚,在当地柳坝河边,便衣侦缉队员拦住一个当地人,询问其是否知晓唐生智的情况,对方回答:"他平日总戴着眼镜,提一条手杖,他的官很大,我们老百姓见一次也很不容易呢。"很平常的回答,没有什么有效信息。但便衣不知道的是,面前的这个当地人就是变装后的唐生智本人,就是他要抓的正主。

多日搜捕一无所获,而解放军已经兵锋在望,这些人只好上报唐生智已经潜逃,草草收场。面对国民党军队的连日搜捕,唐生智其实就在东安本地,一直都没有离开。尽管他本人没被抓到,但是他的家眷亲友却有多人被抓走,他的挚友顾伯叙还因为被拷打,落下了残疾。白崇禧之所以如此兴师动众,完全是因为唐生智在历史潮流面前作出的正确选择,他站到了中国共产党和人民的一边,积极推动了湖南和平解放进程。

人生，无不在选择之中。在一个社会巨变、波澜壮阔的大时代中，一个人，尤其是一个站在时代前面的人，尤其要更多地面对选择。

1911年，革命潮流风起云涌，22岁的唐生智的选择是加入同盟会，参加革命。

1914年，就读保定军校的唐生智，成绩全优，却不愿参加模范团效力北洋，刻意与上官争执，返乡从军。

1924年，身为湘军将领的唐生智，在听了顾伯叙一场佛学演讲后，选择了自己的人生信仰，继而在自己的军队中推行佛教，建立了独树一帜的"佛家军"。

1926年，北伐在即，已成为湖南代省长的唐生智加入了国民革命军的行列，就任国民革命军第八军军长兼北伐军前敌总指挥，认真执行孙中山先生的"三大政策"。

1927年，反共狂潮、上下交迫下唐生智选择"和平分共"，把共产党"礼送出境"，继而起兵反蒋。

1931年，九一八事变爆发，为一致对外，在反蒋的广州国民党政府担任委员的唐生智，与蒋和解，赴南京担任军事参议院院长。

1937年，淞沪会战后，南京危如累卵，高级将领无人愿守，唐生智挺身而出，主持南京保卫战，但随即惨败。

1938年，唐生智逐渐淡出军政事务，之后又多次拒绝军政官职，一心办学。

1949年，唐生智面对新时代的曙光，选择重新出山，策动旧部起义，参与、支持湖南和平自救运动。

失守南京，返乡办学

作为一名资历深厚的将领，自南京保卫战之后，唐生智事实上就中断了军事生涯，绝大部分时间都在湖南老家，主要的事业就是办学。南京保卫战之前，从护国护法、湘军内战，到北伐战争，再到三次反蒋，直至在南京国民党政府参谋国防，唐生智的人生主轴都是军队和军事。但南京保卫战彻底改变了唐生智的人生轨道。

针对南京守弃问题，蒋介石在中山陵园的官邸曾连续召开了三次会议进行商讨。在第三次会议上，蒋介石确定了以唐生智为司令固守南京的决策。作为临危受命的南京守将，唐生智并没有特殊的军事才能，也没有奇迹出现，南京很快沦陷，而且随后发生了南京大屠杀，这些都让唐生智背上了沉重的历史包袱。南京保卫战也因此成了唐生智军事生涯事实上的终点。

1938年初，唐生智交卸了所有的军政事务返回湖南老家。赋闲的唐生智重新拾起了家族的办学传统，在长沙市郊与顾伯叙、李君尧等开始规划书院，延聘教师，添置设备。11月，日军进逼长沙，为执行"焦土抗战"，长沙实施焚城，筹备半年的书院只得南迁。12月初，唐生智在住宅旁边辟地一百余亩，兴建大型书院。为了办书院，唐生智变卖房产，捐出名下产业收益和田地租金，唐生智夫人变卖首饰，还拆了一栋自家的两层楼房，取砖瓦木材用于建校。自从书院开办后，求学者很多，唐生智便倾力扩建，添置图书设备。1943年秋，耀祥中学正式成立，开始招收高中一、二班和初中一、二班，共4个班，学生近三百人。此时的耀祥，有校舍14栋，总建筑面积5000多平方米，可容纳12个教学班同时上课。在师资上，唐生智利用自己的人脉关系聘请了很多有学问有名望的人来校任教，如林笃信、沈伯仲、曾云阁、吴建华等。他们当中，不少人是从英、美、日留学归国的，有的还担任过大学教授。学校教师李君尧、陈作之、凌心朗、黄明善、罗仲农等人也是当时教育界的知名人士。学校不但招收贫困子弟，予以减免学费，而且招收女学生，在东安开了先河。耀祥中学的图书馆当时在省内规模最大，成为学校一笔可以引以为自豪的无价财富。1949年12月，该校由东安县人民政府接管，改为公办。

唐生智为耀祥中学定下了很高的起点。他最初的计划是办一所大学，所以取校名为"耀祥书院"。后因蒋介石对唐生智私办大学存有戒心，蓄意刁难，不予核准，唐生智只好改为了中学。办大学的初衷，虽未能实现，但以大学为目标也使得学校师资配备强大，教育质量远近闻名。1948年7月，当时的湖南省教育厅官员视察耀祥中学以后，评述："该校校舍宽敞，设备完善，图书仪器丰富，并

唐生智故居鸟瞰。

拥有规模宽广的农场,在湖南省私立中学中堪称第一。"在唐生智的努力下,耀祥成了永州的文教翘楚,在新中国成立前后,永州、东安一带民间流行"人要强,读耀祥"的说法。至今,耀祥仍然是当地重点中学之一。唐生智当年的倾力办学,今天遗泽犹在。

唐生智关注下的耀祥中学不许任何党派组织活动。而在国民党统治区内,这种要求实际只是限制了国民党与三青团在耀祥的活动。事实上,1944年,耀祥中学内就有中共地下党的党支部,而且这个支部还肩负着湘南山区一大片地区的中共地下党的工作(按:1942年6月13日,毛泽东指示中共中央南方局书记周恩来,今后两年将是很艰苦、很困难的两年,要取消大后方省委、特委党组织,只留县委、区委;必要时县委、区委亦可取消,只留支部,各级干部转入支部工作。至1945年时湖南全省只留下中共党员六七百人,东安附近几个县都没有县委、区委或其他基层组织)。

抗战胜利后,中共党员严正、何一挺等到耀祥任课以掩护地下工作。后来由于有人公开在课堂上教"古怪歌"喊"打倒蒋光头",引起国民党特务的注意,要到学校抓人。唐生智知道后,对严正、何一挺两人说:"学校还是要办下去,

耀祥中学今貌。

不能太露骨了",然后将二人介绍到外地工作。学生睦建国、魏德生等人,组织了一个学习小组,研究马列主义书籍,被人告发,零陵专署保安司令欧冠带兵前来要抓人。此事也被唐生智提前知晓,他命庶务主任周敬安连夜将睦、魏送走投奔延安。之后欧冠到来指名要人,唐生智一口拒绝:"我校根本没有这么两个人。"欧冠只能作罢。因为中共地下组织的存在,耀祥中学事实上成为了中共的活动基地和湘南迎接解放的政治宣传站、军事联络点。

反对内战,联系民联组织

抗战胜利后,蒋介石在美国的支持下,摩拳擦掌,准备发动内战。唐生智极力反对。他大声疾呼:"十四年战乱,外强侮辱,国家元气大伤,百姓实在太凄苦了,希望今后天下能太平无事,让国家和百姓得以休养生息。""十八年来,中国干戈未休,百姓苦于乱世,不能再打仗了!"他虽身为国大代表,却拒不出席南京的竞选总统、副总统大会,并联合旧部反战主和、抗丁抗粮。

1948年7月,程潜回湘主政。唐生智托湖南省参议会会长席楚霖表示欢迎,并表示愿为湖南的发展出力。10月,程潜派李觉前往东安,请唐生智去长沙共商和平大计。11月10日，唐启程路经衡阳时，在当地的《力报》上发表反战主和的长文。到达长沙后，唐多次向社会各界发表演说反对内战。16日，唐生智应蒋介石邀请到南京晤谈，坚辞不受蒋拟委任他为衢州绥靖主任的职务。从南京抵上海，唐会见李宗仁说："老蒋的嫡系部队那么多，但是他违反了民意，就没有办法。我看只有一心一意地谋和，才是正道。"

三大战役之后，新中国成立前夕，解放战争大局已定。尽可能地争取国民党统治地区实现和平交接，尽力减少战争破坏，为国家和民族保留元气，十分重要。其中，湖南的和平解放是解放进程中的重要一环。

湖南的和平解放，可以分成政、军、民三条主线，在政的方面，最重要的是湖南绥靖公署主任兼省政府主席程潜；在军的方面，最重要的是华中军政长官公署副长官兼长沙警备司令陈明仁；在民的方面，最重要的代表人物则是在野的唐生智。

早在1948年10月，唐生智收到四弟唐生明带来的蒋介石亲笔信，邀其赴南京，共商国是。此时的唐生智已经在家乡办学多年，几乎不参与军政事务。但随着解放战争形势日益明朗，乡居办学的唐生智也再次面临选择。此前，在抗战胜利之际，蒋介石也曾经要他担任西北行辕主任，但他予以婉拒并推荐张治中担任。后来唐生智的夫人霍福光回忆："1945年日本投降，那时我们全家都在重庆，当时孟潇曾多次讲过'十四年战乱，外强侮辱，国家元气大伤，百姓实在太凄苦了，希望今后天下能太平无事，让国家和老百姓得以休养生息'。'十八年来中国干戈未休，百姓苦于乱世，不能再打仗了。'"基于对蒋介石的了解，也基于对当时国民党调兵遣将的安排的了解，唐判断内战难以避免。他不愿再参与内战，于是辞去一切职务，以奉母归故里为由，带着全家从重庆返回了东安老家。但此时形势已经不同，解放军越战越强，蒋介石败象已显，内战结束越来越近了。唐生智也有意外出联络旧部，于是顺势启程前往南京。在南京，唐生智住进宪兵司令张镇家，对张镇进行了策反的工作。蒋介石10月30日从辽沈战场上回来，立即会见唐，劈头一句即是"我请你出山担任衢州绥靖主任"。唐生智再次婉言谢绝，

唐生智（前排右一）
与家人的合影。

以医牙为名偕同唐生明、刘建绪、李觉等人前往上海。

抵达上海，唐即与上海民联地下组织取得联系，与民革领导人郭春涛、中共上海地下党吴克坚多次密商，吴克坚等转达了中共中央对唐的态度："我们对你是了解和信任的，你从北伐到现在没有跟我们打过仗，我们是清楚的，你是够朋友的。"（这与以后党中央领导1950年接见唐生智时所讲基本相同。）希望唐回湖南后为打倒蒋介石，迎接全国解放作出自己的贡献。唐生智准备在耀祥中学架设秘密电台，联络南下的解放军。

此时，民革领导人李济深、方鼎英与中共党员吴成芳正在研究湖南策反、自救工作，他们决定："要团结唐生智，推动湖南的和平自救运动，以迎接解放。"唐生智到达上海，对民革开展和平解放长沙和防止李宗仁、白崇禧利用衡宝、祁东阻止大军南下，必须立即发动民众进行阻击等一系列重要策略的制定，起了重要的作用。

接下来，唐生智开始策动旧部起义。首先是做上海交警总队周伟龙的工作，周同意准备将大约一个军的交警撤往湖南支持湖南和平解放，之后因周伟龙方面计划泄露，被毛人凤发觉而流产，周被押往台湾于1950年被杀害。唐之后又策反了旧下属宪兵司令张镇，张当时表示愿意投靠人民立功赎罪，将宪兵团留下一个团在长沙，该团在湖南和平解放中发挥了作用，但张镇本人却在新中国成立前夕逃往台湾。

返回湖南，积极推动和平自救

1948年12月15日，唐生智接到中共地下党的通知匆匆离开上海，乘机返回湖南，开始联络策动黄克虎、欧冠、曹茂琮、唐哲明等当地将领，以"湖南人民走湖南人的路""湖南是湖南人的湖南"为号召反蒋，等待时机发动起义。回到东安后，唐生智把耀祥中学作为与中共的地下联络基地，同时通过接受记者采访、撰文讲演、邀请进步人士讲学等多种手段营造反战求和的舆论氛围。

此时，主持国民党华中军事的是桂系白崇禧，而湘南是联系桂系的广西基本盘和华中的关键通道，其中衡阳是湘南的核心城市，是未来战局的必争之地。衡阳警备司令是欧冠，唐生智的亲信下属周斓于之有恩。唐生智因而成功策反了欧冠，但忠于蒋介石的蒋伏生利用欧冠与军官团体的矛盾，迫使其去职，使唐生智掌握湘南局面的谋划落空。

1949年2月，代总统李宗仁莅临湖南，唐生智面呈停止征兵的意见，程潜也提出"收拾民心，安定军心"。出于安定湖南的目的，李宗仁表示赞同，于是湖南征兵被搁置下去。

3月，唐生智拒绝李宗仁、何应钦请他参与南京国民党政府组阁的邀请。国共和谈破裂后，解放军百万雄师横渡长江。此时，主控两湖军事的白崇禧仍旧幻想通过战争扭转时局，湖南局势空前紧张。一贯呼吁和平的唐生智的政治态度备受各方关注。为此，陈云章、蔡杞材等社会名流商议，经陈采夫报请中共湖南省工委同意，以湖南省51个人民团体和湖南省长沙市工农商6个团体名义，邀唐生智到长沙共商湖南和平大计。

4月28日，唐生智到达长沙之后，连续与程潜、陈明仁和各方面人士访问磋商，公开疾呼湖南人民团结自救，就开放言论、维持湖南团结安定等达成了多项的共识。5月2日，湖南参议院召开扩大会议，决定成立湖南人民自救委员会及其执行总部，唐亲自担任该会的主任委员，仇鳌、陈渠珍为副主任委员，唐伯球、周震鳞、刘公武等为委员，主持开展湖南人民自救运动。自救委员会执行总部负责编组地方武力，消弭动乱，维持境内安定。同时，唐生智还致电全省各地方武装，要求他们在安定地方、维持生产、团结自救方面发挥作用。

5月6日，白崇禧从武汉返回桂林，特地在长沙停留。他听说了唐生智在领导湖南和平自救运动，试图将之纳入自己的"湘桂联防"轨道，但唐生智拒不配合，并且还发表谈话，反对白的"以拖待变"的主张，指责其不顾人民死活。白崇禧则指责："唐孟潇搞的自救运动，实际是为共产党张目，做共产党的应声虫。"唐白之间矛盾日趋激化，唐生智无法在长沙继续停留，留下弟弟唐生明与程潜、陈明仁共商起义事宜，5月24日，唐生智返回东安树德山庄。中共湖南省工委派刘寿祺和张凡从长沙来学校与唐生智商谈争取湖南和平解放事宜。省工委指派张凡为唐生智秘书，请唐以耀祥中学为依托，开展促进湖南和平解放的工作。

唐生智返回东安之后，遵照中共湖南省工委的指示，一方面主持耀祥中学的考试和教学，一方面积极联络湘南各地的地方武装和中共地下武装，准备自救起义，截断湘桂线，配合解放军阻击白崇禧的部队。白崇禧听闻唐生智在东安的频繁活动，急派湘桂边区绥靖司令曹茂琮前往东安探听虚实，并试图拉拢唐生智，但结果曹茂琮反被唐生智策动决心起义。

7月，伴随解放军南下的脚步，程潜、陈明仁起义在即。程潜曾派人邀唐生智北上长沙一同通电起义，但唐生智放心不下所联络的各地武装，担心自己走后群龙无首，派唐生明全权代表自己参与通电起义。

8月4日，程潜、陈明仁在长沙通电起义。8月5日，唐生智在树德山庄领衔发表湖南各界知名人士104人响应起义的通电，配合各方达成湖南和平解放，并吁请尚未解放的西南、西北地区迅速采取一致行动，迎接解放。

此时，尚在东安的唐生智处境极为危险。8月9日，他的老部下李品仙代表白崇禧来动员他南下广州，遭他拒绝。白崇禧又派第一二六军军长张湘泽来找唐生智，唐拒不相见。张便威胁"他的安全我们无法保障了"。张走后，唐把家人叫到一起说:"从我几十年的经验看,共产党是为老百姓谋幸福的,得到老百姓拥护的,我愿站在他们一边,我们也只有跟共产党走才有出路。"当晚,他就趁黑夜离家躲避。只要唐生智在东安,他和他领导的湖南地方武装就是白崇禧衡宝防线的背后芒刺,于是就发生了文初的那一幕。

白崇禧派兵前来搜捕的时候,唐生智在当地老百姓的掩护下,就躲在附近一家农民的柴堆里。白的兵马搜了半个多月也没搜到唐生智,就把唐的夫人霍福光和孩子等人押到桂林软禁作了人质。后来,李品仙顾念旧情,将他们辗转送至香港,到1951年他们才回到祖国,与唐团聚。

唐生智在树德山庄,做了许多有利于湖南实现和平解放的工作,树德山庄也因此成为湖南和平解放的历史见证。

10月1日,中华人民共和国宣告成立。衡宝战役结束,白崇禧部向广西溃逃,湖南全境解放。

满怀热情建设新中国

新中国成立后,唐生智满怀热情投身于新中国建设事业中。

1949年12月,东安县举行了第一次各界人民代表会议,唐生智在会上作了《从群众中来,到群众中去》的发言。他在讲话中庆祝东安解放、东安人民政府成立,号召到会的东安各界人民代表在大会之后,"必须向人民大众报告一切讨论情形和人民政府的指示、我们人民所应做的工作。我们要做人民与政府忠实的传达,我们是从群众中来,我们要回到群众中去,要首先实事求是全心全意带头去做,使一切好听的谈话,变成一定的事实,才算我们尽到了自己的责任"。同时,唐生智表示,自己"学习做一个人民,学习做人民的长工"。会后,唐生智在中共湖南省委统战部的邀请下前往长沙,继而担任了湖南临时军政委员会委员。根据省委安排,唐生智推荐一批旧部去军事大学学习,接受教育改造。

1950年4月,毛泽东在北京接见并宴请了唐生智。毛泽东说:我们要过几

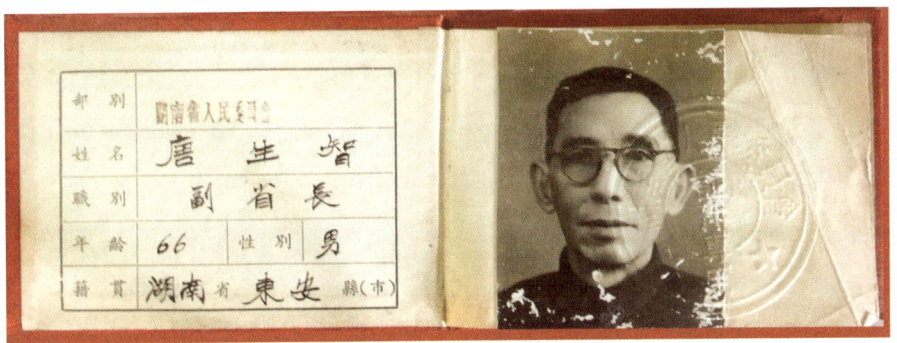

唐生智担任湖南省副省长证件。

个关,战争关,土改关,社会主义关。现在你和你的家属部下,战争关过来了,其余两关就好过了,又好过又不好过,要有充分的思想准备。社会主义革命之后就是社会主义建设,希望孟潇先生为国效力。唐生智则表达了坚定的决心:"我对新中国的社会主义建设的态度是八个字:鞠躬尽瘁,死而后已。"

对于毛泽东提出的"三关"指示,唐生智始终铭记在心,兢兢业业,站稳立场。1950年7月,唐生智被任命为湖南省政府土地改革委员会委员。在土改运动中,唐生智有一些部下和家人受到波及,跟随他起义的人有的遭到冲击。对此,部下中不少人有看法和不满,有些还逃亡到香港、台湾,唐耐心给他们解释相关政策,劝导他们服从大局、服从改造,一起过好土改关。

1950年,唐生智担任第一届全国政协委员,国防委员会常委,并被任命为中南军政委员会委员和湖南省政府副主席。之后,又历任第二、三、四届全国政协常委,湖南省政协副主席等职务。他以"鞠躬尽瘁,死而后已"的信念,拥护中国共产党、拥护社会主义,以实际行动为社会主义革命及建设事业做了许多实事,为巩固和发展爱国统一战线作出了贡献。

1954年,湖南洞庭湖周边发生大规模洪灾,唐生智不顾高龄率慰问团赴洪灾一线指导工作,慰问受灾群众。之后,他又参与了荆江分洪建设,期间他还陪同水利部部长傅作义视察工地。傅作义感慨地说:"我们这些人,过去一辈子犯错误,现在有了共产党领导,不会犯错误了,但时间不多了,要抓紧时间工作。"

唐生智回答说："是啊，我们要跟到老、学到老、改造到老，才不会犯错误。"

除了从事政府工作，唐生智还投身于工商联事业，推动湖南工商联的发展。

唐生智父亲早年抱着实业救国之心从事工商，颇有建树，在湖南省工商界有口皆碑。唐生智与其弟唐生明等也曾在湖南从事过金矿业务。因此，唐家与湖南工商界联系颇深。1952年6月，"三反""五反"运动正在开展，全国工商联筹委会成立，工商界的全国性组织正式开始筹备建立。有鉴于此，结合湖南省工商业发展实际，中共湖南省委、省人民政府、省政协等经过研究，决定于当年11月成立湖南省工商业联合会筹备处，并由唐生智担任筹备处主任。在唐的主持下，筹备处制定了章程，顺利开展工作。12月25日，湖南省工商业联合会筹备代表会议召开，成立了代行省工商业联合会职权的湖南省工商联筹备委员会，继续由唐生智主持工作。筹委会团结教育全省工商业者遵守《共同纲领》，加强思想政治教育，引导私营工商业者搞好生产经营，积极推动全省工商业者投身新中国的经济建设，为其后全行业公私合营创造了条件。

有一次，唐生智去北京参加工商联会议。他诙谐地对中央统战部部长李维汉说："我现在是私营工商业联合会主任，您看，怎么改造法？"李维汉说："我赞成你这种平民的做法，不为当大官，为做实事。所以工商联的工作你也干得很起劲，很认真。过去鹿钟麟还在北京中山公园卖过门票哩。我们是人民政府的干部，为人民服务就不计较名位高低了。"

1954年12月，湖南省工商业联合会正式成立，由于政务繁忙，唐生智未继续担任省工商联的职务。但他认真工作的作风以及为振兴湖南经济、团结工商业者并维护他们的合法权益所展现出的积极热情尤为湖南工商界所称颂，至今被人敬仰和怀念。

新中国成立初期，唐生智加入了民革。1956年2月，唐生智出席民革第三次全国代表大会，当选为第三届民革中央委员、常委。1958年11月，唐生智出席民革第四次全国代表大会，当选为第四届民革中央委员、常委。作为一名历经新旧社会变迁的民革党员，唐生智对毛泽东、对共产党极为敬重。1950年，他见到毛泽东时心有愧疚地说:"大革命时期,我没有自始至终和共产党一起走,深感内疚。今后,将永远跟随主席,革命到底。"1957年,针对有人提出轮流执政问题,他曾深有感慨地说:"轮流执政不符合中国国情。实践证明只有共产党胜任执政的重任。其他党派领导不了也领导不好这个伟大的国家。"

唐生智希望祖国早日统一。他曾说:"大陆与台湾早日和平统一是国家之幸,民族之幸。国家一日不统一,内忧外患就不能完全根除。合则两利,战则两伤。"每当国家对台部门的工作人员登门拜访提问时,他都亲切接待,有求必应。针对在台湾的国民党喊出的诸如"反攻复国""光复大陆"等口号,唐生智说:"这些都是痴人说梦话,蒋介石八百万军队都被打垮了,还奢谈'反攻复国',真是不识时务!"他还多次写信给蒋介石,敦促蒋介石看清形势,丢掉幻想,握手言和,实行第三次国共合作。拳拳爱国之心,浸透在字里行间。

主要参考文献:

1.《唐生智传》,湖南省政协文史资料研究委员会编印,1989年。

2.《唐生智先生诞辰一百周年纪念专辑》,湖南省政协文史委员会、政协东安县委员会编,1989年。

3.晓平《湖南和平起义中的唐生智》,《湖南党史月刊》,1992年第5期。

4.李石生《湖南和平解放前夕的一场险斗》,《百年潮》,2010年第1期。

卢汉（1895-1974），原名邦汉，字永衡，云南昭通人，1955年加入民革。1949年后，曾任云南军政委员会主席、西南军政委员会副主席、国家体委副主任、国防委员会委员等职。民革第三届中央委员，第四届中央常委。第一届全国人大代表，第二、三届全国人大常委会委员。第一届全国政协委员，第二至四届全国政协常委。

卢　汉
领导云南和平起义

　　1949年12月9日晚，蒋介石颇为信任、素有"智多星"之称的西南军政长官张群，焦急地坐在云南昆明的卢汉公馆会客室，一遍又一遍地摇着电话转把，期冀拨通长途电话，和在成都的蒋介石取得联系。殊不知，电话早已被撤了线。突然，两个警卫闯进门来，告诉他卢汉已上五华山，云南已经起义了。这个消息使张群目瞪口呆，顿时瘫在沙发上，半天站不起来。

昆明卢汉故居。

半年后，卢汉在北京见到了毛泽东主席。毛主席慰勉卢汉说："你在云南起义，为人民立了大功。你抗了日，又起了义，晚年能这样就不错了。你就是黄花晚节香。"

第四代"云南王"，曾为抗日名将

1945年12月1日，卢汉成为新一任云南省主席。他是继蔡锷、唐继尧、龙云之后的第四代"云南王"。

云南是中国近现代史上的革命重镇。辛亥之际，经过革命洗礼的滇军，有较强战斗力，所向披靡。舆论认为："滇军精锐，冠于全国。"

卢汉的表哥是龙云。他默默帮龙云征战南北，处理省财政问题，也在军政大事上出谋划策，是龙云最重要的助手和事实上的云南第二领导人。抗战爆发后，卢汉在前线指挥滇军抗击侵略者，战功卓著，成为抗日名将。

1937年8月，滇军主力被编为第六十军，卢汉为军长。官兵们长途跋涉4000余里，奉命开往前线。

在台儿庄英勇抗击日寇的六十军官兵。

卢汉（右一）在受降仪式上。

1938年4月22日拂晓，六十军奉命参与台儿庄会战，与日军不期遭遇。先头部队尹国华营与敌人在耿庄一带激战三昼夜，为后继部队争取了时间。尹营五百余人，除1名回报士兵生还，其余将士全部壮烈牺牲。

随后，卢汉率六十军以确保制高点禹王山为目标，和日军殊死战斗。各部坚持了二十多天的阵地战，使日军矶谷师团遭受重大伤亡。面对穷凶极恶的敌顽，为掩护友军撤退，六十军又死守徐州，成为战场上最后一支撤离的中国军队。

禹王山战斗和徐州守卫战是抗战时期滇军英勇抗战的两座丰碑。卢汉向蒋介石复命，蒋介石对其大加称赞。滇军英名再次响彻全国。

整个抗日战争时期，云南先后派出兵员约40万人，伤亡人数在10万以上。这些立下了赫赫战功的军队绝大部分都归属卢汉统率。仅1945年6至8月，便有大小32次战斗，毙敌数百人。

8月15日，日本宣布无条件投降。根据盟军统帅部的决定，台湾及北纬16度线以北法属印度支那境内的所有日军，向中国投降。

卢汉奉蒋介石之命，率第一方面军接受日军投降。9月28日，受降典礼在河内举行，卢汉以中国陆军高级将领的身份讲话，昭告世界：维护正义、反抗侵略的中国人民胜利了。

然而，风光无限后掩藏着汹涌暗潮。赴越部队名义上归卢汉指挥，但他仅能指挥滇军。数量过半的"中央军"不受卢汉指挥，反负有监视卢汉回军云南的任务。

原来，这是蒋介石解决主政云南18年的龙云，切断龙、卢联系的一步棋。当卢汉率滇军主力入越后，蒋介石即坐镇西昌，策划以武力改组云南省政府。

卢汉无可奈何，只得镇静以处，见机行事。经过一番讨价还价，卢汉被剥夺了军权，回到云南任省政府主席。经营多年的滇军，被调往东北战场参加内战。

历史洪流的裹挟下，即便龙云、卢汉这样的精英，纵然一时挥斥方遒，其个人命运依然如同蝼蚁，再怎么挣扎也只是徒然。唯有和人民站在一起，方能走上光明的康庄大道。

这个道理，卢汉以后才渐渐领悟。

惨淡经营省政，壮大自身实力

1945年12月1日，卢汉接替龙云任省政府主席，成为新一代"云南王"。此时，他已失去兵权，可谓"光杆司令"。

龙云和卢汉是同乡、同族、同学，更是联姻的亲戚。两人一起在陆军讲武堂学习，福祸相依，在风云变幻的滇军中一直没有分开过。此时，龙云被软禁，卢汉走到了云南政治舞台的中央。面对表兄失势下台的殷鉴，他心中涌起了积蓄实力、保全自身的迫切想法。

作为随时可能被抛弃的挂名主席，卢汉心有不甘。为此，卢汉刻苦经营，尽力恢复实力。卢汉要求蒋介石撤销由国民党中央指挥、设在昆明的警备司令部，虽未获同意，但却被允许成立云南保安司令部，由卢汉兼任保安司令。

经过反复拉锯，卢汉取得了对省内地方部队的部分控制权。卢汉将原第一方面军司令部，改组成云南省保安司令部，建立了以保安团队为牌号的新滇军。

最初保安团队共有 4 个团、1 支独立大队。到 1949 年起义前夕，已扩编至 17 个保安团，组成两个军，共五万余人，成为卢汉赖以发动起义的武装力量。

1946 年 5 月 31 日，第六十军一八四师师长潘朔端在海城起义，首开国民党军队在东北起义的先河，对东北战场影响很大。1948 年 10 月 17 日，第六十军军长曾泽生率部两万余人在长春起义；第九十三军则被消灭于锦州，司令卢浚泉等被俘。

派到东北去的滇军解体了，这对卢汉是个大刺激。他两次前往东北抚慰滇军，看到以往士气高昂的属下此刻军心涣散、人心思变，暗叹大厦将倾、东北难支。滇军或起义，或覆灭，也让蒋介石和卢汉之间，产生了巨大的离心力。

在辽沈、淮海、平津三大战役结束以后，卢汉在全国革命形势迅速发展的情况下，对之后何去何从犹豫不决。为此，他一方面继续宣传"保境安民""在安定中求进步"；另一方面加紧扩大地方保安团队的武装力量，作为应变资本。

1949 年 6 月，蒋介石迫于形势，无奈同意撤销云南警备司令部，成立云南绥靖公署。卢汉以绥靖公署主任兼云南省政府主席的身份总揽了全省军政大权，重新控制了新滇军。

卢汉的谋划逐渐奏效，也为他最终走上正道积攒了必要的力量。

周旋于各方之间，和共产党相交甚久

相比于活跃的龙云，卢汉一生谨慎低调。在龙云被逐之后，卢汉用智慧和谋略游走于各方势力间，不断壮大自身。

早在工农红军长征期间，卢汉就和中国共产党有过接触。红军两大主力——中央红军和红二、六军团，两次路过云南，当时龙云奉蒋介石之命，调集滇军"追剿"红军。然而，在抗日民族统一战线的感召下，龙云要求滇军对红军尽可能多追少堵，尽可能让红军走出云南。作为一线指挥滇军的将领，卢汉曾率兵"追击"红军，在龙云影响下，也只是做做样子。

新中国成立后，贺龙被任命为国家体委主任，卢汉为副主任。两人见面，曾有一段回忆对话。卢汉对贺龙说："我还在当年追击过你呢。"贺龙笑答："我知道，我晓得，你追也追不上，击也击不倒嘛！"卢汉说："这不过是'送你一程'的意思。"大家默契而笑。

长期以来，卢汉对中国共产党地下组织在滇军中的活动心知肚明，却未执行蒋介石"坚决清共"的方针。

1941年初，中共南方局派朱家璧回云南开展工作。朱家璧到云南后，被任命为滇军营长，后升为副团长及卢汉的特务团团长等职。

后来，朱家璧的活动为蒋介石侦知，蒋命卢汉查办，卢即让其"保外就医"，又任命其为第一方面军司令部二处科长，实际上保护了朱。朱家璧等中共党员，在滇军中做了许多工作。不少人知道朱家璧是共产党员，但因为龙云、卢汉等人的掩护，国民党特务长期不敢动他。

卢汉主政云南后，实行了一系列改良主义式的政治改革，如开放民主运动、开放言论、允许学生游行和办民主墙报、允许报纸刊登进步言论等，这些措施客观上对云南人民的民主运动起到了一定的促进作用。

如1949年7月1日起，在昆明出版的《正义日报》《平民日报》等报刊，分段刊登了毛泽东主席的《论人民民主专政》原文。《正义日报》的标题是："中共找到了人类社会进步道路"。这些报纸经常收录外电，不断报道解放军在前线胜利的消息。要知道，当时报纸刊登这样的消息被认为是"大逆不道"，会受到严厉处分。

据卢汉下属严中英回忆："我曾见卢汉的案头常放着各种报纸，说明了他很注意时事问题。"可见，卢汉对此类进步行为知情，并默许乃至于鼓励这些动作。

历经彷徨犹豫，终于下定决心

卢汉由"保境安民"转变为反蒋起义，并不是一蹴而就的，而是经历了一个反复动摇的复杂过程。

卢汉对蒋介石一直若即若离。抗战初期，蒋介石出于分化云南地方势力的考虑，拉拢扶持卢汉。卢对蒋有一些感激之情，在蒋介石下野后曾力主其复位。

1949年4月21日，人民解放军百万雄师横渡长江，迅速解放南京。形势发展之快，出乎卢汉的意料。卢汉随后向美国驻云南总领事路德瑾提出了要求美国政府帮助他在云南独立的请求，被婉言回绝。

外援无力，内忧丛生。一方面，蒋介石、李宗仁先后到云南部署建立反共基地。另一方面，驻扎在昆明附近、听命于蒋介石的第八军、第二十六军加紧军事牵制，特务系统对卢汉进行严密监视。

不断变化的地方局势，也让卢汉内心产生波动。1949年1月，中国人民解放军桂滇黔边纵队（简称"边纵"）成立，卢汉曾保护过的朱家璧是边纵的主要领导人之一。到云南起义前，边纵部队发展到五万余人，共歼敌6.1万余人，解放县城91座，其中云南的县城达63座，超过当时全省县城数一半以上。这既为解放大军胜利进军云南创造了条件，也为云南起义提供了保障。

此外，已到香港的龙云，多次派人与卢汉联络，催促他尽快起义。

最终，在中国共产党英明政策感召下，卢汉审时度势，顺应全省人民的愿望，作出了正确的选择。据卢汉之女卢国梅回忆，1949年6月，原任国民党北平警备区中将司令官的周体仁受周恩来、朱德委托，辗转到昆明与卢汉长谈。此时北平已和平解放，卢汉感叹："傅作义兵比我多、地比我富，尚且依靠共产党，我卢汉怎么还为老蒋卖命。"可见，此时卢汉已下定决心。

思深以致远，谋定而后动。卢汉部署非常缜密。他对待国民党政府，可用四个字来形容——"内冷外热"。

为麻痹敌人，卢汉白天奔波于官场，必要时还为蒋介石、李宗仁唱几句赞歌。夜幕降临后，他召集龙泽汇、安恩溥等少数亲信聚会，冷静分析形势，隐蔽地为起义做准备。

在这位戎马半生的英杰的主持下，一切似乎进展顺利。

只身赴渝化险，冲破黎明前黑暗

然而，世事变化往往难遂人愿。

1949年8月14日，寓居香港的龙云在接见记者时，表明自己与蒋介石决裂的态度，宣布"云南起义"。

香港各大报立即以大字标题刊登了"龙云策动云南正式起义"的消息。消息冲击了卢汉，也震动了国民党政府。卢汉为避嫌，表面上中断了和龙云的联系。

此刻，云南大地风起云涌。行政院长阎锡山主张，应马上武力解决云南问题，代总统李宗仁下令，指派桂系部队入滇震慑。身在台湾的蒋介石担心云南落入桂系之手，于8月24日到达重庆，并多次发电报召集卢汉相会。

气氛紧张，箭在弦上。卢汉的副官朱子英回忆，卢汉连续几天都在彻夜思考，香烟头堆满了烟灰缸。迫于形势，卢汉于9月6日只身飞往重庆。临行前，卢汉对龙泽汇、安恩溥等人说："我这次去重庆，吉凶难卜，万一被扣，你们就打电报来。要求不准，就插起红旗，通电起义，不要管我。我走后，军事由龙泽汇负责，政务由安恩溥负责。"

卢汉一到重庆，即向蒋介石提出辞职。蒋介石却说："有什么困难，我都支持你。"蒋介石表示云南交给卢汉全权处理，准许他把保安团扩编为两个军，拨发现银100万元作军费，陆续补充武器、弹药。作为条件，蒋介石提出：一是取消省参议会；二是依照名单逮捕一百多人；三是封几个报馆和学校。卢汉考虑起义条件尚不成熟，因而答应了。

9月8日下午，卢汉回到昆明，暗示名单上的人物迅速转移。9月9日，军统特务在昆明实行大逮捕，特务头子徐远举率领数十人执行任务，共逮捕数百人之多；同时解散了省参议会，查封了部分报刊和学校，这便是"九九整肃"。

特务手中，有份蒋介石指名立即捕杀的进步人士名单，第一名便是曾任国民党政府总参谋长、驻苏联大使的杨杰。1948年，杨杰加入了民革，担任川、康、滇、黔西南四省民革负责人，策动西南军政要员反对蒋介石。蒋介石对他恨之入骨，指示务必逮捕并即刻枪决杨杰。9日下午，徐远举赶往杨杰家中。踢开门进去，屋内一片零乱，已是人去楼空。原来，杨杰提前一天从卢汉处获悉大逮捕即将开始，已乘机飞往香港。

连续几天的大搜捕，特务们还是捕获了一些民主人士，准备枪决的有一百多人，其余大多判处3年至20年不等的刑期。

军统特务、保密局长毛人凤企图借刀杀人，嫁祸卢汉，将名单报送卢汉要他立即批准。卢汉认为罪证不足，杀人太多，难以服众，命令复审，这样就拖了下来。

11月初，代总统李宗仁路过昆明，卢汉向李宗仁报告，要求从宽处理这批人员。李宗仁为拉拢卢汉，慨然应允。卢汉立即下令，奉李代总统面谕，所有被捕人员因罪证不足，一律准予释放。这场风波终告结束。

在卢汉斡旋之下，黎明之前的春城，幸未被黑暗侵蚀。

当机立断，毅然发起大义之举

1949年11月，人民解放军向大西南进军，贵阳、重庆相继解放。与此同时，边纵在云南很活跃，各地要求起义的呼声日益高涨。同时，国民党政府企图逼迫卢汉负隅顽抗，一旦形势有变则派特务暗杀卢汉。

卢汉当机立断，一面停止征兵征粮，制止国民党的特务活动，拒绝国民党政府单位移驻昆明，并与边纵加强联系；另一面派人到香港、广州与叶剑英联系，请示起义方略。

同时，卢汉利用解放军迫近云南的形势，将所掌握的七十四军和九十三军调来昆明及附近地区，做好准备工作。12月1日，为避免生发事端，卢汉命杨文清代理省主席职务，自己称病在家，暗中策划和指挥起义。

12月7日，蒋介石的心腹张群奉蒋介石之命到昆明，逼迫卢汉让国民党政府机构迁入昆明，省政府和绥靖公署迁往滇西，卢汉提出种种困难，表示难照办。局势瞬间紧张起来。

12月8日，蒋介石召集驻滇各军军长余程万、李弥等与张群去重庆，面授机宜。卢汉即利用余程万、李弥等离昆时机,抓紧布置,决定 12 月 9 日夜举行起义。

12 月 9 日,张群再次来到昆明,住在卢公馆。下午,卢汉大摆宴席,宴请美、英、法驻云南总领事。卢公馆前车水马龙,一派宾主尽欢的祥和气氛,在一定程度上迷惑了暗中监视的特务。

此时,卢汉已将张群单独软禁,以张群名义发了通知,假称 21 点开会。21 点整,第二十军军长余程万、第八军军长兼第六编练司令部司令李弥、云南绥靖署保防处处长沈醉、宪兵司令部参谋长童鹤莲、空军第五军区副司令沈延世、第一九三师师长石补天等人,如约来到。这些忠心耿耿为蒋介石效命到底的反动头子,随即被限制自由。7 个军服整齐、胸挂勋章的人预感不妙,只得面面相觑,狂抽香烟。昔日呼风唤雨的大人物们,此刻均束手无策,成为瓮中之鳖。

下午还与他们虚与委蛇、勉力敷衍的卢汉,从卢公馆后门走上五华山。22 时整,卢汉在五华山云南省政府主席办公室宣布:"云南起义了!各单位按原计划开始行动!"他的话语沉静、肃然,却如惊雷闪电一样,有力地号召着四面八方正持枪待命的人们。由于行动迅速、机密,使敌军和特务措手不及。许多市民不知不觉在睡梦中度过了这一大转折。

五华山是昆明市区的最高处,山上筑有瞭望台可鸟瞰全市。在卢汉宣布起义后,警卫迅速在瞭望台上升起了一面手工缝制的五星红旗。

接受共产党领导,消灭国民党在滇力量

云南起义是在中国共产党的亲切关怀、热情支持下胜利实现的。

中国共产党在云南有比较深厚的群众基础,所领导的学生民主运动曾撼动国民党的大后方,边纵游击战争的烈火几乎烧遍全省。统战工作不仅在社会开明人士中有基础,而且深入到滇军内部。广大人民渴望解放,解放云南是万事俱备,只欠东风。

毛泽东主席和朱德总司令在收到云南起义通电的第二天，即12月10日就复电报："昆明卢汉主席勋鉴：通电敬悉，极为欣慰。昆明起义，有助于西南解放事业之迅速推进，为全国人民所欢迎。希望团结全省军政人员与人民游击队共同维护地方秩序，消灭反动残余并改善官兵关系，为协助人民解放军建设人民民主专政的新云南而奋斗。"

在此指示下，云南成立了以卢汉为主席的云南临时军政委员会，作为临时权力机关。至此，云南和平解放，滇军走向光明，三迤大地开始了新的纪元。

云南起义对国民党政府的打击是十分沉重的，它事实上宣告蒋介石失去了在大陆的最后基地。云南起义有助于西南解放事业的迅速推进，也保全了云南地方免遭战火的荼毒。

不甘失败的蒋介石指挥其残部，妄图在人民解放军进入云南前，将起义镇压下去。他命令嫡系部队反攻昆明，从12月16日起，国民党第八军、第二十六军等部三面包围昆明，全面进攻。艰苦的昆明保卫战开始了。

军事实力强于昆明守军的国民党军队，一度进占了昆明机场，推进到昆明城边。此时，中共地下组织动员全市人民，为保卫昆明而战斗。终于，敌军被起义部队和昆明人民所阻。

关键时刻，卢汉于12月20日毅然释放了被扣押的二十六军军长余程万。12月20日下午，余程万回到军中，炮火逐渐沉寂。傍晚，二十六军攻势停止。12月21日，第八军得知二十六军撤退，又得知人民解放军即将进抵，也纷纷撤退，坚持一周的昆明保卫战胜利结束。

接下来，人民解放军迅速进军滇南、滇东，彻底消灭了国民党在云南的全部军事力量。

1950年1月，边纵在副司令员朱家璧的率领下进驻昆明。昆明市人民张灯结彩、鸣放爆竹、打着红旗，欢迎云南人民的子弟兵。

当晚，卢汉在五华山礼堂举行欢迎大会。他对起义人员说："今天总算把你们领上光荣起义的道路。希望你们认清革命道理，接受革命思想，永远跟着共产党,努力为人民事业贡献力量。"在座人员都颇为感动。

正如卢汉在起义通电中所说:"人民解放,大义昭然,举国凤已归心,仁者终于无敌。"云南成功起义,有各方的因素,主要是解放战争的节节胜利及全省人民的迫切要求。在大势所趋、人心所向的情况下,卢汉顺势而为,对祖国和云南人民作出了应有的贡献。

参与建设新中国,成为光荣爱国者

1950年2月20日,解放军举行昆明入城式。各人民团体、各机关、各学校、起义部队及各族人民共30万人组成长达十余里的夹道欢迎行列。

下午2时1刻,陈赓、宋任穷等解放军指战员分乘吉普车驶至欢迎台。卢汉将军当即向前迎接,与其热烈握手。一时鞭炮齐鸣、锣鼓喧天、掌声雷动。

卢汉非常动情地说:"我过去罪恶很大,干了剥削、压迫人民和反共的事情,愿意领受党和人民给我的一切惩罚,毫无异言。"

陈赓当即回答:"卢主席这次起义的行动是明智的,对人民是有功的。至于

卢汉与陈赓握手。

以往的一切，那都不必再提了。"这是中国共产党代表人民作出的坦诚评价。

1950年3月，云南省成立军政委员会，卢汉任主任。云南省人民政府正式成立后，云南起义部队经过整训，光荣地合编到中国人民解放军内，所有参加起义的官兵和全体军政人员都得到共产党的妥善安置。

接管云南后的陈赓与宋任穷对卢汉表示了充分尊重。云南是边疆地区和少数民族聚集区，一些问题如果处理不好可能引起麻烦。三人互相尊重又默契配合，始终保持了很好的关系。

卢汉为新中国体育事业作出了贡献。旧中国的体育比赛成绩一片空白，体育设施微乎其微、简陋异常。新中国对发展体育事业非常重视。1952年，中华人民共和国成立后第一次参加国际奥林匹克运动会。会后，中华全国体育总会向中央呈递报告，建议再成立一个与各部、委平行的全国体育事务委员会，主任委员最好请贺龙担任。

原来，早在红军时期，贺龙就在部队中倡导体育运动，提出了"练好身子，战胜敌人"的口号。大西南解放后，贺龙在西南区和西南军区大力发展体育运动，出任国家体委主任是众望所归。

贺龙担任体委主任后，以他非凡的魄力和独特的方式，动员、说服和吸引了一批曾在部队和西南区从事过体育工作的干部到体委机关工作。贺龙还邀请老朋友、西南行政委员会副主席卢汉来体委共事。军旅出身的卢汉，对于增强人民身体素质的重要性，体会同样很深，欣然答应了贺龙元帅的邀请。

当时，骁勇善战的独臂将军蔡树藩，爱国将领蔡廷锴、黄琪翔等都担任体委副主任，"体委领导将军多"的佳话正是由此而来。

在共事期间，卢汉与昔日战场上有过交手的贺龙精诚合作，相处融洽。他们以军人的作风，迅速有效地开展工作，共同推动了新中国的体育事业蓬勃发展。仅仅十多年的时间，全国的体育健儿艰苦奋斗、勇敢拼搏，共打破世界纪录145次，获得13项世界冠军。其中，1952年成立的中国乒乓球队在1959年为中国夺得世界体育比赛中第一个世界冠军后，1961年一举夺得男子团体冠军、女子团体亚军，中国人第一次品尝到了亲吻斯韦思林杯时的骄傲。1955年成立的中国登山队，仅用了5年时间，1960年就从中国境内一侧登上珠穆朗玛峰，开创了人类从北侧成功登顶世界最高峰的纪录。1964年，中国登山队又成功登顶世界上最后一座8000米以上未登峰——希夏邦马峰。中国乒乓球队、中国登山队相继成为享誉全国的英雄群体。与此同时，中国青少年的平均身高，比父母一代普遍增加了三厘米左右；中国人的平均寿命，也由新中国成立前的35岁，提高到60岁以上。

这些数字都无可争辩地证明了贺龙、卢汉等第一代体委领导，率领新中国体育人所取得的丰硕成果。从此，"东亚病夫"的帽子被永远地扔进了历史。在今天中国早已成为举世公认的体育强国之时，人们不会忘记这些昔日浴血沙场的将军们的卓越功绩。

主要参考文献：

1.《龙云、卢汉与蒋介石》，王朝柱，中国青年出版社1990年。

2.《卢汉后半生》，马子华，四川文艺出版社1992年。

3.《我所知道的卢汉》，文思主编，中国文史出版社2004年。

4.《民革领导人传（第二辑）》，民革中央宣传部编，团结出版社2007年。

5.《民革与新中国的建立》，民革中央宣传部编，团结出版社2009年。

6.《建国前后的云南社会》，云南省档案馆编，云南人民出版社2009年。

7.《解放大西南》，彭荆风，云南美术出版社2009年。

8. 卢汉《陆军第六十军参加徐州会战概况》，《云南文史丛刊》第2期，云南省文史研究馆编，云南省文史研究馆1985年。

9. 胡俊《近二十年来云南地方军队概述》，《云南文史资料》第6辑，云南省政协文史资料研究委员会编，云南人民出版社1986年。

10. 李菁《"云南王"卢汉：从不对人谈1949年起义》，《新校园·阅读版》，2011年第6期。

11. 新华社《卢汉先生的追悼会在北京举行》,《人民日报》1974年5月18日第2版。

12. 田雪鹰《贺龙初任国家体委主任》,《党史纵横》,2016年第1期。

13. 张曼《国家体委成立之初人事趣闻》,《体育文史》,1996年第6期。

许闻天（1902-1982），江苏溧阳人，1949年加入民革。1949年后，曾任民革第二、三届中央委员，第四、五届中央常委，民革中央副秘书长、组织部副部长、部长等职务。

许闻天
多次入狱的"孙盟"领导人

1949年4月10日，南京。山雨欲来风满楼。虽然是阳春三月，但虎踞龙盘的古都却是异常萧条冷落，繁华不再。

正午时分，在大行宫附近，一家名为文风的书店忽然扰攘起来，几名特务野蛮粗鲁地架着两个衣着体面的人从里面走出来。尽管这二人义正词严地重申自己是立法委员，除现行犯外不得逮捕。特务们却充耳不闻，强行将二人带到宪兵司令部特务室。

随后几天，南京《中央日报》、上海《新闻报》、重庆《大公报》等媒体纷纷报道："立法委员会金绍先、许闻天于前（十日）晚因某种关系被捕，除许闻天已被解往上海……""行政院院长何应钦对于立法委员金绍先、许闻天之被捕事先事后均未得知，直至昨（十一日）日下午二时，始得闻此一事件，何氏对此甚表震怒，昨（十一日）晚已电令汤恩伯立即护送许闻天返京，严饬将逮捕金、许两委员之人员解京讯办，同时并将处理本案经过详告童院长。"

在新中国成立前夕，这一轰动一时的立法委员遭逮捕事件的内幕究竟是怎么回事？被压往上海的许闻天命运如何呢？

新中国成立前夕报纸上关于许闻天案的报道。

两度入狱，发起秘密组织"孙盟"

1940年8月，许闻天被国民党政府派往宜兴沦陷区任流亡县长。在担任宜兴县长期间，他先后数次与日军刀枪相见。抗日战争时期是第二次国共合作时期，许闻天没有与中国共产党发生过任何摩擦，相反，与国民党军队却起过冲突。1941年初，蒋介石派挺进纵队进入沦陷区，这些部队抗战不力，却做了不少祸国殃民的事情。许闻天对此非常愤怒，便与挺进纵队发生了冲突，结果被挺进纵队抓捕，遭到严刑拷打，遍体鳞伤。许闻天不得不离开宜兴，回到溧阳老家的乡间居住。

1945年初，许闻天与新四军苏南行署取得联系，计划与新四军合作抗日，却被溧城镇的日军和国民党特务发现，遭到两方不分昼夜地搜捕。许闻天在溧阳无处藏身，只得潜往皖南。在皖南歙县，许闻天被国民党特务侦缉，被捕入狱。当时，国民党江苏省政府流亡在皖北阜阳，江苏省主席王懋功是许闻天的熟人，在他的营救下，许闻天获释。从此，许闻天跟随王懋功，直到抗战胜利。

抗战胜利后，许闻天跟随王懋功回到江苏，在国民党江苏省政府任主任秘书。这期间，许闻天参加了三民主义同志联合会（简称民联），并积极参与组建孙文主义革命同盟（简称孙盟）。孙盟于1945年冬在重庆开始酝酿，1949年秋宣告自动解散，历时近四年。在新中国成立前，孙盟不公开活动，属于一个秘密组织。

这期间，国民党统治区政治日益腐败，经济趋于瘫痪，人民生活艰难，许多有识之士要求和平民主、重建家园，而蒋介石集团却坚持独裁和内战的政策，引起了全国人民的坚决反对。国民党内的一些民主人士有的大声疾呼，公开反对国民党政权，有的则秘密集会结党、有组织地联合各方民主力量，共同反蒋。许闻天和一些参与创建孙盟的同志们认为，在当时的情况下，只有真正贯彻孙中山先生的三大政策，恢复三民主义的本来面目，才能挽救民族的危亡，中国才有出路，因此有建立一个和共产党合作从事反蒋的民主政团的必要。

经过一年多的筹划，1947年春，许闻天和一些民主人士在南京碑亭巷东方旅社集会，商谈建立组织、开展活动的事宜。参加集会的人主要来自三个方面，其中有以许闻天为代表的三民主义同志联合会成员，有以邓昊明为代表的老第三党（邓演达领导）的成员，有以陈惕庐为代表的从蒋介石嫡系中分化出来的高级军政人员。此外，还有个别进步青年知识分子。通过协商，大家逐步统一了认识，将组织定名为孙文主义革命同盟，目的是分化瓦解蒋介石的独裁政权。

随后，孙盟在江苏、浙江特别是上海、南京等地建立了分组织，并逐步向全国发展。1948年春，《孙文主义革命同盟政治纲领》正式通过，其核心内容就是"反蒋拥共"。此外，孙盟还扩大组织，吸收了部分立法委员、国大代表进入各级领导机构。

孙盟的组织系统分为四级，即总部、省市支盟、分盟及小组。总部设中央委员会，委员33人，并设有常务委员会，许闻天是常委，担任常委的还有刘不同、邓昊明、陈惕庐、金绍先、贺耀祖、侯桐、高宗禹、谌小岑、杨玉清、韩梅岑等人。许闻天和陈惕庐还兼管组织工作。

孙盟虽然在苏、浙、皖、鄂、湘、桂、粤、黔、川、康、闽、京、沪、平、津、汉、穗等省市都设有支盟等组织，但它一直处于"地下"状态，开展工作一般以盟员个人的工作身份活动，此外还借助一些外围组织如中国农工通讯社、浙

《孙文主义革命同盟史料选辑》封面。

江省农村文化促进会、立法院二五座谈会、南京大学教授会及新群社等团体开展工作。

1947年冬至1948年秋之间，孙盟曾三次派杨沛如、韩梅岑到香港与民革的负责人朱蕴山联系工作，并要求把孙盟作为民革的一部分。朱蕴山表示欢迎，但要求取消孙盟组织的名称，改用"民革"的名称，这一更名意见未能在孙盟总部讨论通过。不过，孙盟仍然经常同上海民革、民联的负责人王葆真、郭春涛等保持联系，同时加强与在港的民革组织的联系，以求通过民革取得中共中央的直接指示。1948年，中共发布五一号召之前，孙盟还派张达生三次过江，与新四军管文蔚所部的沈云樵取得联系，主动接受共产党的领导。后来中共五一号召发布后，孙盟因自身处境不便，未能发表公开声明，但在口头上表示过响应这一号召。

以"合法斗争"与军事策反为手段，积极开展反蒋斗争

作为孙盟的主要发起人和负责人，许闻天带领孙盟成员开展了一系列的反蒋斗争，主要分为在立法院内的合法斗争和军事策反两种。

孙盟成员们在立法院内成立了"二五座谈会"（每星期二、星期五集会两次），座谈的主要内容就是"反对'戡乱'，主张和平""反对独裁，主张民主"，包括保障人身自由，释放政治犯；反对征兵征粮，征实征购；废止动员"戡乱"的临时条款等。他们不仅座谈，还提出相应的提案并力求在立法院通过。例如，由立委转任司法行政部政务次长的孙盟成员杨玉清，力促司法行政部部长张知本在行政院会议上通过了"释放政治犯"案，许多政治犯因此获得了释放。

孙盟在李宗仁竞选副总统时，做了很多助选工作。在李宗仁任代总统后，孙盟又力促李宗仁与共产党进行和平谈判，许闻天在这些活动中发挥了重要作用。李宗仁也非常尊重孙盟成员的意见。有一次，李宗仁以代总统身份请以立法委员为主的孙盟负责人许闻天、刘不同、金绍先、谌小岑、贺耀祖、高宗禹等吃午餐，商讨和谈问题。李宗仁在宴席上还要立法委员制止蒋介石把封存在上海的黄金运往台湾。事后，许闻天等孙盟成员联系四五十名立法委员在立法院提交了制止"黄金运台"的提案，形成决议后交行政院切实执行。

许闻天还参与了多次军事策反工作。许闻天与江苏省主席王懋功曾同为改组派成员，在抗战胜利前后许又在王身边工作，参与了王的许多机密事宜，两人关系非同寻常。依靠许与王的特殊关系，孙盟在江苏掌握了省政府民政厅、保安司令部、训练团等机关的部分阵地。许闻天在1947年还担任过省训练团教育长，并与CC系展开过斗争。在王懋功的默许下，江苏省保安独立旅旅长陶鸿钊也参加了孙盟。孙盟还在江苏的宜兴、溧阳、丹阳、常州、镇江、江宁、无锡、苏州等地建立了地方组织。

当时，王懋功的日子并不好过，驻徐州的顾祝同、京沪线上的汤恩伯、驻南通的李默庵等，都以合力"剿匪"为名，把王懋功手下的保安部队一团一团地拉走。许闻天就大胆建议，把保安团队改编为警察，必要时"拉上茅山打游击"，

> ## 孙文主义革命同盟概略
>
> 许闻天　邓昊明　金绍先
> 谌小岑　杨玉清　宁光堃
>
> ### 前　言
>
> 孙文主义革命同盟（以下简称"孙盟"）从1945年冬开始酝酿，以后建立组织、开展工作，直到1949年秋宣告自动解散，经历了四年时间；从自动解散到现在，又过去了37年。"孙盟"究竟是一个什么性质的团体？它做了一些什么工作？一般人都不很了解。由于解放前"孙盟"处于地下，不可能保存完整的资料，特别是由于"孙盟"总部和各省市支、分盟的负责人有许多惨遭杀害，基层组织和一般成员又都系采取单线联系，有些情况已无从了解，加以解放以来30多年的人事变化，现在所能知道的"孙盟"的一些负责人已经为数不多，对于我们这些十年浩劫的幸存者来说，真有"访旧半为鬼"、"鬓发各已苍"之感。把"孙盟"的组织活动情况概括地写出来，是我们后死者的责任。现在根据我们共同的回忆和在粉碎"四人帮"后收集到的一些材料，加以整理，显然不够系统全面，但有这个材料总比没有好，总可以看出它的组织情况和性质、任务的大概轮廓，以供治史者的参考。希望得到"孙盟"同志和有关方面的补充和纠正。
>
> #### （一）孙盟的组织概况
>
> "孙盟"是在1945年抗日战争胜利后在重庆开始酝酿的。当时经过八年抗日战争，蒋介石消极抗日，积极反共，媚外求荣，躲在峨嵋山上坐待胜利，已经充分暴露他坚持独裁和内战的反动方针，遭到中国共产党、各民主党派和全国人民的坚决反对。国民党政府横征暴敛，贪污腐化，四大家族巧取豪夺，敲骨吸髓，物价飞涨，民不聊生。国民党内有志改革之士，有的大声疾呼，公开反抗；有的秘密组合，集

许闻天等人的回忆文章。

同中国共产党南北呼应，徐图进展。王懋功考虑到江苏四面临敌，认为成功的希望不大。许闻天再向王懋功献策，准备利用孙盟的力量，拉拢浙江的陈仪、安徽的桂系，同江苏结成同盟，王懋功听后意有所动。

1948年上半年，蒋介石任命陈仪为浙江省主席，陈仪不愿到任。孙盟派陈惕庐、许闻天、高宗禹三人到上海劝说陈仪就任，以加强反蒋阵线的力量。他们在上海窦禄安路的陈仪公寓，彻夜密谈，陈仪终于答允到浙江就任。陈仪于当年6月就任浙江省政府主席后，积极支持孙盟在浙江开展活动。他任命孙盟成员张贤哲为浙江省政府秘书长，贡沛诚为省建设厅厅长，陈惕庐为省训团教育长，同时还在浙江保安司令部安插了部分孙盟成员。许闻天建议陈仪同王懋功建立联盟，得到了陈仪的同意，两人定期在上海会晤，直到1948年9月，王懋功被蒋介石

撤职。同年冬，陈仪敦劝有师生之谊的汤恩伯起义，汤恩伯向蒋介石告密，陈仪在 1949 年 2 月被免去浙江省政府主席职务。自此，孙盟在江浙两省开展工作，更加困难重重。

许闻天还参与了策动江苏保安独立旅长、镇江江防司令陶鸿钊起义的工作。陶鸿钊也是孙盟成员，为策应解放军渡江，他曾将长江南岸的地形、水文等情况绘制成地图或提供详细材料送往江北，甚至还把江浙一带国民党军队的军事部署、配备及作战方案等都交与孙盟江苏支盟的负责人张达生，由张达生送给新四军联络员沈立樵。

贵州修文起义是孙盟贵州支盟发动的。虽没有直接参与起义，但在贵州支盟的建立过程中，许闻天、陈惕庐是有一定作用的。早在 1946 年冬，他们就派马怀麟到贵阳发展组织。1948 年底，孙盟总部又派陈明仙到贵州会同李思齐、马怀麟等发动武装起义，迎接解放。他们准备以修文为奇兵，并发展了保安团的一个营，里应外合，占领贵阳。不料起义消息泄露，修文民众被迫提前起义，由于准备不周，以弱击强，起义被镇压。

此外，许闻天还参与或间接协助了川康军事策反工作、浙江保安部队起义、蒋经国的军官教导总队队长贾亦斌起义等十多起策反工作，有成功的，也有失败的。

孙盟组织遭到破坏，被捕入狱

正当许闻天等人为迎接解放、积极进行军事策反的时候，孙盟组织遭到了严重破坏。1948 年底，陶鸿钊被军统特务毛森逮捕。1949 年 3 月下旬，军统又逮捕了陈惕庐、张达生等十多人，孙盟在江苏南京、镇江、无锡、上海等地的地方组织也同时遭到破坏。

陈惕庐与南京失去联系，立刻引起了大家的警觉。高宗禹开始转入地下活动，潜伏在李宗仁的招待所里。许闻天、贺贵严、刘不同、侯桐等决定由金绍先代理书记职务，处理日常工作。这一时期，谌小岑在杭州进行浙赣路护路工作，也久未回南京。而孙盟的掩护通讯机关——文风书店的电话始终打不通,大家判断,文风书店很可能已经被特务发现和控制。

4月12日上午,许闻天、金绍先到文风书店调查情况,两人随即遭到特务的盘问。许闻天、金绍先直告以姓名,并出示立委身份证明,特务却强行将二人带到宪兵司令部特务室。

许闻天认出,负责的军统特务正是打入孙盟内部的陈祖敏,他是陈立夫的堂弟、与张达生关系极深的孙盟成员严一民的姐夫。陈祖敏打入孙盟内部,就是为了查出并逮捕孙盟的军事负责人许闻天,同时相机拘押孙盟其他重要成员。

由于许闻天是立法委员,特务只好采取守候文风书店方式进行秘密逮捕。许闻天被捕时,特务们已经拘留了二三十人,他们都是在文风书店被捕的,其中有的是孙盟同志,但是大多数只是去买书的顾客。陈祖敏立刻认出了许闻天,将他戴上镣铐押送上海。

但是,陈祖敏并不认识金绍先。于是,金绍先便根据宪法"立法委员除现行犯外不得逮捕"的规定,指责他们"违宪"。面对特务们的盘查,金绍先一概推说不知,并态度坚决地要求同宪兵司令张镇、行政院长何应钦通电话。最后,特务只得释放金绍先。

金绍先获释后,立即公开谴责特务违宪逮捕立法委员,引起了国民党立法院的震动。总统府秘书长邱昌渭当天就代表李宗仁到金绍先的寓所探视慰问。南京《中央日报》、上海《新闻报》、重庆《大公报》等媒体,也连续多日对两位立法委员被捕的经过,以及金绍先在立法院会议上作的报告和决议进行了报道。

当时,正值国共和谈期间,中国共产党也在广播电台中强烈谴责国民党特务逮捕立法委员、有意破坏和谈的行径。国民党赴北平的和谈代表团也对此表示不满,这迫使李宗仁、何应钦等不得不出面干预,许闻天才得以获释。

而被非法逮捕的陈惕庐、张达生、朱大同、方志农、王文中5人,则于1949年5月11日被枪杀于上海虹口公园。

孙盟解散，加入民革

南京解放前夕，许闻天为了躲避军统特务的迫害，潜伏于溧阳山区。上海解放后，他暂住在上海地下共产党员、姻亲宦乡家中。这时，他接到中共中央统战部电报，请他北上。1949 年 7 月底，许闻天到达北平，向李维汉汇报了孙盟的有关情况。与此同时，孙盟留在上海的几位负责人，如侯桐（雨民）等也向中共华东局统战部汇报了组织的情况。中共华东局统战部部长吴克坚、华东军政委员会联络局局长何以端，邀约侯桐、韩梅岑、陈建晨等数次座谈，商讨孙盟的善后工作。不久，孙盟召开了一个包括苏、浙、皖、京、沪等支盟、分盟负责人在内的大会，许闻天接到侯桐、韩梅岑的信函，也南下上海参加了这次会议。就在这次会议上，孙盟决定宣告解散。

1948 年 1 月，三民主义同志联合会、中国国民党民主促进会（民促）以及其他国民党民主人士在香港成立中国国民党革命委员会，但民联、民促仍继续单独保持组织活动。1949 年 11 月 12 日至 16 日，中国国民党民主派代表会议在北京举行。会议决定民革、民联、民促和国民党其他爱国民主人士统一成为一个组织——中国国民党革命委员会，至此，民联、民促同时宣告结束。许闻天当时作为"第四方面"的代表参加了这次会议，并当选为民革中央委员。

1949 年 9 月，新政协筹备委员会决定邀请孙盟代表参加政协会议，由许闻天、邓昊明代表孙盟出席了第一届全国政协会议。周恩来总理在报告政协代表名单的协商经过及其代表的广泛性时，曾说明孙盟虽然是一个不太大的政治组织，也安排了两个代表名额参加新政协会议。周恩来在《关于人民政协的几个问题》的报告中说明："在协商当中，除了政治根据外，我们还要从组织方面说几个问题。（一）党派的标准。凡是在去年'五一'前就建立了组织或已开始建立组织，并且很快地响应了'五一'号召的，就可以作为参加单位。现在参加筹备会的 14 个党派单位都是按照这个标准决定的。……除了这 14 个党派外，我们认为有些组织要分别研究对待。如孙文主义革命同盟，曾在伪立法院进行过斗争，我们就一方面劝说他们加入国民党革命委员会，关于孙盟解散的文章。

另一方面把个别人列入特邀单位……"就这样，许闻天、邓昊明作为特别邀请人士参加了新政协会议。

建国伊始，百废待兴。许闻天担任中央人民政府政务院参事，积极参与政务院参事室关于政策、政令、法案等研究及草拟事项，关于政务院所属各委、部、会、院、署、行呈院有关政策、法令、规章之专案审议事项，关于政策、政令推行实况之调查研究事项，关于政务院与所属各委、部、会、院、署、行之间工作联系事项，关于总理临时派遣或交办事项等各项学习、视察、慰问、调查等活动中。1951年，许闻天和卢郁文一起随陈云副总理赴中南地区视察财经工作，以后又赴各地参加土改工作。

许闻天先后当选为第一、二、三届全国人民代表大会代表,第五届全国政协委员,并担任民革中央委员、中央常委、副秘书长、组织部副部长、部长等职。

主要参考文献:

《孙文主义革命同盟史料选辑》,邓昊明、金绍先、宁光堃编,1997年。

陶述曾（1896-1993），字翼圣，湖北新洲人，1952年加入民革。1949年后，曾任湖北省政府副省长，湖北省第五、六届人大常委会副主任，湖北省第一、二、四届政协副主席，湖北省科协副主席、名誉主席，中国土木工程学会副理事长，湖北省土木工程学会理事长等职。民革第五、六届中央常委，第七届中央监察委员会委员，第八届中央监察委员会常委；民革湖北省委会第二届代主委，第三至五届主委，第六、七届名誉主委。第四届全国人大代表。第二至六届全国政协委员。

陶述曾
在江汉防洪，在湖北治水

1946年4月8日清晨，4辆吉普车沿着河南省内的黄河边行走。从车窗向外望去，看到的是一地狼藉：干枯的河床、荒芜的河滩上杂草一片，护堤的砖石七零八落。

车辆继续向前开，进入一个小村庄，突然之间，车窗外的景色让人眼前一亮：麦场里坐着几位妇女正在纳鞋底，一群孩子围着几个解放军战士嬉闹，笑声回荡在平原上。坐在吉普车里的陶述曾看着这一切，心里感慨道：好一片祥和安谧的和平景象！

陶述曾是谁？他为什么要到黄河边上看河道？原来，这4辆吉普车上都插有"黄河水利委员会"的小旗子，时任黄河花园口堵口复堤工程总工程师的陶述曾正随着工程局去勘探黄河故道。

正是在这期间，陶述曾收到了3本小册子，分别是《新民主主义论》《论联合政府》和林伯渠的陕甘宁边区政府工作总结。这是他第一次看到毛泽东的著作，小册子里面很多话说到了他的心坎上。回想起那日看见的祥和小村庄，这时他才领悟到中国共产党领导的革命事业之所以日益壮大的原因。没想到，无意中收到、阅读的这三本小册子，竟成了陶述曾了解共产党、走向人民阵营的开始……

年少热血，实业报国

1896年，陶述曾出生在长江北岸一个叫作陶胜六的湾子里，10岁起在开封旅汴中学读书，逐渐接受新思想影响。1911年秋，武昌起义的消息传到15岁的陶述曾耳边，让他振奋又欣喜，他趁着天还没亮就一口气赶到武昌，凭着一腔报国热忱考入武昌军官学校，学习工兵科。

一次，教授地形科的陈教官给大家讲大禹治水："大禹全力治水，初奠山川，为民除患，留下千古之功。"他在黑板上写下："为生民立命，为万世立功的禹、稷才是真的英雄。"从小崇拜战斗英雄的陶述曾突然醒悟，英雄不仅仅是那些驰骋疆场的军人，也是扎扎实实从事建设、为生民造福的仁人志士。他认识到自己更加适合成为一个建设的英雄，开始渴望做一个治水的大禹。

1915年春，陶述曾考入北京大学预科学习，三年后升入北洋大学土木系。五四运动爆发后，陶述曾和同学们加入上街游行的队伍中。后来他被学校开除，幸亏北京大学校长蔡元培出面接纳他回到北大土木系继续学习。逐渐成熟起来的陶述曾的就业理想是"用其所学，尽其所能"，他希望用自己的一点力量帮助国家进行和平建设，实现工业化。

毕业后，心怀实业报国理想的陶述曾到湖北蕲春筹备开办寅山煤矿，忙得连轴转：他上完日班上夜班，熬得双眼布满血丝。第二年秋，寅山煤矿出煤了。他捧着黑亮的煤块，喜笑颜开：这煤块中凝结着的是一年来的心血和智慧。

然而天有不测风云，同一年，革命的火焰烧到了武汉，北伐革命军和安徽军阀在蕲春一带开战，寅山成了战场。一场大战之后，煤矿遭遇到了前所未有的破坏：井架被炸倒，电力设备被损坏，地下水淹没了整个矿井。陶述曾跌跌撞撞地在矿区走着，内心痛苦得宛若被扎了一刀，淅淅沥沥往下滴血，可怕的战火就这样轻而易举地夺走了他和工人们一年来的辛劳成果。

1937年，抗日战争爆发。身处抗日战争的大后方，陶述曾在重庆工程委员会的工作是去往各工程处协助工作：哪个工程有问题需要及时解决，他就要到达哪个工地。那段日子里，他日夜奔波，先后往来于云南、贵州、四川、湖北、广西、陕西、江西等地，亲自参与了 48 个机场的修复与施工。在这 8 年里，他不惜生命，忘我工作，几乎参与了湘桂铁路、滇缅铁路、中印公路、昆明飞机场等全部重要交通建设工程。

坚持己见，治理黄河

1946 年，黄河花园口堵口复堤工程总局邀请陶述曾出任总工程师。这份工作唤醒了他当初投身水利事业的初心。花园口决堤使黄河水泛滥成灾已达 8 年之久，在波涛汹涌的决口口门处开启决口复堤，是任何时候也不曾有过的。当国民政府决定在花园口堵口时，这一项艰巨的工程让陶述曾心情激动、辗转难眠。

抗战胜利后，中国共产党领导黄河故道两岸军民创建了冀鲁豫解放区和渤海解放区，河床内的土地大部分被开垦为农田，几十万人在里面耕作生活。在这种情况下，中国共产党同意黄河堵口回归故道，但是要"先复堤、后堵口"。同时，国民党政府堵口愿望迫切，下达了"宁停军运，不停河运，限期完成，不成则杀"的命令。

作为花园口堵口复堤工程局总工程师，陶述曾从实际出发，支持中国共产党的意见，制定了符合花园口具体情况的复堤堵口施工计划，推迟原定的合龙时间。为此，制定原合龙时间的美国顾问塔德极力反对，并得到了南京国民政府的支持。

陶述曾心情沉重、百感交集：塔德的计划中隐藏着更深的阴谋。他不愿身处这个计划之中，因此辞职离开花园口工地。塔德则日夜赶工，无奈他的计划始终存在缺陷，黄河汛期来临后冲没了所有搭建的栈桥。获悉合龙失败后，陶述曾在重庆《大公报》发表文章称："我以为这次联总上了塔德先生的当，而政府又上了联总的当，所获的教训是明明白白的。"同年 9 月，陶述曾从重庆返回花园口工地。

花园口工程变得越来越复杂，国民政府"以水代兵"，利用花园口合龙水淹解放区的阴谋越来越被世人所知。历经了几次堵口失败后，工程技术人员开会检讨平堵失败的教训。陶述曾说："黄河的特性是'善淤、善决、善徙'。花园口的急流遇着石块就湍急，黄河土质太易冲刷，铺底稍有空隙，就马上冲成深坑。"

后续经过热烈讨论，工程局汲取了黄河河工们的宝贵经验，定下了传统的合龙办法——一个在黄河上 2000 多年来 1000 多次堵口积累的经验。

1947 年 3 月，花园口工程竣工。黄河终于回归故道，通过冀鲁豫解放区，注入渤海。

弃暗投明，作出贡献

1948 年底，辽沈战役后，国民党的统治地位岌岌可危。此时陶述曾任广州港工程局局长，广州虽然远离战场，但是随着货币迅速贬值、工程停顿等随之而来的困境，陶述曾决定急流勇退、弃暗投明。他辞掉局长一职，回到了武汉。

陶述曾与共产党的渊源是从花园口工地开始的。当年陶述曾勘查黄河故道，看到解放区一派欣欣向荣的模样，这与国民党统治区的乌烟瘴气形成了鲜明对比。

1949 年元月的一个夜晚，陶述曾家里来了客人。其中一位是两年前花园口工程挑土方的民工，叫张春阳，他的真实身份是中共中原局城工科干部。

张春阳笑着说："在花园口工地，我们都知道您是一位正直的工程师，为人民办了好事。"

陶述曾说："那都是过去的事情了。我现在就想执执教鞭——工程我能搞，书也能够教。"

"陶工，新中国快成立了。我们党有很多工作需要做，尤其是您这样的科技人员，是建设新中国不可缺少的力量。陶工，您能够在这方面为我们做点工作吗？"

"可以，只要我能够做到。"陶述曾答应得很痛快。

2 月初，陶述曾到了湖北黄石。黄石是湖北的一个重工业基地，陶述曾受中共中原局城工科的委托，亲自出面和黄石几大公司的人联系。他对大家说："目前的时局，大家都看得很清楚，国民党腐败、政府垮台已是必然趋势，人民解放军正在以雷霆之力向南推进。黄石是大军过江的渡口，它的地理位置和工矿企业都显得尤为重要，所以在这个节骨眼上，我们要力保厂矿，以完好的厂矿迎接解放军的到来！"

这一席话赢得了热烈的掌声。华新水泥厂、黄石电厂、源华煤矿等厂矿在中共地下党组织的领导下，行动起来，组织队伍日夜巡逻，保护工厂和矿山。

没过几天，陶述曾以前的老朋友找上门来，说要推荐他去当建设厅长。在张春阳同志的支持下，陶述曾顺势同意邀请，决定利用自己手中的权力，保护好城市、厂矿免遭敌人破坏。4月下旬，国民党在湖北省的势力加快了破坏、搬迁的进程，陶述曾冒着风险，背着上级以"要有计划、有步骤，严防中饱私囊"为由，以建设厅长的名义发布手谕："命令所属机关、工厂、企业，没有接到本厅长手谕，任何人不得搬动，如有捣乱破坏者，严惩不贷。"陶述曾的手谕在一定程度上，使隐蔽的地下斗争变为合法斗争，建设厅下属部门反搬迁的行动得到了公开支持。

终于，武汉解放了。许多工厂企业都得以完好地保存下来，随着解放的欢呼声，机器又轰隆隆地开动起来。这个时候的陶述曾比以往更加忙碌，他想帮助经济周转不开的源华煤矿继续经营下去。他说："共产党的经济政策是'发展生产，繁荣经济；公私兼顾，劳资两利'，我相信这个经济政策能够帮助我们渡过难关！"1952年，经过几年的悉心经营和100万的国家投资，源华煤矿公司的生产能力大大提升，随着国家经济的恢复，公司的经营也走上了复兴之路。

陶述曾抑制不住心中的激动。多年前，他在湖北蕲春筹备开办寅山煤矿，辛苦打下的事业被战火一夕烧毁。此时此刻，战火停熄、国家安宁，还有党的经济建设政策做支持，有什么事业做不出来？建设祖国的道路虽然艰难，但是一步一个脚印，就能一直前进。

传道授业，加入民革

新中国诞生后，陶述曾成为第一批最活跃、最积极的高级知识分子，为国家百废待兴的事业作出了卓越的贡献。

新中国成立以后，陶述曾留在湖北省工作，受邀到武汉大学土木系执教。他对这份工作非常重视，四处收集资料编写教材。在武汉大学授课期间，他凭借广博的阅历、丰富的工程经验及深厚的理论功底、幽默又富有逻辑的表达方式，深

陶述曾（左起第五人）和时任长江水利委员会主任林一山（左起第七人）在葛洲坝水利枢纽工地。

受武汉大学学生们的喜爱，这其中的大多数人日后成长为了学者和专家。

1950年6月6日，湖北省人民政府组建了省防汛总指挥部，陶述曾任副总指挥长。1931年和1935年的大水让武汉成为了"泽国"，人民饱受饥饿、瘟疫的折磨。为了普及湖北和武汉市的防汛知识，陶述曾在汉口作了一场科普报告会，名叫"洪水的来源及水灾的发展和控制"。当天，报告厅被热心的听众挤得满满的。

陶述曾用生动通俗的语言向大家解释洪灾的成因、特点和防治。他还说："人民政府在水灾的防治方面，不仅是致力于防汛，在工程方面也建立了基础。"科普之余，陶述曾满怀感慨："1950年是人民政府有计划地、有重点地、有组织地结合兴办水利来消除水灾的开始时期。长期受水灾威胁的湖北人民，对这一伟大时期应永远纪念。"

他曾在文章中多次写道："旧中国在帝国主义和新旧军阀统治之下，所谓'水利'，无非是保护租税的堵塞堤防决口，只有在共产党领导下的新中国，水利才具有了兴利的实际意义，并且有着十分艰巨的工作需要去做。"

1951年，经过慎重的考虑，陶述曾申请加入了民革。这位在旧社会工作了

武汉长江大桥技术顾问委员会成立会议上，陶述曾（右起第八人）与铁道部长滕代远（右起第九人）、桥梁专家茅以升（右起第十人）等人合影。这次会议，云集了中国顶级铁路、桥梁专家。

28年一直没有加入国民党的高级工程技术专家，在新中国成立后的1951年投身民革。1952年，民革中央决定加派陶述曾等同志为民革湖北省筹委会委员，之后根据中央精神改组了常委会。从此，陶述曾参加了历届省委会的领导工作。

江汉防洪，湖北治水

1954年夏秋，长江中游发生特大洪水。在6月23日武汉长江水位达到危险水位时，中共中央就对武汉防汛工作下达紧急指示，要求"竭尽全力，抢救危关"，武汉防汛总指挥部的总工程师就是陶述曾。

他到职后做的第一件事是组建"技术参谋团"总工程师室，第二件事是把防汛技术与知识传播给群众。为了让传播的效果达到最佳，他白天奔赴各堤段工地，夜晚在值班室里顶着酷暑奋笔疾书，加班加点撰写《防汛与抢险》。这是一部理论与实践相结合的著作，有着严密的理论系统，图文并茂、贴合实际，非常容易为广大群众所掌握。这本小册子在后来极其艰难的防汛斗争中起了很大的作用。

2001年武汉光谷广场竖立起的陶述曾像。

7月，武汉的防汛形势日趋紧张，以陶述曾为首的工程师们，根据初步掌握的全市堤防情况，以及越来越凶猛的洪水发展趋势，紧张地研究制定了加固、培厚、加高堤防和除险抢险的工程技术方案，为总指挥部的抗洪战略部署及时提供了科学依据。26日至28日，狂风大作，暴雨倾盆而下，武汉抵挡住了这波洪水。

8月，上游的江水滚滚而至，陶述曾每天只能休息几个小时，他日夜不停地奔波在各个堤段上。武汉军民日夜守护在大堤上，几十万人置生死于度外，与洪水进行殊死搏斗。8月18日，武汉关水位达到了历史最高峰，而全市沿江大堤依然牢固矗立着，这是武汉防汛工作取得的一个重大胜利。次日，长江洪水开始全面回落。

为了更好地指导防汛工作，陶述曾在《长江日报》上发表了题为《危险水位以上退水阶段的险情发展》文章，对当时武汉堤防形势及防汛抢险对策做了详尽、科学的阐述。

几个月后，毛主席发来贺电，庆贺武汉防汛取得伟大胜利，"庆贺武汉人民战胜了1954年这场特大洪水，并勉励还要准备战胜今后可能发生的同样严重的洪水"。作为武汉防汛总指挥部的总工程师，陶述曾此时此刻心中百感交集。

1955年，他在《人民长江》上发表了题为《武汉市1954年防汛技术的经验与教训》的长篇论文，从理论上剖析防汛斗争中的技术问题。文中说："防汛工作，尤其是抢险斗争与医病有相同之点，医病不仅需要特效药，还必须有科学诊断方法与临床经验才能正确地了解病情和运用特效药。"他提出来的重要观点，对湖北省和武汉市几十年来的堤防建设产生了重要的影响。

同年，湖北省水利局正式改组为湖北省水利厅，陶述曾任厅长。陶述曾一直在第一线为湖北的防汛事业奔忙，日复一日，年复一年，他撰写了多篇防汛文章，还做了关于防汛技术问题的报告。陶述曾执掌湖北水政的这些年，勤于思考，结合中央的水利建设方针和湖北的实情，提出符合省情的贯彻意见。在长期领导湖北水利建设的过程中，他形成了自己的一套治水理论——水土运动理论，为水利建设事业作出了重要的贡献。

主要参考文献：

1. 《陶述曾传》，陶建生、潘大华，武汉大学出版社1992年。

2. 《湖北省民革第三、四、五届主委陶述曾小传》，陈发园，世纪行2010年。

3. 陶鼎来、李森林、周叶青《陶述曾与1954年武汉大水》，《武汉文史资料》，2005年第12期。

4. 许恺景、陈汉萍《陶述曾在武汉解放前夕的革命活动》，《武汉文史资料》，1999年第5期。

覃异之（1907-1995），原名异知，广西宜山人，1952年加入民革。1949年后，曾任水利部参事、参事室主任，国防委员会委员，北京市第九届人大常委会副主任等职。民革第五届中央常委，第八届中央监察委员会副主席；民革北京市第七、八届副主委，第九届主委。第二、三、四、七届全国政协委员，第五、六届全国政协常委。

覃异之
保护南京基础设施免遭破坏

1946年5月底的一天，天阴气闷，四川万县长江港口岸边，集结着上百名群众和军人组成的欢迎队伍，他们正在等候一艘有要员乘坐的轮船。这艘轮船是在从重庆去南京途中，特意在此做短暂停留的。一声汽笛的鸣响，打破了码头的沉闷，一艘标记着"民联号"的轮船缓缓靠岸，还没等船停稳，只见一名英武的年轻军官大步流星登上轮船，与船上几位气度不凡的绅士握手、寒暄，并把地方官员一一引荐。提起这几位绅士的大名，可以说是闻名遐迩：李济深、冯玉祥、谭平山、王葆真，全部是国民党民主派的大佬。当他们下船来到欢迎队伍面前，冯玉祥看到列队的群众，立即激发了即兴演讲的热情，他充满激情的讲话引得人们情绪激昂、呼声阵阵。这时，李济深却趁机走到年轻军官身边，耳语几句后，年轻军官便向随从副官简单交代了几句，马上带着李济深悄悄离开人群，亲自开车带着李济深绝尘而去。

这个青年军官是谁？他把李济深带去了哪里？他们要做什么？

与李济深秘密谈话，避内战心意已决

原来，这位青年军官就是李济深的广西小同乡，也是他在黄埔军校的学生覃异之，当时正在万县驻防的青年军二〇四师师长。李济深避开人群是因为他

有重要的话要同覃异之谈，希望找个僻静的地方。于是，覃异之就把李济深带到了万县公园的师部外宾接待处。李济深忧心忡忡地说："蒋先生对和平解决国共争端的任何意见，都听不进去，什么都是他说了算。我们今天必须反对内战，反对独裁。只有和平、民主，国家才能复兴，人民才能休养生息。但从目前时局来看，内战不可避免。你是蒋先生看中的年轻军官，所以有机会的话，最好建议蒋介石不要打。你首先也必须设法避免参加内战。"覃异之说："老师是要劝蒋校长悬崖勒马，避免给国家带来更大的灾难？"李济深回答："是的，但是，蒋先生很固执啊！"覃异之本来就反对内战，回首自己20年的戎马生涯，东冲西杀，历经坎坷。但是因为觉得蒋校长对自己有知遇之恩，所以没有多想。一席话惊醒梦中人，听了老师的话，覃异之深深感到独裁思想的危害，会给民族带来灾难。因此便暗暗思忖：自己尚无能力劝校长不打内战，但是想办法避开内战是可以做到的。

避开内战，赴台湾编练青年军

李济深说覃异之是蒋介石看中的青年军官，是因为抗日战争中覃异之打的几次胜仗颇得蒋介石赞赏，而且与覃异之的几次谈话中，对于覃异之在军事理论方面的独到见解印象深刻。所以在组建青年军时，覃异之是被蒋介石钦点的二〇四师师长，而且抗战时，蒋介石还亲临万县视察二〇四师，并于视察翌日即发来电报褒扬官兵的军纪风貌。所以军中都知道他是蒋介石的"心腹爱将"。虽如此，但覃异之对于蒋校长还是比较忌惮的。然而和蒋介石的公子蒋经国，虽是经蒋介石介绍而在青年军才结识的，却因为年龄相仿，彼此欣赏，反倒成了无话不谈的好友。

为了避开内战，覃异之首先找到蒋经国说："我想加强部队训练，请求将青年军整编二〇五师调往台湾，接受美械，还请您在委员长那里帮我多多美言。"蒋经国答应道："青年军有知识、有文化，接受美械装备最好，我一定会跟老先生谈的。但还需时日，你不要着急。"在蒋经国的斡旋下，覃异之于1947年9

1939年10月,第一次长沙会战湘北大捷,覃异之在祝捷大会上。

月被派到台湾接受美军军械。然而仅仅一个月,蒋介石就亲自发来急电,命覃异之火速赶回南京,接受命令。当他赶到南京面见蒋介石时,蒋当即指示"现在派你去东北任第八兵团副司令兼五十二军军长,这是东北行辕主任陈诚亲自调你帮他作战,你赶快准备好,到东北去。"

　　面对调令,覃异之非常不安,于是马上找到蒋经国,希望他能和校长协调,予以免调。蒋经国答应帮忙,第二天,蒋经国给覃异之回电说:"已请示过老先生,说是陈诚主任要求调你,所以要和陈主任商量后再做决定。我估计很有可能免调。"听到这儿,覃异之仿佛吃了一颗定心丸。谁知,当天晚上,蒋介石再次召见覃异之,说:"五十二军原是你的部队,现已调东北。防守比在台湾训练更重要,你务必于11月16日前赶到东北行辕报到,我已叫空军司令王叔铭为你准备飞机。"覃异之想再找蒋经国,发现他已飞去上海处理经济管制工作去了。所以只好硬着头皮奉命前往东北上任,以期再想办法,避开内战。

回乡竞选"国大代表",再次远离内战旋涡

　　覃异之在离开南京赴东北上任途中,经过北平,顺道拜访了担任北平行营主

位于广西河池的覃异之故居（现已不存）。

任的同乡李宗仁长官，李宗仁一见覃异之便直截了当地说："东北战场形势不好，你也要设法从这个火坑中跳出来。"到达沈阳后，陈诚又任命覃异之兼任辽南守备司令。在东北战场，覃异之目睹了国民党军节节败退，百姓民不聊生。看到自己带过的、在抗战中英勇作战的五十二军二十五师在鞍山一战中全师覆灭，心腹爱将胡晋生师长被擒，不由得悲从中来，感叹道："惆怅狼烟扫不开，临危受命出关来，云埋渤海春风冷，雪涌千山画角哀。一局残棋难着手，百年大计费安排，辽阳苦战终何补？坐失名城愧将才。"

此时的覃异之更坚定了离开东北战场的决心，但是怎样才能离开这个内战的旋涡？苦闷之际，偶然从报纸上得到一个消息，各地正在进行"国大代表"的推选。这是一个能够离开东北的契机。只有参加"国大"，才能够有脱身的机会。于是他立即给广西同乡、国民党政府国防部长白崇禧写信，询问能否参加广西省"国大代表"的竞选。白崇禧马上回信说："没有问题，已经通知你的家乡宜山县，请你马上与该县接洽，派人办理竞选手续。"于是，覃异之火速派参谋邓传汉到广西老家进行竞选活动，并顺利当选为广西省的"国大代表"，于是顺理成章地办完离职手续，赶赴南京参加"行宪国大"，趁机离开了内战战场。

在南京释放进步人士，冒险放走起义将领王晏清

1948年9月，覃异之被任命为总统特派战地视察第11组组长，到徐州、蚌埠一带前线视察战况。通过这次深入调查，覃异之更深刻地感觉到，论兵力及装备，国军虽然占优势，但内部已经混乱、腐败，派系重重，互相倾轧。而共产党军队那边，则斗志旺盛，团结一心，且战术灵活机动，所以他判断国民党难逃失败的命运。视察结束后，蒋介石又马上任命他为南京首都卫戍中将副总司令兼江北指挥所主任。虽然职位上升，但是看到南京城里的国民党上层在前线战事最紧张的时刻，依然花天酒地、歌舞升平，他愤然写道："劫后狼烟未尽消，江南已变旧时娇，秦淮画舫今非昔，犹有歌声似六朝。"他内心已经醒悟到，今后的历史绝不会是国民党写，而是共产党写。这一阶段，覃异之的思想波动特别大，作的诗也都非常低沉："公卿皆贵戚，国事日蜩螗。有意归田野，无心念帝乡。每因愁未尽，翻觉我难忘。黩武非长策，拔山笑霸王。"此时的他已经决定脱离旧政权，准备另谋出路了。于是，他决心尽力做几件有利于国家和人民的事情，以慰内疚之心。

1949年1月，蒋介石迫于国内外舆论的压力，宣布下野，李宗仁以代总统身份于1月22日发表声明，愿意与中共进行和谈。他急于同中共方面直接联系，首先想到的就是与离南京最近的解放军三野陈毅部取得联系。当时扬州已经解放，长江防务以白崇禧的兵力25万和汤恩伯的兵力45万，一字排开，戒备森严。倘若过江，必须有卫戍总部签发的通行证才行。于是李宗仁派程思远秘密找覃异之帮忙，程思远和覃异之都是广西人，相熟已久，所以就直言不讳地说："德公（李宗仁）准备派李明扬过江找陈毅，接洽直接谈判，请大力协助。"覃异之随即以派情报人员过江为由，两次将通行证交给程思远，使李明扬顺利过江与陈毅部接洽。

为了配合和谈，1月24日，李宗仁命令行政院取消全国戒严令，释放政治犯，停止特务活动，对人民非依法不得逮捕。这些主张遭到了国民党内一些要人的反对，而覃异之却表示非常赞同，而且为避免夜长梦多，他亲自向李宗仁建议，

请李宗仁马上给南京卫戍总部下达释放政治犯的手令，他自己亲自负责执行并做好总司令张耀明的说服工作。接到手令后，张耀明批示：覃副司令核办！覃异之马上释放了300多名政治犯，其中有共产党员和民主人士。事后，覃异之受到汤恩伯的严厉斥责，但是因为有代总统的手令，并没有受到追究。后来，张耀明对覃异之说："蒋先生虽然下野，我们还是要听老头子的啊！"覃异之回答："一个下野，一个代理，究竟听命于谁，叫人左右为难。我看还是听命于国家前途吧。这些人大多是有文化的知识分子，并非祸国殃民之辈，保全一个，就是为国家保全一份财富，也没有什么不对啊？"

1949年3月23日上午，张耀明对覃异之说："据稽查处（军统）方面的情报，第四十五军九十七师师长王晏清有重大通共嫌疑，请你约他来总部谈一谈。"覃异之说："王是黄埔学生，又在陆大毕业，必须谨慎处理，如果搞错了，将影响高级军官的情绪。"于是他中午约见王晏清。覃异之对他说："听说你的部下打算策动宪兵起义？"王晏清回答："没有此事。"覃异之暗示道："那你回去查一查，如有，你要被追责，所以要做好思想准备，随传随到。"王晏清刚刚起身离开覃的办公室，汤恩伯的电话就打到覃异之这里，指示他扣押王晏清。覃异之便说，王晏清已经回师部去了，我电告赵霞军长就近办理吧。覃异之放下电话，就追出来，看到王晏清还在找自己的汽车，尚未离开，就马上告诉他，上边已下令抓他，要他赶快逃走。当天晚上，王晏清即以奉命演习为名把部队拉跑了，共约8000人在桥林镇起义。虽然最后由于起义仓促，解放军事前不知情，无法及时接应，最后，只有100多人过江到达江北解放区。但是此事影响极大，因为此前起义部队多非蒋介石嫡系，这次可是"御林军起义"，国防部大为震动，蒋介石亲自从溪口打来电话查问，覃异之身为卫戍副总司令，自然要受到汤恩伯的追查。只是鉴于当时国民党内部自顾不暇、焦头烂额的局势，便没有再追究下去。

保护南京基础设施，为百姓平安作贡献

1948年12月底，蒋介石要求时任资源委员会委员长的孙越崎把所属的南京

的五个工厂，全部拆迁到台湾去。在孙越崎的百般拖延下，一直到1949年4月都没有迁成。4月20日，南京局势急剧动荡。4月22日，卫戍总部接到汤恩伯全线撤退的命令并立即召开秘密会议，会上，有人建议要二十八军工兵营在撤退前破坏南京的发电厂、下关火车站、轮船码头及水厂。覃异之对此坚决反对，他劝说张耀明："破坏这些设施，将会丧失民心，并给撤退工作增加难度。"于是张耀明支持了他的决定，采纳了覃异之提出的成立一个负责维持南京过渡时期秩序的临时组织的建议，并留下自己信任的可靠部队四十五军三十二师张荣儒团辖下的一个营组成纠察队，由马青苑负责指挥。当张耀明、覃异之、马青苑正在卫戍总部商量具体事宜时，忽然一个电话打来找覃异之，电话中一个焦急的声音急促地说："覃司令，我是首都电厂厂长陆法僧，孙越崎让我向你们求援。原来保护电厂的宪兵刚刚全部撤走了，现在我们担心电厂被破坏。"覃异之安抚他说："陆厂长，不要着急，我们已经组成了纠察队，现在马上过去，保护电厂。"于是火速派人赶到首都电厂护厂，并派出纠察队前往车站、码头及水厂警戒，严防特务破坏，同时要求部分纠察队队员维护街头秩序，保证南京城市和百姓的平安。覃异之此时的想法是，应该尽量减少战争的损失，将南京古城和平移交给解放军。

香港通电起义，受到中共多方关怀

离开南京后，覃异之经上海辗转回到广西，避开军统特务的监视，于5月10日，搭乘陈纳德飞虎队运送物资的飞机，举家撤往香港。

6月，覃异之就在香港参加了由贺耀祖、谌小岑等国民党军政人员组织的策划脱离蒋介石政权的"周三座谈会"活动，并担任第一组召集人，主持政治、军事方面的联络和策反工作。8月13日，覃异之与黄绍竑、贺耀祖、龙云、刘斐、李默庵、黄琪翔等国民党军政人员44人发表了题为《我们对于现阶段中国革命的认识与主张》的政治声明，严斥蒋介石背叛孙中山先生的三民主义，投靠帝国主义，实行法西斯独裁，表示拥护中国共产党所领导的反对帝国主义、反对封建主义和反对官僚资本主义的新民主主义革命，并号召有爱国心的国民党军政人员立刻与旧政权决裂，坚决明显地向人民靠拢，与中国共产党彻底合作，为革命的三民主义之发展而继续奋斗，为建设新民主主义的新中国而共同努力。此次事件，时称香港起义。

香港起义的声明，当时在国民党军政界引起了强烈震动，许多军政官员纷纷效法，宣布起义或脱离国民党政权。9月16日，由覃异之起草，44人又在《香港时报》上联名发表了《告国民党海陆空军全体将士书》，该文指出，国民党军连年进行的内战，是反人民、反国家和惨无人道的战争，是为"蒋家王朝"的利益而战，号召国民党海陆空军全体将士，效法程潜、陈明仁两位将军长沙起义之义举，弃暗投明，率队归来或举兵起义，实现局部和平。香港起义后，中共通过香港的地下组织与覃异之取得了联系，请覃异之协助中共做解放台湾的工作。那段时间，中共地下党组织把得到的资料一般都会交给覃异之看，这种信任和诚意使覃异之深受感动。没过多久，周恩来总理在北京接见中共在香港的负责人时说："香港的消费水平高，覃异之一大家人在香港开销太大，叫他的家眷先回来吧。"当组织上将周总理的话转告覃异之时，他大受感动，浮想联翩，周恩来是覃异之在黄埔军校时的教官，18岁时就聆听过他的教诲。因此，老师的话使覃异之如沐春风，倍感温暖，更加激发了他的工作热情和责任感。

很快，中共中央就安排覃异之的家眷乘坐英国货轮，躲过特务眼线，经台湾海峡直抵天津，中央统战部的同志等候在码头，将其一家人妥善安置。没有了后顾之忧，覃异之在香港更加努力地工作。年底，覃异之应邀回到北京，受到中共中央的热情欢迎，并参加了12月31日周总理在中南海举行的欢迎海外归来的爱国人士的宴会。会后，毛泽东主席、刘少奇主席和周恩来总理还和他们共商建国大计。会上，覃异之还碰到了刚刚被任命为水利部部长的傅作义将军，傅作义对他说："欢迎你到水利部工作，参事室有很多你的老朋友。"覃异之高兴地说："非常愿意，但是希望先参加学习，洗洗脑子，再找你报到。"傅作义表示赞同。当时北京社会主义学院已经开办，所以覃异之便给周总理写信，希望能够参加学

1960年10月19日,周总理以黄埔军校教育长的身份邀请在京的黄埔同学到颐和园聚会,覃异之与陈赓、郑洞国、张治中、邵力子等人参加。

习。很快,院长刘澜涛和联络部部长李克农就约谈了覃异之,说:"我们收到了周总理转来的信,院领导碰了头,认为你学习的愿望很好,但是目前的工作重点是解放台湾,考虑到你对台湾比较熟悉,同学故旧也多,我们希望你先参加解放台湾的工作,所以准备派你再回香港工作。学习的事情以后一定会安排的。"覃异之表示服从组织决定。于是,1950年元旦过后,覃异之又南下香港,投入到解放台湾的工作中。

6月,香港的政治气氛受朝鲜半岛局势的影响紧张了起来,台湾特务在香港暗杀民主人士的活动非常猖獗。其实,自1949年9月杨杰被暗杀于香港寓所的事件发生以来,中共方面就采取了措施,暗中保护包括覃异之在内的民主人士,不过覃异之对此并不知晓。他只是感到在香港从事对台工作,困难日益增多,自己派往台湾的联络人中,有的已被台湾当局暗杀,他感到危险在步步向自己逼近。

6月底的一天,中共香港地下组织负责联系覃异之的联络员等候在他回家的路上,掏出截获的台湾特务的笔记本给覃异之看,里面详细记录着覃异之每天的动向。他说:"你已经被特务盯上了,根据判断,他们马上就要对你动手了,现在你的住所已经被特务包围,你绝不能回去了。组织上认为你继续留在香港太危险,所以派我来接你乘火车马上回内地。住所内的物品也不要拿了。"覃异之立即随他来到火车站,从香港紧急撤退,回到北京。每回讲到这件事情,覃异之都很激动,他说:"这件事使我很感动,这也是共产党保护我、关心我的事实,共产党考虑问题之周到、办事之细心、行动之果断实为世上所罕见。从此我更加义无反顾地跟共产党走,争取为新中国的建设添砖加瓦,贡献一切。"

参加新中国建设

这次回来后,覃异之马上谒见周总理,要求安排学习。随后,他被派到广东省新会县参加了6个月的土改。不久,周总理在怀仁堂招待民主人士,覃异之又碰到了傅作义部长,并接受了他的邀请,被国务院安排到水利部参事室工作。在水利部,他随同傅作义部长先后视察了十三陵水库、官厅水库、密云水库等。20世纪50年代中,覃异之还和同在水利部参事室一同工作的故交老友郑洞国、周

20世纪50年代,覃异之(前排中)与郑洞国(前排左)、唐生明(前排右)等在北京模式口参加农业劳动。

嘉彬、唐生明等一起来到石景山模式口全国政协劳动基地参加农业生产劳动。劳动中，他们脸上充满喜悦，全身洋溢着新生的光芒。1956 年，中央社会主义学院成立，覃异之参加了第一期学习，由于前期参加过土改及劳动，所以在生产实践中对社会主义理论有了感性的认识。在社会主义学院，他系统学习了《联共（布）党史简明教程》《国家与革命》《矛盾论》《实践论》等论著，提高了自己的马克思主义基本理论水平。

看到新中国日新月异的变化，覃异之的生命也仿佛被注入了新的活力，从此以后，覃异之积极参政议政，为祖国统一辛勤工作了一生。87 岁时，他赋诗一首，对自己的一生进行了总结："八十七年路不平，身经百战庆余生。老逢盛世精神爽，饮水思源感党恩。"

主要参考文献：

1.《李济深全传》，姜平，团结出版社 2002 年。

2.《回忆南京解放前夕二三事》，覃异之，江苏文史资料第 30 辑，江苏文史资料编辑部 1989 年。

3.《覃异之在南京解放前后》，党德信，《钟山风雨》，2001 年第 2 期。

4.《蒋介石在京沪杭最后的挣扎》，侯镜如、覃异之、廖云泽，文史资料第 32 辑，中国人民政治协商会议全国委员会文史资料研究委员会编，文史资料出版社 1962 年。

5.《身经百战庆余生》，尚文，《文史春秋》，1998 年第 5 期。

6.《铁血儒将郑洞国：中国抗日名将郑洞国图传》，郑建邦、胡耀平，团结出版社 2018 年。

焦实斋(1899-1987),名蕴华,字实斋,河北井陉人,1952年加入民革。1949年随傅作义起义。1949年后,曾任政务院参事、国务院法规编纂委员会副主任等职。民革第三届中央候补委员,第四届中央委员,第五、六届中央常委,第六届中央监察委员会副主席,民革中央宣传部部长兼团结报社社长,孙中山研究学会会长。第二至四届全国政协委员,第五、六届全国政协常委。

焦实斋
北平和平解放的积极推动者

　　这张照片拍摄于1979年召开的纪念北平和平解放30周年座谈会。照片中的两位老人受邀参会,当时均已年至耄耋。他们笑容满面,相谈甚欢,似是许久不见,畅叙友情,又或是正在重温30年前波澜壮阔的那段历史。

　　看上去平易近人的两位老者,人生经历却很不普通。

　　这两人都为30年前的北平和平解放作出了不可磨灭的贡献,左侧是何思源,右侧的是本文主人公焦实斋。

焦实斋与何思源在交谈。

在天津扶轮中学任教时的焦实斋。

挽救危亡投笔从戎

1899 年，焦实斋出生在河北省井陉县一个士绅家庭，原名蕴华，表字实斋。他自幼聪颖，勤奋好学。24 岁那年，以优异成绩从北京高等师范学校英语专业毕业，而后，被推荐到天津扶轮中学教书。

当时京津地区正处于北洋政府的统治下，其对内实行独裁、镇压革命，对外投靠帝国主义列强、出卖国家权益，激起人民极大不满。为寻求真理、拯救国家，焦实斋参加了由高仁山、周恩来等创建的爱国青年组织"新中学会"，又参加了中国国民党，成为国民党左翼组织"新中革命青年社"的骨干分子，积极投身于反帝、反军阀的革命斗争中。在国民党北方执行部领导人李大钊、高仁山等被残害后，焦实斋在天津日租界的家，一度作为国民党河北省党部的领导机关所在地。这期间，他还担任了武汉国民政府与北方国民党组织的秘密交通员。

1928 年，二次北伐成功，中华民国获得形式上的统一。焦实斋先后担任天津特别市教育局长、国民党天津特别市执委兼训练部长。1929 年 3 月，他又作为天津特别市党部推选的四名代表之一，出席了在南京召开的中国国民党三大。这次会议上，蒋介石为了达到独裁统治的目的，规定参会代表可以不用经过选举，而由他本人指派即可，妄图安排大批右派分子和自己的亲信参会。焦实斋等代表对这种做法十分不满，反复抗争无效后，便与童冠贤、马洗繁、何思源等 20 多人愤然离场。

不久，蒋介石北上。路过天津时，国民党天津特别市党部居然没有一个人前去火车站迎接，令蒋介石深感不满。蒋到北平后，在北京饭店召见天津市党部全体执委，会面时却无人起立，也没有人说话。蒋介石只得强忍怒气，"嗯嗯"了两声，摆摆手让大家回去了。

后来，蒋介石又派陈果夫去找焦实斋，以示拉拢。焦实斋得知消息后，仍然选择避而不见，这下着实惹恼了蒋介石，盛怒之下开除了焦实斋等人的国民党党籍。焦实斋晚年谈到此事，曾感叹道："那时我们太年轻了，政治上很幼稚，用那种简单、冲动的办法，是斗不过老蒋的。"

1937 年，日本发动全面侵华战争。焦实斋同无数中国人一样，义无反顾地投入到抗击日本侵略军的民族解放战争中。他谢绝了一份待遇丰厚的工作，抛下妻子儿女，毅然投笔从戎，随国民党中央军第五十二军开赴前线。这段时间，他积极从事抗日宣传工作，先后参加了保定战役、漳河战役、台儿庄战役等。

1939 年，焦实斋决定赴英国牛津大学留学，研究国际政治。留学两年间，他如饥似渴地从事学习和研究工作，不仅专注于国际政治问题，还着重就欧洲历史、人文和社会状况进行了深入研究和考察，这些研究成果对他后来从事国内政治和教育工作，产生了重要影响。

虽然身在异国他乡，但焦实斋时刻关心着世界反法西斯战争的形势，更密切关注着国内抗战情况。他曾撰写大量文章介绍和评论中国军民的抗战功绩，发表在国外报刊上，并且被国内和东南亚报刊争相转载。

1941 年 12 月，太平洋战争爆发，彻底改变了远东战争的格局。焦实斋结束留学，乘海轮回国，途经云南的时候，他见到了杜聿明。

焦实斋和杜聿明可以说是莫逆之交。1933 年长城抗战后，国民党中央军第十七军（即后来的第五十二军）驻扎于北平，焦实斋与一些社会名流常常应邀到部队进行演讲，因而结识了关麟征、黄杰、杜聿明、郑洞国等将领。抗战爆发后，焦实斋又担任了第五十二军的高级顾问。由此，跟杜聿明等人建立了深厚的友谊。

见面之后，杜聿明大喜。当时，中国远征军入缅作战，杜聿明任副总司令，急需一位驻印联络人员，协助办理有关外交事务。焦实斋是出色的国际问题专家，深谙各国的政治经济情况，且能讲一口流利的英语，是再合适不过的人选。于是，焦实斋放弃了回重庆与妻儿团聚的打算，作为杜聿明将军的高级顾问赴印度出任中国远征军驻加尔各答办事处主任，负责与英美盟军的联络工作。

第一次远征军作战失利后，郑洞国奉命就任中国驻印军新一军军长和中国驻印军副总司令，又继续聘请焦实斋担任驻加尔各答办事处主任，直到印缅反攻战役取得完全胜利，焦实斋才回到国内。

参与创办中正大学

1946年初，焦实斋受杜聿明邀请，来到沈阳任东北保安司令长官部总顾问。杜聿明觉得焦实斋是个难得的人才，非其他幕僚所能代替，对其极为倚重。焦实斋随杜聿明一道，参加了与美国特使魏德迈等人的会晤和谈判，并担任翻译；在大连与苏军交涉时，又参与了在军舰上的对苏谈判。杜聿明曾对人说："我宁失千人，勿失实斋一人。"

一直以来，杜聿明都希望筹建一所大学，他认为有了焦实斋的帮忙，这个愿望很快就能付诸实施。于是，杜聿明提供筹备经费，焦实斋全权负责筹建事宜。接手筹备处后，焦实斋每件事情都亲力亲为。他告诉杜聿明，创办大学第一项工作，就是要成立学校董事会。几经奔走协商，董事会确定了最终人选。

焦实斋用了一年多的时间进行准备，完成了学校选址工作，并建立了教学楼、宿舍楼等，还在北平等地邀请了诸多教授名流任教。

在他的努力下，大学初具规模：东北行辕主任熊式辉担任名誉董事长，杜聿明任董事长，董事包括辽北省主席刘翰东、安东省主席高惜冰、吉林省主席郑

1946年，焦实斋夫妇（右五、后左一）与时任东北保安司令长官部副司令长官、代司令长官郑洞国（右二）在沈阳。

道儒、辽宁省主席徐箴、松江省主席关吉玉、合江省主席吴瀚涛、黑龙江省主席韩俊杰、嫩江省主席彭济群、兴安省主席吴焕章以及沈阳市市长董文琦，东北知名人士臧启芳、王家桢、马毅等人。校长由著名国际问题专家张忠绂担任，教务长由焦实斋担任。大学共设4个学院12个系。除董事会成员外，从校长到教授，全部实行聘任制。经商议，董事会一致同意，把学校校名定为中正大学。

很快，中正大学获得了国民党政府教育部的批准，于1946年8月1日举行了开学典礼，熊式辉、杜聿明、张忠绂、焦实斋和董事会成员及各界名人显贵应邀出席。开始招生的时候，前来报名的人络绎不绝，一时间，在沈阳造成不小轰动。东北九省达官显贵、地主乡绅、普通民众都以能送子女到该校读书为荣，中正大学一举成为东北地区颇具影响力的高等学府。

建校之初，杜聿明曾立下规矩，学校董事会只是个松散机构，负责学校一切经费，至于教学及其他事情，董事会绝不干预。后来，杜聿明欲在中正大学设立国民党组织，他向焦实斋等人征求意见，焦实斋和文学院院长余协中均认为，党务和教育完全是两回事儿，教授要的是教学，学生要的是知识，校园不需要派别。杜聿明听了他们的意见后，连连点头称是，不再提此事。

在东北的这段时间，焦实斋目睹了国民党政权的腐败无能，官吏贪污横行，人民怨声载道。他内心极为失望，不愿再做这个腐朽政权的殉葬品，打定主意埋头教育事业，今后再也不涉足国民党官场。

推动北平和平解放

1948年，焦实斋重回北平教育界，出任北平师范大学教授、教务长。一天，焦实斋和好友一起餐叙，忽然卖晚报的来了，服务员见有焦实斋的消息，就送了过来，晚报上赫然印着一条消息："南京专电：任命焦实斋为国民党北平市党部主任委员。"朋友们都感到很突然，以为焦实斋暗地里和蒋介石还有联系，但焦实斋明白得很，这不过是蒋介石的惯用手法。他当即表态：早已脱离国民党，绝不会当这个市党部主委。而后，国民党北平市党部给他转来电文，焦实斋既不接受，也不看；党部又亲自派人请他上任，他都一概谢绝。国民党政府见他态度坚决，也无可奈何。

10月，蒋介石飞抵北平，请焦实斋到圆恩寺胡同行辕会面。焦实斋抱定决心，不与国民党政权合作，态度不卑不亢。原以为这次召见，蒋介石会督促他早日就职，但见面后彼此却没说几句话，让焦实斋感到实如滑稽剧一样，极为好笑。回到家中，焦实斋想起20多年间两次见到蒋介石的情形，不禁感叹道："大不如前，大不如前了！连他哼哼的声音也失去了往日的威风。"

这时，傅作义已经担任国民党华北"剿匪"总司令部总司令。在得知国民党政府意欲任命焦实斋为北平市党部主委后，傅作义特地找焦实斋谈心，探询他的意见。焦实斋向傅作义表明了"绝不就职"的坚决态度，并且幽默地说："我这个国民党党员早在20年前就被老蒋开除了，现在又拉我出来做什么市党部主委，岂非天大笑话？"傅作义也深知他的政治态度：不愿牺牲个人信念，去讨好玩弄权术的蒋介石。

1948年冬，战局日益紧张。偏赶上此时，傅作义的华北"剿总"副秘书长郑道儒以筹谋经费为由，一走了之。傅作义找到焦实斋，希望他能够担任华北"剿总"副秘书长，并且诚恳地对焦实斋表示："蕴华，蒋请你，你可以不出山。不过我如果有难处，你还要鼎力相助啊！"起初，焦实斋仍然态度明确，不愿再涉足国民党官场，但是傅作义对他说："北平已处于生死攸关之际，为使二百万市民免遭涂炭，我们一定要共同维持局面，设法寻找出路。"

傅作义是焦实斋相知多年的好友，言谈话语中，焦实斋确切感受到傅作义停止内战、谋求和平的心迹，经过反复考虑，终于接受了这项使命。

12月，焦实斋就职，他深感临危受命，力鲜能薄，但既受傅重托，必须全力以赴。在严峻的形势下，为保证北平市民正常生活，他需要处理大量烦琐而又紧急的事务。焦实斋到任后，不辞辛劳、事必躬亲，夜以继日地忙碌着。他的主要日常工作是联系民意机构、社会团体，落实教育经费等等。后来，他干脆搬进了位于中南海的华北总部，全身心投入到工作中。

受傅作义委托，焦实斋组织召开了几次北平教授座谈会，听取各阶层对时局的意见，并及时向傅作义反映情况。他还参加了华北总部文教处在辅仁大学举办的各界人士报告会，在会上以《和平问题与生活问题》为题，向大家转达傅作义对人民生活的关怀和政治主张。

随着局势的发展变化，面对傅作义的举棋不定，焦实斋认为："究竟要走哪条路，要作出最后的抉择，这必然要经过一番痛苦的思想斗争。不论是和是战，都要做严肃认真、对国家民族负责的考虑，绝不能轻率从事。"事实也是如此，这些日子里，傅作义矛盾重重、思绪万千，经常在办公室独自踱来踱去。

按照傅作义对北平各界名流的承诺："留者欢迎，去者欢送"，这段时间，焦实斋亲自安排送走那些打算离开北平的文化教育界人士，第一批大多是校长，第二批则是一些教授。

1949年1月，北平城内要求和平的呼声日益高涨。在和平抉择的最后关头，

1月16日，由焦实斋组织，以傅作义名义发帖邀请北平的学者、名流到中南海聚会，一起讨论对时局的看法。焦实斋负责当天接待工作，会前特意与每个人打了招呼，请他们务必畅所欲言，无所顾忌。当时的文化名人有徐悲鸿、周炳琳、马衡、黄觉非、朱光潜、许德珩、胡先骕等二十多人前来。傅作义诚恳地说："当前局势如何，想听各位意见，以作定夺。"会上，学者相继发言。徐悲鸿认为："北平两百万市民的生命财产，系于将军一身。当前形势，战则败，和则安……我们唯一光明出路，也是北平全市人民所衷心拥护的，就是希望傅将军派人同共产党开诚谈判，不动刀枪，和平解决北平问题。"胡先骕赞成徐悲鸿的建议，呼吁傅将军以民族大义为重，化干戈为玉帛，保护北平免遭兵灾。大家一致觉得："只有和平，别无他途。"这次聚会意义重大，焦实斋称其为"最后一席话"，为傅作义下定决心作出决策起到了至关重要的作用。

当时，何思源等主张和平人士，也在奔走呼吁和平。焦实斋按照傅作义的指示，加强了同他们的联系，并且向他们转达了傅作义的意见：一是赞成，二是支持他们的和平主张和行动。北平各界代表几次出城与解放军接触，都是由焦实斋负责协调行动时间、路线及通关办法。他作了妥善安排，工作周到细致，确保了代表的人身安全。

1月19日，经过多次谈判，解放军同傅作义方最终达成了《关于和平解决北平问题的协议》，北平获得和平解放。

北平是一座历史悠久的文化古都，为了缩短新旧政权交替的无政府状态，完成顺利移交，按照《关于和平解决北平问题的协议》第二条，"过渡期间双方派员成立联合办事机构，处理有关军政事宜"。北平联合办事处由叶剑英亲自领导，双方各派代表三人组成领导班子。中共方面有陶铸、徐冰、戎子和三位代表；傅作义则在指定郭宗汾、周北峰后，又把焦实斋找去，命其为代表，并写了一张代表名单送交叶剑英："叶剑英将军：大函敬悉。兹特派郭宗汾、焦实斋、周北峰前往参加。"

1月29日，联合办事处召开第一次会议，与会者商定了整编方案、工作范

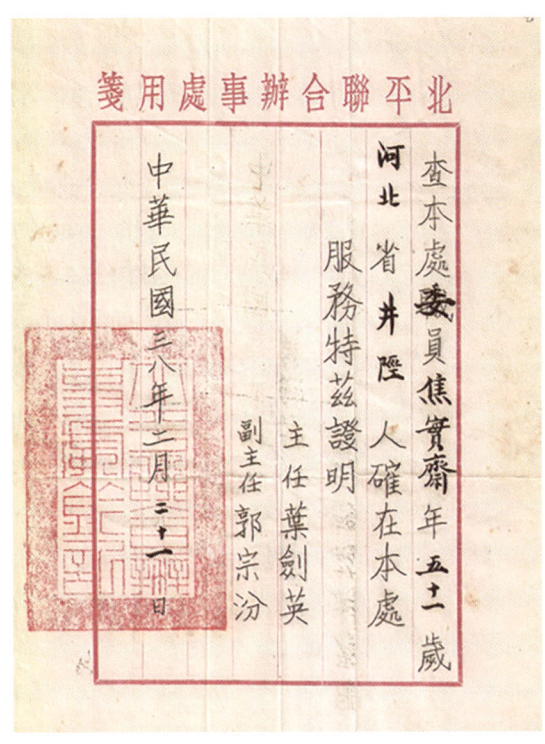

北平联合办事处为焦实斋开具的证明函。

围、程序和具体措施,同时对工作做了分工。中共方面的分工是:军队整编由陶铸负责联系,行政方面由徐冰负责接收,财经方面由戎子和负责接收,文教方面由钱俊瑞负责接收。傅方代表分工是:郭宗汾、周北峰负责联系整编工作,焦实斋负责北平行政、财经、文教等方面的移交工作。其中,接管北平市政府一事就是由焦实斋陪同徐冰进行的。徐冰向全体人员交代了政策,稳定了人心,交接过程很顺利。

　　北平联合办事处从1月29日成立到4月中旬工作结束,共举行会议13次,处理了大量错综复杂、千头万绪的事项。经过近三个月紧张有序的工作,北平移交顺利完成。双方和衷共济、配合默契,解决了和平解放北平的一系列善后问题,使得"金融不乱、物价平稳、水电粮煤不缺,物资没有损失,人民生活如常"。

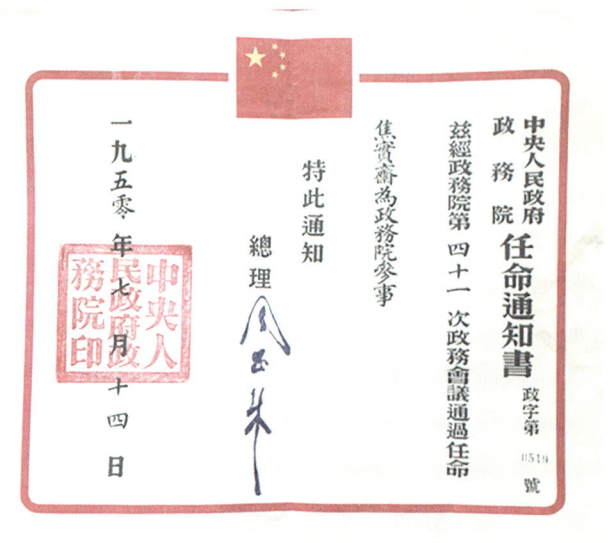

焦实斋的政务院参事任命书。

这种情况，在历史上是空前的。焦实斋评价成立联合办事处及其工作，是"北平和平解放的一个创举"。参与北平和平解放的这段经历，也成为焦实斋一生中最值得骄傲和自豪的事情！

新中国成立后，焦实斋到华北人民革命大学学习，结业后分配在政务院工作。他怀着满腔热情，以坚定的信心和决心，投身于社会主义革命和建设事业中，先后担任政务院参事、国务院法规编纂委员会副主任，全国政协委员、常委，民革中央委员、常委，民革中央监察委员会副主席等职。

主要参考文献：

1.《一个家庭的故事——外公外婆的老照片》，郑建邦，团结出版社，2016年。

2. 郑建邦《爱国革命 矢志不渝——纪念焦实斋先生诞辰100周年》，《团结》，1999年第4期。

3.《傅作义生平》，中国人民政治协商会议全国委员会文史资料研究会编，中国文史出版社1985年。

廖运周（1903—1996），原名冠洲，安徽凤台（今属淮南市）人，1979年加入民革。1949年后，曾任中国人民解放军第四十二师师长、沈阳炮兵学校校长兼党委副书记，吉林省体育运动委员会主任、黄埔军校同学会理事等职。民革第五届中央常委、副秘书长，第六届中央常委、监察委员会秘书长、祖国统一工作委员会副主任，第七、第八届中央监察委员会副主席。第五至第七届全国政协委员。

廖运周
用阵前起义破灭黄维突围图谋

1948年11月27日,天刚蒙蒙亮,重兵云集的淮北大地上,寒风将硝烟味道微微吹散,一片大战前的寂静。一群国民党士兵朝着解放军的阵地疾行,他们排成长长的纵队,左臂上绑着白毛巾,互相不说话沉默着往前走。除了脚步声,就只剩下报话机时不常发出的呼喊和远远传来的零星枪炮声。走在队伍最前面的是一个大个子,他就是率部起义的国民党军一一〇师师长廖运周。

加入共产党,从事地下工作

廖运周成长在一个革命气息浓厚的家族中,思想进步。1925年,在广州黄埔军校学习和工作的族兄弟廖运升、廖运泽及同乡孙一中给廖运周写信,介绍了广东的革命形势和黄埔军校的学习生活。廖运周对黄埔军校产生了强烈的向往,于1926年考入黄埔军校第五期,分配到炮科学习。

随着北伐战争的节节胜利,廖运周随黄埔军校武昌分校到达武汉。从广州到武汉,廖运周受身边共产党员的影响,开始接触马克思主义。1927年3月,经孙一中和靖任秋介绍,廖运周在武昌加入中国共产党。

1927年8月1日,中国共产党发动南昌起义,打响了武装反抗国民党反动

率国民党一一〇师起义时的少将师长廖运周。

派的第一枪。南昌起义期间,廖运周任七十五团团部参谋兼警卫连连长。在叶挺的指挥下,七十五团参加了夺取会昌的战斗。廖运泽作为七十二团的代理团长也参加了此次战斗。三河坝战斗中,七十五团执行断后任务,与大部队走散。廖运周辗转来到上海,与组织取得联系。

1928年,受中共中央军委的指派,廖运周、廖运泽等人到了安徽,在寿县开展兵运工作。后来安徽的兵运工作陷入低潮,廖运周等回到家乡,在当地开展工农运动。因身份暴露,由组织安排前往北平,继续从事兵运工作。1928年至1937年,廖运周在华北辗转多地,坚持地下工作,宣传革命,发展地下组织。

投身抗战,初识黄维

七七事变爆发后,廖运周随所在部队与日军多次作战。1938年,汤恩伯将若干部队整编为一一〇师,廖运周出任六五六团团长。汤恩伯对一一〇师很重视,按照中央军的标准对一一〇师进行整训和装备,使一一〇师具备了一定的战斗力。

一一〇师整编完成后,参加了台儿庄战役、武汉会战、郑州保卫战等,廖运周立下战功,逐步升任一一〇师师长。

1938年6月,武汉会战中,廖运周奉命带领六五六团在瑞武公路沿线运动作战。小坳阻击战之前，廖运周在江西德安第一次见到黄维。

当时，廖运周率六五六团在瑞武公路沿线对日军补给线进行破袭，几次取得战果。特别是刚刚在茨芭山进行了一次成功的袭击，缴获大量辎重和战利品。闻知黄维的十八军就驻在附近，廖运周随即带了不少战利品作礼物去拜访黄维。黄维是陈诚"土木系"的重要将领，其人和陈诚一样，对派系关系非常重视；廖运周虽与黄维素不相识，却是黄埔五期的，属于黄埔系，因此也得到了黄维的接见。

见面后，两人越聊越投缘：首先，廖运周的族兄弟廖运泽是黄埔一期生，和黄维是同学；其次，廖运周勇猛善战，瑞武公路作战中袭击日军辎重队屡获战果，黄维遂对其动了惺惺相惜之情。而廖运周此次前去见黄维也有目的——当时国民党军中像十八军这样有成建制炮兵的部队不多，因此，他希望能向黄维借几门火炮打击日军。

得悉廖运周来意后，黄维对廖运周进行了一番考问。廖运周对如何使用反坦克炮讲得头头是道，令黄维非常满意。于是黄维将一个当时非常珍贵的反坦克炮连交给廖运周指挥。在军阀倾轧、派系纷争的国民党军队中，兵力、装备是安身立命的本钱，各路军阀把新式装备看得比眼睛还珍贵。能把反坦克炮连托付给初次相识的廖运周指挥，黄维对廖运周的赏识可见一斑。小坳阻击战中，廖运周利用有利地形、充分发挥火力，率六五六团重创日寇 20 多辆坦克，滞敌一天，一炮成名，在国民党军纷纷败退的情势中引起轰动。战斗结束后，廖运周将反坦克炮连完璧归赵。廖运周的英勇善战和守信作风给黄维留下了深刻的印象。他对廖运周的信任和赏识，一直持续到淮海战役廖运周带领一一○师战场起义的那一天。

等待起义的时机

1946 年至 1947 年，一一○师一直在豫北和鲁西南活动，期间曾缩编为旅，后又恢复了师建制。驻扎在新乡的时候，廖运周辗转与党组织恢复了联系。之后，解放军中原军区先后派出一批同志来帮助廖运周。廖运周把他们安排在机要位置，一面掌握着情报传递的渠道，一面加强了地下党组织的领导力量。1947 年夏天，在晋冀鲁豫中央局和中原军区的领导、帮助下，一一〇师成立了地下党委，廖运周出任书记。

为了更好地掌握队伍，为起义做好准备，廖运周再三研究，对师内干部作出调整，想办法清理顽固的反动派，争取和团结进步力量。通过种种手段，廖运周和地下党委对一一〇师的掌握更加有力，情报工作做起来也更加得心应手。每次获得重要的政治、军事情报，廖运周和一一〇师地下党委都第一时间派人将情报提供给邻近的解放军：国民党对陕北和山东解放区重点进攻的作战计划，最新的军事密码本……这些重要的政治军事情报，在解放军粉碎国民党全面进攻和重点进攻过程中发挥了重要的作用。

一一〇师地下党委成立后，一直做着起义的准备工作。可随着内战形势的变化，一一〇师在河南、山东、湖北等地来回调动，起义的计划一再推迟，同志们也流露出一些焦躁情绪。为此，中原野战军邓小平政委作了详细的指示，他要求一一〇师的同志们保持耐心，找到有利时机，在最关键的时刻起到最关键的作用。终于，同志们期待已久的时机到来了……

1948年8月初，由于力量愈加强大的解放军在战场上不断整军整师地歼灭蒋军，以至于国民党部队不敢一两个军单独与解放军接触。国民党政府国防部将现有部队加以调整编配，组成若干兵团，以准备即将来临的防御战。

在此背景下，廖运周所在的一一〇师随八十五军一起，编入第十二兵团，由黄维指挥。黄维出任十二兵团司令本身就是派系斗争和妥协的结果，虽然十二兵团所辖的几只部队都训练有素、装备精良，还配备了坦克部队和战车部队，但无论国民党军的大势还是派系斗争，都使十二兵团的命运一直蒙着灰暗的阴影。

1948年11月6日，淮海战役在华东地区打响了。战役刚开始，国民党军队就遭到闷头一击。11月8日，驻徐州贾汪地区的国民党第三绥靖区所属部队，由中共地下党员张克侠、何基沣率五十九军、七十七军所辖三十八师、一八〇师、一三二师及三十七师一个团共2.3万名官兵在运河前线战场起义。贾汪起义后，黄百韬的第七兵团迅速被解放军包围，后被全部歼灭。从淮海战役打响到黄百韬兵团 10 万人被全歼，前后只有 16 天。

淮海战役开始前后，一一〇师从湖北开到河南，又从河南奔向苏北。仓促开拔、补给不足，士气也不高，一一〇师一路走走停停，行动迟缓，比原定计划晚了好些天才终于跟上兵团主力抵近前线。可廖运周发现，一一〇师和八十五军面临的是一片混乱，补给是没有的，交通线是被破坏的，情报是错乱矛盾的，战场形势犹如蒙上了一层迷雾，连十二兵团司令官黄维发来的命令也是一会儿一变。廖运周敏锐地感觉到，率部起义、回归组织的这一天就要到了。

紧急决策，准备起义

由于国民党军队之间不能互相配合掩护，十二兵团成为战线上的突出部，与其他国民党军队之间存在很大缺口，这就给解放军留下了将十二兵团包围歼灭的机会。在解放军诱敌深入的战术之下，十二兵团一步步钻进解放军摆下的口袋阵，整个兵团 12 万军队被包围在双堆集附近纵横几公里的狭小区域内。

虽然已经被解放军包围，但十二兵团是国民党军五大主力之一，装备精良，火力强悍，负隅顽抗突围成功的可能性还是很大的。11 月 26 日，黄维开始筹划趁解放军立足未稳，工事、防线还没有完成，挑选 4 个主力师齐头并进，强行突围。廖运周意识到，以十二兵团的战斗力，用 4 个主力师强行突围，很可能打破解放军的包围圈；自己正可以利用突围的有利时机战场起义，如果成功，不仅会打乱黄维的突围计划，对十二兵团本已低落的士气也会给予重重一击。廖运周当即请缨："司令官决策英明，我愿带一一〇师为司令官打头阵，作开路先锋！"见廖运周如此表态，黄维非常高兴，又夸奖又鼓励，叫廖运周赶紧回去准备。

廖运周回到一一〇师马上召集地下党委的同志开会，说了黄维的突围计划和自己利用突围起义的设想，设想得到了大家一致赞同。谋划已定，廖运周派师侦察连的杨振海作为交通员去见解放军前线最高指挥官，报告黄维的突围行动和一一〇师准备趁机起义的计划，请求解放军在一一〇师通过时让开一个口子，等一一〇师过去以后再把口子封上。

送走了杨振海，留下的人又对起义计划作了具体研究。按照黄维的计划，4个师齐头并进，一一〇师在中间，受到两侧的钳制，于起义不利。廖运周又去司令部找黄维，建议一一〇师打头阵，两个师跟在后面，留一个主力师作预备队。在其他师长军长都和黄维讨价还价要飞机要大炮的时候，廖运周的建议自然得到了黄维的欣赏。黄维当即表示大炮、坦克都可以按照廖运周的要求调配，还通知空军安排飞机配合廖运周的行动。黄维想起了十年前在瑞武公路与廖运周的配合作战。当年黄维把反坦克炮连成交给廖运周使用，廖运周在小坳一炮成名。如今在突围的紧急时刻，廖运周主动请战，能否再次打出骄人的战绩呢？

创造了起义的有利条件后，廖运周离开兵团司令部回到一一〇师，正好遇上杨振海从解放军那边回来。当时处在一一〇师正面的解放军部队是中原野战军第六纵队，司令员王近山、政委杜义德见到杨振海后，很快将情报报告给了刘伯承、邓小平等中原野战军首长。按照刘邓首长指示，王近山作了周密部署，安排好了一一〇师的行军路线，约定好了识别的标记、联络的信号和行动的时间。廖运周听完杨振海的传达后，一道道命令布置下去，起义最后的准备工作秘密而又有序地展开了。

11月27日凌晨4点，廖运周又来到黄维的司令部。虽然是后半夜，黄维还在红着眼睛谋划天亮后的突围行动。见到廖运周，黄维的精神头好像更足了，连忙问廖运周突围的准备情况。廖运周报告说，已经侦察到敌军阵地结合部有隙可乘，准备拂晓前行动。黄维情绪很高，大概是觉得自己决策正确，又选对了先锋，他打开一瓶酒，对廖运周说："老同学，这瓶白兰地珍藏已久，一直没舍得喝。现在我敬你一杯，为你壮行。"黄维一口一个老同学，是想用同学情谊激励廖运周在大军突围的关键时刻拼死效忠。可黄维万万没想到的是，廖运周竟然是另一种类型的黄埔同学！

率一一〇师官兵起义，踏上光明大道

喝过了酒，廖运周告别黄维回到部队。拂晓将至，廖运周召集全师（缺

廖运周（走在最前者）率一一〇师起义。

三二八团，当时三二八团被吴绍周留作八十五军预备队）军官集合，给他们做了起义动员。这等严肃的时刻，即使有些中下层军官心有犹豫，也不敢流露出来。在一片赞成声中，廖运周下达了最后的命令：出发！

11月27日6点整，一一〇师（缺一个团）的官兵在左臂上绑着白毛巾，带着黄维增调给他们的大炮，冒着寒风，踏着白霜，按照预定的路线向解放军的阵地迅速前进。除了报话机的呼喊，队伍里一片沉默，只有急促的脚步声告诉起义的官兵们：光明近了，更近了……

30多里的行军路程，廖运周和黄维、吴绍周一直保持着无线电沟通。黄维在报话机里不断询问着廖运周的位置，廖运周也一直向黄维报告突围一切顺利。8点多，一一〇师顺利通过解放军的阵地，解放军把放开的口子又合了起来，对跟在一一〇师后面的十八军一个师施以猛烈的火力打击。黄维在报话机里大声喊叫，连保密代号都不顾了，可见情绪紧张到了什么程度。

下午1点多，一一〇师5000多官兵全部抵达了指定的休整地点大吴庄。由于准备相当充分，且有力地控制了部队，一一〇师的官兵没有人掉队，也没有人泄密。到了大吴庄，黄维和吴绍周还通过报话机问廖运周情况如何。廖运周搪塞

群众组织旱船队慰问起义部队。

说伤亡惨重,向导被打死了,不知身处何处,之后就关掉了所有的报话机和电台,切断了与黄维和吴绍周的联系。

在大吴庄,王近山、杜义德带领同志们迎接廖运周和一一〇师的同志。大家的手紧紧地握在一起,廖运周忍不住满眼含泪。从1928年到安徽搞兵运算起,整整20年,廖运周终于回到中国共产党的队伍,终于回到自己人中间了!

起义第二天,一一〇师的炮兵就参与到对黄维兵团的进攻中去了。黄维把大炮调配给一一〇师的时候,只想着突出解放军的重围,何曾想过会被自己的大炮轰击呢!

11月29日,廖运周和六纵的联络部长卢跃武一起起草了两份电文,一份是《起义宣言》,一份是《给毛主席、朱总司令的致敬电》。为了安排好官兵家属,12月1日两份电文才登报和广播。中原野战军、华东野战军首长刘伯承、邓小平、陈毅、粟裕、谭震林以及陈赓、谢富治给一一〇师发了贺电,毛泽东主席和朱德总司令也给廖运周回电致以欢迎和鼓励。

廖运周率领一一〇师战场起义,从军事上和心理上给了黄维兵团狠狠一击。身处解放军的包围圈中,黄维兵团刚刚提起来的一点士气土崩瓦解,再也组织不起有效的突围行动,只好在双堆集附近的狭小区域内固守待援。前有廖运周率一一〇师起义的榜样，后有解放军强大攻势下伤亡惨重、弹尽粮绝的困境，12月10日，八十五军二十三师师长黄子华率残部投诚。到12月16日，除少数逃脱外，第十二兵团几乎被全歼，黄维和吴绍周等都做了解放军的俘虏。黄维实在想不到，自己十分信任的廖运周会给自己当头一棒。因此，廖运周也就成了黄维最不想见到的人之一。黄维的女儿黄惠南回忆说："有一次在黄埔同学会上，父亲从左边走过来，廖运周从右边正好也向同一方向走，我看他见到廖运周，还梗着脖子不和他说话，盯着他老半天。"

黄维兵团覆灭后，蒋介石集团在江淮战场再无回天之力。很快，1949年1月10日，杜聿明兵败被俘，整个淮海战役宣告结束。此役，国民党军队损失兵力高达55万，将领150余人，各种轻重装备不可胜数。此役之后，国民党军队五大主力全部被歼，长江以北再无可战之兵；此役之后，国民党统治的核心地区——长江中下游地带门户大开，国民党在整个中国的败局再难逆转。廖运周率领一一〇师战场起义，为解放军夺取淮海战役的胜利作出了不可磨灭的贡献。

1949年2月，一一〇师改编为解放军十四军四十二师，隶属第二野战军第四兵团，廖运周任师长。之后，廖运周率领四十二师随十四军参与了渡江作战和解放两广、解放云南等行动。

1949年9月，廖运周作为第二野战军代表出席中国人民政治协商会议第一届全体会议，参加了开国大典。

1955年廖运周被授予少将军衔。

第二个一一〇师也起义了

一一〇师起义后，蒋介石既痛恨廖运周的叛逆，又爱惜嫡系部队的番号，于1949年3月将暂编第一师改编为八十五军一一〇师，出任师长的正是廖运周的堂弟廖运升。这样的举措，正好管窥蒋介石的微妙心态。

虽然蒋介石作出一副信任廖运升的样子，但他并不是真的信任廖运升，只是要控制出身安徽的一一〇师官兵他别无选择。淮军骁勇善战，却向来抱团排

出席全国政协一届会议的二野各兵团代表，左起：廖运周、卫小堂、布克、马宁。

外。蒋介石一边任命廖运升当师长，一边采取种种手腕对廖运升和一一〇师加以控制：调开廖运泽、廖运升兄弟；把一一〇师划拨给心腹汤恩伯指挥；派保密局特务头目刘惠生监视廖运升；到后来还有过把官兵的家属扣为人质的想法和行动。

蒋介石本以为重重布置之下就可以牢牢控制廖运升和一一〇师，哪知道在廖运周起义不久，廖运泽和廖运升就派人联系廖运周，请共产党派人前来协助起义。更让蒋介石没想到的是，派去监视廖运升的刘惠生和廖氏兄弟私交甚笃。作为一个有十多年经验的老牌特务，面对败局已定的战争形势，刘惠生对未来的去向深感忧虑。刘惠生的好友、与共产党素有来往的张公侠了解到这一情况，向中共组织汇报后做通了刘惠生的工作，刘惠生把蒋介石的密令给廖运升看。一面是廖氏兄弟主动和共产党联系寻求起义的机会，一面是跟着国民党连家属都会被扣作人质，起义就如箭在弦上不得不发。

1949年5月4日，廖运升率一一〇师3个团8000余人在义乌通电起义。两个廖师长，两个一一〇师先后起义，这是发生在国民党军队的一件"趣事"。义

1980年,廖氏三兄弟在民革中央会议上合影,左起:廖运周、廖运升、廖运泽。

乌起义后,在广州的廖运泽看到消息,携家属逃往香港,几经周折,于1954年回到国内。

主要参考文献:

1.《传奇将军廖运周》,《传奇将军廖运周》编委会编,长征出版社2013年。

2.《敌营二十年——廖运周将军的非凡经历》,张圣芬、牛耕,中国青年出版社1990年。

3. 温兆瑞《率万千官兵奔向光明——廖氏兄弟和两个一一〇师起义》,《福建党史月刊》,2004年3月。

4.《党史百科——淮海战役词条》,中国共产党新闻网资料,http://dangshi.people.com.cn/GB/165617/166497/168114/10098221.html。

5. 仲梧《廖氏兄弟与国民党两个一一〇师起义内情》,《党史纵览》,2010年第8期。

何思源（1896-1982），字仙槎，山东菏泽人，1950年加入民革。1949年后，曾任人民出版社、世界知识出版社编辑，全国政协会刊编辑主任。民革第三、四届团结委员会委员，第五届中央委员。第二至五届全国政协委员。

何思源
华北七省市参议会推选的首席和谈代表

1949年1月18日，农历戊子年腊月二十，虽然再过几天就是新春佳节了，但在人民解放军重重包围之中的北平，却因为前途未卜而显得愈发冷清。凌晨2点多，正是夜深人静之时。突然，从距离故宫东华门只有几百米远的锡拉胡同传出了连续爆炸声。爆炸发生在19号院，这里是原北平市市长何思源的住宅。

这次爆炸，是由蒋介石亲自下令，国民党特务反复策划后精心实施的。抗战胜利后，何思源被任命为北平市市长。由于他不满蒋介石的独裁统治，同情学生运动而遭到免职。辽沈战役结束后，国民党华北地区最高负责人傅作义面对战与和举棋不定。何思源以国家民族大义为重，毅然接受华北七省市参议会推选出的和平谈判首席代表一职，为和平积极奔走。蒋介石极为恼怒，欲除之而后快，特务们遂冒天下之大不韪而实施了骇人听闻的爆炸案。在这次爆炸中，何思源最小的女儿何鲁美不幸遇难，包括何思源在内的其他五人都受了伤。

投身革命，书生报国

何思源1896年出生在山东菏泽一个耕读大家庭，其父行医、教书，家道贫困。1915年，何思源考取了北大预科班。读书期间，何思源与蔡元培、李大钊等

位于山东菏泽市图书馆前的何思源塑像。

进步学者开始接触。五四运动爆发后,何思源积极参加到运动中。1919年何思源从北大毕业,由于成绩突出,教育部以公费选送他到芝加哥大学留学,在美学习3年,获政治经济学硕士学位。1923年,转入柏林大学学习。1924年,入巴黎大学学习政治经济学,在巴黎大学认识项宜文女士。1926年,由法返国,到中山大学任教。12月,中山大学成立社会科学研究会,何思源被推选为九名干事之一。

1928年5月2日,何思源被蒋介石任命为北伐军政治部代理主任,随军进入老家山东,5月16日又被南京国民政府任命为山东省教育厅长。担任山东省教育厅长期间,何思源努力实践教育救国的主张,采取各种措施大力整顿和发展山东的教育事业。他想方设法加强师资力量、培训骨干教师、扩大经费来源、提高教师地位,并增设了师范及各类职业学校,创办了山东大学。他注意贯彻"社会教育""求生教育""爱国教育"的思想,强调通过教育提高民众的文化素质,增强民众谋生的能力,培养学生的爱国情操,树立学生的民族自尊心。作为山东教育界的行政领导人，何思源尽力保护进步知识分子，支持学生的爱国运动，为维护教师和学生的利益做了许多工作。何思源主政山东教育期间，山东的教育事业比过去任何一个时期都有发展。

抗日战争来临的时候，山东省教育厅长何思源，手里没有一兵一卒，本应随政府机构一起撤到后方。但他没有走，选择了留在山东坚持敌后抗战，这一坚持，就是八年。

何思源得到受过十年求生教育、抗日教育的山东民众的拥护和支持。许多地方武装的领导人何思源都认识，有些人还是他训练出来的学生，因此，他拥有一批想抗战、能抗战的骨干队伍。由于何思源驾驭有方、指挥得当，有效打击了敌人的嚣张气焰。光是日寇的一个联队，就被何思源的游击队打死了378人。

在抗战的那些日子里，何思源数次遇险。1942年1月14日，日军动员山东、河北几千兵力、几百辆汽车包围何思源。日军拿着照片，从何思源对面走过，但是没有认出。还有一次，敌人知道了何思源的住处，集中兵力准备活捉何思源，何思源提前获得了情报，由别人驾着走亲戚的骡车接走了，到了庄外，车夫把车鞭交给何思源，何思源扮成了车夫，才逃出了包围圈。敌人只知道何思源是骑马作战的，没有想到，何思源竟扮成了一个车夫。

为民请命，奔走和平

抗战胜利后，1946年11月1日，何思源出任国民党政府北平特别市市长。

何思源任北平市长期间，正是国民党政府走向崩溃的时期，反对国民党内战、独裁政策的学生运动风起云涌。参加过五四运动的何思源非常理解和同情学生的爱国举动，主张疏导解决，与坚决镇压学生爱国运动的北平警备司令陈继承之间的矛盾愈闹愈大。1948年4月，何思源不理蒋介石的示意，极力帮助李宗仁成功当选为南京国民党政府副总统，令蒋介石十分恼怒。6月，蒋介石下令免去何思源的北平市长职务。

蒋介石的免职令给何思源当头一棒，促使其猛醒。正如他自己所说："这时

何思源全家在北平合影，前排为何思源夫妇，后排左起何鲁丽、何宜理、何理路、何鲁美。

我思想上起了重要变化。我觉悟到以前已经走了绝路，这条路我不能再走下去了。"自此，何思源果断脱离国民党阵营，冒死发起和平运动，为北平和平解放作出了自己的贡献。

1948年7月5日，北平发生了国民党军警镇压东北流亡学生的七五惨案，华北"剿总"司令傅作义请何思源出面帮助处理善后问题。何思源意识到要反蒋就得有声势，如果能拉住傅作义这个华北"剿总"司令，将是对蒋介石的一次沉重打击，所以他决定利用这次机会做做傅的工作。

何思源对傅作义说："傅先生，你看'蒋家王朝'的腐烂！光天化日之下，在你这刚就职的总司令眼前，陈继承竟敢越权调兵，开动机枪屠杀无辜青年学生！"他接着说："傅先生是奋发有为、励精图治的，你只能领导自己团体和部下。但你是枝叶，所依附的根干却朽腐了，所以你怎样努力，也站不住。局势变化太大，不如趁此机会脱离腐根。"何思源最后说："今天是你请我来谈七五杀人的事。我说的这些话责任由我负。你不必回答，但心中不可不想！"

此后，何思源南下青岛、上海、苏州、杭州、无锡、台湾和南京等地游历，借游历之名考察各地的政治经济情况。何思源在南京住了将近一个月，目睹了国民党上层派系之间面临危局仍然钩心斗角、争权夺利、不思进取，进一步看清了国民党政权失败的命运。这时，北平已被包围，即将成为战场，他决心回北平促成和谈。

1949年1月10日，何思源乘飞机回到了围困下的北平。南京之行，使他下定了在北平发起和平运动的决心。何思源对前来采访的记者说："平津的危机已是迫不及待，企盼期望是消极无济于事的，这时我们要一面谋求保存平津安全之道，一面期待着和平的到来，欲求保全平津，必须发动各阶层广大民众及知识分子，集中力量呼吁和平！不要知难而退，畏首畏尾，用一分心，尽一分力，做到哪里是哪里，相信总是有办法的。"记者评论说："何氏此来，不问其力量如何，勇于救民的心总是值得钦佩的！"

当时，北平城已被围了近一个月，由于特务横行，无人敢出头说话。何思源一到北平就公开倡议和平，立即得到市民的热烈拥护。他一时成为重要的新闻人物，每天都要收到不相识的人的来信，对他赞扬、向他致敬，称颂他"功德无量"。一些知名人士经常出入何思源的家门，支持他搞和平运动，特别是故宫博物院的院长马衡先生担心故宫国宝遭受兵燹，简直把何思源视为救星，迫切希望他搞好和平运动。那时，何思源的声望比当市长时还要高。1月12日，北平市参议会甚至将一把金钥匙送到了何思源手里，喻示着何思源将用它打开和平之门。

1月16日晚上，何思源再次面见傅作义，向傅作义陈述自己所了解的北平各方面的情形，他对傅作义说："北平现在处于绝对孤立；国民党兵也不愿打仗了。北平的和平解放已成了人心所向，大势所趋，北平人民无论城内、城外已经团结起来。"又对傅作义晓以利害："你若下令强迫军队再作毫无出路的抵抗，那是危险的。"和傅作义谈话时，北平参议会议长许惠东也在座。最后傅作义说，他已决定第二天召集华北7省市参议会，讨论和平问题，中午聚餐商议，各军将领也邀请参加，并请何思源以北平荣誉市民的身份出面了解军队上层情况。他对何思源说："何先生可以市民的名义，由许议长陪同先访问各军长、兵团司令，如石觉、李文、黄翔等，以及二〇八师、青年军、装甲兵团、宪兵团等，征询他们的意见。总部副总司令郭宗汾、军长安春山、参谋长等，我另派人通知。请许参议长负责通知北平、天津、河北、察哈尔、绥远、山西、热河 7 省市参议会议长或代表和北平市市长刘瑶章出席，商妥办法后，推代表向解放军前线指挥部正式表示。"

遭遇刺杀，一死五伤

17 日一早，身负重任而处于兴奋之中的何思源与许惠东并肩相携，乘傅作义派来的专车，遍访各军长、兵团司令，向他们详细说明情况。他慷慨陈词："都是中国人，要以国家人民利益为重"，"要顾念 200 万北平市民的生命财产和千年文化古迹"，"军人之职责并非以一战决高低，为百姓利益求和绝非怯弱"。

中午，华北七省市参议会代表和北平各界人士在北平市参议会集会。会议推举何思源、吕复、康同璧、王乔年、马振源、冯莲溪、卢其然、张宝万、傅华亭、刘鸿瑞、郭树堂 11 人为和平代表，何思源为首席代表，决定第二天（18 日）出城向解放军前线指挥部正式接洽和谈之事。

军人们在推出代表后都告辞走了，何思源又特地嘱咐许惠东留下，要许惠东按他提出并经代表们一致同意的要求拟成通电拍发给国共两党政府。他对许惠东说："你看着要求的原文写好两份拍出，一份通电南京蒋介石政府，一份发给中共毛主席，并通知解放军前线司令部定于明日（1 月 18 日）我们出城正式向人民解放军接洽。"一切事情处理妥当，何思源才离开市参议会回家。

下午 4 时左右，何思源回到家，刚一进门就看到中共地下党经常来接头的张实（张均化名）和另外一位同志在家等他，张实告诉何思源：他们是中共北平市内负责同志派来的，告诫何思源提高警惕，并强调："今晚要防备，有危险。"何思源对二位的告诫表示感谢，但没有引起足够的重视。张实走后，何思源还沉浸在胜利前的激动之中，他看到自己艰苦努力的目标即将实现，激动不已，高兴地对夫人和孩子们说："北平问题就要和平解决，我们要准备庆祝。"可是何思源没有料到，一场针对他的有组织暗杀正在实施，危险正在暗暗向他逼近。

何思源遇刺发生地——北京市东城区锡拉胡同 19 号院,现为幼儿园。

在何思源开始为和平运动奔走时,他就已成为国民党特务注意的对象,他的活动不时地被报告给南京国民党当局。还在 1 月中旬,蒋介石就得到傅作义、何思源在与解放军密谈北平和平解放的密报,蒋介石反复追问傅作义,都被傅作义否定。此时蒋对拥有军队的傅作义采取行动尚有所顾忌,而对何思源这个无职无权的人就没有什么顾忌了。当他确知何思源在为北平和平奔走时,即指示军统头子毛人凤把何思源杀掉,杀一儆百,警告那些动摇的国民党上层人士。

位于王府井大街北口的锡拉胡同 19 号院,规模虽然不大,却是一个颇合标准的四合院。何思源被免除市长职务后,全家人就暂住在这里。特务段云鹏由锡拉胡同北边的韶九胡同爬上房顶,潜入何思源全家居住的第二进院落,在正房的里间和外间屋顶上各安放了一枚定时炸弹。1 月 18 日凌晨,何思源因北平和平解放有了显著进展而心情兴奋,很晚才入睡。临近 3 点,设置在东耳房的炸弹首先爆炸,何思源夫妇和两个儿子被巨大的声响惊醒,赶紧冲进耳房救人。何思源刚进耳房,正房上面炸弹又响。东耳房房顶被炸了一个洞,房梁震落,正好压在何思源次女何鲁美的身上,何鲁美当场殉难。何家其他五人在这次连续爆炸中均受了伤,受伤最重的是何思源的夫人,她头上中弹片四处。何思源也被炸伤,他被砖木砸中头和手臂,失血很多。

何思源被送到医院后,听到小女儿鲁美的死讯,没有落泪。他双眉紧皱,嘴闭得紧紧的,他想,"要出城去见共产党,已经走到这一步,为了这,家里人死的死,伤的伤,绝不能半途而废!"因此,当许惠东携和谈代表团成员到医院探望,并征求他的意见时,何思源坚决表示:"一定要参加和谈,就是走不动,抬着我也要出城去参加和谈。"他恳切地说:和平事业是大事,他个人被炸是小事,不能因小失大,不能因为我一个人耽误了大事,我就是为此付出生命也是光荣的。

暗杀阻挡不了和平的脚步。1月19日下午,何思源见到解放军四十一军政委莫文骅后,立即说明来意:"我们受二百五十万北平市民的委托,希望国共双方以大局为重,对北平这座文化古城应采取和平方式来解决。"莫文骅政委也表明了解放军保护古城的立场,他说:"保护文化古都,大家都要尽心尽责,我中国人民解放军当然责无旁贷。我们党中央、毛主席已经提出和平谈判的八项条件,我们当然希望能够和平解决北平。但现在的关键在于傅作义将军的态度。"关于傅作义的和谈诚意,何思源以肯定的语气说:"我们出城前问了傅作义,见了解放军怎样说明你的态度?傅作义毫不迟疑地回答,你们就说傅作义服从人民。"

经过两天的交谈,和平代表充分表达了北平人民的意愿以及他们个人的观点,与解放军代表坦诚地交换了意见。1月20日早上,四十一军接待人员从海淀镇里有名的饭馆海顺居叫来丰盛的酒席,为代表们饯行,彼此谈笑甚欢。饭后,双方握手告别,代表们乘车返回城内。

何思源率代表团出城和谈,向世人表达了北平城内二百多万市民是多么渴望和平,多么渴望光明。他们为中共与傅作义之间的和平谈判,营造了浓厚的和平舆论氛围。1949年1月21日,中共与傅作义的代表签订了《关于北平和平解决问题的协议书》,规定自1月22日起双方休战。几天后,北平城内的《平明日报》等报刊公布了北平和平协议,古城沸腾了。

2月3日,人民解放军举行了进驻北平的庄严入城仪式。沿途受到北平各界群众的热烈欢迎。市民欢声雷动,何思源激动地流下眼泪。何思源为自己付出血的代价的和平解放北平的愿望终于实现而兴奋不已。正如他自己所说:"北平和平解放了,这是我一生中最难忘的日子。"

毛泽东曾指出：和平解放北平，创造了"一种不流血的斗争方式"——"北平方式"。"北平方式"与"天津方式""绥远方式"一起，加快了解放战争取得全国胜利的进程。

凡是为人民办了好事的人，人民是不会忘记他的。解放军进入北平城后不久，中国人民解放军第四野战军政委罗荣桓特地去医院看望何思源，只是由于何思源为躲避国民党特务追杀而临时转移到别的医院，没有见到。后来，新中国成立后北京第一任市长叶剑英在北京饭店宴请了何思源。2月22日，傅作义到西柏坡谒见毛泽东，回来后立即去看望何思源，转达了毛泽东对他的问候。

60岁时请缨赴西藏调研

新中国成立后，何思源曾任民革第三、四届中央团结委员会委员，第二至五届全国政协委员，人民出版社、世界知识出版社编辑，全国政协会刊编辑主任。

全国政协和民革中央照顾他年老有病，不要求他必须参加各项活动，但他渴望为国家贡献余热，因此凡有重要会议和活动，只要身体允许，他都要亲自参加。到了晚年，他不顾疾病缠身，用颤抖的手拿起笔，抓紧时间撰写回忆文章，包括在中山大学与鲁迅先生共事、为北平和平解放而奔走的经过等经历，共十万字，为后人留下了珍贵的史料。

除了做好自己的本职——出版编辑工作外，何思源还从事写作和翻译，发表和出版了大量文章、著作和译著，为社会贡献自己的聪明才智。他曾深有感触地说过："作为一个从旧社会走过来的人，深深感到新中国的伟大。现在是一个盛世，我们不能无动于衷。"

1956年春夏之交，60岁的何思源意外地获得了一次终生难忘的经历。

在全国政协一次座谈会上，何思源获知中央正在组织一支规模庞大的代表团，参加西藏自治区筹备委员会正式成立大会，会后还将在青藏高原开展慰问活动。代表团团长是国务院副总理陈毅。何思源欣喜异常，立即致函这位他早年在法国时的同学。信中他自称："我少年习武，有飞檐走壁的功夫，如今虽年过花

新中国成立后何思源
与周恩来、何柱国的合影。

甲，但身体很好，可以跋山涉水……"老先生恳切地"请陈副总理批准能够荣幸地加入中央代表团这一光荣行列"，"哪怕当一名工作人员"。陈毅在请示周恩来总理之后，即让秘书复信，表示应允。

多少年来，在何思源心中，西藏就像一个诱人而神奇的梦。20世纪30年代，他在山东时，读过一批关于西藏自然地理、经济文化、社会风俗的书籍，但那多是外国人写的，大都把西藏描写得如何如何神秘，如何如何不适于人类居住。他阅读愈多疑问愈多。他想："既然西藏有那么古老的文化，又吸引那么多中外人士前往，一定有她的诱人之处，一定蕴藏着丰富的尚待开发的宝藏……"他暗暗立下志愿，只要有机会，无论如何也要登上那片神秘的大高原。就在他年满60岁的这一年，机会果然来了！

青藏高原81天的旅程，对何思源来说收获甚丰。当时西藏还没有通航，需要一路从甘肃经青海乘坐苏制吉普车入藏，并由拉萨到达西藏日喀则。此行让何思源对中国共产党正确的民族政策有了更深刻更直接的了解。他亲眼目睹在高原修建公路的解放军工作、生活之艰苦，入藏官兵、广大职工的纪律严明。他在途中及回京后，迫不及待地把自己收集的大量资料整理成文，以极快的速度写了一本4.8万余字的《旅藏纪行》，5个月后即由三联书店正式出版。他还撰写了《从西宁到拉萨》（《人民日报》1956年8月8日）《从拉萨坐飞机回来——试航班第一架》（《团

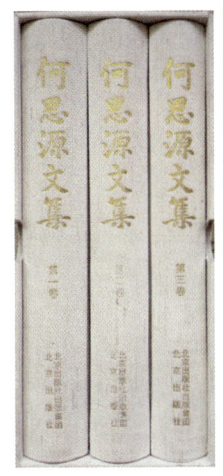

《何思源文集》。

结报》1956年8月15日）等数十篇文章，并在国际广播电台向国内外广泛宣传新西藏。他为《西藏志》收集了一百多万字的宝贵资料，计划力争10年之内向祖国、向西藏人民献上饱含自己心血的这份厚礼。可惜的是，1966年开始的浩劫把他苦心积累的珍贵资料连同手稿洗劫一空，致使何思源抱憾终生。

在《旅藏纪行》中何思源运用大量的事实，论述了西藏"有丰富的矿藏""有发展农林牧业的好条件""有一个勤劳、勇敢、富有爱国精神的优秀民族"。他谈古道今，引经据典，论述了"只要正确地贯彻党的民族政策，西藏地区必定能建设得与内地一样繁荣昌盛"。

主要参考文献：

1.《一位诚实爱国的山东学者》，何兹全、丁岚生、万永光，北京出版社1996年。

2.《何思源——宦海沉浮一书生》，马亮宽、王强，天津人民出版社1994年版。

3.《何思源和他的时代》，王文升主编，中国文史出版社2006年。

杨杰（1889-1949），又名漱石，字耿光，云南大理人，1948年加入民革。民革第一届中央执行委员会委员。1949年9月，在香港被国民党特务暗杀。

杨 杰
牺牲在黎明前的军学泰斗

    1949年9月21日,中国人民政治协商会议第一届全体会议经过紧锣密鼓的筹备之后,在北平正式召开。在这庄严而隆重的会议上,中国共产党代表团提出了一个临时动议,由主席团以大会名义向中国国民党革命委员会和杨杰家属致唁,并特许杨杰为列名缺席代表。杨杰是谁?他为何在会议召开前去世?又为何能得此殊荣呢?

位于云南大理的杨杰故居。

从"走方郎中的儿子"到"天才将军"

1889年1月25日杨杰生于云南大理一个贫寒的家庭。兄弟四人,他排行第二。父亲杨汉章是个走方郎中,也就是串村走巷行医的江湖医生,但是他殷切地期望自己的孩子日后能成为人才,因此,宁愿自己过着清苦的日子,也要送孩子们去读书。

6岁杨杰入私塾读书,他天资聪颖,对所授之课接受很快,所读之书过目不忘。在考入大理敷文书院读书后,他目睹了《辛丑条约》的签订使中华民族陷入深重的苦难,从此立志以救国为己任,立志学好军事、学好科学。

1905年,杨杰与同乡好友宋福昌到昆明报考京师大学,因考期已过,便转考云南陆军速成学堂。在校期间,杨杰因成绩出众,被清政府保送到保定陆军北洋速成学堂学习,后又被清政府保送到日本陆军士官学校学习。日本陆军士官学校采用军国主义的教育方式,要求非常严格,学习训练生活异常紧张,学员很少有属于自己的时间。许多同学因受不了而叫苦连天,杨杰却不然。他从小吃惯了苦,一种求进取、求本领的思想支持着他顽强地、准确地完成了教官的要求。在战术学课程中,他特别喜欢包围战术。后来,他将这种战术与中国《孙子兵法》中的《虚实篇》结合在一起,再加上他自己的独特见解,发展成为《口袋战术》,即诱敌深入后,两翼包围,扎紧袋口而消灭敌人。

在日本学习期间,杨杰意识到中国要想御侮图存,应该向西方学习,发展工业,建设独立的国防,从此他决心走军事救国的道路。1911年,已经参加了同盟会的杨杰从日本陆军士官学校第十期炮兵科毕业回到国内,参加了辛亥革命。1912年,杨杰回云南参加了蔡锷的军队。此时,原贵州都督杨柏舟率数万部队,由湖南进入贵州,进攻唐继尧部。唐继尧在贵州因兵力不足,与蔡锷商量后,调杨杰的部队在贵州铜仁堵击敌军。在铜仁交通要点大鱼塘,杨杰精心布置指挥,成功地以少量兵力,牢牢扼制住敌军,使大鱼塘的交通得以畅通无阻。经过两个月的恶战,大获全胜。这是杨杰留学日本回国后指挥的第一次战役,也是他以少胜多、运用自己擅长的"口袋战术"的第一次实战胜利,在近代军事史中称"杨杰黔东之捷"。

在参加护国运动后，杨杰被委任为留学生监督，率领由青年军官和讲武堂学员组成的留学生前往日本陆军士官学校学习，为了"彻底铲除依赖外国的劣根性"，建设自己的工业、自己的国防，杨杰以中校身份自费考入日本陆军大学学习。在日本陆大学习期间，杨杰生活非常清苦，他把节约下来的钱都用于购买图书资料。他在自己的寝室里，挂满了各国的军事地图。他还搜集了各国的战例照片以及各种最新武器的图案，画了各式各样的战争图表进行比较，细心研究。日本陆大经常让学员参加海陆空军大演习，以训练和考察学员的军事指挥能力。杨杰因为成绩优异被选为统帅，指挥演习。在指挥中他得心应手，并有独特的创见，得到日本天皇的赞赏，毕业时名列第一，天皇赐予宝刀。从此，他有了"天才将军"的名号。法国著名军事家霞飞元帅到日本陆大参观，学校预先选拔了几个学员以备咨询，杨杰是其中之一。他口若悬河、旁征博引，卓越的军事见解使霞飞元帅的眼前一亮，断言："此人将来必成东亚杰出军事人才"。出色的军事才能，使杨杰受到日本军界的尊重，成为军事界著名的人物。1924年杨杰从日本陆军大学第十五期毕业时，日本当局请了知名人士及杨杰的朋友劝他留在日本，许以优厚待遇。杨杰不为所动，他惦念着灾难深重的祖国，断然拒绝这一要求，坚决回国。

蒋介石的"得力干将"却和蒋分道扬镳

1924年12月，杨杰任国民军参谋长，次年3月，任国民军第三军前敌指挥官。9月，任河南陆军训练处教育长。虽然一路升迁，但他看到孙中山先生在共产国际和中国共产党的帮助下，改组国民党，实行三大政策，就毅然离开国民军投奔广东。

中原大战时，杨杰任第一集团军总司令部参谋长及第二炮兵集团指挥官。杨杰配合第三师击破马牧集冯、阎军阵地，为蒋介石解除了困境。以后，他又替蒋介石拟订作战计划，提出利用拥兵关外的张学良攻击阎、冯军的主张，并就进攻方案作了具体布置。在后来的战斗中，各路军按杨杰部署进入阵地，都按计划顺

1943年杨杰访问英国皇家陆军学院。

利地取得了胜利。之后,杨杰又指挥第二炮兵集团协助郑州方面作战。直到张学良发出拥蒋通电,阎、冯失败,历时半年之久的蒋阎冯大战,最终以蒋介石的胜利而告结束。在中原大战中,杨杰为蒋介石"一统天下"立下了汗马功劳。

但是由于对蒋介石的反共独裁政策不满,杨杰和蒋介石关系逐渐疏远。

1933年初,日本帝国主义为了完成建立"满洲国"的侵略计划,开始向热河进攻。1月1日,日军进攻山海关,何柱国部奋起抵抗,长城抗战开始。蒋介石派杨杰参加北平军分会的作战指挥,并任杨杰为第九军团司令官,指挥第十七军徐庭瑶所部关麟征、黄杰、刘戡等师,在长城古北口一带抗击日军。日本天皇知道杨杰指挥军队在古北口一带抗击,下谕日本侵略军:"'支那'名将杨杰指挥中国军队抗击,尔等要格外小心。"杨杰参加长城抗战,是他第一次指挥对外国侵略者的作战。他提出了积极防御的作战方针和计划,但是,遭到何应钦的反对。由于蒋介石也推行对日妥协政策,不支持杨杰的意见,杨杰愤而辞职。蒋介石信赖何应钦,消极抗战,积极妥协,结果华北战事失败。为此,杨杰非常气愤,他到处抨击对日妥协的可耻行为。蒋介石为此感到恼火。不久,派杨杰出国"考察"。他到莫斯科时,斯大林数次接见了他,对他所著《蒙古骑兵之性质及其使用法》一书深为赞赏,并称杨杰为"战略专家"。他到英国时,识辨了英国的伪国防计划，英国国防大臣送给他一个"军学泰斗"的称号。杨杰对这些国家的访问与考察，使他有机会了解社会主义、资本主义、法西斯主义不同制度国家的政治、经济、军事、文化等情况，并加以比较和研究，悟出了孙中山先生"以俄为师"的真谛，开始萌生了社会主义制度比资本主义制度优越的信念。

1934年秋杨杰回国后，写成《欧洲各国军事考察报告》一书，向蒋介石建议：赶快进行重工业建设，进行以国防工业为重心的根本建设，克服依赖外国武器的弱点，力求自强，建设独立自主的兵器工业。蒋介石任命杨杰为参谋次长、代理总长、陆军大学教育长、城塞组长、防空委员会主任。1935年4月4日，杨杰晋升为陆军中将。

虽身居高位，但杨杰性情耿直、嫉恶如仇，并不肯曲意逢迎。他奉蒋介石之命检查航空委员会新买的飞机时，发现内中有几架是用报废的飞机充抵的，非常气愤，如实地报告了蒋介石。却没考虑到当时航空委员会的负责人是孔祥熙，杨杰此举既得罪了孔祥熙，又使蒋介石十分尴尬。从此，杨杰去见蒋介石，蒋介石都不露面。不久，四大家族中一些要员向蒋介石控告杨杰在修筑南京城防工事中贪污公款，蒋遂逮捕并枪毙了他的军需处长和副处长。杨杰一气之下，辞去了防空委员会主任一职。

出任特命全权大使，争取苏联援助

七七事变后，杨杰将军积极拥护中共中央为国共合作发表的宣言，拥护抗日民族统一战线的方针策略。为了实现中国共产党倡导的国共合作，建立广泛抗日民族统一战线，争取更多的国际援助，共同抗击日本帝国主义，1937年8月22日，蒋介石任杨杰为特派军事代表团团长，前往苏联争取援助。杨杰在拜会苏联领导人时，强调了中国抗日战争的伟大意义，强调了中国抗战与苏联和世界的利害关系，要求苏联给予贷款及军事物资援助。9月21日，中国获得苏联第一批军事物资。10月，苏联给中国两次贷款，各为5000万美元。1937年10月15日，杨杰晋升陆军上将。为了进一步争取到更多抗日援华物资，蒋介石1938年8月任命与苏联关系密切的杨杰以军事家身份，出任中国驻苏联特命全权大使。

杨杰在苏联期间，经常受到斯大林、伏罗希洛夫、莫洛托夫等最高领导人的接见，并经常去集体农庄和工厂参观。他广泛地接触了苏联劳动人民，了解苏联的社会主义制度，又认真研读了《共产党宣言》《资本论》《共产国际史略》等。他认为"苏联是现在世界上独一无二的社会主义的民主国家"，它的民主是真正的民主，它的经济是计划性的，其经济建设的特点是工业化、军事化进行两面作战的经济体系。它的国防建设是受恩格斯"武器、编成、组织、战术和战略等，是依存当时的生产和交通状况"的军事理论指导的。他从军事观点出发认为："苏联的社会制度解决了国防建设中'国防人'的问题，因而苏联的制度是建设理想国防的制度。苏联的外交政策，本质上是一种掩护社会主义国家安全发展的武器。"

1940年初，国际上掀起一股反苏反共的逆流，蒋介石与此相呼应，在国内也挑起了反共摩擦。在这样复杂的国际国内形势下，蒋介石免去了杨杰驻苏大使的职务。杨杰明知可以留在苏联或到其他国家去"休养"，而如果回国他的日子不好过，但他"念念不忘抗日"，拜辞了苏联领导人毅然回国。

杨杰刚回国时，国民党《中央日报》记者曾往访问，杨杰说了这样几句话："中国若是徘徊歧途，不能当机立断，决定对苏联外交政策，将必成为波兰之续。"次晨发表在报纸上。蒋介石见报大怒。此时，杨杰因割治眼瘤，躺在医院里。蒋介石派戴笠及时任国民党中央宣传部部长王世杰前往问罪。杨杰坦率地向戴笠、王世杰说："我发表的是意见，是要提高国人的警觉性，公开发表在报纸上倒不是我的本意。你（指王世杰）为宣传部部长，《中央日报》为你所管，你自己为什么不注意？记者问我时，我还告诉他，此系私人谈话，不必发表。你们现在该把我怎么样便怎么好了。"王、戴两人默然而去。蒋介石无奈，遂给了杨杰一个军事委员会顾问的闲职，留在重庆。

投身民主进步活动，创建民革

在中国共产党统一战线政策的感召下，特别是在周恩来、董必武等同志领导

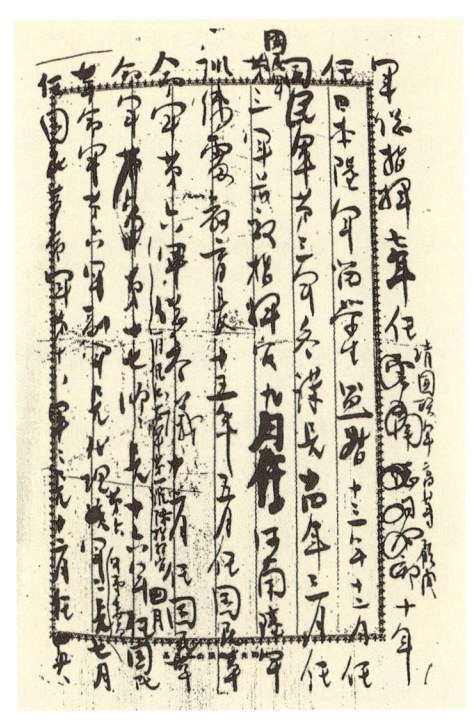

杨杰手迹。

下的南方局直接关怀下，杨杰积极投入民主革命运动。1945年10月，他与谭平山、陈铭枢、王昆仑、郭春涛等民主人士组成三民主义同志联合会，简称民联，杨杰是民联七个常务干事之一。民联成立后，经常组织进步人士座谈国际国内时事，宣传中共的政策，用客观的态度分析形势，使这些人在政治上有明显的进步。为此，董必武同志曾鼓励说："你们这个座谈会搞得很好。抗战的胜利，民主的实现要靠大家去做才有希望。你们交了许多同情革命的朋友，也是对我们党的支持。"

1947年，杨杰得知李济深、何香凝等人在香港筹建国民党民主派组织，便写信建议民联与中国国民党民主促进会（民促）等组织联合起来。1947年底，李济深、蔡廷锴为首组织的国民党民主促进会，谭平山、郭春涛、陈铭枢、杨杰为首组织的三民主义同志联合会，王昆仑、许宝驹、钱俊瑞等为首组织的民主革命同盟三个组织联合其他国民党民主派和民主战士何香凝、柳亚子等，在香港召开联席会议，决定成立中国国民党革命委员会，接受中国共产党关于时局的主张，联合中国共产党和其他民主党派，推翻蒋介石的独裁统治，反对美帝国主义干涉中国的内政。

1948年1月1日，中国国民党革命委员会成立，民联成为民革的一个组成部分，杨杰当选为民革中央执行委员，负责西南四省（川、康、滇、黔）的组织、活动工作，同时仍继续领导民联的工作。

一个"转转会"，指挥了西南四省的策反

杨杰作为民革中央执行委员，负责担任西南四省的组织活动工作，同时继续领导民联的工作。杨杰把重庆的三民主义同志联合会与民革合并的想法和甘祠森交换意见。甘祠森在征求了中共中央的意见后，转达了"还是不合并好"的意见。于是，杨杰就和甘祠森、黎又霖商量：民革与重庆三民主义同志联合会虽然不合并，但是两个组织是兄弟组织，要互通声气；民革以联络军界人物为主；重庆三民主义同志联合会主要还是搞民主运动。杨杰继续负责重庆三民主义同志联合会的工作。黎又霖调到民革协助杨杰在西南四省建立发展组织。此后，杨杰更加积极、繁忙地开展民主革命工作。

随着革命形势的发展，国民党内部迅速分化。在党的统一战线政策影响下，包括曾经是比较反动和顽固的人，也开始徘徊和动摇，都想寻找进步关系。不少人找到杨杰。此时共产党也帮助并指示杨杰主动去做某些人的工作。

早在1943年的一次宴会上，杨杰认识了金绍先，并深知金绍先的为人，因而主动约他到家中进行了几次长谈。谈话中，杨杰知道金绍先要去新疆，即告诉金绍先要小心从事。1945年10月，金绍先在迪化任市长，杨杰以介绍友人游新疆之名，向金绍先通报了组织发展的情况，以此影响金绍先。金绍先深为感动，这在很大程度上加速了金绍先在政治上的转变过程。1946年民联中央机构迁上海，杨杰聘金绍先任西南执行部的委员，同时先后还聘了以熊克武、刘文辉为首，包括金绍先在内的67名委员，通过这一组织争取同志和开展工作。

杨杰在这些活动当中，也运用了高超的斗争艺术。在这段时期里，为了迷惑

国民党反动派，他常常与一些自称是他学生的国民党军政头目一起吃饭、打牌，应酬自若。

1948年冬，杨杰对甘祠森和黎又霖说：想找几个人开一次时局讨论会，讨论战争的发展对西南四省的影响，以促使人们迅速转变态度，认清形势，加快反蒋的步伐。于是，甘祠森和黎又霖找了一些人来。

讨论会上，杨杰对蒋介石政府的腐朽无能作了深刻的分析，说明蒋政权已失天下人心，而蒋介石本身也没有什么军事指挥才能。事实上，他人到哪里，哪里就丢掉，所以蒋介石的失败是无可挽回的。当然，战火烧到长江流域，蒋介石仍然会把西南作为他兵源和粮源的大后方。因此，蒋介石一定要强化对西南的统治。那样，西南就苦了。如果，西南自己能够组织起来，拒蒋介石于西南之外，那么就会有一个很好的形势。而且西南四省，四川是关键，蒋介石掌握不了四川，也就无法在其他三省立足。所以大家认为"保川拒蒋，迎接解放"应该是目前进行民主运动的方针。时局讨论会，使同志们在复杂的局势下，找到了工作的目标。

不久，杨杰又找黎又霖和甘祠森商量，告诉他们："我想把重庆民主党派的一些领导组织起来，搞一个'转转会'（轮流请吃饭的意思）讨论时局，交换意见，协调行动，人数不宜多，要彼此相知的，你们看行不行？"杨杰遇到有大事都找甘祠森商量，是因为他知道甘祠森会把他的意图转报共产党。这样就能主动争取共产党的领导，听取他们的意见，得到共产党的支持。

杨杰搞"转转会"还有一个重大的意图：要把西南四省反蒋的"实力派"，如龙云、刘文辉、潘文华、邓锡侯联合起来，然后再把李济深所联系的桂系联合在一起，整个西南就可以构成一个强大的、能与蒋介石分庭抗礼的力量。因此，他积极策划，要各民主党派从政治上互相配合，使这个西南大联合的战略意图得以实现。

"转转会"每两三周，或者一个月开一次，直到1949年5月，杨杰离开重庆时才停止。杨杰认为这样做，就把民主党派的领导，集中在这张饭桌上来了，办起事来也就方便了。"转转会"通过互相交流情况，分析形势，增强了"人民必胜、蒋介石必败"的信心，对提高人们的思想认识起到了重要作用。

1949年初,四川军政界中的一些人,包括亲蒋和反蒋的势力,都在酝酿所谓"民众自卫"。当然,两种势力的意图各不相同。"转转会"利用这个机会,向反蒋爱国人士做工作,约定各人根据自己的党派和个人的条件进行工作。

黎明之前,牺牲在特务枪口下

1949年6月,杨杰的学生、国民党陆军大学代理教育长杭鸿志来找杨杰,希望他去对教官及全校教职工发表谈话,目的是动员陆大教职员,为起义作思想准备。杨杰非常高兴地接受了这一邀请。杨杰深知,陆大教职员工中,绝大多数未和共产党打过仗,思想包袱不大,但由于国民党的宣传,也有一些人存在思想顾虑,特别是他们的家属,所以对陆大的教职员工做一些思想工作,使他们认识到国民党的败局已定,应该正确选择自己的前途,很有必要。

他首先在陆大教官联谊座谈会上全面具体地分析了当时的形势。之后,杨杰又在陆大全体教、职、学员中作了一次形势报告,说明蒋介石必败、共产党必胜的道理。同时介绍了苏联对帝俄时代的旧军官十分重用和优待的情况,并指出共

《中国人民政治协商会议第一届全体会议纪念刊》中的杨杰照片,姓名加有黑框。

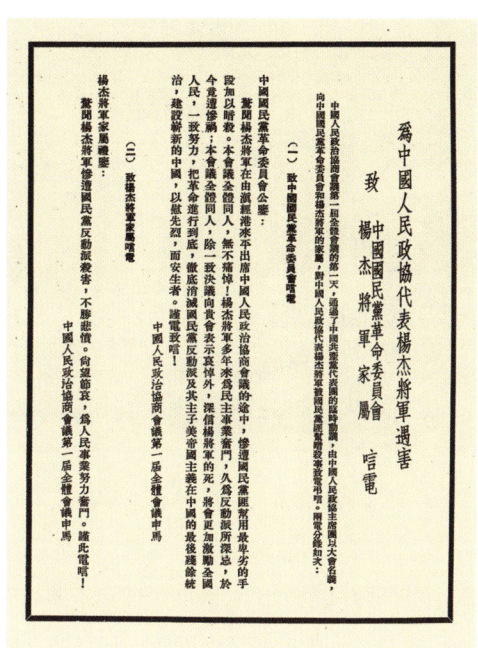

中国人民政治协商会议第一届全体会议致民革和杨杰的唁电。

产党取得政权后,一定要创办正式军事学校,会像苏联那样对待陆大成员。因为陆大成员均具有一定的军事技术知识和教育经验,对军事教学还是有用的,陆大成员对共产党又没有深仇大恨,共产党一定会用,没有忧虑个人前途的必要。这样,许多人的思想顾虑消除了。终于,在中共地下党组织的帮助教育下,在人民解放军二野司令部派去的地下工作人员陈济生等的具体安排策动下,1949年12月1日,国民党陆军大学全体人员在重庆宣布起义。

7月下旬,杨杰为加快起义进程,秘密给刘文辉部一团长写了一封亲笔信。不料这封密信落到保密局西南特区一组组长李瑞峰手中。蒋介石很快得知此事,深感不安,指示毛人凤迅速将杨杰扣押起来,听候发落。就在特务们正要动手之时,杨杰因事离开了云南。

中国共产党对杨杰的安危非常重视和关心,几次电邀杨杰北上参加新政权,潘汉年也劝告他尽快离滇赴港,绕道北上。但杨杰考虑到他在西南策反工作已有一定的基础,顾虑因他突然离开会产生不良后果,故请中共中央容他暂缓一步离

位于昆明西山的杨杰墓,碑文为李济深题写。

滇,再次向党表明个人安危没什么要紧,希望继续在昆明活动。然而令他没有估计到的是,不久云南风声骤紧,形势突然变得严峻起来。

由于蒋介石曾在重庆当面命令卢汉逮捕杨杰,卢汉一回到昆明马上通知杨杰赶紧转移。9月9日,杨杰由其女婿朱健飞秘密护送到机场,神不知鬼不觉上了飞往香港的班机,到达香港后入住了湾仔轩尼诗道的友人寓所。得到抓捕命令,早就监视杨宅的特务没想到扑了一个空,蒋介石大怒。毛人凤亲自将杨杰家中抄出的日记及来往信件等一一翻阅,从书信中得知,杨杰与友人李宗理一直有来往,随即布置了一个暗杀计划。由保密局行动处处长叶翔之找人模仿了李宗理的笔迹,写了一封信给杨杰。叶翔之亲自带着保密局人员陈家庆、李宏继、吴其宁赶到香港,设法打听到了杨杰下榻处。

19日晚10时,他们偷偷来到杨杰住处。吴其宁在门前监视,李宏继守在住所楼梯掩护,陈家庆则带着伪造的李宗理给杨杰的信,上前敲门。当佣人开门后,陈家庆佯称有李宗理的信要面交杨杰,杨杰即由内室来到客厅。当杨杰毫无戒心地取过信坐在藤椅上拆阅时,陈家庆突然拔出手枪对准杨杰胸部就是一枪,紧接着又对其头部补了一枪。就这样,一位富有国际声誉的著名军事理论家、战略家、杰出的爱国主义者,为中国人民的解放事业,献出了自己的宝贵生命。

中国共产党代表团1949年9月21日,在中国人民政治协商会议开幕式上提出文首的动议后,当天解放区各报头版加以报道。民革中央亦电唁杨杰家属,唁电说:"惊悉耿光同志应召出席人民政协会议,途中在香港惨遭匪特杀害,易胜痛悼!耿光同志致力民主革命贡献甚多,当此新中国正在诞生,反动统治宣告灭亡之日,耿光同志死而无憾。尚望勉抑哀思,继承遗志。特此奉唁。"

主要参考文献:

1.《杨杰将军传》,杨德慧,云南人民出版社1993年。

2. 甘祠森《回忆三民主义同志联合会》,《云南文史资料选辑 第六辑》,政协云南省委文史资料委编,1981年。

3. 陈赓雅《回忆〈民生报〉》,《中国西行文献丛书.第一辑》,甘肃文化出版社2017年。

4. 杨汉生《回忆与杨杰将军联系》,《昆明文史资料选辑 第五辑》,政协云南省昆明市委文史资料委编,1985年。

5. 杭鸿志《关于重庆陆军大学起义的实况》,《昆明文史资料选辑 第五辑》,政协云南省昆明市委文史资料委编,1985年。

6. 张天放《回忆杨杰同志》,《民国时期社会调查资料三编.第十五册》,国家图书馆出版社2017年。

7. 张天放《回忆"双周聚餐会"》,《民国时期社会调查资料三编.第十五册》,国家图书馆出版社2017年。

8. 潘大逵《回忆杨杰先生》,《风雨九十年:潘大逵回忆录》,成都出版社1992年。

丁贵堂（1891-1962），字荣阶，山东黄县人，生于辽宁海城，1951年加入民革。1949年后，曾任海关总署副署长、海关管理局局长。民革第三、四届中央委员。第一、二届全国人大代表。

丁贵堂
让江海关回到人民手中

1949年5月25日凌晨，上海市苏州河沿岸，炮声隆隆，子弹啾啾，解放上海的战斗在激烈地进行中。此时，江海关的地下党员已经悄然行动起来，将事先藏在海务科办公室里的红旗和秘密缝制的标语带上江海关六楼。凌晨4时30分，海关大楼挂出了解放上海的第一幅红色巨幅标语"欢迎人民解放军解放大上海"，高大的钟楼上升起了黄浦江畔第一面红旗。江海关钟声长鸣！

当时中国海关最高级别华员、原海关总税务司署副总税务司丁贵堂领导总税务司署和江海关（包括浚浦局、港务科、检疫所等）工作人员起义了，时任上海市市长陈毅称赞丁贵堂"立了大功"。毛主席亲自接见他并亲切地称呼他为"丁海关"。

上海海关大楼。

税专同学纪念影集,收录有丁贵堂的照片。

勇于抗争,维护海关华员权益

丁贵堂是旧海关中第一位华籍副总税务司,是中国近代海关史上职务最高的华籍官员,这在一直由洋人把持的旧海关中可是凤毛麟角。

自鸦片战争后,根据不平等条约,我国海关的关税自主权、海关行政管理权、关税收支权等,均被英、美、法、日等帝国主义国家长期把持,统管全国海关的总税务司及各关税务司、副税务司皆由洋人担任,完全垄断了我国海关大权。在海关工作的中国人员,备受洋人的歧视和欺凌。

丁贵堂祖籍山东,出生在辽宁海城,性格中混合着东北人的刚直与山东人的耿介。1916年,丁贵堂从培养海关专门人才的北京税务专科学校毕业被分配到安东关后,看到洋员对华员飞扬跋扈,华员遭受种种不公正待遇,丁贵堂义愤填膺,挺身而出,与洋人交涉。有一次,日籍帮办垣花惠在关里飞扬跋扈,欺压华员,丁贵堂忍无可忍,与之据理力争,差点动了拳头,后经安东关税务司美国人柯尔乐居间调解方才平息。

1919 年，丁贵堂调任北京海关总税务司署总务科帮办。在此期间，他对洋人蔑视中国主权的跋扈行径甚为不满，曾几次与洋人发生争吵，富于正义感的他联合在署里的中国职员与洋人交涉，争得了房贴和煤贴，维护了华员的权益。即便是总税务司安格联的亲信、税款股副税务司泽礼欺压华员，丁贵堂也一样敢于抗争，敢于在太岁头上动土。丁贵堂不仅海关业务精深，英汉语功底深厚，人品上也公而忘私，敢作敢为，因此不仅在华员中威望颇高，在总税务司署的高级职员中也赢得了口碑。

1927 年，丁贵堂奉调至上海江海关任汉文秘书课秘书。上海江海关中国员工发起组织海关华员联合会，丁贵堂担任组织部员。联合会以"提高职权，改良待遇"相号召，开展争取中外关员平等待遇的斗争。在广大员工坚持斗争下，海关当局被迫提升数名华员为代理副税务司，丁贵堂是其中之一。回顾这段火箭般的升迁经历，丁贵堂这样总结："自有海关以来，华洋关员升任代理副税务司最早最速者，实以堂为第一人！"

1929 年初，国民党政府财政部关务署在南京举行海关关制审查会议，丁贵堂和其他爱国人士为挽回海关行政管理权及提高华员地位待遇，在会上据理力争，取得了中国关员和外籍关员原则上的平等待遇和地位，并规定以后海关行政部门停止招收洋人，开始削弱洋人的垄断权势。他还坚持海关的报关单和其他统计报表上，都应该加列中文，打破了海关单据全部用英文的惯例，尽力维护中国的管理主权。

踊跃救国，发起义捐资助抗日

九一八事变后，丁贵堂对家乡东北的沦亡十分痛心，对十九路军在上海英勇抗战非常敬佩。丁贵堂耳闻目睹十九路军将士缺医少药、给养短缺的困境，以自己在海关同仁中的威望挺身而出，通电全国海关，发起组织爱国捐献运动，号召

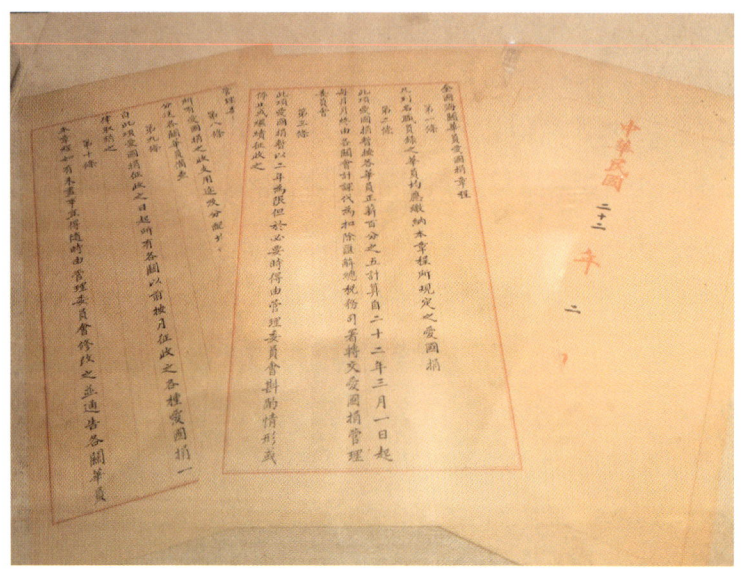

《抗战时全国海关华员爱国捐章程》及有关的通启案。

全国海关的中国员工自 1933 年起,按月捐献薪金的百分之五,慰劳和援助英勇抗日的十九路军、东北义勇军和冯玉祥、吉鸿昌、宋哲元在华北的抗日部队。阎宝航、高崇民等人主持的东北抗日救国会也得到了资助。

丁贵堂支持东北进步人士和流亡学生的爱国活动,热情接待杜重远、阎宝航、高崇民等人住在自己家中,积极支持和赞助宋庆龄和斯诺、艾黎等倡导的工合运动。他还带动海关员工积极捐款捐物,踊跃救国。虽然丁贵堂当时对共产党不了解,但他知道共产党的八路军和新四军是真正的抗日军队。八路军取得平型关大捷后,丁贵堂请阎宝航转交一万元给八路军办事处,还把海关同仁爱国基金两万元,通过八路军驻沪办事处刘少文捐献给新四军。

1937 年 11 月,上海沦陷,租界成为孤岛。丁贵堂筹划将总税务司署内迁重庆,但为日本侵略者所阻。总税务司署曾把华北日本侵略军进出山海关和长城各口的情况密电报告国民党政府。日军进占租界后,在天津海关发现此项密电副本，认定是间谍行为，于 1942 年 3 月以"反日间谍行为"逮捕丁贵堂。经过一个月的严厉审讯、辱骂、殴打，丁贵堂始终表示按政府明令办理，拒不认"罪"。日本宪兵队在无证据的情况下，只得将其释放出狱，但仍暗中监视。是年底，丁贵堂佯称"血压增高、心脏病复发"回老家养病，穿越日伪封锁线，辗转抵达重庆。

1943 年 3 月，丁贵堂出任总税务司署总务科税务司。6 月，总税务司梅乐和辞职后，他被委派为代理总税务司，这是中国关员首次执掌海关领导权。然而，国民党政府财政部却在两个月后委任美国人李度为总税务司，丁改任副总税务司。10 月，国民党政府财政部委派丁贵堂兼任专员，前往新疆筹建海关，并于 1944 年 2 月在迪化（今乌鲁木齐）设立迪化关，丁兼该关税务司；之后又在中苏边境塔城、伊宁、霍城、和阗等地设立了关卡。

坚持正义，积极帮助民主人士

抗战胜利后的 1945 年 8 月，国民党政府财政部任命丁贵堂为京沪区财政金融特派员办公处专员，同时接管上海总税务司署及江海关。此时，总税务司李度还没有抵达上海，大小事宜皆由丁贵堂负责。

丁贵堂不仅要处理上海总税务司署及收复区各海关事务，还要接收原海关财产档案、敌伪码头仓库，事务繁杂，但他一直洁身自守，与当时众多国民党"劫收"大员截然不同，其卓著的接收成绩得到各界的好评。为此，国民党政府财政部 1946 年 5 月 25 日颁令，给丁贵堂记大功一次。当时许多接收大员多有中饱私囊的行为，对于种种"接收花天酒地，人民呼天唤地"的做法，丁贵堂深恶痛绝，公开进行抵制。

1947 年是全面内战爆发后的第二年，国统区市场物价暴涨，马口铁奇缺。孔祥熙大公子孔令侃见有利可图，就从美国共和钢铁企业搞到一批马口铁原料，准备运进国内销售，大发国难财。因为马口铁原料是专控物资，严禁擅自进

丁贵堂（左一）与中共地下党员孙恩元（左二）等人在一起。

口，江海关于是拒绝签发进口许可证，不予放行。孔令侃大为恼火，以"降低物价、扶持工业"为由，与海关当局大打笔墨官司，同时利用自己"皇亲国戚"的身份，发动说客去说情，多方施压。最终，丁贵堂因抵抗不过其强有力的后台，只得放行。但这件事对丁贵堂触动很大，使他更加看透了国民党政权的腐败本质。

上海区海关员工曾先后五次发动怠工、罢工，丁贵堂始终同情。总税务司李度曾勾结国民党特务、军警拟武力镇压职工运动，丁贵堂与其他进步人士从中斡旋、阻止，避免了流血事件发生。

1946年，丁贵堂的好友兼同事、海关高级职员孙恩元回到上海，经中共地下党代表李正文介绍，参加了中国共产党。尽管孙恩元严格遵守地下党的组织原则，没有把入党的事情告诉丁贵堂，但丁贵堂却意识到孙恩元可能是共产党员了。因为孙恩元的一举一动、一言一行，都有所表现。对于那些违反国民党海关制度而对共产党有利的事，孙恩元就干，而对共产党解放全中国不利的事，即使蒋介石政府下令要办的，孙恩元也经常找理由不办。丁贵堂在孙恩元潜移默化影响下，也逐步提高了对共产党的认识，下定了为爱国民主运动和全国解放事业作贡献的决心。

当时，阎宝航也从重庆来到上海，在李正文家住了一个多月。丁贵堂多次在家中以东北老家捎来的高粱米、家乡风味招待阎宝航、李正文和宁武。

在国民党发动内战大肆迫害进步人士的时候，在李正文的单线领导下，孙恩元利用在海关工作可逃避国民党宪警联合检查的便利条件，同在海关工作的地下党员陈凤平、陈琼琨一道，护送地下党领导同志和爱国民主人士进出上海港。

下关惨案发生后，阎宝航从南京脱险返沪后不久，陈凤平从大沽找了条小船，孙恩元护送阎宝航从上海黄浦江码头乘船去天津转东北解放区任东北行政委员会委员、辽北省主席。

从1948年开始，大批民主人士先后离开上海，经香港进入解放区，孙恩元等人做了大量工作。当时白色恐怖极端严重，国民党政府规定，凡离沪去香港的，必须经过警备司令部严格审查批准。孙恩元设法化名办理出境证件，代购船票，帮助黄炎培等民主人士避开国民党特务的监视。1949年1月，张执一夫妇、李正文夫妇从香港回上海时，也是由孙恩元和陈凤平到码头迎接，保护他们过关，行李没有遭到搜查，身份职业也没受到盘问。孙恩元还护送徐寿轩、沈体兰、张志让、顾执中等离沪出港去东北解放区。

这些迎来送往的工作，是得到了丁贵堂的同意和支持的。丁贵堂不一定知道这些工作实际上是为共产党做的，但他认为这些都是作为一个中国人应该做的爱国行动。

弃暗投明，秘密见面宣誓起义

1948年底，淮海战役即将结束，国内形势发生了翻天覆地的变化。人民解放军兵临长江北岸，国民党要员纷纷逃往台湾，海关人员也人心惶惶，特别是高级华员都看着丁贵堂的行动，唯其马首是瞻，以抉择去留。

丁贵堂对于国民党政府的种种做法早已不满，暗中派他的外甥陈琼瓒去香港了解共产党的政策。

陈琼瓒在抗战期间曾参加海关长征团，结识了夏衍。1948年冬，他从上海秘密到香港，找到当时在《华商报》工作的夏衍，讨论丁贵堂起义的事宜。陈琼瓒开门见山地说，他是得到江海关关长丁贵堂的同意，来找共产党的。陈琼瓒说，江海关有悠久的历史，现在还完整地保存着100多年的档案、一笔可观的库存和许许多多爱国的、有经验的职工干部。国民党方面正在强迫他们去台湾，所以争取丁贵堂起义是十分必要的。夏衍问陈琼瓒，起义有没有把握。陈琼瓒说，丁贵堂很有威信，为人正直，绝大多数海关职工是爱国的，所以只要有丁关长下决心，起义是完全有把握的。

夏衍立即向潘汉年作了报告。潘汉年得知后喜出望外，说这是一笔"意外之财"，于是当天就向中央请示，并很快得到了周恩来的回复。周恩来明确指示，只要把全部档案和物资保留下来，上海解放后仍由丁贵堂任关长，起义的干部职工原职原薪不变。

中共上海局认为，海关上层人员中丁贵堂是重点人物，他影响面广、顾虑重，而总税务司李度又在多方拉拢他，必须通过各种渠道，运用各方面力量，想方设法，做好丁的思想工作，使他消除顾虑，安心留在上海，以稳定海关上层人员及广大海关职工情绪。这样就能为保护关产，迎接解放，起到重要作用。

中共上海局指派与丁贵堂有联系的李正文、宁武等人对他多做工作。孙恩元也同丁联系，说明形势，宣传共产党的政策，指出中国的前途，并介绍华北解放区海关的接管情况。丁贵堂表示愿意留在上海，不去广州。

根据中共上海局的决定，李正文请孙恩元正式向丁贵堂提出党组织对其的希望，希望丁贵堂直接参加解放全中国的伟大事业，请他利用职权，千方百计设置障碍或制造理由，阻挠蒋介石从大陆向台湾运输军队和物资，特别是在船只调拨、让开航路、码头装卸等方面制造麻烦，不要让国家的贵重物资被国民党政府出卖给外国。

1949年3月，李正文又通过孙恩元向丁贵堂提出，希望他不仅自己不去台湾，还要引导海关工作人员都不去台湾，坚守岗位，坚决保护海关财物，在解放军到来时全部完整地献给中国人民。

丁贵堂觉得，作为一个中国人，为了全中国的统一，为了民族的振兴，顺应人民革命事业，这一切都是应该做的，但要冒很大的危险。因此，他必须和中共取得直接的联系。于是，丁贵堂向孙恩元提出："共产党能派一个正式代表与我谈谈么？"孙恩元立即答应下来。

经中共中央上海局策反工作委员会书记张执一批准，李正文作为共产党的代表，由孙恩元陪同，在仁济医院的一间高级病房里和丁贵堂秘密见面。尽管之前丁贵堂和李正文也认识，多次见面吃饭，但这次见面却不同。过去，丁贵堂把李正文当作"东北老乡"，这次，李正文是以共产党员的身份出现。过去，李正文把丁贵堂当作一个有正义感的爱国主义者，这次，是把他看作参加革命的起义者了。在蒋管区，丁贵堂同一个共产党员见面，特别是自己宣誓要起义、愿为人民解放事业献出自己的一切，是准备抛头颅洒热血的英勇爱国行动。当时，丁贵堂非常慎重而高兴地接受了党交给他的任务。他表示，愿尽最大的努力，利用自己的职权和社会关系，为中华民族的解放事业作出应有的贡献。

上下齐心，保护关产再立新功

自总税务司美国人李度逃离上海后，海关的大权实际上就掌握在丁贵堂的手里。新中国成立前夕,蒋介石政府几次派人诱劝丁贵堂离沪去台,丁贵堂始终未从。

1949年3月,丁贵堂毅然宣布自己留沪,敦促李度电令各关"不得撤退,不得运走档案,不得汇走税款"。丁贵堂还安抚下属各司其职、严守岗位,以期将海关财物完整地保护下来,交给人民。

另一方面,中共中央上海局通过地下党海关总支,与张勇年等其他海关上层职员联系,向他们不断开展政策宣传,使他们懂得自己的出路与党的解放事业和国家前途的关系,以及只要安心留在上海,保护好自己负责部门的关产设备,就是为人民立了功。这些上层人员,看到革命形势日趋明朗并且丁贵堂也留在上海,他们都愿意留在上海跟着共产党走。在整个安定关员人心的过程中,中层人员中已有一定数量的地下党员,为保护关产、档案,顺利接管海关,积蓄了重要的力量。

已逃往台湾的国民党政府前后三次严令丁贵堂将当时远东最好最大的挖泥船"建设号"火速调往台湾。丁贵堂拒不从命,假称船只亟待修理,无法调运。上海解放前夕,淞沪警备司令汤恩伯又下令征调海关和浚浦局的数十艘缉私艇和挖泥船。丁贵堂在中共地下党领导和海关广大员工的支持下,托词"船只要修理""人员要补充""材料要添置"而予以拖延,尽力保护关产。汤恩伯大为恼怒,以拖延执行征调海关船只命令为由,下令逮捕丁贵堂。由于解放大军兵临城下,汤恩伯仓促逃跑,丁贵堂才幸免于难。

当时,与蒋介石的物资抢夺战是相当激烈的,也可以说是解放上海战役的一个组成部分。上海的全部国民党海军船只以及招商局大部分公私船只都被胁迫到复兴岛运送军火和军队。黄浦江从龙华到吴淞口,被国民党军队凿沉的大型船舶有59艘之多。海关船只除了4艘被国民党海军用军舰拖往台湾外,其余舰船"春星号""海星号""流星号"及轮船队30多艘,以及浚浦局所属的"利江号""建设号"等均得以保留,所有关产、税款、档案资料也完整地

丁贵堂晚年。

保存了下来。

5月25日清晨,江海关大楼挂出长达30米的巨幅标语:"欢迎人民解放军解放大上海"。这幅标语是先期在愚园路一个江海关地下党员家里秘密缝制而成,和红旗一起存放在海务科的办公室里。这也是黄浦江畔第一幅迎接解放大军的标语。随后,一面红旗在江海关钟楼顶上徐徐升起。在丁贵堂的积极协助下,军管会顺利接管了海关总税务司署、江海关和浚浦局,象征国家主权的国门钥匙——海关控制管理权,终于回到了中国人民手里。起义不仅使得承载着悠久历史的珍贵海关档案、数额可观的库存以及大批海关船只得以完整保留,更为新中国海关的发展保留下一大批经验丰富的海关人才。

1950年2月16日,江海关正式改名为中华人民共和国上海海关。

1949年7月,台湾国民党当局从海、空两方面封锁上海,切断上海的粮、煤供应,上海面临停电、断水、断粮的危险。"流星号"冒着国民党海军封锁长江口、敌机扫射轰炸的危险,扫测清除国民党海军布设的水雷。"春星号"驶入长江,恢复长江航标,并开辟长江夜航,粉碎了国民党飞机封锁长江的阴谋。"海星号"等舰船出长江口检修沿海灯塔,陆续恢复上海与南北沿海和长江通航,以使从全国各地调运的煤炭、粮食、棉花等可以及时运进上海,为稳定解放初期的上海经济发挥了重大作用。

上海解放后,李正文亲自听到陈毅和夏衍在不同的场合表扬了丁贵堂。用陈毅的原话说,"丁贵堂同志立了大功"。

1949年9月,丁贵堂参加了中国人民政治协商会议第一届全体会议。1949年10月1日,丁贵堂作为特邀代表登上了开国大典的观礼台。新中国成立后,丁贵堂先后担任中央人民政府海关总署副署长、海关管理局局长等职,主持人民海关的建设,参与制定了《中华人民共和国暂行海关法》《中华人民共和国海关进出口税则》等一系列重要的海关管理法律法规,为人民海关的创建作出了贡献。

主要参考文献:

1.《中华民国史资料丛稿 人物传记》第十九辑,中国社会科学院近代史研究所、中华民国史研究室编,中华书局1984年。

2.丁耀琳《我的父亲"丁海关"》,《炎黄春秋》,2011年第11期。

3.丁淑华《叔祖父丁贵堂的爱国情怀》,《民革前辈与上海解放》,民革上海市委会编,团结出版社(待出版)。

4.李正文《丁贵堂在上海立功》,《上海民革专辑》,《上海文史资料选辑》,2008年第3期总128期。

5.杨智友《毛泽东直呼他"丁海关"》,《世纪》,2007年第6期。

6.杨智友《丁贵堂与江海关"护关运动"》,《中国档案》,2013年第12期。

7.朱权《丁贵堂孤岛脱险记》,《档案与史学》,1997年第5期。

8．钟克君《丁贵堂张勇年为海关顺利接管做出贡献》,《民革党员与新中国》,《文史资料选辑》第九十四期,上海市政协文史资料编辑委员会编1999年。

9．孙建伟《1949,海关舰船拒驶台湾》,《档案春秋》,2011年第7期。

10．一鸿《奠基者》,《中国海关》,2013年第3期。

万保邦（1900-1972），字安稷，云南屏边人，1948年加入民革。1949年后，曾任中国人民解放军云南军事管制委员会（后为云南军政委员会）委员、国务院参事等职。民革第三、四届中央委员。

万保邦
开展敌后游击的滇黔人民自卫军司令员

新中国成立前夕，民革成立军事小组，除了进行军事策反和舆论宣传之外，还在国民党统治区组织反蒋武装，积极开展游击战争，配合人民解放战争。在民革组织和领导的地方武装中，势力较强、规模较大的是云南的滇黔人民自卫军。

1950年春节过后，云南省军事管制委员会主席陈赓在昆明接见了一位特殊的客人，来者拿着滇黔人民自卫军干部手册，请求人民解放军对人民自卫军及时进行整编。这位客人，就是滇黔人民自卫军司令员万保邦。

早年长期与共产党员合作共事

1921年7月，随着一声长长的火车鸣笛，云南小伙儿万保邦与另外20位同学一起从昆明南站出发了，这趟行程目的地是日本。这年，云南省选派了一批优秀学生分赴日本陆军大学和陆军士官学校学习。带领他们赴日的老师是刚从日本学习归来的杨杰。杨杰的言行，深深感染着万保邦。新中国成立以后，万保邦在他的一篇《自传》中写道："我在加入民革之前，对我一生教益最多、影响最大的是杨杰先生。"

1924年7月底，结束了在日本3年的学习，万保邦登上回国的轮船。他先在云南讲武堂任区队长，后来到驻粤滇军工作。滇军在广东失败以后，经杨杰的推荐，万保邦在国民革命军第六军第六师任炮兵团团长，参加了北伐战争。当时，第六军军长是程潜，第六师师长是杨杰。

1927年，在革命的关键时刻，蒋介石发动了"四一二"反革命政变，大肆屠杀共产党人。"共产党人和我们一起出生入死，北讨军阀，为国为民，劳累奔波，何罪之有？"万保邦很不赞成蒋介石所谓"清党"，特别是屠杀共产党员的做法，便离开了程潜部队，在1929年回到云南。此时，主政云南的龙云正招兵买马，调整滇军，万保邦深受龙云欢迎。

龙云是对万保邦影响较深的又一人。他先后主政云南17年，1948年加入民革，历任民革第二届中央委员，第三届中央副主席，第四届中央常委。万保邦后来加入民革，领导反蒋的滇黔人民自卫军，都和龙云有着密切联系。

抗战爆发之后，万保邦随国民革命军陆军第六十军第一八四师参加了台儿庄战役，在战斗中组织炮兵炮轰日本人的军队，立了军功。第一八四师师长张冲一直与共产党联系密切，一八四师还秘密地建立起中共支部。在第一八四师，万保邦与共产党员朝夕相处、同舟共济，共同抗击日军，成为亲密战友。万保邦继任一八四师师长时，其部属有8个营长是共产党员。万保邦顶着压力，尽力保护着这些共产党员战友。太平洋战争爆发后，万保邦随着第六十军回到云南，担任第六十军副军长，驻防滇南一带。这期间，在中共统一战线政策的影响下，他思想比较进步，为他日后组建民革反蒋武装打下了思想基础。

反对内战，辞职回家经商

抗战胜利后，蒋介石一心发动内战，要把第六十军调到东北参战。对蒋介石倒行逆施的政策，万保邦很是反对。蒋介石免除了万保邦在第六十军的职务，先后两次任命他新的职务——一次让他去新疆给时任新疆警备司令陶峙岳当副手，一次任命他为昆明警备司令，都被万保邦以回乡侍奉家中老母为由而拒绝。

万保邦离开了昆明，回到了蒙自南湖公寓。蒋介石不放心，派特务跟踪盯梢，万保邦家住处附近经常能发现一些可疑人员。"我现在在家赋闲了，你还不

云南蒙自万保邦故居今貌。

放心,弄些特务整天跟踪盯梢。"万保邦对蒋介石更加反感了。

万保邦退隐家园,杨杰也赋闲在乡,两人经常一同游山玩水,展示出不问政治的姿态,但暗中关注时局的变化,经常与反对国民党独裁的人商谈。万保邦还在蒙自、开远等地兴办酒厂、烟厂、糖厂、果园、旅社等实业,积累的财富后来供滇黔人民自卫军使用。

求学日本、戎马征战、退隐家园的经历看似与组建滇黔人民自卫军没有什么联系,实则不然。正是这些经历让万保邦走近了共产党,为以后加入民革,在民革领导下组建反蒋的滇黔人民自卫军,接受中国共产党领导埋下了伏笔。

藏在打火机里的委任状

"我是一个军人,也是一个地主,一向很少和新的政治思想接触,但自蒋介石发动内战以后,我的思想发生了大的转变,而开始追求光明。因此,1948年春,李主席令我组织滇黔自卫军,在滇黔发动武装斗争,我欣然接受,想在实际行动中,实现新的希望。"万保邦后来回忆道。

滇黔人民自卫军政治委员吴信达。

这里提及的李主席便是民革主要创始人、民革中央首任主席李济深。

1948年1月1日，民革在香港成立。1月4日在民革第二次中央执、监委全体会议上确定设立的各工作部门中有军事小组，军事小组组长由李济深兼任，成员有冯玉祥、龙云、蔡廷锴、谭平山、杨杰、王葆真、朱蕴山、梅龚彬等。军事小组旨在策动各地国民党军队人员起义，其中，云南被作为重点活动地区之一。

军事小组的成员组成似乎决定了万保邦即将投身武装反蒋洪流的命运。因为，军事小组里杨杰是万保邦的恩师，龙云是他的老上司。万保邦谈到人民自卫军的发起时曾说："当时杨耿光先生（杨杰）也在昆明，更朝夕策动，于是，乃进行策划，布置一切。"

1948年5月，李济深派吴信达赴云南与杨杰、万保邦等筹组反蒋武装事宜，目的是要把云南作为反对蒋介石的根据地。临行前，李济深指示：杨杰系民革在西南地区的总负责人，筹组人民自卫军工作，须在他的指导下进行；在开展工作后必须与中共地方组织取得联系。

吴信达早年曾在日本早稻田大学学农业经济，回国以后在岭南大学当教授。他研究经济，有经济头脑，民革成立之后，筹集了一些钱办了一个银行，用于筹措经费支持民革的活动，这个银行的总经理就是吴信达。吴信达的夫人陈道瑾跟万保邦的大儿媳陈道环是亲姐妹。也正是由于吴信达跟万保邦有这层关系，所以民革派吴信达到云南策动万保邦。

吴信达带着李济深的任命书秘密来到云南。虽然他与万保邦有亲戚关系，但双方并没有见过面。吴信达将装有李济深密信的一个打火机交给陈道环，请她转交给万保邦并讲明来意。

陈道环趁家中无人的时候，借给公公万保邦送茶烟之机，将打火机交给万保邦。万保邦拆开打火机，见里面装有民革中央委任万保邦为滇黔人民自卫军司令的委任状。委任状是用白丝绸写的，万保邦看了以后，便把白丝绸烧掉了。

此时，万保邦也正有组织反蒋武装的想法，一方面是由于受曾经共事的共产党员的影响，另一方面则是受龙云影响。龙云参加民革后，策动万保邦在云南组织一支民革的反蒋武装。

第二天，万保邦让陈道环将吴信达引至蒙自南湖万公馆相见。两人初次见面就十分亲切，当天就商谈组建人民自卫军的事，从中午一直谈到下午。

组建滇黔人民自卫军

1948年7月初，吴信达以到蒙自旅游为名与万保邦公开联络。他向万保邦及其长子万巨麟详细介绍了民革与国民党的关系，民革在香港和云南的组织情况，并告诉他们民革在云南省的总负责人是杨杰。"只要活动一搞起来，中共华南局及民革总部就会有人来协助工作。"吴信达说。

万保邦也把在昆明和滇南如何发动群众、组织反蒋武装斗争、与中共边纵配合、扰乱国民党大后方、牵制国民党军队、接应人民解放军南下的想法向吴信达作了汇报。

为组织滇黔人民自卫军，万保邦把家中的人员也作了安排：长子万巨麟除了管理家务之外，还负责人民自卫军的联络、自卫军领导和人员往来的接待工作；夫人王文华、长女万琴珍、大儿媳陈道环留在昆明；次子万兆麟、三子万贵麟、

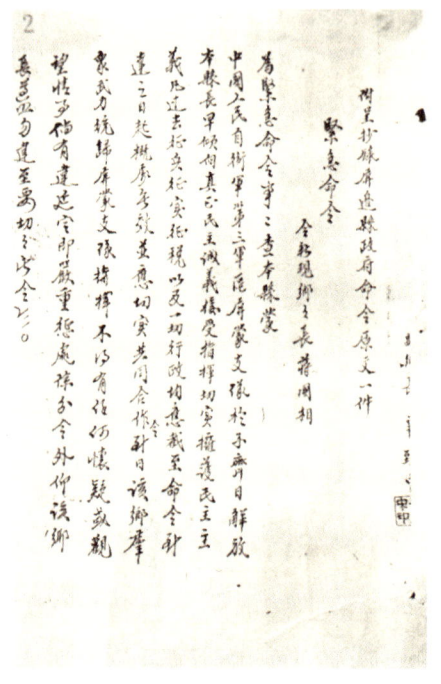

屏边县国民党政府"围剿"滇黔人民自卫军的命令。

四子万步麟、二女儿万琴仙交给吴信达护送到香港读书,并由民革中央的同志帮助照管。

8月初,民革中央又从香港派来了谭冬菁、张克明、许实,以香港云烟行商的身份飞抵昆明。吴信达夫人陈道瑾和女儿带着他们到蒙自会见了万保邦。大家就政治局面交换了意见,认为云南一发动起来,蒋介石的大后方就不稳了。

同一时期,金平、屏边县民变武装风起云涌,万公馆里也是人来人往,这引起了蒙自县警察局局长叶威的注意。9月的一天上午,蒙自南湖万公馆里,勤务员万选亮打开楼上的窗子,只见叶威从后门蹿入公馆,直朝客厅走来。

"叶局长,大清早光临,找谁呀!"万选亮故意大声问话,提醒家里人注意。

"找大少爷!"叶威边说边东张西望,从房前转到屋后,没有发现什么破绽。

叶威是国民党中统特务。万巨麟回家得知此事后,料定来者绝非好意,便与吴信达、谭冬菁、张克明、许实等人商议,最后决定由万巨麟会见叶威。此事让

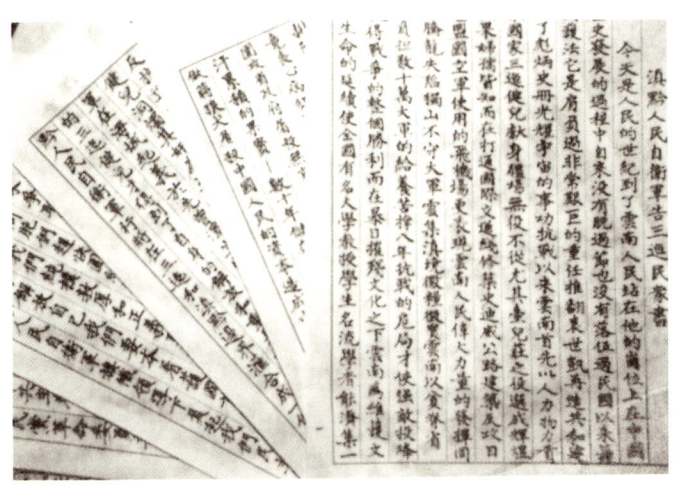

《滇黔人民自卫军告三迤民众书》。

大家意识到，蒙自联络点已经引起国民党的注意，应该马上转移。大家便分头去屏边、金平等地发展人民自卫军。

1949年2月，万保邦回到蒙自，派人到各地筹建滇黔人民自卫军。一天下午，他得知国民党二十六军两个营全副武装乘火车到蒙自，认为时局对自卫军不利，便立即转移至蒙自芷村庄寨。2月28日，万保邦在芷村庄寨召集会议，宣布滇黔人民自卫军正式成立，同时宣布总攻开始，首战蒙自。

蒙自，自古以来为滇南重镇，是兵家必争之地。人民自卫军发动了攻打蒙自县城的武装起义，还散发了《滇黔军区人民自卫军起义宣言》《滇黔军区人民自卫军告三迤民众书》和《滇黔军区人民自卫军告云南青年书》。这些极大地鼓舞了西南人民的反蒋斗争。

万保邦烧毁了家中的田契，将自己的土地无条件分给农民，不仅贡献出了自己家的粮食、银两，还发动家族内兄弟子侄辈以及亲戚朋友拿出粮食、银两支援人民自卫军。

由于举事仓促和国民党军队的镇压，自卫军攻打蒙自失败。此后，人民自卫军分成小股转入地下打游击。

虽败犹荣，人民自卫军接受整编

1949年5月，张克明奉中共中央华南局和民革中央华南留守处之命，向在昆明的杨杰和滇黔人民自卫军传达两项命令：民革各地组织一律停止军事活动，以后也不再组织军事活动；已经组织了的军事队伍一律交由当地人民解放军或党领导的游击队改编。

张克明先后两赴云南，一个地方一个地方地找人民自卫军。先期被找到的自卫军接受了中共滇桂边区纵队的整编，那些暂时没有找到的人员，由于不知道民革的决定，就一直潜伏着。卢汉起义、云南和平解放之后，潜伏的人民自卫军才在云南开远接受了整编。

人民自卫军在存在的一年多时间里，同国民党反动军队共进行了大小百余次战斗，牵制了云南敌军的主力，有力地配合了人民解放军的斗争，为促进云南人民的觉醒、推动卢汉将军的起义、实现云南的和平解放，作出了一定的贡献。

"自蒙自起义以后，滇东、滇西各地的人民武装也纷纷起义了……这是人民自卫军受尽了艰险痛苦换来的。从这个角度来看，人民自卫军斗争的政治意义大于军事意义。"万保邦后来回忆道。

1950年8月，万保邦离开昆明奔赴北京。在北京，万保邦拜见了李济深、张澜、龙云、龙泽汇、卢汉、张冲、曾泽生等老领导、老朋友。李济深对万保邦说："目前新中国刚刚成立，在新政协筹备期间，各民主党派、民主人士都参加到政协中来了，各项工作千头万绪。不管怎样，你我都站到革命立场上来了，接受中国共产党的领导，今后，大家携起手来，努力建设新中国。"

"我是个军人，不懂党务。共产党打天下，生机勃勃，把我这条老命从鬼门关里拉了出来。我盼望已久的打倒蒋、宋、孔、陈四条大虫，打倒独裁，天下为安的愿望终于实现了！我一定要多活几年，看着伟大的祖国繁荣富强。"万保邦回答。

李济深又说："共产党历来就和民主人士合作，民主党派为了打江山也作出了重大牺牲。毛泽东主席说过'新中国的建立，民主党派也是有功劳的，在新政府中要有一席地位'。"

后来，万保邦在国务院参事室任职。在北京的日子里，万保邦积极参加民革和国务院参事室组织的工作，还做一些撰写文史资料的工作，常与张克明、卢汉、曾泽生、程潜、张冲等人互相交流。回忆过去的艰辛岁月，看着充满生机的新中国，大家不由得感叹说："中国共产党无论在什么时候都与民主党派亲如一家，关系处理得非常好，我们非常高兴，很高兴。"

主要参考文献：

1.《万保邦及其领导的民卫军》，朱维琛，民族出版社2006年。
2. 万彤《伯父万保邦起义的经过》，《团结》，2017年第2期。

仇鳌（1879-1970），原名炳生，学名曜元，字亦山，晚年自号"半肺老人"，湖南湘阴（今汨罗）人，1951年加入民革。1949年后，曾任湖南军政委员会委员，中南军政委员会政法委员会委员等职。民革第三、四届中央委员。第二至四届全国政协委员。

仇 鳌
湖南和平解放的牵线人

1949年12月,毛泽东在中南海设家宴,为他亲邀至京的客人仇鳌洗尘。席间,宾主融洽,谈笑风生。毛泽东频频举杯,向这位童颜鹤发、精神矍铄的老人热情敬酒,并对特邀作陪的党内外友人章士钊、刘斐、林伯渠、李维汉、符定一说:"亦山(仇鳌)先生大家都很熟悉,不用我介绍。早年我们在长沙闹革命,亦山先生赞助最力,对我们的革命是帮了大忙的。当时他给我们筹集到好几千块大洋,这笔钱很顶用,为我们党的事业出了很大的力气。对我们做了好事的朋友,我们是不应该忘记的。这件事,我不讲,你们有的恐怕还不知道吧……"

毛泽东这里讲的,是指1921年至1922年间,仇鳌帮助他们在长沙创办湖南自修大学的那段友谊。

支持毛泽东创办湖南自修大学

1921年,中国共产党第一次代表大会之后,毛泽东与何叔衡回到长沙,着手建立中共湖南地方组织。为了加强党团干部的理论学习,他们决定在长沙创办一所新型的学校来宣讲马克思主义。但是面临的困难很多,尤其是办学经费和学校地址难以解决,他们在商谈中,不约而同地想到了仇鳌和船山学社。

船山学社。

仇鳌,字亦山,湖南汨罗人,早年留学日本,毕业于明治大学,积极参加反清活动,为同盟会主要创始人之一。曾襄助孙中山、黄兴、宋教仁等人首倡辛亥革命,后又大力进行倒袁、护法活动。他无意仕途,只担任国民党湖南支部主要负责人及民政司长,然而由于他年长资深,知识渊博,思想开明,关心教育,故威望甚高,深得社会各界的敬重。

当时船山学社的社长正是仇鳌。何叔衡是该社的老社员,与仇鳌是旧交。毛泽东在第一师范读书期间,也曾多次听过仇鳌的讲演。

1921年11月,毛泽东、何叔衡来到船山学社拜访仇鳌,提出要创立一所使文化普及于平民、学术流传于社会的新型大学。仇鳌欣然同意,决定由船山学社承办,取名"湖南自修大学"。船山学社的部分房屋和每月400银圆经费,划归自修大学。仇鳌被推选为校长,毛泽东任教务主任。从此,自修大学在仇鳌和船山学社的掩护下,成为中共湖南组织的活动场所,毛泽东也搬进了船山学社居住。

仇鳌担任校长只是挂名而已,学校的一切事务完全由毛泽东等人主理。学生大多是进步知识分子、青年工人和党团骨干。毛泽东本人和他的一些战友,也一边在自修大学学习，一边领导长沙等地的工人运动。

1923 年，湖南省省长、军阀赵恒惕大搞联省自治对抗孙中山，引起国民党人不满；又杀害湖南自修大学学员、工人领袖黄爱、庞人铨，激起共产党人极大愤慨，罢工运动此起彼伏。此时，毛泽东常去仇鳌寓所和他交流。仇鳌是学法律出身，毛泽东领导长沙泥木工人罢工的时候，就是接受他的建议，率领工人到省政务厅请愿，并手持新颁布的《湖南省宪法》，写下符合"省宪"规定的呈文，以防口述无凭。仇鳌还亲自去找赵恒惕，力陈维护"省宪"尊严、依法办事、取信于民的道理。赵恒惕政府最后迫于压力，答应了他们争取营业自由、增加工资的要求。

"通共"的国民党耆宿

1926 年冬，国民革命军北伐入湘，仇鳌主持《湖南民国日报》笔政，聘共产党人谢觉哉、龚饮冰主笔，宣传革命形势，支援北伐革命斗争和农民运动的发展。1927 年夏，湖南军阀许克祥发动马日事变，大肆屠杀共产党人及国民党左派人士。仇鳌亦被列入黑名单，遭许克祥叛军搜捕，住宅被围时，在屋子里已经能听到"捉拿'共匪'仇鳌"的叫嚣，所幸被邻居相救，方幸免于难。事后毛泽东曾托人致函慰问。

抗日战争爆发后，仇鳌自南京返湘，1939 年任湖南省政府委员兼省赈济委员会主任委员、省参议员，奔波于三湘四水、救亡前线调查灾情，开展难民救济工作，创办难民医院和难民工厂，使难民能自食其力，免遭冻饿。仇鳌组织战区难民救济工作达四年之久，还多次向八路军驻长沙办事处主任徐特立介绍家乡亲友和社会进步青年，帮助他们奔赴革命圣地延安和抗日前线。

1941 年初，皖南事变发生后，国民参政会组织特种审查委员会进行审查，仇鳌为五名召集人之一。审查委员会推翻了胡秋原起草的诋毁共产党的审查报告，重拟新的报告，终于使有利于共产党的审查报告得以通过。

抗战胜利后，蒋介石发动内战，实行独裁统治，仇鳌逐步认清其反革命面目，意识到"蒋家王朝"已腐败透顶，民心丧尽，便将国家及社会的一切希望寄托在中国共产党领导的人民解放事业上。1947年仇鳌因患肺癌，经胸腔专家黄家驷教授手术割去右肺后康复，后来便自称"半肺老人"。

顺应潮流，开展和平运动

1948年，湖南的局势云遮雾罩，变幻莫测。12月25日，中共中央权威人士宣布共计四十三人的国民党战犯名单。程潜名列其中。1949年元旦，新华社发表了毛主席的《将革命进行到底》的新年献词。同时，中国人民解放军取得了三大战役的胜利，国民党主力部队已基本被消灭，蒋介石不得不于1949年元旦发出求和声明，并宣布"引退"。李宗仁代理总统，同意以中共中央所提的八项条件为基础，进行和平谈判，全国各地掀起了空前高涨的和平运动。

1949年的中国，解放已经成为历史发展的必然。风云际会之时，是战是和，何去何从，考验着人们的历史抉择。

湖南地处中南要津，辛亥革命以来的数十年间，军阀割据，战祸频仍，又屡遭水火灾害，民生凋敝，痛苦不堪，各界人民纷纷呼吁和平。1949年1月15日，在松桂园长沙参议会礼堂召开了"湖南人民和平促进会"成立大会。仇鳌在会上剀切陈词，说明建会的重要意义和筹建经过，号召各界人民为争取和平而各尽其力。这次大会被视为湖南和平解放运动的先河。

然而，国民党拒绝接受《国内和平协议》，国共和谈破裂。

1949年3月，中共湖南地下党组织与仇鳌取得了联系，转达了毛泽东、林伯渠、李维汉、谢觉哉等老友的问候，希望他凭借自己的声望和影响，为解放事业作出贡献，以使湖南人民免受战火之苦。仇鳌不顾年逾古稀和各种威胁，欣然应允，并说："亦山一生，别无他长，唯爱国爱民爱乡之心，之死靡它。只要湖南人民能免兵战之苦，愿竭全力。"他以湖南人民和平促进会为阵地，积极联络各界人士，开展和平运动。

无视威逼利诱，为争取真和平而奔走

随着人民解放战争的节节胜利，湖南城市人民"反饥饿，反内战，反迫害"的斗争，农村人民"反征粮，反征兵，反征税"的斗争，如火如荼，蓬勃开展。当时国民党剩下的西南主力部队只有白崇禧部30余万人马，正盘踞湖广一带，企图负隅顽抗。仇鳌劝说白崇禧脱离蒋介石独立，但未被采纳；后来又劝他隐退，使湖广人民免受兵祸，也未获成功。仇鳌便开始全力襄助湖南省主席程潜共谋起义之举，以求湖南和平解放。经过秘密商定，程潜总揽全局和军事，仇鳌则以耆老身份，负责政治、文教、工商及社会各界的联络。

南京镇压学生和平示威游行的"四一"惨案发生后，仇鳌主持争取真和平大会，以示声援。会后又组织学生、工人示威游行，影响波及全省。4月20日，国民党拒绝签订和约的第二天，即毛泽东主席、朱德总司令向人民解放军发布解放全中国的进军令的当天，仇鳌联合长沙市各界人士，组织长沙市人民争取真和平联合会，担任主席。5月2日，唐生智回到长沙，仇鳌协助他成立湖南人民自救委员会，唐任主任委员，仇鳌担任副主任委员。他们计划在全省成立自救会组织，掌握地方武装，撤换一批反动顽固的地方官员，打击反动势力，维护社会治安，为和平解放扫清障碍。

5月中旬，白崇禧率部在湘桂沿线重兵布防，准备作垂死挣扎，并极力鼓吹湘桂合作，反对局部和平，采取高压手段，强令解散湖南人民自救委员会，撤换了一批倾向和平的高级军政人员，安排了自己的亲信心腹。他窥探到程潜、唐生智、仇鳌有和平起义的意图，便视三人为眼中钉，必欲去之而后快。他将他认为可靠的第一兵团司令陈明仁调来湖南，迫令唐生智离开长沙去东安。并且采取软硬兼施的阴谋手段，拟逼迫程潜、仇鳌也离开湖南。他先是提议程潜去广州就任考试院长，遭到程的拒绝；继而以参加西南六省主席紧急会议为由，要程潜去广州，企图将程扣留。这一阴谋又被程潜、仇鳌识破。但7月21日，程潜还是被迫去了邵阳。仇鳌既非军界，也非政界，白崇禧无法命令其行事，只好以关心为名，进行利诱。

白崇禧曾两次亲自驱车来到仇鳌寓所，假惺惺地劝说道："共军大部不日即将南下，长沙为我军必争之地，战祸难免。先生年事已高，尚身居危城，令人放心不下。请您离长沙去广州，另就高职，以防不测。我当派大员护送，确保旅途安全。不知先生意下如何？"白崇禧还说："我固知先生与毛泽东等共党要人有故旧之谊，但当前为国共两党争夺天下，先生乃我党元老，安能弃中山先生之三民主义以就共产主义？随军去粤，为唯一上策，望先生三思！"

仇鳌慨然回答说："三民主义早已荡然无存，尔我共知。蒋介石统治中国20 余年，现已成鱼烂之局。你想凭借区区二三十万已溃之军，阻挡共军南下，不但无益，徒害百姓。我已经年过古稀，风中残烛，个人安危早已置之度外。只求在有生之年，上应天时，下顺民心，则死无遗憾，别无他求！"白崇禧仍不死心，又送来百两金条作旅费，坚促仇鳌赴粤。仇鳌令其侄仇硕夫原封退回，以示决无去志。时值仇鳌 71 岁寿诞，曾赋诗言志："鸿洞风尘里，稀年又一周。龙钟添暮景，鱼烂有深忧。梦醒天难晓，鸡鸣雨未休。老夫心力殚，拭目瞰神州。"这首诗表达了他对国事的忧虑和盼望解放的迫切心情。为防万一，仇鳌搬到好友谢陶瀛医师家暂住，常与谢陶瀛交流对局势的看法，每天深夜收听解放区的电台。

舍生忘死，缔成和平

当时的长沙城内人心惶恐，特务横行。反动分子趁机骚扰，市场混乱。仇鳌联络工商界及文化教育界人士，开展"反迁移，反破坏，反紊乱"的群众运动，并分段构筑竹木堡垒，进行自卫，打击坏人。市民见仇老先生神态自若如平时，便欣然相告以无虑。几天之内，长沙局面为之改观，人心也因而大定。

7 月底，白崇禧部撤至衡阳，陈明仁公开表态愿意和平解决湖南问题，程潜亦于 29 日回到长沙。仇鳌与程、陈二人经常于深夜在郊区陈家垅程潜私邸会晤密谈，分析时局，筹划行动，研究和平起义的各项准备工作，并对如何解除当时人民的思想顾虑，如何安定社会秩序，都一一作出周密计划。白崇禧恼羞成怒，派飞机轰炸长沙军政要地，并在仇鳌寓所投弹扫射，幸未命中。

8月2日，长沙市各界迎接解放联合会正式成立。仇鳌被推为领导人之一，迎接解放的准备工作顺利进行。4日，程潜和陈明仁领衔，30多名将领联名，发出脱离国民党，加入共产党领导的人民民主政权的起义通电。程潜又致电毛主席和朱总司令，宣布成立湖南人民临时军政委员会，由程潜、唐生智、陈明仁、仇鳌、唐伯球五人任委员，程潜任主任委员，并推定陈明仁任湖南省政府临时主席。后来毛泽东正式批准成立湖南省人民军政委员会，由程潜、黄克诚、陈明仁、仇鳌等13人组成。程潜任主任，黄克诚任副主任。8月5日晚，人民解放军先头部队举行入城式，长沙10余万居民歌舞喧天，夹道相迎。仇鳌在欢迎萧劲光将军的宴会上，捋须大笑说："自辛亥革命以来，长沙多次易守，这次和平解放，不放一枪一炮，百姓安居乐业，实乃38年中绝无仅有之盛举！"

拯斯民于水火，化干戈为玉帛，自古就是大义之举。70年前的湖南和平解放，是具有划时代意义的大事，也是中国历史上的一座丰碑。正是先贤们爱国爱民，舍生忘死，追求光明，才能缔成和平。人虽作古，功在家国。

毛泽东亲拟电报，邀"来京赐教"

1949年8月30日，毛泽东电邀程潜、仇鳌、陈明仁等到北平参加新政协会议，可这时候仇鳌已经离开长沙，回到故乡汨罗山村隐居去了。11月17日，毛泽东亲笔拟写电报，诚恳地邀仇鳌来北京：

"湖南省政府　仇亦山先生：

先后两电均敬诵悉，来京赐教，极表欢迎，何日命驾，尚祈电示。

毛泽东　戌篠"

接到电文，仇鳌非常高兴，但他已无意仕途，便托萧劲光给毛泽东回电，婉言辞谢说："亦山半肺残躯，老迈无为；但愿人民能解倒悬之苦，安居乐

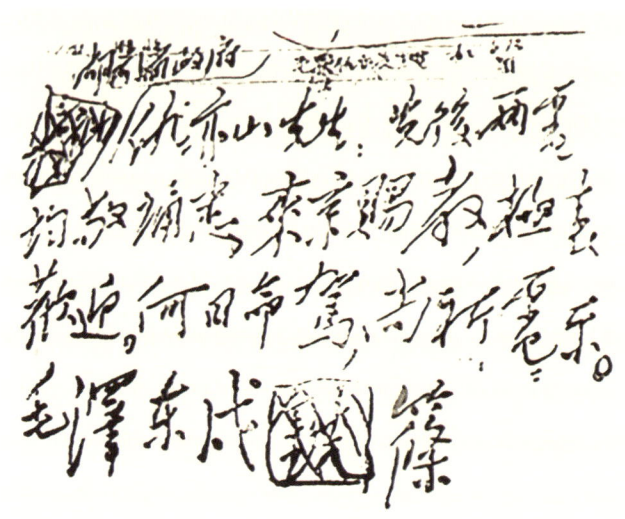

毛泽东电报手稿。

业，我甘居林泉，以度余年……"电文虽属实情，然亦有功成身退、淡泊自守之意。

而后，毛泽东又来函邀请："纵先生无意职位，亦请来京欢叙。"并请湖南省军区派人去汨罗乡下寻访。情意拳拳，使仇鳌深为感动，不便再辞，乃携秘书陈曼若、莫钧一及侄子仇硕夫赴京。中央统战部部长李维汉及毛泽东秘书田家英在车站迎候，并安排仇鳌一行下榻于北京饭店中央招待所。时毛泽东国事正忙，无暇立即晤面，便叫李维汉等陪同仇鳌参观游览。

仇鳌见闻新气象，目睹北京的深刻变化，欣慰之余，愈感光荣，抚今追昔，有所感慨，曾赋诗云："天回地转客里明，万户千门旧帝京。高阁红旗翻晓日，交衢小队舞新歌。黄袍梦醒销荧惑，紫盖人归识太平。阅尽兴亡乔木在，冲寒古柏亦峥嵘。"

不日，毛泽东特在中南海设宴为仇鳌洗尘，并请湘籍友人章士钊、刘斐、林伯渠、李维汉、符定一作陪。席间毛泽东多次向仇鳌先生敬酒，感谢他对党的革命事业作出贡献，遂有了文章开头宾主尽欢的一幕。

1950年，仇鳌任中南军政委员会委员兼参事室主任，在武汉停留时，看到腐化的情况有所滋长。是年秋，毛主席邀仇鳌到中南海，征求对抗美援朝的意见。仇鳌提出："润之，你不是写过一篇《纪念白求恩》吗？白求恩大夫自愿从加拿大来到中国，救死扶伤。从没听世界各国说他的行为不合法。我们可不可以派一批自愿官兵入朝援战呢？"毛主席对"自愿军"的称呼很感兴趣，反复念了好几遍。不久，仇鳌看到《人民日报》关于中国人民志愿军抗美援朝、保家卫国的报道，"自"与"志"虽一字之差，然"自"只表个人意愿，"志"则表达出众志成城的决心，赞叹道："毛主席真神人也！"

给毛泽东写信，建言防治腐败

1951年中国共产党诞生30周年前夕，仇鳌给毛泽东写去一封洋洋千言长信，先叙旧谊，又剀切陈词道：

> 将马恩列斯及你的著作深刻研究，大足以创造另一世界及另一国家之政治经济文化，这是无可置疑的。惟党一接近实际政治，最易停滞与腐蚀。从来讲主义谈政策，在宣传的革命时期，属于破坏方面，无所顾忌，易于成效；而革命战争胜利后，迄至掌握政权，进行主义的建设，千头万绪，学浅不够，经验毫无，不独难见成功，而且时有错误，遂不免自起怀疑，顿生停滞现象。在此时期，最宜鼓起勇气，克服此种困难，使既定政策，能逐步实现。又，同志们在地下工作时期，正如孟子所谓劳其心志，饿其体肤，空乏其身，行拂乱其所为，此皆能忍受。一旦革命成功，上述各种情况忽然消逝，取昔日敌人之所有者而尽有之，精神与物质两方面皆达愉快，不免在有形与无形之间，使革命的伟大前途，因腐蚀而发生障碍。此则当前未可丝毫忽略之问题。好在你党有一革命武器，即批评与自我批评。但须时时把握这个武器，不仅自己党员，就是党外人士，亦应争取共同掌握，相互运用，则一切艰难皆可克服。

新中国成立伊始，仇鳌即能提出如此诚挚而中肯的意见，足见其胸中有真知灼见，韬略不凡，而且针砭时弊，箴言相规，真正做到了推心置腹、肝胆相照。无怪毛泽东看了信以后，立即回信给仇鳌说：

1956年2月13日，毛泽东主席与仇鳌握手。

亦山先生：

  十月五日惠书收到，甚为感谢。贵体宜于静养，谨祝新寓吉胜。

毛泽东
一九五一年十月七日

  后来在一次聚会上，毛主席当着仇鳌的面，感慨地对周围的人说："我们共产党就是需要亦山老这样的诤友。"

  1952年8月，仇鳌兼任中南军政委员会政治法律委员会委员。仇鳌风趣地说："毛主席给了我一个名正言顺的为民执法的资格。"1954年后，仇鳌携全家迁居北京，任全国政协第二、三、四届委员。

主要参考文献：

1.《半肺老人吟草》，仇鳌，中国文史出版社2011年。

2.《诗剑弦歌——仇鳌传》，仇君好，中国文史出版社2008年。

3.《湖南和平解放六十周年纪念文集》，民革湖南省委会编，2009年。

4．李琦《听辛亥老人仇鳌谈与毛泽东的交往——仇鳌孙女仇君好访谈录》，《党的文献》，2011年第4期。

5．曾维纲《仇鳌在湖南和平解放时期的活动》，《汨罗文史资料》第二辑，政协汨罗市委员会文史资料研究委员会编，1990年10月。

6．薛明磊《毛泽东同志青年时代创办湖南自修大学轶事》，《北京教育》，2016年第11期。

7．冯晓蔚《与毛泽东私交甚厚的一代贤达——仇鳌》，《党史博采》，2009年第5期。

8．欧金林《一封建国初提出的防止党内腐败的信》，《湖南文史》，2004年第2期。

陈离（1892-1977），号静珊，四川安岳人，1951年加入民革。1949年后，曾任西南军政委员会委员兼水利部副部长、林业部副部长、长江水利规划委员会主任、湖北省副省长、武汉市政协副主席等职。民革第三届中央候补委员，第四届中央委员兼对台工作组组长。第四届全国人大代表。

陈　离
四川地下党组织策反的纽带

民主革命时期，在国民党政府官居要职的陈离将军与中国共产党往来密切，长期保持联系，并在经济上、物质上支持中共，在国民党阵营中有了亲共的"桃色将军"之称。由于亲共，他先后4次被国民党政府罢官免职，并上了蒋介石十大捕杀名单之首。但他从未停止过对革命思想的追求和对共产党的支持。

周恩来称他是"国民党军官中亲共的典型"。邓小平称他是"共产党的老朋友、真朋友，是可以患难与共的"。李宗仁称他"不是红色，却接近赤色，是'桃色将军'"。

两个地下党组织策反的纽带

1950年4月11日，邓小平在北京的一次中央会议上说："西南作战，从战役发起到结束，为时不过57天，前进约3000华里，提前两个月完成战役计划，消灭蒋、胡残余部队约90万人，其中包括投降、俘虏40余万，起义40余万。西南战役之所以能获得如此胜利，是由于毛主席的正确领导，全国胜利形势的影响，以及人民解放军无坚不摧的力量，同时卢汉、刘文辉、邓锡侯、潘文华诸将军于12月9日宣布起义，亦起了良好的配合作用。"

在这次中央会议之前，邓小平在西南军政委员会一次党内高级干部会上讲话，提出要对四川起义的将士加强团结和统战工作，稳住他们的情绪，让他们能够安心地为新中国服务。讲话中，邓小平特别把陈离的名字提出来，他大声地对党内高级干部们说："陈离同志这样的人，是我们共产党人的老朋友、真朋友，是可以患难与共的！"

我们把时间倒回到1年多以前。自1948年秋天开始，到1949年春天，短短半年的时间，在中国的大地上，从东北到平津、从华北到中原，共产党和国民党领导的军队相继展开规模空前、史无前例的辽沈、平津、淮海三大战役。在轰轰烈烈的炮火声中，全副美式装备的国民党150万精锐部队被消灭。战役开始之前，远离战场的四川已经人心惶惶，各种政治势力有的持观望态度，有的从国民党军队的腐败中看到解放军胜利的希望，四处找关系投向革命。陈离当时在泸州专员任上，一时飞成都，一时跑重庆，积极地联络民主人士。他在重庆对三民主义同志联合会的领导人甘祠森说："现在形势很好，有一些军政人员要找进步关系，反对蒋介石。不过和这些人接触要小心，成渝两地的特务多如牛毛，一不小心就会坠入陷阱。但还是要多交朋友，关键时刻可以起作用。"

1949年11月，中共川西边临委在四川政治经济文化中心——成都建立川康边人民游击纵队留蓉工作部（简称"蓉工部"）。与此同时，在由胡春浦、罗髫渔、田一平等人组成的地下党独立活动小组原有的基础上，成立中共四川临时工作委员会（简称"临工委"）。蓉工部和临工委按当时的地下工作原则，分别独立活动，没有隶属关系，不清楚彼此情况，但都与陈离接头。也就是说，同陈离接头的两个地下党组织，相互间并不了解，但他们的工作目标都是负责成都及周边地区对国民党军队的策反活动。而陈离就是这两个组织策反邓锡侯、刘文辉、潘文华三大川康地方实力派巨头的联系纽带。

策反邓锡侯

邓锡侯是陈离的老上司，陈离亲共之事他早就目见耳闻，但他从来不问。在陈离为共产党做秘密工作的过程中，曾4次因"通共"被罢免职务，受到处分，每次都是邓锡侯力保他的。可以说，邓锡侯是陈离的恩公。邓锡侯对共产党的态度是非常矛盾的，虽然他极力保护"通共"的陈离，也知道国民党政权必败、共产党必胜，但是对于中共政策和个人前途仍疑惧重重。共产党的新民主主义革命是要推翻帝国主义、封建主义和官僚资本主义三座大山，而他拥有其中的两座，无疑是革命的对象，所以迟迟没有下定起义的决心。

陈离对他说："解放军二野东路部队已经入川，直捣重庆；北路兵团，步步追逼，迫使胡宗南溃退川西；进入贵州的解放军，已挺进川南，直取泸州，我们已经陷入人民解放军的包围圈。解放军逼得越紧，军座越会陷入危险境地。老蒋死到临头也不会放过我们的，在这关键时刻，军座应该下决心了。"邓锡侯默默不语。陈离继续说："军座，我是你的旧部，跟随你几十年了，你知道我不是共产党，但我是共产党的朋友，我相信共产党一定会胜利。你为何还不举兵起义，走向人民一边呢？！"邓锡侯心情非常矛盾，忧心忡忡。陈离对老上司的矛盾心理非常理解，于是继续说："现在只有两条路，让我们选择：一是跑到台湾，但即使到了台湾，老蒋也不会让军座有立锥之地；一是投向人民，立功赎罪，我相信共产党会宽大处理的。"邓锡侯心绪很乱，站了起来："你容我考虑3天。"

位列抓捕名单首位，避走乡间

1949年11月，解放军渡江战役顺利结束之后，采取大迂回、大包围的战术，千里追歼残剩的国民党军队，完成了对重庆国民党临时政府的包围。蒋介石见势不妙，决定在重庆实施大撤退，国民党政府行政院各院和西南军政长官公署逃迁成都。同时，蒋介石命令驻守川陕边境的胡宗南30万精锐部队，退至成都附近

陈离夫妇晚年。

的新津、广汉、郫县、邛崃一带,决心孤注一掷,准备在成都大平原上同解放军作最后决战。

胡宗南一到成都,便持蒋介石手谕,令四川省主席王陵基按名单抓人。名单开列的数十人中居首位的就是陈离。

那天下午,陈离刚回到新生花园的陈公馆(现为四川音乐学院),屋外便传来阵阵警笛声。伴随着警车呼啸而至,车上跳下一群全副武装的国民党特务。他们来到客厅,对陈离说:"接上峰指令,麻烦你跟我们走一趟。"陈离一见这架势,便明白了。他沉着地说:"请容我上楼换一下衣服,稍等片刻。"特务本想尾随陈离上楼,但一旁的夫人向守之马上迎上前来,堵住了特务的去路,笑着说:"各位稍坐片刻何妨?既然到了家里,就喝些水、抽支烟吧。"那些特务原先也知道陈离夫妇为人谦和、口碑良好,对他们怀有一定的敬意,只是执行公务无奈罢了，现在既然夫人招呼了，大家也就坐了下来，喝起了茶、抽起了烟。

一支烟、两支烟的工夫过去了，陈离还没有从楼上下来。特务情知不妙，便来到了二楼。只见楼上天桥过道的门已打开，陈离从新楼的天桥穿到旧楼，跑了。此后，家人便没有了陈离的音讯。直到成都解放，向守之看到人民政府贴出的布告，得知陈离已被任命为西南军政委员会委员时，方知他安然无恙，一颗悬着的心才算落了地。

与刘文辉、邓锡侯会合崇义桥

1949年11月30日，解放军二野主力解放重庆，蒋介石当天仓皇飞逃成都，一下飞机即在成都北校场军校召开军事会议，商讨川西决战。为了稳住刘文辉、邓锡侯，蒋介石第二天就专程去玉沙街刘文辉公馆访问，第三天又授意张群再去会晤。张群通过邓汉祥向刘文辉、邓锡侯提出两条要求：一要他俩和胡宗南合署办公，共同指挥作战；二要他俩的家眷同熊克武、向传义、邓汉祥等人先去台湾。12月7日，蒋介石侍从室来电，说委座下午4时约刘文辉、邓锡侯到北校场谈话。两人深感情况不妙、不容滞留，决定马上出走，登车避走成都市北郊通往彭县的崇义桥。

邓锡侯、刘文辉一到崇义桥，立即派兵到斑竹园去接陈离。那一夜，天下着蒙蒙细雨，道路泥泞。第二天拂晓，陈离一行到崇义桥龙桥小学见到了刘文辉、邓锡侯。刘、邓二人当即向王逸平、邹趣涛表示："愿将我们两部留驻成都附近的队伍，交给你们使用，如何？"王逸平代表川西地下党留蓉工作部，当即表示同意。在校长办公室的写字台上，邓锡侯从公文包里取出一张白纸，提笔写道：

凡属二十四军、九十五军驻蓉余部统交唐成吾（王逸平化名）、骆志成（邹趣涛化名）两先生，全权调用指挥。凭此亲笔手令为证。

刘文辉、邓锡侯（私章）

一九四九年十二月八日

邓锡侯、刘文辉与潘文华在四川彭县龙兴寺发布起义通电。

陈离从邓锡侯手里接阅后,递给王逸平说:"这是自公、晋公(僚属们对刘文辉、邓锡侯的尊称)周详考虑后的一番诚意,是对二位的尊重和信赖。"

王逸平、邹趣涛微微一笑,从陈离手中接过纸条,匆匆告辞,赶赴成都驻军,转达刘文辉、邓锡侯的亲笔手令去了。

当天来与邓锡侯密谈的人员络绎不绝,鉴于形势复杂、人员混杂,陈离提议从崇义桥搬去彭县,一则那里是邓锡侯的防区,可以调警卫部队,再则彭县西山范围大,即使有事,也有回旋余地。当晚,陈离把决定告诉邓锡侯,邓锡侯表示同意。此时,刘文辉卧病在床,各方面事务都由邓锡侯出面处理。所以,陈离只要取得邓锡侯的同意,就可以全权策划起义的工作了。参加彭县起义的民主人士廖上柯后来回忆说:"陈离实际上是彭县起义的总参谋长、总设计师。"

在彭县通电起义后,策动其他国民党军队起义

12月8日,起义的大队人马从崇义桥搬到彭县。在彭县,邓锡侯的指挥部设在龙兴寺。这时,彭县城内兵荒马乱。成都及附近各地,仍常有人来见邓锡侯,甚至冒充共产党代表者。为了控制邓锡侯单独接见各方来人的杂乱局面,陈离一方面成立了一个工作组,一切外来面见邓锡侯的人,概由工作组接见,谈话内容由工作组转达。另一方面还成立了一个肃反组,负责查、抓、管制特务及彭县的国民党、三青团骨干。凡前来彭县进行非法活动的人员,交肃反组看管处理,任何人不得随意下令释放。

9日,云南省主席卢汉发出起义通电。消息通过电波传到了龙兴寺。刘文辉大吃一惊,躺在病床上对邓锡侯说:"晋康,卢汉都发出起义通电了,我们已经落在卢汉后面了。"邓锡侯一听,也感到不能再往后拖了,就召集大家研究在成都拟好的起义通电稿。于11日深夜在藏经楼拟定,12日向全国发出。为了不落在卢汉起义之后,采取倒填日期的方法,将电稿日期定在12月9日。

彭县起义的消息当天就传到成都,成都城内一片恐慌。此时的蒋介石已于两天前带着蒋经国飞往台湾去了,遗留在大陆的所有国民党军队由胡宗南全权统率。彭县起义打乱了胡宗南"川西决战"的战略部署,动摇了胡宗南建立"陆上基地"的信心。

陈离加强对彭县附近的国民党军队进行起义宣传和策反,设立起义综合组,综合组下又设组织组、参谋组、宣传组、情报组、保卫组、策反组。各组成员分头行动,与有起义倾向的国民党将领罗广文、陈克非、孙震、杨森等部进行联系和策动,对策反原则作如下规定:

一、凡国民党军队均需争取。

二、起义部队均应通电表态:

1. 脱离国民党反动集团；

2. 响应毛主席、朱总司令的号召；

3. 拥护中央人民政府。

三、起义部队均以原符号原编制就地待命，不许扩充队伍，更不给予任何名义。

四、起义部队给养在解放军未到前由刘文辉、邓锡侯、潘文华致函各专员、县长供给。

在彭县起义军策反人员的宣传和策动之下，在解放军南、北两路大军以雷霆万钧之势层层进逼之下，董宋珩率第十六兵团在四川什邡县起义，其他国民党中央军也纷纷异动。罗广文率领的第十五兵团与陈克非率领的第二十兵团联合于郫县起义，裴昌会率第七兵团在德阳起义，李振率第十八兵团在成都市起义。

1949年12月30日，解放军在成都举行盛大的入城式。在红旗招展，万众欢呼声中，贺龙司令员、李井泉副政委率领解放军第一野战军进驻成都。邓锡侯、刘文辉、潘文华等人坐着吉普车，亲自前往成都北门驷马桥，同成都各界群众及其他起义部队将士如曾庆集、陈可非、罗广文、黄隐等人热烈迎接解放军入城。

在轰隆隆的入城仪式礼炮声中，历史翻开了新的一页。

投身新中国水利建设事业

1951年，陈离加入中国国民党革命委员会，从此便以民主党派人士的身份出现在新中国的舞台上。

1952年秋天，年近花甲的陈离以水利干部训练班为基础，创建了西南水利学校，并任校长。由于事务繁忙，陈离几乎天天为学校建设奔波劳累，经常一连好几天不在家吃饭。学校创建之初，条件艰难。校舍设在重庆朝天门对岸的玄坛庙，学生宿舍在几里外长江南岸一座小山顶上。学生睡觉没有床铺、吃饭没有桌

《陈离将军》封面。

椅、洗澡用水紧缺，洗衣服也需走 10 多分钟山路到长江边去洗，一不小心，衣服就会被江水卷走。陈离经常身穿青色中山服，脚蹬平口布鞋到师生中了解情况，同他们谈心，要他们发扬延安艰苦奋斗的革命传统，在困难环境中磨砺自己，以苦为乐、学好本领，建设社会主义新中国。

终于，经过陈离的多方奔走，全校师生搬迁到沙坪坝新校址。学校是一栋两层的教学楼，黑板、课桌椅全是新的，学生睡上了双层木床，校园里还建了一个带有 400 米跑道的大操场。学生伙食实行每月 8.05 元的供给制标准，生活状况得到了改善。

不久，西南军政委员会改为西南行政委员会，西南水利部撤销，成立水利部长江水利委员会上游工程局，陈离被任命为西南行政委员会委员兼长江水利委员

1938年陈离在山东滕县负伤，治愈后重返抗日前线时留影。

会上游工程局局长。1954年，西南水利学校更名为水利部重庆水利学校。更名后陈离不再兼任校长，功成身退。

1955年，国务院撤销长江水利委员会上游工程局，陈离被调往湖北省武汉市任水利部长江水利委员会副主任委员，兼长江流域规划办公室副主任。湖北省委书记一职正是由陈离的老朋友李先念担任，虽然两人之间没有直接的上下级关系，但李先念于公于私都给予了陈离很大的帮助。工作之余，两人私下的交往亦十分频繁。

1956年4月，陈离当选为民革武汉市第二届委员会副主委。他积极团结原国民党军政人员及与国民党有历史关系的中上层人士，推动实现祖国统一的工作。5月，陈离推动成立民革武汉市社会联系工作委员会。1957年，陈离任武汉市政协副主席。1958年9月，民革武汉市第三届代表大会召开，陈离当选为民革武汉市第三届委员会主委。

1957年，金秋时节，年已花甲的陈离以西南水利部副部长身份，陪同苏联水利专家回家乡安岳考察连拱坝兴修水利的情况。当陈离进入县人民政府会议室时，发现墙上张贴着欢迎标语，他便把县领导找来，说："我回乡是例行公事，不要讲客套。"随即吩咐随行秘书，把标语除去。

午餐时，陈离发现桌上摆了十多样菜，马上对陪同人员说："国家还很穷，要集中力量搞第一个五年经济建设，大家应过点紧日子，吃饱就行了。以后每顿最多只能四菜一汤。"同时，陈离还特别嘱咐，陪同人员要从简，不要前呼后拥一大群，以免在群众中造成不良影响。

1959年9月，陈离被任命为国务院林业部副部长，当月到北京供职。部长是刘文辉。

中国共产党的挚友

1954年9月，陈离光荣地当选为第一届全国人民代表大会代表，成为当年四川省87名人大代表中的一员。他戴着红花，由山城重庆乘火车，北上首都北京参加会议。

会议期间，陈离在人民大会堂遇见了很多老朋友，其中包括时任湖北省省委书记的李先念同志。他们两人抗日战争时期在湖北襄樊一带并肩战斗过，结下了深厚的友谊。此刻在北京相见，时光已飞逝了十几年，往事仍历历在目。李先念还多次在不同场合特别地提到，陈离在他最困难的时候冒着生命危险，给新四军五师以经济上和物质上的援助，如果没有陈离及时将蒋介石"围剿"大洪山的阴谋予以通知的话，后果不堪设想。这些话，都使陈离相当感动。

大会一结束，朱德同志和陈毅将军一起，在北京饭店单独宴请陈离。陈毅将军原先同陈离不认识，也没有合作过，但他感念陈离对共产党的帮助，对陈离慕名已久，执意要同朱德一起来见陈离。此时相见，两人都有相见恨晚之感。陈毅是四川乐至县人，很快同陈离认了个"小同乡"。朱德副主席在抗日战争时期就与陈离熟悉了，久别重逢，彼此都感叹唏嘘。

3 个人用四川家乡话交谈，气氛十分融洽。陈离提到，抗战初期他的部队转移到山西洪洞驻扎，正准备去八路军总部看望朱德总司令的时候，没想到朱德总司令却先到一二七师师部来看望他了。朱德接过话头说："那个时候，我来到你的师部门口，你的卫兵还以为我是朱德的警卫员，不让我进门呢。"说得大家哈哈大笑。

主要参考文献：

1.《回忆四川护国、护法等战役》，陈离遗作。

2.《记川军驱逐滇、黔军之战》，陈离遗作。

3.《记邓（锡侯）、刘（湘）之战》，陈离遗作。

4.《回忆邓锡侯倒杨森的战役》，陈离遗作。

5.《驻广汉、新都防区的十年》，陈离遗作。

6.《记我与新四军合作抗日》，陈离遗作。

7.《安岳文史资料选辑》第 21 至 27 辑，中国人民政治协商会议四川省安岳县委员会。

8.《成都党史资料通讯》第 42 期，中共成都市委党史工作委员会编，1985 年。

9.《回忆四川解放》，四川省政协文史资料委员会、成都军区军事百科全书编审室合编，四川人民出版社 1988 年。

10.《陈离将军》，金雷，团结出版社 2012 年。

11.《四川文史资料选辑》第 1-40 辑，四川省志编辑委员会，四川省新华书店发行。

12.《民国川事纪要》，周开庆，台湾四川方面研究社 1972 年。

13.《四川近代史》，隗瀛涛、李有朋、李润苍主编，四川省社科院出版社

1985年。

14.《第一次国共合作史》，陈廉，北京图书馆出版社1998年。

15.《国民革命史》，黄修荣，重庆出版社1992年。

凌其翰（1906-1992），字寄寒，上海南汇人，1950年加入民革。1949年后，曾任外交部专门委员、法律委员会专门委员、法律顾问、国际问题研究所顾问，欧美同学会名誉副会长等职。民革第三届中央候补委员，第六、七届中央监察委员会常委。第二至四届全国政协委员，第五至七届全国政协常委。

凌其翰
第一次在巴黎使馆升起五星红旗

1949年10月9日,新中国刚刚成立,政务院总理兼外交部部长周恩来突然收到了一封来自法国巴黎的电报,电报写道:

新华社转北京外交部周兼部长:

同仁等一致决议:宣告与反动政府脱离关系,各在工作岗位维护人民利益,保管公物文件,听候指示接管。

这封电报的落款是原国民党政府驻法国大使馆及驻巴黎总领事馆全体人员。

1949年10月10日,原国民党政府驻法大使馆全体爱国外交官通电起义,震惊中外。大使馆门前降下了国民党的"青天白日旗",在所有的原国民党政府驻外使领馆中,第一个升起了五星红旗。起义很快产生了多米诺骨牌效应,原国民党政府驻缅甸大使馆,驻马达加斯加、驻英国利物浦领事馆等领事机构先后宣布起义。

领导这起轰动一时的外交首义事件的,正是当时的国民党政府驻法公使凌其翰。

中国驻法国大使馆外景。

"黑暗已到尽头,光明就在面前"

1948年6月14日,法国邮轮"安德烈·勒朋"号从上海缓缓开出。新任的国民党政府驻法大使馆公使凌其翰正乘坐这艘邮轮赴巴黎上任。凌其翰此前任国民党政府外交部礼宾司司长,这次调职,正合他的心意。凌其翰认为,目前国内情势岌岌可危,"蒋家王朝"已趋于崩溃,只有先跳出它的牢笼,才能图谋新生的道路。

8月1日,国民党政府驻法大使馆参事孟鞠如突然造访凌其翰的办公室。孟鞠如与凌其翰是多年好友。孟鞠如说:"大局急转直下,国民党崩溃在即,我们不能殉葬,必须自救。有一本天书,是斯大林名著《论列宁主义基础》法文版,我介绍给你一读。"说着就把这本小册子递给了凌其翰,并说:"蒋介石待你并不好,我们对他必须打破迷信,这本小册子是使我们打破对蒋介石迷信的一件有力的武器。"孟鞠如语出至诚,对凌其翰影响很大。他认真阅读了这本斯大林著作，思想开始发生了转变。

1948年第三届联合国大会上，徐谟连任联合国海牙国际法院大法官。徐谟与凌其翰同事多年，感情很深，返回海牙之前，特邀凌其翰单独谈话，慨然道："我看只有社会主义能救中国。"好友的肺腑之言令凌其翰深感触动。

田保生是凌其翰在国民党外交部同事多年的老友，当时在国民党政府驻联合国办事处工作。返美前夕他到凌其翰家中辞行，谈到国内时局，呜咽失声。凌其翰劝慰他道："譬如我们走错了路，走上一条黑暗的道路，我们不必惊慌，只有改弦更张，弃暗投明，才是我们的出路。"又说："你千万不要悲伤了，须知黑暗已到尽头，光明就在面前，到了关键时刻，必须果敢地行动起来，抛弃旧世界，追求新世界，我们的前途是光明的。"翌年，田保生毅然辞去了驻联合国办事处的职务，奔归新中国。

使馆辩论爆发冲突，"背叛党国"招致调查

1948年底，CC分子龚叔英到使馆要求为国民党驻法总支部机关报《三民导报》捐助经费。凌其翰和孟鞠如拒绝认捐，其他馆员也跟着拒绝。龚叔英因此对凌、孟二人恨之入骨，便与大使馆新闻处处长汪公纪密谋对策。汪公纪授计他向国民党中央党部密控凌其翰等密谋背叛"党国"。

1949年4月，国共谈判进入尾声，中国人民解放军兵临长江北岸。国民党政府驻法使馆内展开了一场激烈的辩论。大使馆上校武官王观洲、汪公纪等人认为，长江是一道天险，国民党军据险而守，又有海军、空军助阵，解放军过不了长江，国共可以划江而治。凌其翰力斥其妄，认为解放军百万雄师，所向披靡，渡江将是指顾间事，可以拭目以待。驻法使馆馆员分成了两派，双方争得面红耳赤、互不相让。

一个多星期后，中国人民解放军顺利渡过长江，一举占领了南京。汪公纪和王观洲除了在辩论中失败之外，又适逢国民党外交部因经费支绌，来电裁撤使馆新闻处和武官处，令其调回，更是恼羞成怒。

汪公纪等人飞回广州即向国民党外交部密控凌其翰等人，还在香港《星岛日报》《工商日报》上发表文章宣扬凌其翰"背叛党国"。

至此，凌其翰和孟鞠如的态度已经暴露，凌其翰原拟辞职，设法回大陆，孟鞠如则劝其忍耐，以便待时而动，设法举事。

1949 年 4 月 26 日，国民党外交部人事处密电驻法国大使钱泰，称"国民党驻法总支部控告凌其翰叛变党国，希即密查具报"，5 月 2 日外交部再次致电钱泰要求彻查此事。钱泰当时刚刚遭遇车祸，在医院治疗，私下将密电给凌其翰等看了，搪塞复电加以掩饰。

宋子文认识凌其翰，也查问此事。凌其翰深知宋子文和 CC 派矛盾很深，就把拒绝捐助《三民导报》引起 CC 派不满等事讲给他听。宋子文也就没有怀疑了。

"索薪运动"联络举事，发表《宣言》弃暗投明

1949 年，国民党军事上节节败退，内政外交全面面临困境，不得不全面收缩外交战线。从年中开始，国民党相继关闭了驻布拉格、赤塔等地的领事馆，对其他大使馆、领事馆的开支也一再压缩，最后甚至连使馆普通职员的薪水也发不出来了。

1949 年秋，钱泰上书请辞。国民党政府驻法国大使馆的日常工作由公使凌其翰主持。凌其翰与孟鞠如、钱能欣等人密商决定发动使馆人员举事。此时，国民党政府已欠发使馆工作人员三个月薪水，凌其翰等人认为可以从索薪开始，进而发展成革命行动。驻巴黎总领事馆胡有萼、萧君石、章祖贻也到使馆频频交换意见。

1949 年 9 月 18 日，驻法大使馆凌其翰、孟鞠如、谢东发、王思澄、钱能欣、唐祖培、龚秉成、耿嘉弢，驻巴黎总领事馆胡有萼、萧君石、章祖贻等 11 人召开联席会议，一致决定即电外交部催发欠薪，倘于 10 月 10 日全部欠薪不能汇到，全体馆员决定停止服务。他们还联名致函给驻欧洲各国的大使馆、领事馆，呼吁

驻法两馆起义人员合影（前排左二为凌其翰）。

采取同样行动。

驻苏联、挪威、瑞士、土耳其大使馆，驻奥地利公使馆，驻巴黎总领事馆，驻马赛、昂维斯（安特卫普）、汉堡、利物浦等地领事馆全体馆员与驻伦敦总领事馆副领事王世镛先后复函赞成。

中国人民政治协商会议第一届全体会议开幕、《共同纲领》讨论通过，以及中华人民共和国中央人民政府即将成立的消息传到法国后，凌其翰等人9月30日召开紧急秘密会议，决定在10月10日正式宣布脱离国民党反动政府，拥护中华人民共和国，各自坚守工作岗位，保管公物文件，等候新政府接管。使馆四年来的政治案卷由凌其翰主管，密码本由龚秉成主管，均秘密移至馆外收藏。

凌其翰等人还致函赞同"索薪运动"的其他使馆，希望他们一致行动，但一直没有收到答复。

凌其翰、孟鞠如和胡有萼三人负责起草起义通电宣言。孟鞠如准备初稿，胡有萼进行修改，凌其翰最后定稿。凌其翰等人在《驻法使馆、驻巴黎总领事馆全体馆员拥护中华人民共和国宣言》中说："我们郑重宣布和反动政府脱离关系，各仍站在原有工作岗位，保护人民利益，保管公物文件，听候人民政府接管和指示。同时，我们热诚劝告全体使馆同人，快起来响应我们，打倒执迷不悟的死硬分子，制止他们盗用中国外交官的名义，在联合国和国际间散布谣言，侮辱中国人民，挑拨国际是非，危害世界和平。"

起义宣言拟好后由孟鞠如和钱能欣秘密转交给在巴黎的中国共产党组织负责人孟雨，又经新华社驻布拉格记者吴文焘传回了北京，送到了周恩来总理兼外长手中。

10月9日，凌其翰等人正式向国民党当局发出《起义宣言》，同时也向新成立的共和国外交部发出了"宣布同国民党反动集团脱离关系"和"拥护中华人民共和国"两份电函。

巧言利诱终告失败，起义火种得以保存

"索薪通牒"发到国内后，窜逃到广州的国民党"外交部"惶惶不安。为防止驻法使领馆异动可能引发的连锁反应，当时的国民党"外交部部长"叶公超10月5日紧急致电巴黎：批准大使钱泰的辞职，电调凌其翰、孟鞠如回部。叶公超还以个人名义发电给凌其翰和孟鞠如："此次调两兄回部实以现部中人才缺乏，诸多借重，至盼能早日返国，共济危局。"

叶公超还派出"外交部"次长董霖匆匆自香港飞抵巴黎"灭火"，并电令驻英国"使馆"，任命时任驻英"公使"的段茂澜出任"驻法临时代办"，火速赶往巴黎，调在部内的陈雄飞为驻法"大使馆"参事衔一等秘书，原驻英"大使馆"随员赵金铺为驻法"大使馆"三秘。此外，原驻柏林代表团一秘赵俊欣、驻荷"大使馆"一秘斯颂熙也"临时出差"到了巴黎。

这一系列人事措施来势凶猛。叶公超判断凌其翰等人将选择"双十节"为两馆起义的日子，就想方设法，试图在10月10日以前分化瓦解起义人员，把在巴黎孕育着的起义火种，扑灭于无形之中。

凌其翰得知叶公超派人到巴黎"灭火"的消息后，决定抢先口头通知法国外交部。

10月5日，凌其翰与法国外交部亚澳司司长贝扬斯举行会谈。他对贝扬斯郑重地说："我们全体馆员已决定脱离与国民党的一切关系，拥护中华人民共和国，并听候中央人民政府的接管。"

贝扬斯闻后大惊，说"当立刻报告部长"。翌日贝扬斯电话约见凌其翰，由他陪同凌其翰见法国外交部礼宾司司长。礼宾司司长说："由于法国政府还没有承认中国新政府，法国政府决定把你们的外交待遇维持到1949年年底，届时仍可接洽延期。"凌其翰说："我们将继续到使馆坚持原工作岗位。"礼宾司司长说："只要新任代办段茂澜方面没有反应，我们不会干预贵使馆内部事务。"

段茂澜、董霖等人赶到巴黎后，用封官许愿和重金收买等手段试图分化瓦解11名准备起义的使馆工作人员。

10月8日董霖抵巴黎当晚，凌其翰在家设宴招待。席散后，孟鞠如先辞出，董霖就开始挑拨凌其翰和孟鞠如的关系，说："我陪你到台北，我的常次职位让给你，好在公超（指叶公超）是明白人，好商量！"凌其翰立即严肃答复："今天的事是革命，不是做官，绝不能开玩笑！"

9日晚，孟鞠如与董霖到巴黎第九区一家夜总会会谈。董霖妄想以补发欠薪作为取消起义宣言的交换条件，孟鞠如坚决不同意。

段茂澜和随来的三秘赵金镛妄图诱骗机要秘书龚秉成退出起义被拒，段茂澜还扬言愿以美元两千元来收买龚秉成手中的所有密电码本，也被严词拒绝。

谢东发和耿嘉弢二人意志不坚定，受了段茂澜、董霖等人的诱骗，分别退出了起义。

此后，凌其翰等大使馆六人、总领事馆三人，团结更紧，联系更密，每日照常到大使馆办公，段茂澜等人也无可奈何。

五星红旗巴黎升起，总理回电振奋人心

凌其翰等人决定在10月10日起义时，中华人民共和国成立的消息还没有传

到巴黎。之所以选择这个日子，是因为这既是辛亥革命武昌起义的纪念日，又是国民党政府的"国庆日"，此时起义必然更加引人注意，产生更大的影响。

10月10日，凌其翰等人在国民党政府"驻法国大使馆"门前降下了国民党的青天白日旗，鲜艳的五星红旗第一次在法国首都巴黎上空升起。随后，凌其翰等人召开记者招待会，正式宣布了起义的消息。这一事件立刻震惊了法国，并传遍整个世界。

凌其翰等人的这一义举，受到了中央人民政府的欢迎。

10月10日，周恩来总理兼外交部部长亲自给起义人员复电，"对于你们的这种爱国行动表示热烈的欢迎"，并提出"希望你们团结一致，坚守现在的工作岗位，负责保管公物文件，以待中央人民政府接管"。

凌其翰等人接到复电后，深受鼓舞，异常振奋。他们立即以"快邮代电"形式将复电通函原国民党政府各"驻外使领馆"，呼吁他们"立即参加响应"。

同时，凌其翰等人遵照周总理的指示，天天到大使馆上班，坚守岗位，看守和保管好公物，等候中央人民政府接收。

期间，凌其翰还积极参加了法国有关群众团体庆祝新中国成立的活动，如参加法国总工会发起的新中国诞生庆祝大会，出席比映古华工总会举行的新中国诞生庆祝会等等，还在比映古庆祝会上发了言。

图穷匕见使馆行凶，驻外机构先后起义

凌其翰等驻法使馆起义人员与新调来的段茂澜等人同在使馆上班，双方对峙，僵持不下。

段茂澜对凌其翰说："你们已经领到了欠薪，就不应再来使馆了。"凌其翰说："我们天天到馆是执行周恩来总理指示，要等候中央人民政府来接管使领馆。"

10月20日，国民党政府"外交部"正式照会法国外交部，请求法方协助将凌其翰等起义人员驱逐出使馆。在国民党方面的压力下，法国当局暗地里派出便衣警察到使馆，以"私人警察"名义试图阻止起义人员进入使馆。

11月3日清晨，凌其翰等人到使馆上班时，大门紧闭，门外有法国警察看守，忽然有人来送信，凌其翰等人就乘势冲入了馆内，由于凌其翰等人仍具备外交官身份，警察也无权拦阻。凌其翰要求段茂澜保证不破坏他们坚守工作岗位的任务。段茂澜坚决不同意。双方相持至深夜。原驻荷大使馆一秘斯颂熙是CC分子，此时忽然率领三十余人到场胁迫凌其翰等人立即离馆。凌其翰严词拒绝。僵持至晚上11时，来了三位华侨从中调停，决定11月4日下午2时在使馆召开华侨大会，设法解决凌其翰等人坚守工作岗位的问题。

这样，凌其翰等人才同意离开使馆，此时已是4日凌晨1点了。大家商量了一番，决定由孟鞠如和龚秉成二人连夜奔走发动群众。

11月4日下午2时，爱国侨胞和进步留学生大约百余人结队鱼贯进入馆内，为凌其翰等声援。段茂澜见势不妙，推说已与法国外交部有约会，必须外出。爱国群众不让段茂澜离开。迫于压力，段茂澜不得不指定刚从国内调来的陈雄飞作为代表参加大会。

爱国群众要求陈雄飞等人必须保证起义人员每日照常到馆，执行周总理关于坚守工作岗位的重要指示，不得勾结法国警察予以阻拦。起义人员还当场起草了保证书，由陈雄飞当场代表段茂澜签字，并推出工人代表王子卿、商界代表陈卓林、学界代表杨承宗监督执行。

下午6时，斯颂熙见爱国侨胞已经散去，便会同青田帮特务陈楚本率领的早就埋伏好的五六十打手呼啸而出，每四五个打手一个小组，把凌其翰等起义人员分别团团围住，拳打脚踢。

凌其翰的脑袋被打了好几拳，危急之中，随段茂澜来法的三秘赵金镛出面回护。原来赵金镛是凌其翰在重庆担任国民党中央政治大学外交系兼任教授时的学生。在赵金镛的保护下，凌其翰这才突出重围。

孟鞠如体格比较强壮，但双拳难敌四手，只能任凭挨打，眼镜被打得粉碎。

龚秉成已被打得昏倒在地。萧君石则被围于墙角。王思澄也受了伤……唯有钱能欣、胡有萼躲在进门楼上办公室内逃过一劫。

凌其翰的司机丹尼尔看到凌其翰被殴，急急央求看守大门的法国便衣警察进入使馆，把凌其翰抢救出来，由丹尼尔驾车送回了住所。另有5人受重伤住院。

第二天，不仅巴黎各报，连欧美各国的报纸也纷纷把4日巴黎中国大使馆发生的行凶事件作为头号新闻报道。法国爱国华侨和进步学生义愤填膺，开会声讨国民党反动派，呈请中央人民政府严惩凶手，慰问受伤起义人员。旅法参战华工总会、留法中国艺术学会等爱国侨团还发表《告国内外同胞书》和《告法国政府、人民与世界人民书》，为起义人员声援。

此后，凌其翰等人虽不能继续到使馆坚守岗位，但仍在馆外继续活动，分别劝说旧使领同仁，采取不同方式脱离旧使领馆，回归祖国。如若旧使馆同仁恪于形势，一时难以公开响应，便劝他们仍坚持原工作岗位，暗中监视，遵照周总理指示，不烧毁档案、不变卖公物，等候新政府接管，协助移交。

凌其翰等人的起义行动成为国民党当局驻外"使馆"人员起义的先声，在国民党驻各国"使馆"和驻外机构中产生了极大影响。直接受通电影响而跟着响应的有驻西贡总"领事馆"、驻塔那那利佛"领事馆"、驻利物浦"领事馆"等，间接受通电的影响，向中央人民政府新派使领办理移交的，有驻缅甸"大使馆"、驻吉隆坡"领事馆"等，旧使领馆人员通过不同方式脱离旧使领馆，并通知凌其翰等人的不计其数。凌其翰等均陆续转报北京外交部。

在法行动陷入困顿，东归回国获得肯定

自大使馆行凶事件之后，凌其翰等起义人员，因不再有薪水收入，无不紧缩开支，艰难度日。凌其翰不得不变卖自己的汽车、电冰箱、地毯、中式家具等，筹措资金于1950年1月30日先送全部眷属乘船返国，自己则只身留在法国，继续奋斗。

1950年1月6日，英国宣布承认新中国，同时美国总统杜鲁门也发表不援助台湾国民党当局的谈话。在此国际环境影响下，法国议会外交委员会也开始讨论是否承认新中国。

凌其翰等起义人员认为，如果法国也随英国之后承认新中国，从现在到承认，

凌其翰同夫人周慧君1950年摄于北京。

应有过渡时期,要充分利用这一微妙时刻,进行恢复岗位的斗争。大家公推凌其翰电话约段茂澜作私人会晤。凌其翰还专程访问定居巴黎的傅秉常,希望由傅作为调停人,与段茂澜商妥折中的办法。凌其翰提出,取消使馆内外警卫、允许9人自由进出使馆等要求。段茂澜拒绝会晤,派助手陈雄飞到凌其翰的住所,郑重表示绝不变卖房屋财产,绝不毁坏公物文件,但重新把使馆开放,一时碍难照办。

1月18日,周恩来致电越南外长黄明鉴,宣布承认越南民主共和国,并愿同其建立外交关系。在法国人眼里,越南一直是他们的殖民地。中法关系转趋冻结。法国方面开始刁难起义人员,凌其翰等人在法国的行动陷于困顿。巴黎警察厅借口调查、核实,到凌其翰等起义人员的住所探听虚实,凌其翰等人聚会也遭到盘问。警察厅还屡次传讯侨胞、学生,探听凌其翰等人的行动,暗中监视他们。

周总理和外交部对起义人员非常关注,黄炎培和邵力子等人也驰书慰勉。

1949年10月12日,黄炎培给凌其翰的哥哥凌其峻写信,称"其翰兄率先反正,为之大慰,适恩来兄来,与之共读,亦为欣佩……"

1950年1月9日,邵力子在给凌其翰的信中写道:"周总理深叹国民党旧垒之中,以外交人才为最少。兄等为外交界首义者,其关切重视,自无待言……"

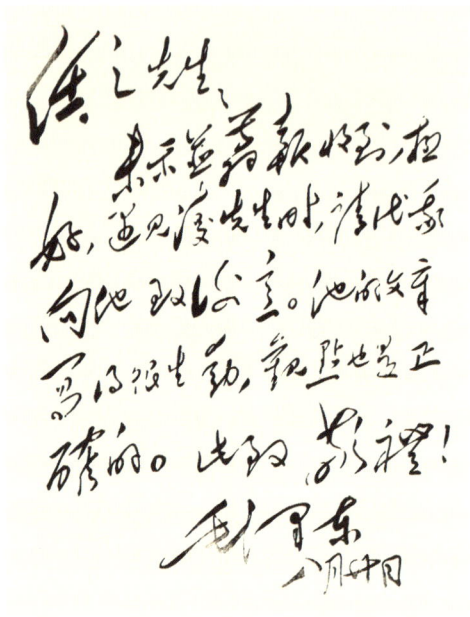

毛泽东致黄炎培的信件。

中央人民政府外交部认真研究了有关情况,认为中法建交不是短期内所能解决的事情,因此,全体起义人员长期留在巴黎意义不大,决定除留少数人在法继续做有关国民党外交人员的工作外,其余大部分人员即刻回国。

3月30日,周恩来指示:"凌其翰、王思澄、唐祖培、龚秉成、胡有萼、萧君石、章祖贻等七人及眷属即调回国,孟鞠如、钱能欣二人仍继续留在法国待命。"

5月5日,凌其翰等起义人员和眷属在马赛登上了法国邮轮马赛曲号,启程回国。

凌其翰等人一路经过地中海,穿越苏伊士运河和红海,经东南亚到达香港,由中共驻港联络处安排转赴广州,乘火车北上,6月9日抵达北京,整个行程历时一个多月。西望巴黎,凌其翰感慨万千,他写了一篇见闻记,名为《从法国归来》,发表在8月3日、4日的《光明日报》上。

黄炎培特地将文章剪报送呈毛泽东,毛泽东阅后回信,肯定了凌其翰的正义行动并请黄炎培代他向凌其翰致谢意:

任之先生：

　　来示并剪报收到，都好，遇见凌先生时，请代我向他致谢意。他的文章写得很生动，观点也是正确的。此致敬礼！

毛泽东　8月20日

　　起义人员回国后，外交部首先安排他们进行了学习，然后根据各自不同的情况分配了适当的工作。凌其翰加入新中国的外交队伍后，为祖国的外交事业提出了不少宝贵意见和建议。

主要参考文献：

　　1.《凌其翰回忆录》，全国政协文化文史和学习委员会，中国文史出版社2018年。

　　2. 石源华《凌其翰：最早在巴黎使馆升起五星红旗的外交家》，《世界知识》，2011年第4期。

　　3. 渠冉《新中国成立后国民党外交人员的起义》，《文史春秋》，2011年第4期。

　　4. 陈敦德《大使馆内的较量》，《当代军事文摘》，2007年第2期。

高树勋（1898-1972），字建侯，河北沧州人，1953年加入民革。1949年后，曾任国防委员会委员、河北省交通厅厅长，河北省人民政府副主席、河北省副省长等职。民革第四届中央委员，民革河北省会第二、三届副主委。第一至三届全国人大代表。第一届全国政协委员。

高树勋
内战伊始燕赵大地举义旗

"我是一个落伍者，1931年宁都起义，我当时是二十六路军的二十七师长，由于没有革命思想，没有参加起义的行列。1945年举行邯郸起义，整整落后14年。我又是一个幸运者，在这14年间没有被蒋介石杀掉，有机会举行光荣的邯郸起义，岂不是幸运者？"回忆往事，解放战争时期第一位揭竿而起的国民党高级将领高树勋不禁感慨万千。

抗日战争，与中共结下战斗情谊

河北沧州，渤海之滨，有个叫盐山的地方，名为盐山，实际"地僻无山，金石独少，土地贫瘠、物产不丰"，千百年来，当地老百姓是"衣食敝恶而不敢或奢"。高树勋就是出生在这样一个到处是盐碱地的穷地方，家庭虽不富裕，但父亲还算开明，让他读了几年私塾。高树勋的军旅生涯是从17岁那年参加冯玉祥的十六混旅开始，在此后的30年中，他的成长与进退，几乎都与冯玉祥和西北军有着密不可分的渊源。

1931年九一八事变发生时，高树勋任第二十七师师长，正在参加蒋介石对中央苏区发动的第三次"围剿"。他主张停止内战，出兵抗日，出于民族义愤，毅然离开部队，以示拒绝继续参加反共内战。12月14日，第二十六路军于江西宁都举行武装起义。

20世纪60年代初，高树勋在天津睦南道家中，与曾任过他的秘书处处长吴景略闲谈时说："我是一个落伍者。"吴问这话怎讲？他说："我是一个落伍者，1931年宁都起义，我当时是二十六路军的二十七师长，由于没有革命思想，没有参加起义的行列。1945年举行邯郸起义，整整落后14年。"回忆往事，高树勋不禁感慨万千，他接着说："我又是一个幸运者，在这14年间没有被蒋介石杀掉，有机会举行光荣的邯郸起义，岂不是幸运者？"睦南道141号的高树勋旧居，位于天津市和平区，是一幢造型别致的英式小洋楼，现为全国重点文物保护单位。

宁都起义后，蒋介石以擅离职守、贻误战机的罪名，下令通缉高树勋。高树勋化装北上，避居于天津英租界。1932年9月，高树勋与原西北军将领、共产党人吉鸿昌取得联系，共同策划抗日大计。他们变卖家产帮助冯玉祥购买枪支弹药，于次年5月组成察哈尔抗日同盟军，高树勋任骑兵第二挺进军司令。同盟军随即在张家口地区掀起了轰轰烈烈的群众抗日热潮，并一举收复了察东失地。后同盟军在国民党、蒋介石的软硬兼施下瓦解。这一过程中，高树勋对蒋介石的倒行逆施极为不满，接触了更多的共产党人，对中国共产党及其抗日主张有了进一步的了解。

全面抗战爆发后，高树勋先后担任河北暂编第一师师长兼河北游击总指挥、新编第六师师长、新编第八军军长。在全面抗战的初期，高树勋在豫、鲁一带，时常与八路军并肩作战，双方联系也比较密切。高树勋从八路军那里学习了组织民众进行游击战的方法。1938年初，经中共北方局军事部部长朱瑞联系，八路军派唐天际等对高部排、连、营三级军官分期进行轮训，提高部队的素质。高部进入沂蒙山区后又通过中共党员张友渔的帮助，得到八路军和中共地方党组织的大力支援。高树勋也任用了许多中共党员和进步青年担任军中各种职务，形成了较好的团结抗日的局面。

1944年，豫西的夏天，比往年更加酷热难耐，驻扎在河南镇平县大榆树村的三十九集团军总司令高树勋，多少天来为副总司令兼新八军军长胡伯翰指挥无能、河防战事失利、部队遭到重大损失而懊恼，加上国事、军务、部队的前途困扰着他，使他更加感到苦闷、急躁、忧虑、不安。这时，高树勋结识了从事地下工作的中共党员王定南，并与王建立了深厚的友谊。一日，二人在马山口河滩的柳树荫下进行了一次长谈。

"军政官员就知道想法搞钱，武官拥兵不战，走私发财；文官贪污受贿，投机倒把，根本不关心民众的疾苦。我已经看透了，他们不会把国家搞好……抗战胜利后，内战不可避免。蒋介石对他的嫡系部队是积极扩大，对于非嫡系部队，则是千方百计地排挤和消灭。因此，我想和你研究今后怎么办。"尽管王定南并没有向高树勋说明自己是共产党员，很显然，高树勋是把他当作共产党员来对待的。

王定南说："日军的失败是时间问题，而且为时已经不远。国民党统治集团内部争权夺利，不顾人民死活……共产党代表了人民的利益，是新兴的革命力量，胜利是必然的。这是历史发展的规律，不是人的意志能抗拒的。你要避免为蒋介石所消灭，只有走革命这条路。"一年来的交往，王定南认为高向他提出的问题是诚恳的、可信的，于是他说得也比较坦率。

高树勋说："我在冀中、鲁南、鲁西北部曾和八路军有过友好往来，但始终未能达到联合一致的地步，部队南下后，联系就完全断了，我希望你能在这方面帮助我。"

王定南说："我一定尽力帮助你，帮助一位走向革命的朋友，本身就是革命工作。"

可以说，这次谈话是高树勋走向革命道路的重要一步。高树勋虽出身行伍，但他是一位勤于学习并善于动脑的人,他利用战争空隙时间不仅读了古今中外的军事著述,而且读了大量的政治书籍,毛泽东的《新民主主义论》《论持久战》《中国革命战争的战略问题》《论联合政府》《抗日战争胜利后的时局和我们的方针》等著作以及中共中央的一些文件他都设法弄到并认真进行学习和研究。"由于读书和多年战争的影响,他逐渐得出一个结论:蒋介石背叛了孙中山先生的三民主义,把'革命'二字当作他愚弄人民群众的手段。一天,他读了一篇描述沙皇统治下农奴生活的文章,对照自己周围的情形,他感到中国的现状亦是如此,他看到自己把共产党赶走了,国民党官僚却跑来,又把农民的土地夺走,他很难过,觉得孙中山的'三民主义'只是停留在那些官吏的口头上而已。"

在与八路军的交往中,高树勋将军感受到了共产党人的宽广胸怀,他曾对他的秘书马骏说:"共产党、八路军在艰苦困难的环境中,奋勇抗战,一心一意救国为民,才真正是可以依赖的朋友啊!"

邯郸高举义旗,走向光明

1945年8月,抗日战争经过14年血战,终于以日本宣布投降而结束。为了最大限度地争取和平,毛泽东和周恩来、王若飞于8月28日赴重庆谈判。此时,高树勋率部驻扎在伏牛山麓南召一带,他接到的蒋介石命令是"原地驻防待命",限制他的受降权。高树勋急欲北进,造成已行进在北上途中的既成事实,迫使蒋介石承认他的受降权。蒋介石不仅没有责备他,反而任命他为第十一战区副司令长官,让他和另一位副司令长官兼第四十军军长马法五一道,率新八军和第三十军、四十军沿平汉线北上,与胡宗南部一起夹击邯郸。但此时的高树勋并不想打内战。

这场即将发生的平汉战役,对争取抗战胜利后和平局面的实现关系极大。晋冀鲁豫军区根据中央军委的指示,集中了三个纵队及太行、冀南、冀鲁豫三个军区部队共6万人,动员民兵10万,作好了迎击的部署。10月24日,将国民党军

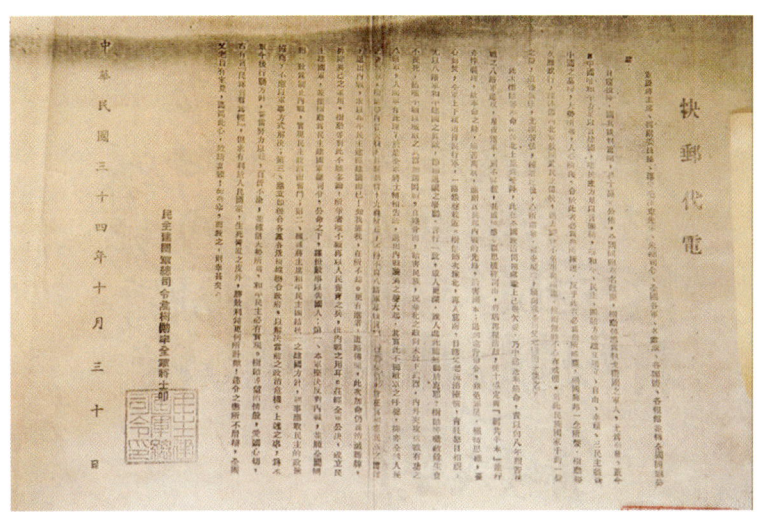

高树勋宣布起义的电文。

诱至邯郸以南马头镇、崔曲地区，予以三面包围，以两个纵队歼击第四十军，一个纵队钳制第三十军和佯攻新八军。与此同时，刘伯承、邓小平派人前往高部，争取他走起义的道路。刘伯承还给高树勋写了亲笔信，向高讲明当前的形势，希望他面对现实，从中国人民的根本利益出发，为个人前途着想，高举义旗。

一个清晨，高树勋和王定南长谈了几乎一夜，对于刘伯承的建议，他虽然表面认同，内心却仍然在徘徊。

王定南对高树勋说："当前正是关键时刻，现在起义，对你、对人民、对国家都贡献极大。"

高树勋在屋里来回踱步，自言自语地说："要走向革命，我是有决心的，只是……"

王定南劝他说："像你这样寄人篱下，终非长久之计，何不尽快走向光明？"

高树勋道："1940年，我杀石友三，西北军老人就责骂我不仁不义，说什么石友三该杀，但我不应该杀他，因为他是我的上司，不该以下犯上。"

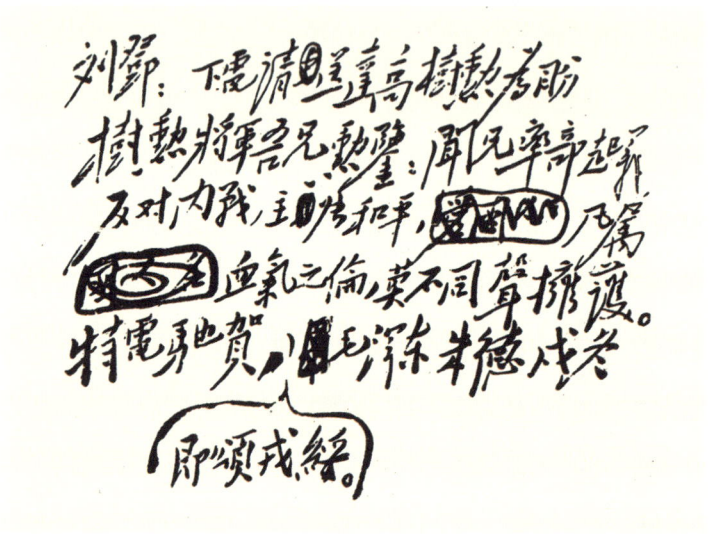

毛泽东主席、朱德总司令1945年11月2日给高树勋的贺电,图为毛泽东主席起草的电报稿手迹。

王定南道:"石友三投敌有罪,人人得而诛之。你杀石友三是爱国行动,人民是赞成的。"

"如果把邯郸起义比作一个革命的婴儿,那么从察北抗战到八年抗战,这是十月怀胎,马头镇前沿的剧烈的思想斗争和最后的抉择是临产时的阵痛,蒋介石和革命人民从两个不同的方面都起着助产士的作用。"高树勋将军的侍从副官高金荣在日后回忆时说的这番话或许能表达高树勋起义时的心理。

思虑再三的高树勋,最终下定决心起义。

10月30日,高树勋在马头镇率新八军1万余人起义,粉碎了国民党当局打通平汉线、分割解放区的企图。高起义后,马法五以下2万余人被俘。

同日,蒋介石侍从室主任脸色严峻、脚步匆匆地来到蒋介石的办公室,小心翼翼地将一份电报送到蒋介石面前。蒋介石看过电报,脸色骤变,狠狠地把电报摔在桌子上,破口大骂:"娘希匹!可耻!可耻!叛徒……高树勋,你好没良心……"国民党军事当局哀叹高的起义"陷全军于绝境",是这次战役的"失败主因"。蒋介石几天没有睡好觉,多次召集戴笠等高级将领反省,防止事态扩散。

黄土高原上的延安,杨家岭一座普通的窑洞里,身着棉袄的毛泽东用铅笔在修改《中共中央关于扩大邯郸起义宣传的指示》。他微笑着,对朱德说:"平汉线我们又取得了一个大胜利啊!要开展高树勋运动,要大力加强对国民党军队的分化瓦解工作……"朱德敦厚地笑着说:"我们要发一个贺电啊!"

中国共产党和八路军对高树勋的义举表示极大的欢迎,31日上午,刘伯承司令员偕同军区副政委薄一波、参谋长李达驱车到新八军驻地,代表毛泽东主席、朱德总司令等向高树勋和全体起义官兵表示慰问和祝贺。

伯延休整,成立民主建国军

位于河北武安市东南部的伯延古镇,南依鼓山,北临南洺河,风光秀丽,人杰地灵,历史文化底蕴深厚,2013年被评为河北历史文化名镇。

1945年11月1日,高树勋起义部队离开马头镇,开赴武安伯延一带休整补充。当天,晋冀鲁豫中央局向全区党政军民发出通知,要求采取张贴标语、口头宣传等各种形式欢迎高树勋的起义部队。马头镇距离伯延镇一带几十华里,一路上,沿途村庄群众与学生,列队欢迎,高呼"欢迎高树勋将军反战起义"等口号,到处张贴五颜六色的欢迎标语。起义的将士们无不欢欣鼓舞。

为了稳定起义部队,在休整中,高树勋下达了"关于各级官佐不得随便离职的通令":

查本军此次退出内战,建立民主建国军,旨在确保国内和平,实现民主政治,实为顺应时代救国拯民之义举,凡我各级官佐,对此均应有正确严明认识,坚定信念,振奋精神,共图事功,不应妄生猜疑,灰心懈志,除前者中央派来人员已准予脱离外,其余各级官佐均属多年袍泽,久共患难,务各深体斯旨,安心

高树勋率部起义后，1945年11月10日，民主建国军在河北省武安县伯延镇隆重举行建军大会，大会主席台左一是高树勋。

工作，不得继起效尤，任意要求请假离职。如因事坚须请假者，亦须经受训或参观后始准他离，除分令外，合亟令仰该长，以（即）便遵照，关饬属遵照为要。

此令

总司令　高树勋

中华民国三十四年十一月二十一日

11月2日，毛泽东、朱德致电高树勋，称赞高"率部起义，反对内战，主张和平"之举，指出"凡属血气之士，莫不同声拥护"。

关于高树勋起义，毛泽东致电指出："马头镇距邯郸很近，邯郸系历史名城，因此可称为邯郸起义。"

11月4日，毛泽东致电刘伯承、邓小平，指出："高部不应使用和平建国军名义，应改为人民建国军和民主建国军……"当日，高树勋致电毛泽东、朱德："戌冬电敬悉。抗战八年，生灵涂炭，实不忍再睹流血惨剧。此次暴动，纯为呼吁和平团结,并迅速组织联合各党派之民主政府,俾国家早登富强康乐之境,专电驰复,顺颂勋祺。"这一天,高树勋还在伯延接见新华社记者,揭露国民党内战阴谋,说明他率部起义的原因。

11月10日,在伯延镇隆重举行民主建国军成立大会,会场设在伯延镇外,木板搭成主席台,周围挂满了各地区送来的贺幛,会场上悬挂着两幅巨型标语,一幅是"高总司令和民主建国军的义举,是中国的光荣,是代表中国人民的愿望"。另一幅写着"八路军、新四军和民主建国军联合起来,为民主和平建国而奋斗"。

高树勋任总司令,王定南任政治部主任,范龙章为第一军军长,乔明礼为第二军军长。在成立大会上,高率领全军将士宣誓,表示要"站在人民立场,服从人民公意;确保国内和平,反对内战;实现民主政治,反对独裁专政;坚决为建设独立、自由、民主、幸福三民主义之中国奋斗到底"。

12月15日,毛泽东为中共中央起草的指示中,提出"须从国民党军队内部去准备和组织起义,开展高树勋运动,使大量国民党军队在战争紧急关头,仿照高树勋榜样,站到人民方面来,反对内战,主张和平"。

对于高树勋起义在邯郸战役中的重要作用,邓小平同志这样评价道:"高树勋的功劳很大,没有他的起义,敌人虽然不会胜利,但也不会失败得那么干脆,退走的能力还是有的,至少可以跑出主力,他一起义,马法五的两个师就被我们消灭了,只跑掉3000人。"但它的重要意义远不止于此,邯郸起义开创了解放战争时期国民党军大部队起义的先例,不仅震动了全国,还直接动摇了蒋介石的战略部署,更为在后来的全国解放战争中,争取更多的国民党官兵起义树立了榜样。

高树勋起义,不但在国内造成了巨大影响,美国记者杰克·贝尔登还以《一位不凡的将军》为题,写了一篇长达3000余字的报道,在国外发表。

起义后为人民再立新功

我们每一天其实都在做着选择题,对高树勋来说,这一次起义,无疑是他人生中最重要的一次选择。

起义成功后,在共产党、八路军的亲切关怀下,高树勋更加坚定了跟着共产党走的决心,他多次提出加入中国共产党的要求。晋冀鲁豫中央局随即向中共中央报告了高树勋的这一要求。1945 年 11 月 13 日,中共中央书记处电复晋冀鲁豫中央局,批准高树勋加入中国共产党。高树勋遂由晋冀鲁豫中央局书记邓小平、副书记薄一波作介绍人,光荣地加入了中国共产党。为使高树勋家属免受国民党的迫害,刘少奇在延安致电新四军张爱萍,说明高树勋已起义,迅速设法将其在徐州的家属护送太行区。不久,高夫人刘秀珍及子女来到山西长治,高树勋无限感慨地说:"我们一家人终于在解放区团聚了!"

为了把民主建国军真正建设成一支新型的人民革命武装,在高树勋的主持下,从 1946 年初开始,举办了民主建国军干训团,由晋冀鲁豫军区派员轮训各级干部。同时,高树勋还上书蒋介石,盛赞解放区特别令人感动的三点印象:第一,"全民武装的实现,人民皆以持枪杀敌为荣";第二,"总理所主张之'地方自治',在解放区已完全实现,从村代表会、村长,至边区参议会、边区政府,均经过民主选举产生,各级行政人员罢免之权,悉操之于人民,公民权被认为是最高最神圣之权利";第三,"人民生活欣欣向荣"。他呼吁蒋介石,要忠实履行停战协定和在政协会议上所允之诺言,成立真正的联合政府。

高树勋还在民主建国军的驻地,积极参加解放区的各项社会活动。1 月 20 日,他出席了武安地区的一次减租减息动员大会,并发表演讲。他号召民主建国军帮助人民实行减租减息。3 月初,解放区各级组织、各人民团体纷纷抗议国民党特务策划的反苏反共游行。高树勋向记者发表谈话指出:"最近所发生种种反动事件,乃是国民党特务组织在政治协商会议成功后,破坏和平民主的阴谋。"他大声疾呼:"我是一个三民主义忠实信徒、国民党员,不忍国民党被这些特务分子破坏,我要提出坚决抗议;并吁请蒋主席迅速取缔特务组织,严惩肇事凶犯。"

6月,蒋介石公然发动全面内战。高树勋又一次向全国发出通电,声讨国民党当局背信弃义的行径,号召内战前线的国民党官兵,像新八军一样,实行战场起义,站到人民方面来。

转眼,邯郸起义一周年到了,高树勋发表讲话,严厉谴责国民党的独裁统治和内战政策,热情歌颂中国共产党的正确领导和主张。他在《一年来之回顾》的文章中,总结了部队一年来的进步,表示"誓本起义初衷,继续努力,提高质量,发扬士气,与八路军、新四军及一切革命友军并肩斗争"。

"高树勋运动已经成为国民党陆海空军中一切有爱国心有良心的广大官兵的旗帜,成为人民在自卫战争中战胜反动派而实现国家的独立、和平、民主的重要因素之一。"10月30日,朱德总司令在延安《解放日报》上发表文章《祝高树勋起义一周年》,高度评价了一年前高树勋率部起义的革命行动,朱总司令的高度评价和鼓励,使高树勋深受教育和鼓舞。

在整个解放战争期间,高树勋不断利用自己与国民党高级军官的私人关系和起义后造成的影响,积极动员国民党军事将领率部起义。1946年初,他先后写信或派人,与国民党军和伪军的高级将领庞炳勋、孙良诚、孙殿英、张岚峰等人联系,敦促他们调转枪口,归顺人民。1947年5月,他派人给顽固据守山西临汾的国民党军旅长尹岛三送信,劝其不要执迷不悟,迅速回到人民的一边。与此同时,他还写信批驳了妄图煽动他叛乱的国民党高级军事人员马伯言,郑重表示:邯郸起义使他和新八军全体官兵走上了一条新路。

新中国成立,水利交通展身手

"北平之秋就是人间的天堂……这个时候……'秋天'几乎是可以和'北平'两字画等号的。"老舍先生的名作《北平的秋》,大家耳熟能详。1949年9

中华人民共和国成立后,高树勋当选为全国政协委员、河北省副省长等职,图为高树勋视察工作。

月,同样的一个秋天,高树勋回到北平。北平,这个中华民族历史名城,对高树勋来说并不陌生。1913年,他15岁那年,头上梳着辫子,一个地地道道的农民孩子,第一次来到北平在商店里学徒谋生。也是在这里,他西去四川冯玉祥部从军。此后几十年的戎马生涯,也曾多次随军来到北平。抗战后离开北平,已有十多年的时间。这次回来,一切都变了,时代变了,自己变了,北平也在变。昔日封建余孽、军阀官僚盘踞的北平,今天由人民来当家作主了。这一次,他是以一个新中国主人的身份回到了北平。

1949年9月,新中国成立前夕,高树勋作为中国人民解放军第二野战军的代表,同刘伯承等一起,在北平参加了中国人民政治协商会议第一届全体会议,光荣地参与了新中国的建设。

9月21日,第一届中国人民政治协商会议在中南海怀仁堂召开时的庄严、

邯郸起义纪念碑。

隆重场面，使高树勋终生难忘。他同全体代表一道，认真履行自己作为人民代表的神圣职责，举手投票，一致通过：中华人民共和国国都定于北平，自即日改北平为北京，纪元采用公元，国旗、国歌等等。中国人民政治协商会议闭幕之后，根据政协组织法，人民政协设立全国委员会。9月30日选举了全国委员会委员180人。高树勋当选为政协第一届全国委员会委员。期间，他与张治中、傅作义等26名起义将领出席了毛泽东主席、朱德总司令举行的宴会。

1950年后，高树勋投身于河北省的经济建设之中。他到地方政府工作后，常常这样说，"我是行伍出身，十几岁就当兵，刚到地方来，感到工作生疏，怕做不好，可是不熟悉没关系，边工作边学习嘛，谁能不学就事事通呢？"所以他经常下基层，向基层干部学习，向人民群众学习。

1953年，高树勋55岁。这年1月，他任河北省人民政府副主席。4月，毛泽东在中南海接见高树勋，毛主席说："树勋同志，在我们困难的时候，你帮了我们的忙，党和人民是永远不会忘记你的。""我为人民办的事太少了，人民给我的太多了,以后我还要多多为人民办好事。"高树勋这样回答。同年9月,高树勋加入民革。

曾担任过高树勋副省长秘书的张彦直回忆说:"1953年3月间,我们去官厅水库视察,高副省长跟我们一起背行李,以脚代步,经过九道山梁,在水库大坝周边调研,一会儿问工程技术人员,大坝用什么样的沙子、石头和土质最好,一会儿向带队干部说长叙短,在大坝上停留了几个小时,回到住处时,已经夜里11点了。"

河北省政府及地市领导和干部群众,对高树勋的评价是工作勤奋、任劳任怨、作风民主、平易近人。特别是当他于1951年欣然受命就任河北省交通厅厅长,尽职尽责,人们对这样一位起义有功的高级将领,莫不交口称赞,肃然起敬。

如今,坐落在邯郸马头镇起义旧址上的邯郸起义纪念碑上,汉白玉做成的碑上镌刻着邓小平题写的"邯郸起义纪念碑"7个金光闪闪的大字,显得格外耀眼夺目、苍劲有力。

主要参考文献:

1．《高树勋将军》,刘刚范,团结出版社1995年。

2．《争取高树勋起义纪实》,李金明,解放军出版社2001年。

3．《红色高参》,李金明,解放军出版社2009年。

4．《义旗——高树勋将军与邯郸起义》,任堂,中国文史出版社2010年。

5．公孙訇《论高树勋将军邯郸起义》,《河北大学学报》,1996年第4期。

6．纪录片《高树勋邯郸起义》,《世说新语 档案百年》第三十集,河北省档案局、河北省广播电台,2019年第3期。

7．孙宅巍《高树勋战场起义的幕前幕后》,《钟山风雨》,2017年第3期。

8．李华玉《解放战争初期反蒋起义第一人——高树勋》,《党史博览》,

2004 年第 2 期。

9. 张治宇、夏前勇《高树勋：高举义旗勇为天下先》,《中国国防报》2004 年 7 月 6 日。

10. 张鼎中《我与磨难中的高树勋将军》,《文史精华》, 2012 年 4 月总第 263 期。

11. 宋毅军《刘伯承、邓小平与高树勋起义》,《中共党史研究》, 1995 年第 2 期。

12. 庾莉萍《高树勋：起义第一将军》, 中国共产党新闻网, http://cpc.people.com.cn/GB/64162/64172/85037/85038/6484077.html。

　　夏瑋瑛（1913-2009），安徽六安人，1948年加入民革地下组织。1949年后，曾任南京市生产救济院副院长，南京市婴儿院院长，南京市民政局副局长，第七届南京市政协副主席，南京市关心下一代工作委员会副主任，江苏省儿童少年福利基金会副会长等职。民革第五、六届中央委员，第七、八届中央监察委员会常委；民革江苏省委会第五届副主委；民革南京市委会第三至六届副主委，第七届主委，第八至十届名誉主委。第六、七届全国政协委员。

夏琫瑛
因从事地下工作入狱的富家小姐

1949年2月15日夜，一群全副武装的国民党军警闯到上海四川北路一户普通民居前，猛烈地敲击房门。屋内，一名女子毫不慌乱地打开了房门。一个身穿军服的军官，举着一张照片对她说："你是夏琫瑛代表吧，我们是奉命来的，陈大庆司令（时任国民党上海警备司令）请夏代表去谈话！"这名女子镇定自若地说："现在已是深夜，夜间不办公，有事明天再说吧。"可这群全副武装的国民党军警却一拥上前，不由分说，连推带架，把这名女子推进了挂着黑色窗帘的小轿车。当夜，将她带到了上海警备司令部第二十大队，关进了一幢高楼里，门外是荷枪实弹的卫兵，第二天早上，她又在重兵守护之下被专机押送南京。

其实，这已经不是国民党军警第一次来抓捕夏琫瑛了。就在几天前，夏琫瑛在南京的家中突然闯进几个人，进门就问"夏琫瑛到哪儿去了"。夏琫瑛先是一惊，而后很镇静地对来人说："先生出去办事了，你们先坐坐，我去给你们烧水泡茶。"趁机逃走，连夜逃到了上海。

夏琫瑛这名女子究竟是什么人，让国民党军警短短几天之内跨省追捕，非要耗费大量的人力物力将她抓住才肯罢休？她究竟做了什么事，让国民党军警如此紧张，严防死守，生怕她逃脱？

1935年夏琫瑛在六安海峰学校任校长。

夏琫瑛,确非等闲之辈,六安人称她为"淠水女杰",南京人称她为"钟山名士"。

不走寻常路的富家小姐

1913年11月11日,夏琫瑛出生于安徽六安,自小生活条件优越。年幼的夏琫瑛有感于她的母亲虽吃穿不愁,但在家中却毫无地位可言,曾问过母亲,如何才可以提高女性在家庭中的地位,母亲回答:"要读书,要自立,只有读书自立才可以不受气。"

夏琫瑛在家人的帮助下,排除万难上学读书,并把幼时所裹小脚放大。在学校里,她接触到了鲁迅、茅盾、郭沫若等人的著作,使她开阔了眼界,受到爱国、民主、进步思想的影响,从而下定决心摆脱女子三从四德的命运安排,要自立于社会,同时也认定妇女解放将会是今后中国社会变革的一个重要方面。

1937年，安徽省抗日动员委员会（简称动委会）与夏琫瑛联系，拟借她担任校长的六安私立海峰女子小学校部分校舍作办公用。夏琫瑛二话没说，当即腾出部分校舍给动委会使用。在与动委会同志接触的过程中，夏琫瑛深受动委会抗日爱国行动的影响，毅然辞去校长一职，加入安徽省抗日动员委员会，积极投入抗日宣传、动员民众的工作，带领一批安徽青年入川，在后方进行抗日救亡运动。后又被派至重庆，为日益增多的难童筹措救济金。在通过敌占区时，她女扮男装，几次险遭不测，最终在新四军便衣队的护送下得以渡过长江，越过日军数道封锁线，穿过几百里敌占区，到达重庆。但是款未筹到，回安徽的必经之地又相继失守，夏琫瑛欲返不得，便投考了北平迁往成都的朝阳大学。

在朝阳大学学习期间，夏琫瑛受到中共地下党员、朝大教授李续刚的影响，积极参加进步活动，为进步学生做掩护。国民党特务要查封进步书屋，她就事先通知做好隐蔽；学校要开除学潮的学生首领，她就挺身而出为他们作辩护；得知当局要逮捕李续刚教授，她当即帮他化装，然后护送其到成都郊外去延安的交通站，帮助他成功躲开了国民党特务的追杀。

献身革命，守护民主

夏琫瑛代表朝大毕业生在朝大毕业生联欢会上的讲话中曾说："我的人生观就是革命的人生观，朝大使我学会了与恶势力斗争的经验，使我坚定了爱与恨。"诚如她所说，夏琫瑛在之后的日子里，不顾自己的安危，努力守护着民主的力量，为中华民族的共同利益而奋斗着，坚定地守护着心中的大爱。

这些经历和学习，使夏琫瑛深知想要救国救民，必须求得人民的彻底解放，包括妇女解放。为此，她加入了妇女抗日救国联合会，通过妇救会组织发动妇女参加抗日斗争，抗战胜利后，又继续组织妇女们为争取民主而斗争。

妇女抗日救国联合会是中国共产党领导的妇女群众组织。日本投降后，邓颖超随毛泽东主席的代表团赴重庆同蒋介石谈判，妇救会专门为邓颖超举行了欢迎大会。欢迎大会上，邓颖超发表了热情洋溢的讲话。夏琫瑛参加了这次大会，亲

夏琫瑛（左）1939-1943年在重庆。

眼看到邓颖超衣着简朴、精神抖擞，听到邓颖超介绍延安朝气蓬勃的革命生活风貌，使她备受鼓舞。

1946年1月10日，旧政协会议开幕，应人民的要求，国共两党代表每晚在沧白纪念堂召开各界民众大会，邀请政协代表向群众报告当天会议进展情况。民众大会共召开八次，夏琫瑛每会必到，暗中保护中共同志和民主人士的安全以及维持会场秩序。

1月18日晚，第六次民众大会在沧白堂举行，李公朴任主席，共产党代表王若飞出席。国民党代表在会上提出"军队国家化"。共产党代表当场反驳。此时，会场民众群情激奋，高呼：反对独裁！反对内战！这时，有人持一小锣，一阵乱敲，顿时木棒石块齐向王若飞、李公朴砸去，嘘声叫骂声充斥于耳，全场一片混乱。许多进步青年挺身而出，奔上讲台，救护王若飞等人，夏琫瑛等女青年顺势排成人墙，进行护卫，将王若飞等人送上了轿车，安全撤离。

2月10日上午，较场口广场举行陪都各界庆祝政协会议成功大会，为防止发生意外，夏琫瑛等一批女青年早早来到较场口，提前做好接应工作。会议开始，李公朴刚走进台口，一伙预伏在台下的特务围住主席台狂呼乱叫，将砖头、石块扔向主席台。一些人手持铁棒，一窝蜂拥向主席台，见爱国人士就打。许多进步青年奋不顾身奔向主席台，扶起受伤的施复亮、李公朴等向外冲，夏琫瑛等女青年快速接应，将他们二人扶进早先准备的小汽车内，送到医院抢救。

国民党特务殴打民主人士、破坏民众大会，尤其是校场口惨案，使夏琫瑛痛恨不已。她常和友人商谈，认为民主的道路还很艰险，必须做好准备。

经爱国民主人士劳君展女士的力荐，夏琫瑛出任了国民党中央妇女委员会总干事。夏琫瑛在任总干事期间，一方面把广大妇女的冷暖放在心上，努力解决当时妇女就业困难等社会问题，一方面认为要与国民党政府操纵的妇女团体做斗争，也必须有一个独立的团体作武器。于是，1947年春，夏琫瑛参与筹组了中国妇女生产事业促进社，后又创办了南京第三缝纫生产合作社。

加入民革，当选"国大"代表

随着时局的急剧变化，夏琫瑛意识到，谋取妇女解放的斗争方式也要相应改变，只凭经济手段，已经不适应形势的发展，为此，她积极地投身到政治斗争中。1948年1月1日，民革成立，接着南京也成立了民革分会，夏琫瑛毅然加入民革组织，进行反蒋斗争。

当时，民革南京组织领导人孟士衡曾说："民革南京组织，是在国民党当局心脏里拎着头闹革命，特务多如牛毛，务必警惕。"夏琫瑛时刻关注着当时上层妇女的情况和有关机关动态，并以第三缝纫合作社作为江北来人的秘密联络点、交通站，组建了一条看不见的战线。

在夏琫瑛第三缝纫合作社的掩护下，民革南京组织接待过很多江淮解放区来购买药品的人员。民革南京组织如需召集会议，也大多由夏琫瑛传递消息，采取聚餐、宴会、访问等多种形式掩人耳目。解放区同志缺少路费或者需要就医，夏琫瑛也会想方设法尽力解决。

1948年3月29日，国民党为了扭转失败的命运，召开了"国民大会"。由于夏琫瑛符合国民党颁布的《国民大会代表选举法》的人选条件，为了取得更好的身份作掩护，从而更好地开展反蒋斗争，她在民革组织的支持下，参加了"国大"代表竞选，并当选为"国大"代表。

蒋介石为了继续实行独裁统治，在选举副总统上搞鬼作弊。就在"国大选举"前夕，两个衣冠楚楚的人来到夏琫瑛住处，要她签名盖章，保证选孙科。原来，国民党为了确保孙科当选，采取了所谓的"保甲制度"，即要一个国民党的"国大"代表监视其他十个代表，以便确保其投孙科的票。夏琫瑛丝毫不为威胁所动，按照民革的指示，投了当时被认为比较开明的李宗仁的票。

为了更加直接地揭露国民党政府的丑恶行径，顺应广大人民渴望和平的愿望，1949年1月，夏琫瑛和余精一、曲绍卿、胡笳声四位"国大"代表，向"国民大会联谊会"提交了"为满足全国人民对和平之迫切需要，亟应撤销'戡乱令'，宪法和法规亦不应坚持，接受中共的和平主张……"的议案。在国民党政府压制下，该议案被拒绝审议和公布。后经余精一活动疏通，1月23日《中华时报》全文刊出该议案。

夏琫瑛等人提出的议案，直指国民党政府的痛处，提案人自然成为国民党政府的眼中钉。余、曲、胡三人为了避免迫害立即撤离了南京。夏琫瑛不顾个人安危，依然留在南京，奔走于妇委会与第三妇女缝纫合作社之间，在孟士衡领导下继续开展反蒋斗争。

铁窗牢房，誓死斗争

孟士衡曾问夏琫瑛："你怕不怕死？"夏琫瑛笑了笑，说："人生自古谁无死，但求死得其所。干革命就要视死如归。"

1949年初，三大战役已经胜利结束，解放军大军席卷长江之北，国民党军队军心不稳，毫无斗志。但在国共和谈中，国民党当局仍然拒绝接受中共提出的和平条件。为了尽快结束战争，迎接解放军渡江，夏琫瑛所在的民革南京地下组织悄然酝酿一场可能改变历史的京沪起义计划。

该计划主要分为六个部分：一、控制南京明故宫飞机场，防止国民党要员潜逃；二、策动南京国民党军警起义，切断南京各主要干线的交通及对外联系；三、扣留国民党重要头目，包括代总统李宗仁、总司令汤恩伯等人；四、成立人民解放委员会，维护社会秩序，保护人民生命财产；五、成立南京人民政府；六、接应解放军横渡长江，解放南京。

由于敌人破坏，京沪起义失败。那段时间国民党当局疯狂逮捕参与计划的成员，被称作"飞行堡垒"的红色大囚车在京沪等地频频出动。

夏琫瑛，正是因为参与了京沪起义的筹划，才被国民党军警耗费大量的人力物力，在短短几天之内多次跨省追捕。

夏琫瑛被捕后，坚持同国民党当局进行斗争，在狱中视死如归，展现了不屈不挠的精神。她在狱中不断抗议当局违宪，用自己的行动撕下了国民党伪装的民主面具。

夏琫瑛在牢中曾进行绝食斗争，绝食四天后，生命垂危。后特务冒充民革组织名义送来食物，劝其进食，她才停止了绝食。敌人对夏琫瑛搞过几次秘密审讯，妄想从夏琫瑛嘴中套取有用情报，但都没有成功。她在被审讯时，义正辞严斥责主审官："你们在'国民大会'上高谈民主，还政于民。言犹在耳，你们就背道而行。这种卑鄙的、违法的丑恶嘴脸终究要暴露在光天化日之下，你们的假面具一定会被戳穿，你们将会成为千古罪人，遗臭万年，传遍全世界！"

4月4日，特务们把夏琫瑛等参与京沪起义的九名同志集中押送上海审讯。在押送途中，孟士衡利用敌人严密监视的间隙，对夏琫瑛嘱托道："我死后，你一定要打起精神，把民革的事担起来。要联系民众，多写宣传文章。团结同志，紧跟共产党，只有共产党才能救中国！"夏琫瑛小声却意志坚定地说："从被捕那天起，我就没打算活着出去，他们休想从我口中得到一个字！"

5月9日下午，孟士衡、吴士文和肖俭魁三人在宋教仁公园被杀，为国捐躯。夏琫瑛等几人被判了15年到30年徒刑。这时，因京沪起义被关在牢里的几百人，

1951年春,夏琫瑛代表南京市人民政府接管圣心儿童院,与孤儿李安琪的合影。

均被特务处死,到上海解放时,只剩下28人。

夏琫瑛后来在中共组织和友人的帮助下重获自由,在上海休养数日后,即回南京参加华东人民革命大学学习。由于经历了94天(2月15日至5月19日)的牢狱生活,她的身心受到严重摧残,患上了严重贫血和胃病。

一场特殊的战斗

"这是一场特殊的战斗,很重要,只能胜利,不能失败。为拯救孩子,政府会在人力、物力上给予大力支持,要做到一个孩子不能死。"这是1951年春中共南京市委领导授命夏琫瑛接收南京圣心儿童院时对她的嘱托。

南京圣心儿童院是外国人在南京创办的所谓"慈善事业机关",有宗教背景,号称是慈善机构,但实际上,管理者利用庞大的死亡数字(当时圣心儿童院的婴、幼儿死亡率达到了65%),欺骗国际社会对儿童院儿童的怜悯之心,以获取更多的捐赠,中饱私囊。

夏琫瑛心中明白,新中国刚刚成立,西方列强对新生的人民政权持有怀疑和敌对的态度，而接收圣心儿童院又是一场涉及宗教、外事，政策性极强的特殊战斗，绝不能掉以轻心。接到任命后，夏琫瑛当晚便率领 4 名干部抵达圣心儿童院。

为了做好接收工作，一方面，夏琫瑛带领工作人员研究方案，深入调查，逐个谈话，团结争取院内中国勤杂人员及多数中国籍修女，请她们揭露、控诉圣心儿童院负责人的罪行。在南京市人民法院因为圣心儿童院的高死亡率，对院长兰义德（爱尔兰籍）提起公诉时，夏琫瑛在法庭上与兰义德等人进行对质，据理力争，迫使修女白洁贞不得不把法文本《领洗人名册》交出来。后来，夏琫瑛亲自撰写了《南京圣心儿童院接办前后》一书，真实地再现了圣心儿童院残害中国儿童的历史原貌，在国内外影响很大。

另一方面，夏琫瑛精心救治和护理福利院的孩子们，将他们从死神手中抢了回来。在夏琫瑛赴任的第二天早晨，她就赶到婴儿室巡视。当时的婴儿室死一般沉寂，孩子们不会哭、不会笑，躺在床上奄奄一息。

夏琫瑛看到这些孩子悲惨的境况，提出"一切为了孩子"，请求南京市政府给予帮助。在南京政府的协调下，各大医院共同参与抢救孤残儿童。

送走一个个黄昏，又迎来一个个清晨，夏琫瑛带领工作人员不分白天和黑夜忙碌在孩子身边。开始时，这些孩子与接管人员格格不入，不肯接受教育，夏琫瑛就带领工作人员千方百计地接近他们，带着他们玩游戏、讲故事、听广播、看电影，组织他们参加控诉大会、联欢会，帮助他们理发、剪指甲等。孩子们的精神面貌及身心健康在短短的时间内，有很大的改善。

与此同时，夏琫瑛加强了院内的管理，建立了一套完整的管理规章制度；建立了游艺室、学习室、医疗室、儿童食堂、宿舍和卫生等设施。圣心儿童院的工作受到南京各界群众的称赞。

1951 年，英国访问团专程从北京来南京，参观南京婴儿院，他们说："在欧洲盛传'圣心事件'是 65% 的死亡率，你们接收后死了多少孩子？"夏琫瑛说："一个没有死，个个都健康。"他们还参观了儿童食堂、宿舍、游艺室、学习室

1951 年的圣心儿童院。

等设施，临别时连声称赞。陪同访问团参观的著名作家丁玲，握着夏琫瑛的手说："我下次专门来采写儿童院。"

献身社会改造工作，力做民众"贴心人"

新中国成立初期，民政工作千头万绪、面广量大，任务繁重，生产自救是当时迫在眉睫的重中之重。夏琫瑛在华东人民革命大学结业后，被分配到南京市生产救济委员会工作。从此，她积极献身于南京的社会改造工作。

当时，南京市生产救济委员会承担安排 30 多万闲散人员的任务。对这些人员既要做大量细致的思想工作，又要发放救济粮款，保证这些人的生活，不要冻死饿死一个人。在工作实践中，夏琫瑛真正体会到"人民政府为人民"不是一句空话，从而更坚定地树立了为人民服务的思想。

当时，夏琫瑛骑着自行车，跑遍了几乎南京所有的街道，访问干部群众，做社会调查，宣传党的政策。对待贫困救济户，她采取只做不讲的方法，在她手上为多少户解决了困难，已无法统计。

1951 年 8 月，夏琫瑛又担任了南京市生产救济院副院长的职务。生产救济院的任务是组织社会闲散人员从事生产，下属十几个单位，有缝纫社、制鞋厂、砖瓦厂、盲人厂、哑人厂、儿童教养院、孤老院、婴儿院等。她四方奔走，八面兼顾，出色地履行了应尽的职责。

　　夏琫瑛曾说过，"我这一生做的都是妇女工作"。新中国成立前，她一直从事妇女工作，就是竞选"国大代表"，也是妇女界代表当选的。新中国成立以后，她一直在全国、省、市妇联挂职。许多素不相识的妇女，都慕名找来，有被逼婚的女青年，流落街头的尼姑，无工作的残疾女工……夏琫瑛无不以妇联代表的身份，热忱相助，为她们多方奔走，直至问题解决。

主要参考资料：

1．《穿行在风云人物之间续集》，夏从本，中国档案出版社 2012 年。

2．黄慧英《风雨话同舟——记民革南京市主委夏琫瑛》，《上海档案工作》，1994 年第 6 期。

3．严艳《风雨同舟 与中共并肩奋斗六十余载——记民革南京市名誉主委夏琫瑛》，《江苏省社会主义学院学报》，2001 年第 3 期。

重庆歌乐山麓肃穆的烈士陵园中，长眠着一大批在重庆解放前夕不幸遇难的共产党人和爱国志士，当中有周从化、周均时、黎又霖、王白与和李宗煌五位民革烈士。这五位民革同志，都是因从事地下工作被捕，又先后牺牲在集中营，所以被合称为：民革川康五魂。

民革川康五魂
"将身许国倍光荣"

1949年11月30日，重庆终于解放了，人们载歌载舞，欢呼着革命的胜利！

当人们冲入歌乐山下国民党军统集中营内，想营救出被关押在这里的大批革命志士时，却发现血流遍地，到处是血肉模糊、无法辨认的烈士遗体。刚从敌人大屠杀中侥幸脱险的王国源同志，在白公馆监狱"平三室"牢房的隐蔽处，发现了一张巴掌大的纸片，上面用竹签子笔写着几行感人至深的诗句。经确认，它是民革川东分会的负责人之——黎又霖烈士在牺牲前两天，即1949年11月25日在狱中写下的绝命诗：

> 卖国殃民恨独夫，一椎不中未全输。
> 银铛频向窗前望，几时红军到古渝。
> 革命何须问死生，将身许国倍光荣。
> 今朝我辈成仁去，顷刻黄泉又结盟。

原来，就在几天前，丧心病狂的国民党反动派在逃跑前，对囚禁在歌乐山白公馆、渣滓洞等监狱的中共党员和爱国民主人士进行了惨绝人寰的屠杀。在歌乐山的300多位英烈中，除了黎又霖，被残忍杀害的民革同志还有：在牢墙上刻下"失败膏黄土，成功济苍生"的周从化，临刑前神色镇定、不改常态的周均时，

重庆歌乐山烈士陵园。

边走向刑场边呼"痛快,痛快"的王白与,"宁肯砍掉脑袋,不愿割去耳朵"的李宗煌。

这5位民革烈士生前热爱民主,向往光明,在中国共产党和民革组织的领导下英勇斗敌;他们因被叛徒出卖而被捕,自己也被国民党反动派视为"叛徒"。他们慷慨赴死,以身报国,没有亲眼看到胜利,却永远被新中国历史所铭记。正所谓:"革命何须问死生,将身许国倍光荣。"

周从化:失败膏黄土,成功济苍生

多年以后,当人们走进位于重庆沙坪坝区歌乐山的白公馆,看到墙壁上刻下的"失败膏黄土,成功济苍生"的诗句及"光明不远"誓言时,仍忍不住肃然起敬。

这是周从化烈士被捕后,用竹筷头刻写在国民党军统监狱白公馆"平三室"牢房墙壁上的。光明不远,他却倒在了黎明前夜。1949年11月27日,距离重庆解放仅剩三天,周从化被敌人残忍杀害于松林坡。

周从化烈士,四川新繁人,民革川康地下组织发起人,民革"川康五魂"之一。

周从化（1895-1949）。

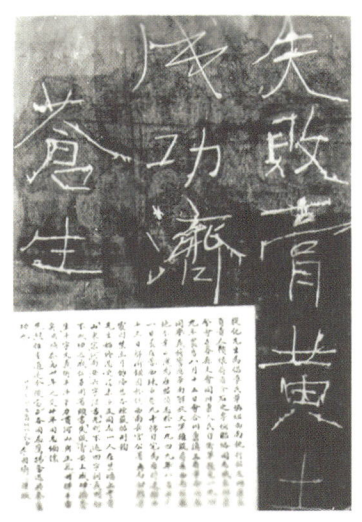
周从化烈士在白公馆牢房墙上的遗书拓片及相关资料。

反对独裁，拒当"国大代表"

1940年春，国民党特务策划制造了成都抢米事件，嫁祸于中共，借此逮捕了一些中共地下党员。尽管浸染国民党军中、政坛多年，周从化却对此等特务伎俩极为不齿。同年9月，当得知长子周述东在国民党中央军官学校毕业，要被分配去接受情报参谋训练时，周从化严肃地说："你知不知道什么是情报训练？就是接受特务训练。我周家子孙绝不能干这种羞辱祖先之事。"周从化成功说服儿子，避免他误入歧途，并动员他去印度参加远征军，对日作战。1945年抗战胜利后，他宁要儿子在家赋闲，也不准随部队去东北参加内战。周从化在大是大非前的坚定性和预见性，令亲友大为敬佩，传为佳话。

周从化，字继金，1895年生于四川省新都县新繁镇。他早年深受革命思潮影响，投入川军，参加讨袁护国战役。1935年刘湘统一四川后，周从化被刘送入国民党陆军大学受训。受训期间，他对蒋介石"攘外必先安内"政策十分不满，对冯玉祥、张学良、杨虎城等将领的联共主张暗表同情。1937年全国抗战爆发，周从化为刘湘草拟公开发表的抗日言论。8月，他随同刘湘率军出川抗战。刘湘病逝后，周从化曾任29集团军总部中将参谋长，后转任川康绥靖公署参谋处处长。

1942年秋，杨杰应邀到成都陆大讲学，在周从化的家中住了十余天。周从化钦佩杨的远见卓识，二人常彻夜密谈，关系愈加密切。但由于周从化在川康军政界上中层人士中竭力倡议团结抗日，被国民党特务告密，遭到解职。

解职后，周从化一心投入川康军政界的团结工作。经潘文华推荐，由张澜介绍，周从化秘密参加了中国民主同盟。他和中共党员、民盟盟员于渊、杨伯凯以及早有私交的中共党员王文鼎等联系密切，常在一起研究抗战形势，商讨反蒋民主活动。

抗战胜利后，周从化获悉毛泽东不顾个人安危，由延安飞抵重庆与蒋介石谈判的消息，十分兴奋，大声称赞说："这是伟大的行动，是压倒一切的气魄，蒋介石输了。就是谈不成，中共也赢得了人心。"

1946年8月，周从化同张致和、罗忠信等人筹办在成都荣光电影院举行的李、闻惨案追悼大会。民盟中央主席张澜在会上被国民党特务打伤后，周从化不避特务监视危险，仍去培根火柴厂慰问张澜先生。他还通过各种关系，设法营救被捕进步人士。

1947年初，蒋介石在其发动的内战中军事上暂处优势，国民党在国统区包办所谓民选国大代表。周从化被家乡新繁提名为国大代表候选人。他坚决予以拒绝，说："老蒋迷信武力统一，挑起违背人心的内战，还搞欺世盗名的国大选举，为自己独裁壮胆，我就不去捧场助威。"

争取人心，筹组川康民革

1947年秋，原刘湘侍从副官主任曾伟澜带着李济深函，由香港到成都、雅安，联系潘文华、刘文辉，希望二人相机起义，配合中共部队解放西南。周从化欣然接受曾的建议，建立地下联络小组，并任组长，专门与刘文辉、潘文华保持秘密联系。刘、潘亦向周从化表示，愿与李济深合作。

在曾伟澜转港向李济深复命后，周从化即将曾的川康之行概况，转告了盟员和王文鼎，并决定去重庆会杨杰。赴渝前，周从化向王文鼎表示：国家未来的希望，只有靠中国共产党，今后愿在党组织的直接领导下献身革命。

1947年冬，周从化到重庆，向杨杰讲了四川军政界上层人士反蒋动态和自己参加民盟活动以及李济深派人来川康联络的情况。杨杰希望周从化与刘、邓、潘紧密联系，并介绍黎又霖与周从化合作，指定他们两人为三民主义同志联合会西南执行部军事策反工作的主要负责人。

1948年1月，周从化返蓉，将重庆之行活动转告了张致和、罗忠信等人，特别向王文鼎详述了参加民联活动和杨杰密商军事策反情况。

1948年3月，周从化再次到重庆面晤杨杰、黎又霖，认为当务之急是宣传蒋军在战场失利实况，形成蒋必败舆论，争取人心。同时，还应积极做好西南地方首脑的策反工作，把他们的力量连成一片、以待时机。

周从化接受杨杰的意见，留渝活动。他在国民党军官中宣传"蒋政权挑起内战，必然失败"等道理，引起了很多的共鸣。四川地方将领郭勋祺在抗日战争时期曾因与中共新四军有交往而被撤职，闲居成都。周从化约郭与杨杰见面，杨杰鼓励郭将计就计，去掌握部队，相机配合解放。

6月中旬，杨杰约周从化、黎又霖密谈，告知李济深派人带来信件和绢条，称希望杨杰领导民革西南工作，刘文辉负责组建川康民革，伺机配合解放西南。

周从化承担了筹组川康民革任务，当即返蓉。路过内江，和几个被国民党编余回乡、尚有号召力的将级军官谈得非常投机，两天后，他们就建立起内江民革地下组织。抵成都后不久，王文鼎转告了中共川康特委同意由周负责筹建民革川康地下组织，认为通过民革组织进行工作，接触、团结面更为广泛。周从化即全力投入民革川康分会筹建之中。

1948年9月初，周从化在家会见了中共地下党员（又是民盟盟员）贾子群，交谈筹建民革川康组织计划的意见，确定了"反蒋、拥共、团结、进步"八字工作原则。为了密切配合行动，周从化等人认为除了加紧对刘、邓等高层的联系外，更应设法做好其部下的工作。当时刘、潘、邓三人的部队，驻成都市附近只有一个谢德堪师。如能做好谢的工作，使谢参加民革，负责军事策划活动，既可进一步稳定邓的起义决心，又可掩护进步活动。周从化动员与谢有同学深交的邱翥双，以组建川康民革发起人的身份，对谢做工作，邱与谢经过几次商谈，谢表示愿意参加民革。

1948年10月，周从化带着筹建民革的初步方案三次赴渝，征求杨杰意见。临行前，王文鼎提醒他，重庆是蒋帮特务直接统治的城市，要特别谨慎行事。周从化表示："天下兴亡，匹夫有责。为了革命，龙潭虎穴，何所惧哉？！"

光明不远，牺牲在黎明前夜

1948年12月下旬，国民党败局已定。杨杰认为，现在可以提出"保川拒蒋"的方针了。此时，周从化的活动更为频繁，他通过中共川东地下党负责人刘兆丰得知，蒋管区人民的任务，已不是组织军队配合解放，而是做好统战策反，迎接解放的工作。

周从化及时将这些意见转达给杨杰、黎又霖。杨认为是正确的，并提出依照保川拒蒋的精神，民革川康地下武装组织可称为"人民自卫军"，号召保乡自卫，既可稳定人心，亦可达到减少破坏、迎接解放的目的。周从化赞成杨杰的意见，于12月底回成都向同志们通报渝行情况，并在其家商拟筹建地下民革川康组织计划。

1949年1月，人民解放军势如破竹，蒋介石宣布"引退"，随即傅作义起义，民革在沈阳广播号召国民党员、爱国人士拥护中共对时局之主张。周从化深受鼓舞，不顾安危，加快筹建民革川康组织的步伐。春节相互拜年时，周从化发现虽然很多国民党军政人员同情和支持策反工作，但也有少数人顾虑重重。周从化以中共对傅作义等的事例向他们耐心解释，消除他们的疑虑。

经过周从化的周密筹备，1949年农历正月初五，民革川康分会在成都西珠市巷90号周宅正式成立，周从化任秘书长兼组织部长和自卫军总司令。

1949年4月初，周从化同中共川东地下党员熊扬一道走访谢德堪，劝他走

位于四川成都十二桥烈士陵园的周从化墓碑。

傅作义道路，谢表示赞同。

正在加紧活动之时，周从化接到黎又霖密信，望其到渝面商要事。5月中旬，李宗煌在成都市街头被捕的消息传开，周从化不得不躲避数日，情势稍一缓和，他立即第四次踏上了赴渝之路。

5月下旬，周从化到渝会见杨杰、黎又霖，详述在成都的工作情况。杨杰认为，西南各省联成一体，以武力自卫名义同时行动，是最佳方案，相约由杨杰统一发出行动信息，还约定以内江民革组织为成渝两地联络中心。

6月，周从化返回成都，随即约邱翥双、曹四勿研究组织武装和策反问题。他随后回到家乡新繁，筹建自卫军武装，等待杨杰、黎又霖的信号。8月上旬，周从化回到成都后，从曹四勿处了解到新政协会议将在北平开幕等消息，他迅即请谢德堪转告邓锡侯，并要谢掩护新繁、彭县等地的民革活动。

6月中旬至8月初，周从化马不停蹄地在成都、新繁、金堂、眉山、彭县等地奔波往返，策划民革组织活动。刘文辉、熊扬暗地嘱人提醒周从化防范敌特，周认为："在国民党必败的时刻，应当挺身而出，明确阐明正义必然战胜邪恶，才能使迷途者审时度势，转向革命。"

8月中旬，周从化认为，在国民党政权大势已去的情势下，要劝谏王陵基转变立场。8月17日，与大家反复商议后，周从化自告奋勇，到四川省政府慷慨激昂地向王陵基指陈利弊，要王悬崖勒马，使四川免于战祸。王陵基笑而不答，稍作敷衍。20日深夜，周从化在家被捕。23日，特务即用专机把他押送重庆，关押在军统重庆集中营——白公馆监狱。

周从化在狱中，经受了刑讯考验，坚贞不屈。11月27日夜，周从化就义于松林坡。最后时刻，他镇定自若，振臂高呼："打倒蒋介石！中国共产党万岁！"

周均时：爱学术更爱真理

"你觉得今天中国落后的原因是什么？"

"最大的原因是由于中国历史的停滞，这是由于两千年来的君主专制与杀人魔王的思想统治造成的。"

"你讲得对，不过还有一个重要的原因，那就是中国的文字问题。中国文字太复杂了，学起来很困难。……我们应有远见，改革我们的文字。"

这是1949年新中国成立前夕，在重庆白公馆监狱内，我国著名数理学教育家周均时和狱友周居正的一段对话。周均时虽不是改革中国文字的首倡者，但他身在魔窟之中，仍不忘国家民族的未来，足见其精神风貌。11月27日夜，重庆解放前三天，周均时被押出牢房，枪杀在松林坡。

周均时烈士，四川遂宁人，是一位享有盛名的学者，也是民革川东分会地下组织的负责人，民革"川康五魂"之一。

教育报国，掩护地下党活动

周均时，原名周烈忠，1891年出生于四川遂宁。12岁时，他随父亲到重庆，入正蒙公塾读书。当时，在该校任教的同盟会员杨沧白，教育其学生从小要树立为推翻封建制度、振兴国家而奋斗的理想，周均时听了很受启迪。

当辛亥革命前驱邹容被清政府勾结上海租界当局抓捕并折磨致死的噩耗传到

周均时（1891-1949）。

重庆后，周均时在全校宣讲会上率先登台，宣讲慷慨激昂，尽泄满腔悲愤，引起听众的共鸣。

1906年，周均时随父到上海，就读于新筹建的中国公学。四川军政学界崭露头角的熊克武、但懋辛、税西恒、罗元淑等人，在中国公学创办时或担负过筹备工作，或当过教员，或与周均时同过学，他们都对周均时产生了很大的影响。

为了学习西方强国的科学技术和民主思想，青年周均时决定到外国留学，他在成都以第一名的考试成绩，考取德国柏林工业大学。在德期间，正值第一次世界大战爆发，他对德国的务实崇效、办事认真的社会风习印象深刻，也对其当权者黩武好战、贻祸人民的历史教训感悟颇深。

在德期间，经熊克武等人介绍，周均时与同在德国的朱德相识。朱德十分欣赏他善于筹划的缜密性格，与之结为好友。外出时，朱德还将自己的财物全部给周均时保管。他们在困境中互相鼓励和照顾，一起渡过难关。重庆解放后，朱德赴渝视察，曾问及周家情况，对这位已为人民革命光荣献身的具有科技专长的爱国老友深表惋惜。

1924年，周均时回到了祖国，但此时的中国政府腐败、军阀纷争、民不聊生，周均时以科技建厂、兴办实业的愿望重重受阻。苦闷徘徊之后，他把希望寄托于下一代，决心转身投入教育事业，积极培养国家栋梁。他先后在暨南大学、南京中央大学、重庆大学任教，很受学生欢迎。

抗战中，周均时受命担任同济大学校长，他带领同济大学广大师生长途迁徙，使莘莘学子在战乱烽火中得以避风遮雨。

随着全国抗日形势发展，为增强军械实力，刘湘创办了工业实验所，聘请周均时为所长。周均时运用所学的兵器科技知识，亲自指导制造枪炮，特别是研发的德式重型机枪，其发射功效与耐用力比汉阳厂造的还要优良。

1944年，周均时和税西恒合力支持重庆大学的进步学生，办起了蜀都中学。这所学校成了中共地下党的一个据点，一批青年由此走上革命道路。抗战后期，他还利用重华法商学院董事长等身份，积极资助并掩护该校中共地下党的革命活动。

抗日战争胜利后，蒋介石撕毁了重庆谈判达成的停战协议，悍然发动反人民的内战。此时，周均时已坚决站到反独裁、反内战的民主运动行列。

加入民革，成长为民主斗士

1946年，周均时受教育部部长朱家骅之邀来到上海，任吴淞商船专科学校校长。在上海，他与民革创始人郭春涛等建立了联系后，参加了民革，开始为推翻蒋介石卖国独裁政权，实现中国的独立、民主与解放而斗争，逐渐从一名知名学者成长为民主斗士。

1949年夏天，周均时在重庆和由上海回四川的王白与参加了建立民革川东分会地下组织及策反工作。

川康滇黔四省民联成立后，西南民革负责人杨杰与重庆民联负责人甘祠森、黎又霖倡议组织了"转转会"，以谈论时局，统一认识，联络情况，协调行动。其成员为民革与民联的精英和进步人士，周均时也是其中一员。座谈中，大家确定"保川拒蒋、迎接解放"为当前的工作方针。在方针指导下，他们与国民党元老熊克武、但懋辛、向育仁等建立了直接联系，对实力派刘文辉、邓锡侯、潘文华等进行了试探摸底，与工商界代表人物刘航琛、吴晋航、席新斋等也有接触。

1948年4月，重庆发生中共地下党办的《挺进报》被敌特侦破事件。8月，华蓥山起义受挫，中共川东、重庆地下党的组织受到严重破坏，重庆敌特活动更加猖獗。周均时利用他在科技文化教育界的地位，不畏强暴，积极活动。他向一家报社的政论作者说："文教界有识之士，岂可保持缄默，应挺身而出讲讲话，唤起广大群众觉悟。"

1948年底，敌特活动愈加猖獗，时局也愈加紧张，周均时约集重庆有民主爱国思想的校长、教师四五十人在自家大厅举行座谈，并邀请《大公报》《新民报》《世界报》负责人参加。大家群情激愤，针砭时弊，痛诉国民党的倒行逆施。最后经与会者一致同意，推举出包括周均时在内的数位热心分子，组成"文教界应变联谊会"。这对重庆文教界随后开展的学生运动产生了较大影响。

座谈中，周均时得知重庆大学有两个倾向进步的学生遭到特务的盯梢，他十分气愤："反动家伙这样造罪作恶，妄图垂死挣扎又有何用，非垮台不可。"他嘱托重庆大学校长张洪元把那两个学生隐蔽起来，使他们最终脱险。

甘洒热血，"我的事业在这里"

1949年春天，民革川东分会负责人王白与从上海回到重庆，在周均时家组织秘密集会，提出一手抓武装、一手抓策反。杨杰在建议组织武装队伍的同时，要求周均时超越民革地方组织关系，以科技教育专家的身份与声望来团结进步学者。他很快行动起来，利用各种社会关系，紧锣密鼓地开始策反活动。

1949年夏，环境更加险恶，国民党在加紧镇压重庆学生运动的同时，进一步把魔爪伸向军政界。这时，周均时的朋友与家属曾劝他躲避一下，也有劝他到美国去，他都坚决回答说："我的事业在这里，我不能走。"

杨杰从昆明写封信托人带给黎又霖，不慎消息走漏。军统于8月19日至21日逮捕了黎又霖、周均时、王白与三人，21日在成都又逮捕了周从化。9月19日，杨杰在香港被国民党特务杀害。

重庆红岩魂广场上的周均时像。

周均时在狱中，诱降不成，刑讯不屈，铁骨铮铮，坚守气节。据和他关在一个牢房的周居正讲，他每天除尽可能找书看和同难友下棋外，还向他们讲些科学常识。

1949年11月27日，周均时在松林坡英勇就义，享年57岁。

黎又霖：革命何须问死生

"蒋介石就要完蛋，同志们，再见吧！"

1949年11月27日，解放重庆的炮声已隐隐可闻，震惊中外的重庆大屠杀还在惨无人道地进行中。当黎又霖被铐上手铐，押出牢房时，他气宇轩昂地向同志们挥手告别。临刑前，他举起右手高呼："打倒蒋介石！" "中国共产党万岁！"……直至生命最后一息。

黎又霖烈士，贵州黔西人，民革川东分会的负责人之一。被关进白公馆监狱后，他受尽酷刑折磨，面对敌人让其招供的纸笔，他三次写下："没有说的，请枪毙！"在遇难前两天，他写下绝命诗："革命何须问死生，将身许国倍光荣。"

黎又霖(1895-1949)。

预言"蒋介石必败"

1895年农历七月初七,黎又霖出生于贵州黔西城关镇南后街一个书香人家。

受父亲影响,少年的黎又霖非常崇敬孙中山和他倡导的民主思想。1915年,他考入北京大学法政系。受俄国十月革命影响,黎又霖和许多进步知识青年一样,转而学习和研究马克思主义。大学毕业前夕,五四爱国运动爆发,黎又霖与北大爱国师生一起投身集会和示威游行,并参加了火烧曹汝霖住宅行动。

1919年10月,孙中山在上海宣布改组中华革命党为中国国民党,黎又霖就在这时加入了国民党。北大毕业后,黎又霖目睹军阀割据乱局,担心日本帝国主义侵华加剧。他认为应响应孙中山的号召,促使北伐成功,中国才能统一,民族才能富强。他毅然投笔从戎,担任黔军将领袁祖铭的秘书,并多次劝谏袁与孙中山真诚合作,共策北伐。不料袁犹豫再三,不肯合作。黎又霖遂脱离袁部,毅然随四十三军军长李燊(晓炎)参加北伐,任所部教导师杨其昌师长的参谋。

北伐的军旅生活困难重重,黎又霖一路风餐露宿,常常不得安眠。师长杨其昌劝他注意休息，黎又霖却说："不打垮北洋军阀，不结束封建军阀的割据，怎能睡得着，睡着了也要被整醒的。"

北伐途中，他收到了爱妻病逝的消息，悲痛万分。当想着数年没见的年幼女儿，又想到革命，他泪流满面，拿起纸笔给家人写信："大禹治水三过家门而不入，我今重任在身，岂能返家奔丧，望家中勿念。"

北伐军攻占武汉后，广州国民政府迁到武汉。国民革命军第九军一师贺龙与二师杨其昌均受命到宜昌，但军饷匮乏，处境困难。后经武汉政府代表吴玉章斡旋，才摆脱了困境。这一番经历，加深了黎又霖对吴玉章、贺龙及武汉政府的认识。

1927年4月12日，蒋介石在上海发动了反革命政变，大肆逮捕、屠杀共产党员和革命群众。黎又霖大为失望，多次在大庭广众下大骂蒋介石没良心。随后，他索性离开军政界，应聘同济大学教授。

1931年，黎又霖去广州出席胡汉民主持召开的国民党中央执监委员非常会议。会上得与柏文蔚、王葆真相识，继而交情日深。胡汉民反蒋失败后，黎又霖重返上海担任中国公学总务长，并继续组织国民党中的左派，在安徽、上海一带宣传革命，鼓励民众反蒋。

同年11月，福建事变爆发。黎又霖非常高兴，满腔热忱地奔赴福建，参加革命政府的工作。但福建事变很快就失败了，黎又霖不得已又回到上海。

1934年10月，中国工农红军主力红一方面军北上抗日，拉开了长征的序幕。刚解甲归田的杨其昌问黎又霖："你对红军长征如何看？"黎又霖回答："不管蒋介石如何诡计多端，但江山不稳，失民心者失天下。共产党领导红军长征，虽处境困难，但民心所向，大有希望。"

与共产党秘密接触

1937年，抗日战争全面爆发，黎又霖辗转到重庆。在那里，他与中共中央南方局取得了联系。

在董必武领导下，1939年春黎又霖开始以隐蔽的身份，参加由武昌撤退、迁到綦江的国民党军委会战时工作干部训练团。作为上校政治教官，他迅速联络了一批川、滇、黔军的军官。

綦江惨案发生后，黎又霖回到重庆。他通过其堂兄黎季云、侄女婿蒋华村等掩护，广泛接触工商界、金融界人士，并结识了进步人士陶行知、李公朴等，结交了西南长官公署副长官邓锡侯的儿子邓华明。这都为他后来开展军运策反等工作打下了基础。

1943年初，谭平山来到重庆。黎又霖向友人借得一所房屋供谭老居住，他常常与谭老促膝谈心，获益匪浅。黎又霖还多次参加由周恩来、董必武等人作报告的会议组织工作。

经董必武同意，黎又霖加入了民联，同时又经鲜特生、邓初民介绍加入民盟。同年，民联在重庆南岸枣子湾6号杨杰住宅成立了民联西南执行部和人民自卫军司令部。杨杰任主委、总司令，黎又霖为执行委员。

1946年初，民联中央迁往上海，民联重庆地方组织临时工作组成立，由甘祠森负责，杨杰、邓初民担任指导员。后经民联中央同意，增补黎又霖为临工组成员。

1947年春夏，随着蒋介石推行独裁、内战政策，重庆形势急剧变化。黎又霖与中共领导机关的联系被割断，他想方设法与原南方局统战组留重庆的彭友今、汤逊安取得了联系。在他们的共同努力下，民联临工组和民盟等民主党派确定了"隐蔽精干、积蓄力量、扎稳脚跟、伺机而动"的方针，采取个别联系、小型聚会沟通情况，由公开转入地下活动。

1948年夏，民革中央特派员杜重石、民盟盟员张春涛分别从香港带来李济深、张澜给杨杰等的信息，要杨杰领导民革西南四省（川、康、滇、黔）工作。杨杰与甘祠森、黎又霖商定了几条办法，决定民革与民联不合并，两个组织应是兄弟组织，要互相通气，民革以联络军界人物为主，民联仍搞民主活动。杨杰继续担任民联指导员，黎又霖调民革帮助杨杰建立民革组织。

1948年下半年，中国人民解放军在战场上取得明显优势，国民党报纸却造谣宣传国民党军队的所谓胜利。杨杰与黎又霖、甘祠森商讨召开时局讨论会，确定了"保川拒蒋，迎接解放"的任务。尔后，他们不定期地举行"转转会"，使民联、民革党员，认清形势，精诚团结，坚持斗争，配合其他民主党派共同反蒋。

1949年2月，黎又霖前往滇、黔，联络同志准备策动军事起义。他3月初抵贵阳，获悉蒋介石要将大方县境内的羊肠坝发动机制造厂迁往台湾，特地绕道毕节、镇雄一带，组织当地民众武力，同时策动王家烈起义，阻挠该厂迁台。6月，他到昆明找杨杰再度筹商云南军事起义，到后方知杨杰已到重庆。他立即赶回重庆，和杨杰等商讨，策动军事起义迎接解放。6月，民革川东分会和民革川东纵队成立，黎又霖为负责人之一。

在此期间，黎又霖通过多种渠道参与营救囚禁在军统重庆集中营的革命同志，帮助田一平、仲秋元、胡春浦、唐弘仁等20余人获释出狱。他还参与策动杨森二十军和潘文华二十三军及四十四军起义活动；帮助张镇宇在涪陵新庙镇组建民革川东特区纵队，支持蒋华村竞选上重庆粮食工会理事长，掌握粮食供应、库存，控制了工会。

革命何须问死生

杨杰等人在川、康、滇、黔的活动，被军统局侦知，蒋介石大为震惊。

1949年夏，特务头子徐远举奉四川省政府主席张群之命去拜访杨杰，示意其不要和李济深等发生关系。实际上这是对杨杰的警告，杨杰只好于7月初回昆明。杨杰回昆明前，黎又霖三次去杨寓所研究工作。因此，从7月15日起特务加紧了对黎又霖的监视，打入民革的军统特务严守三（化名李森）向军统局报告了黎又霖的面貌、特征、住址。

黎又霖发现自己已经暴露、遭特务跟踪后，毫无惧色，仍四处活动。有同志劝他暂避一时，他说："天快亮了，要坚守岗位。"还劝说其他同志要不怕牺牲，充分利用国民党内部人心惶惶的时机，为革命作出更大的贡献。

1949年8月19日，由于叛徒出卖，黎又霖在重庆临江门戴家巷执行任务时，不幸被捕。当晚，徐远举将黎又霖"请"进他的办公室，假惺惺地说："黎先生，我们一向很尊敬你，只要你说出你们组织是如何军运和策反的，你马上就可以自由了。"

黎又霖一脸不屑，"有什么手段你尽管使出来吧！休想从我口中得到任何东西！"

徐远举撕下面具，对黎又霖施行刑讯拷打，后押送到歌乐山白公馆，戴上18斤重的铁镣。在监狱里，50多岁的黎又霖受刑30余次。每次严酷审讯，黎又霖都是咬破嘴皮，数次昏迷，但自始至终没有吐过一个字。在特务让其招供的纸上，他三次写上："没有说的，请枪毙！"

11月25日，重庆解放在望。黎又霖听到耳畔那隐隐的炮声，不禁浮想联翩，心潮澎湃。他拿出了珍藏的竹签子笔，在草纸上写下了两首诗，藏在牢房的隐蔽处，以示他对党的赤诚之心。

    卖国殃民恨独夫，一椎不中未全输。
    银铛频向窗前望，几时红军到古渝。
    革命何须问死生，将身许国倍光荣。
    今朝我辈成仁去，顷刻黄泉又结盟。

11月27日，国民党反动派在逃离重庆之前，对囚禁在军统集中营的300多位革命人士进行了疯狂的大屠杀。大屠杀那天下午开饭时，吃面条，黎又霖镇定自若，说："吃吃吃，死了也不当个饿死鬼。"一下子吃了两碗……

多年以后，黎又霖的后人在缅怀他时，仍忆起他在狱中为自己写下的挽联：

    有二绝句述怀，可歌可泣；
    曾三上书乞死，知命知仁。

王白与：就义前高呼"痛快！痛快！"

1949年11月27日，当王白与被押出白公馆囚室时，他昂首挺胸，边走边高呼："痛快！痛快！"

王白与（1903-1949）。

举着枪的刽子手，也不敢直视他。临刑前，王白与高呼："打倒人民公敌蒋介石！""中国民主革命胜利万岁！""中国共产党万岁！"直至枪响，他倒在了血泊中。

王白与烈士，四川蓬安县人，民革川东分会负责人，民革"川康五魂"之一。他出身名门，却一生坎坷，有着"爱国学子""政坛书生""报界铁牛""民革战士"等盛名。他也用自己的一生，诠释了他瞻仰南京雨花台时写下的诗句："岭上埋骨方正学，长留浩气养神州。"

从爱国学子到政坛书生

王白与，1903年出生于今蓬安县柳滩乡王家湾。祖父为清末举人，任过蓬州玉环书院山长。父亲与张澜为故交，母亲为蓬安望族名媛。

他自幼天赋聪颖，爱背唐诗，记忆力强，打下了良好的汉语和古典文学基础。王白与本喜爱文学，但得知我国当时的军事地图还不如日本在我国偷绘的详细时，愤然报考北京陆军测量学堂。在京期间，他常到图书馆博览群书。他还利用课余，为北京各报刊撰写评论、诗词。年纪不到20岁，王白与就已颇有才名。在北京的四川名流蒲殿俊欣赏其才华，以独女蒲耀琮许王白与为妻。

1933年，刘湘主持川政。王白与时为四川省政府编译室主任，兼任川康善后督办公署政治部主任。由于刘湘的秘书长不善为文，省府的机要文件及讲演稿，大都靠王代拟。

1935年，刘湘识破了蒋介石的阴谋，开始转变反共立场，暗地接受冯玉祥的使者郭秉毅等人的建议，联合抗日，反对蒋介石"攘外必先安内"政策。刘湘这一符合民族利益的转变，得到中共和进步人士及人民群众的广泛支持。王白与是这一转变的积极推动者。

在成都，王白与帮助刘湘举办川康绥靖公署军官研究班，并担任该班政治部主任。他在讲堂上多次宣传抗日救国的主张："现在面临国家民族存亡之秋，还谈什么'攘外必先安内'，应该是一致奋起救亡图存的时候了！"学员们听了群情激愤，要求停止内战、一致对外呼声越来越高。

地方实力派采取防蒋、逼蒋抗日的立场，对全国局势产生了良好影响。西安事变发生，刘湘率先发出声援张学良、杨虎城的通电。抗战爆发，他又亲率数十万四川健儿开往京沪和其他抗日前线。这是刘湘的历史业绩，也是王白与对民族和人民的一大贡献。刘湘死后，王缵绪被蒋介石委为四川省主席。王白与鄙其为人，不愿与之合作，乃断然离开政界。

王白与从政数年，但始终保持着学士气派，以清高自励，对官场浊气极表厌恶。有人称道他："舍专员、县长而不为，出淤泥而不染。"

不畏强御的"报界铁牛"

相比从政，王白与更以报人著称于世，有外号"报界铁牛"。

1929年，王白与受聘于重庆《新蜀报》任总编辑。他的办报主张，集中地表达在1934年他为《新蜀报》创刊4000号所写的《纪念词》："凡有关民族兴替、国家存亡的重大问题，莫不站在时代之前列，大声疾呼，至若武夫之专横独裁，党政之明争暗斗，政客之纵横捭阖，官吏之暴取横征，土劣之为虎作伥，凡此诸班怪状，足碍社会之进展者，即以纯客观态度，尽量指陈，不惧威胁，不受利诱，不避斧钺，痛加针砭。"

王白与办报，不像一般官僚只挂个空名，而是不辞辛劳自己动手编稿撰文。那时王白与在四川省军政机关任职，工作极忙，深夜才到报馆，经常是通宵达旦地看稿、写稿。照说身体是受不了的，但他没有生病，也不感到劳累，从不敷衍，故同事们给他起了一个外号，叫作"铁牛"。

1939年，抗战方殷，国土日蹙。王白与以纯报人身份主持《华西日报》，积极从事抗日宣传活动，不久因受官方刁难，被迫离去。

1944年，在《新华日报》成都办事处负责人杜桴生暗中支持下，王白与和杜重石等创办《大义周刊》。他常撰稿反对蒋介石独裁暴政，刊载一些介绍苏联经济建设和解放区人民开荒抗日等情况报道。国民党当局迫令其停刊，王白与处境困难，重返重庆《新蜀报》就任总经理。

王白与任《新蜀报》总经理时，抗日战争接近胜利，虽然主管的是行政，但在触及政府施政弊端的问题上，他也执笔著论加以抨击，为民请命。

为了和蒋介石政府抗衡，王白与参加了中国农民自由党。但由于国民党政府全面推行专制独裁，农民自由党成了空中楼阁。

1946年夏，国民党政府公开撕毁停战协定，王白与又在《国民公报》上公开署名发表《四川老百姓起来》一文，揭露蒋介石独裁、内战、玩弄假和平的阴谋。当局对他的言行十分忌恨，处处制造麻烦，他不得已东去上海，筹备《新蜀报》上海版，但未能实现。

从秘密策反到英勇就义

随着人民解放战争的战略反攻节节胜利，国民党内的爱国民主派已从个别反蒋，走上了联合行动的新阶段。在上海，心忧时局的王白与，终于找到了现实有效的爱国途径。王白与参加了郭春涛、杨啸天（杨虎）等国民党爱国民主人士发起的民主同志联谊会，并担任秘书组长，自己的住房也成了民主同志联谊会秘密活动的场所。他还为该会草拟了政治纲领，最主要之点是：推翻蒋介石独裁卖国政府，建立和平、独立、民主的新中国，拥护中国共产党提出的土地改革、没收官僚资本的政策。

1948年1月，民革成立后，上海的民主同志联谊会相应成为上海民革地下组织。

1948年冬，革命日益接近胜利，上海民革地下组织曾对上海附近的川军进行策反工作，但因认识上的差距和特务的监视难以奏效。

1949年春，民革通过范绍增与顾祝同的关系，获得国民党一个部队的番号——国防部暂编十纵队。王白与同四川民革其他原从事军事工作的同志奉命回川组建该队，以策应大西南解放，他任纵队政治部主任。为此，他前往西安、南郑，同胡宗南协调枪支，在重庆与杨杰、周均时等共同筹划军事策反活动，并与文化教育界密切联系。

有人遇到困难要退却时，王白与告诫说，"我们回川的任务是革命，不是作官！"对于建立革命武装，他强调说："拿起棒棒人打狗，丢了棒棒狗咬人。"

6月，民联西南执行部负责人杨杰由昆明来渝，召开秘密会议，要求大家做好配合解放军进军西南，迎接解放的准备工作。王白与力主加强建军、策反同时并进。何鲁、杨永思介绍了民革川东分会成立、活动情况，王白与被推选为负责人之一。会上还提出执行王白与的建军主张，决定张镇宇以涪陵新庙镇为基地，组建川东纵队。涪陵解放时，川东纵队做了一些工作。

王白与在重庆，除通过民革组织进行活动外，还四处奔走串联，说明蒋介石政权必然瓦解的道理。有一次他在朝天门码头送朋友去武汉，碰到曾在孟良崮战役负伤投诚、治愈退役返家的国民党军官刘钊良。刘钊良向他倾诉了痛恨自己走错了路、决心回家务农等想法后，王白与说："你路是走错了，现在重新开路也不晚，现在有个好机会，王陵基（四川省主席）要在各县成立民众自卫队总队，你可以插进去，作为策反基地。"由于王白与的推荐，刘钊良被选为蓬安县自卫总队副总队长，临解放前夕率队起义。

为了迎接胜利，王白与的活动日益频繁。1948年8月，他还借其弟王叔云

重庆白公馆。

回蓬安省亲之机，嘱其送信给蓬安参议员陈颖川、西充县参议员王浪平，借充实县民众自卫总队之名，用参议会的名义来渝运 500 支枪，以响应解放。

王白与生性耿介，一向坦荡对人，他认为"虽愚不可言之反动者，亦未尝不可感化"，因而疏于防备。可他的活动，早被打入民革的特务所掌握。8 月 20 日，有关当局以约请他南山赴宴为名将其逮捕。

被捕后，王白与先关被在西南长官公署第二处，由处长徐远举亲自审讯。王白与坚不吐实。深夜十二点多钟被蒙上眼睛，押上汽车，车上的人都以为是押去枪毙，王白与则厉声喝道："我不怕，死就死！"

第二天，王白与才知道他被转移到军统集中营白公馆监狱楼三室。在狱中，他向难友讲："愿以一己之生命，担负反动派所加之任何罪名，以救民于水火。"重庆当局有一位显赫人物捎信说："只要公开承认错误，愿保他释放，并送洋楼一幢。"他没有丝毫动摇。

11 月 27 日晚，王白与被押往松林坡枪杀。被押出囚室时，他昂首挺胸，神态自若，边笑边说："痛快，痛快！"并高呼："打倒人民公敌蒋介石！""中国民主革命胜利万岁！""中国共产党万岁！"

在收殓王白与烈士遗体的时候，他的鼻孔还流着血，在场者无不失声痛哭，肃然起敬。

李宗煌:"宁肯砍掉脑袋,不愿割去耳朵"

"我宁肯砍掉脑袋,也不愿割去耳朵!"

监狱中,在敌特监视下,李宗煌担心前来看望他的外甥及独子说话不慎,抢先相告:"请亲友放心(指民革同志),你转幺舅(赵念君)望他们好好照顾舅母(赵玉君)和毛弟(李致民)。你也应早点返职,做你应做的事。"

1949年11月28日,李宗煌被害于他的囚室。

李宗煌烈士,四川屏山县人,是民革川康地区组织创始人之一,民革川南负责人,民革"川康五魂"之一。

军旅有愧,慷慨行侠

李宗煌,1899年出生于四川省屏山县中都乡。20世纪20年代初,割据川西南的军阀刘文辉在宜宾创办军官传习所,李宗煌考入该所第一期。毕业后,他在刘部历任排、连、营长职务。1929年晋升为团长,年仅30岁,他作战勇敢,爱护士兵,成为刘部的中坚骨干。

那时正是四川军阀割据时代,各派系军阀首领分别占有几县或几十县作所谓防区,自任官吏,盘剥百姓。李宗煌则是一个罕见的例外,他对受压迫被侮辱者

李宗煌(1899-1949)。

满怀同情，慷慨行侠。在做了刘部的骨干之后，目睹士兵伤亡、人民流离失所的惨象，李宗煌常生悔憾之意，屡言"有愧于心"。

刘湘主政后，李宗煌以38岁盛年毅然脱离军界，寓居成都。他曾跟随刘文辉"易帜"参加国民党，但见到的却是许多党员把主义当狗皮膏药骗人，把党证当升官发财的护身符，从而对国民党大为失望。相反，他却对中共党员的品格十分敬佩，中共地下党员车耀先等就是他的好朋友。

20世纪30年代初，李宗煌在刘文辉部高育琮旅任职，驻防眉山。中共地下党员张元昌不幸被捕，备受酷刑，坚贞不屈。车耀先派人找到李宗煌，委托他营救张元昌。李宗煌明知牵涉共产党可能危及自己，仍慨然相助，终于将张元昌保释出狱。

李宗煌的另一好友祝荫隆曾任川军团长，也是中共地下党员，社会上关于他的"风言"甚多。李宗煌不怕牵连受祸，和祝交往如旧。一次，祝荫隆拟去苏联学习，苦无路费，妻子、孩儿又无人照管，李宗煌得知立即赠送路费，并且按月供给其妻儿生活费。不少素昧生平的后起之秀，慕名求援，李宗煌也慷慨解囊，不吝扶持。一些青年在他的资助下，走上了革命道路。

李宗煌平素仗义疏财，早年的亲朋好友中，不少是袍哥名流，闻其赋闲在家，纷纷慕名拜访。不久，李宗煌就被推为袍哥首领。他成为袍哥首领后，声势日隆，常保护弱者和进步人士，还凭借社会地位参加许多文化、政治、进步活动，与蒋介石独裁政府抗争。

1944年，李宗煌与张澜、谢无量一同被邀为《大义周刊》的发起人。它的宗旨是揭露蒋介石的独裁统治，宣传民主政治，挽救抗战危局，言论常击中蒋介石统治的要害。发行不久，即被国民党政府迫令停刊。李宗煌毫无畏惧，挺身承担责任，并继续支持民主进步活动。1945年秋，根据《新华日报》驻成都负责人杜柽生的建议，进步文化人沈志远、杜重石等，在重庆增设一个进步书店。李宗煌欣然同意为发起人，并资助经费。

在支持进步文化活动中，李宗煌较多地接触了张澜、谢无量、范朴斋、张志和、王白与等爱国民主人士。与他们一起研究时局，李宗煌受益良多，进一步认识到中共的抗日民族统一战线方针和联合政府主张，确是争取抗战胜利和建设新国家的良策，相信中共是真正为民族和人民利益服务的政党。他开始从一个洁身自好的旧军人和袍哥首领，转变为中国共产党的朋友，更积极地从事争取民主的政治活动。

参加民革，发动起义

1947年，李宗煌抱着"通过民主手段，改革弊政"的一丝幻想参加竞选，当选为屏山县"国大代表"。但在南京国民大会上，他再次目睹国民党反动派搞假民主、争权夺利的种种丑剧，彻底失望，决定坚决不作蒋介石的御用工具。

1948年初，李宗煌结识了爱国反蒋的著名人士杨虎和民革中央常委郭春涛。他看到民革《成立宣言》和《行动纲领》后，大为认同，很快便经郭春涛介绍参加了民革组织。年近五旬的他，精神空前振奋，返回成都便四处联络好友，宣传民革宣言和行动纲领，发动他们参加民革活动。

1948年5月，杜重石奉民革中央之命，由香港飞成都，与刘文辉、李宗煌等磋商建立民革机构。决定同时成立民革川康分会和民主联军川康军事委员会，两会均取地下活动方式。刘文辉是四川地方实力派中与中共接触较早的人物，与蒋介石明暗抗衡多年，声望最高，众意推刘主持两会，但刘文辉又最为蒋介石政权所忌，不便公开活动。几经磋商，推定刘文辉（化名杨宗文）、李宗煌（化名华正国）任两会正、副主任，李宗煌实际负责日常组织工作。

1949年，人民解放战争节节胜利，蒋介石一面作逃往台湾布置，一面将残部退集西南，妄图以川康为基地负隅顽抗。李宗煌深感责任重大，不顾危险，紧张地组建民革地下组织。他先后直接发展了聂荟、王蕴兹、傅渊希、姜亚农、朱戒吾、乔曾希等为民革党员，这些人后来都为迎接四川解放作出了贡献。

在主持民革工作中，李宗煌以革命利益为重，坚持任人唯贤。当时曾有人建议安排他的亲朋老友担任民革和军事组织的重要职务。他总是耐心地解释：民革的具体情况不同于共产党，成立时间短，组织还要大发展，今后必有一些声望较高、革命影响更大的人士进来,如果先把重要职务都作了安排,对革命全局不利。他还坦然表示:"我们参加民革目的是为革命做工作,不是做官,今后大局需要我一定让贤。"

雷波、马边、屏山、峨边是川西南险峻山区,地势有利,又是李宗煌长期经营之地,社会关系广泛。他先派志同道合的妻子赵玉君回屏山代他向参议会、自卫队中的亲友同仁做工作,又通过哥老发动下层群众。在李宗煌推动下,川康民革在起义与策反方面迅速取得进展。在发展民革组织同时,李宗煌还推荐人选,成立了地下军事组织——川康民主联军,李宗煌自兼川南军区司令员。

在李宗煌主持下,1949年5月9日王蕴兹发动了崇宁起义。虽然众寡悬殊,未能成功,但此举打击了国民党政权的嚣张气焰。事后,民主联军又在刘文辉掩护下,配合中共岷江游击队,阻击蒋军向西康逃窜。

李宗煌在家乡的活动,引起了王陵基的恐惧,王在新中国成立后供认:"我怕李宗煌回去真的闹起来,各方加以响应,就不好对付了。"

为国捐躯,大义永存

憨厚性直、待人坦荡的性格,使得李宗煌在袍哥中很受推崇,但从事革命地下斗争则容易暴露在危险之中。

李宗煌在崇宁起义前后,已处于国民党特务和王陵基的监视之下,亲友们得知他已上黑名单,极力劝他转移到川南,以武力作保护。但李宗煌认为:"我是带兵出身的人,情况危急时,一定要镇静,而且事情刚有头绪,如负责人产生畏惧心理,先行撤走,会涣散军心的,革命就是要冒风险。"

但对别人的安全,李宗煌却考虑极周。崇宁起义后五天,李宗煌约请在成都的民革同志紧急会商对策,决定了应留、应撤的名单。在大家要求下,他同意回川南主持全局工作,但让其他同志先撤。就在当日下午,王陵基伙同国民党四川省党部调统室主任先大启对他下了毒手。

李宗煌被捕后,中共和民革同志极为关注,立即发动郭汝瑰(时任国民党七十二军军长,起义后参加中共)进行营救。黄埔第十期、十一期同学数十人也联名通电保释，而王陵基则声称李宗煌犯了"叛国罪"，拒不允准。

敌人知道李宗煌为人吃软不吃硬，逮捕之初只是软禁，以示优待。一些国民党反动派中的上层人士，则装出"关心"的姿态，一再表示："党国的事可以商量，都是自己人嘛，有意见大家说清楚就行了。"但是在敌我分明的大是大非面前，憨直的李宗煌却能洞察敌人的奸计，他严正拒绝："我没有做过出卖国家民族的事情，叫我说清楚什么？你们要怎么办，就怎么办。"

李宗煌失去了自由，但民革活动仍然继续，由李宗煌发展的民革成员，没有辜负他的期望，不少与中共地下组织取得联系，为迎接成都和川西解放做了很多工作。而他本人则于9月被押往重庆军统监狱，在酷刑下与敌人作顽强的斗争。

1949年秋冬，蒋介石多次到重庆、成都，企图靠残余兵力固守西南，并下令枪杀被他们囚禁的革命志士。在蒋介石眼中，李宗煌等民革五位坚强不屈的革命同志是"叛徒"，被指名处决。同年11月28日，李宗煌被害于他的囚室。

主要参考文献：

1.《〈英烈颂〉第四集：〈民革川康五魂〉》，中共重庆市委党史工作委员会编，团结出版社1989年。

2.赖汝强《牺牲在"中美合作所"的民革五烈士》，《团结》，1997年第5期。

3.崇铭《在重庆壮烈牺牲的民革五烈士》，《团结报》1988年1月2日第2版。

4.王睿《黎又霖：将身许国倍光荣》，《重庆与世界》，2011年10月。

5.黎淮西《我的外祖父——重庆歌乐山烈士黎又霖》，《贵阳文史》，2006年11月。

6.曹庞沛《周均时：爱国学者与革命志士》，《红岩春秋》，2012年5月。

四川成都十二桥烈士墓园中,长眠着32位在成都解放前夕不幸遇难的共产党人和爱国进步人士。其中有曹立中、王建昌和黎一上三位民革烈士。这三位民革同志,都是因不满国民党统治集团的暴政,毅然投身地下工作而被捕遇害的。

曹立中、王建昌、黎一上
成都十二桥畔的民革英魂

　　1949年12月7日深夜,飒飒西风夹杂着绵绵细雨,在成都西门口外的十二桥下,突然传来了轰隆隆的卡车声,随即又响起接连不断的枪声和呼喊声。谁也不知道,就在这黑沉沉的夜幕中,共有32名中共地下党员、民主党派成员和其他革命进步人士被杀害,这就是震惊全国的成都"十二桥血案",而此时离成都解放只剩下20天。在牺牲的32名烈士中,有3名年轻的中国国民党革命委员会党员,他们分别是曹立中、王建昌、黎一上3位烈士。他们最年轻的只有25岁,

十二桥烈士陵园。

曹立中。

最年长的也不过 28 岁。他们为什么被抓,又为什么会在黎明前最黑暗的时刻被杀害呢?

为了一个共同的理想,三个陌生人走到了一起

曹立中,又名曹炽昌,四川省荣县人,生于 1924 年 10 月 21 日。他父亲相信为人行事应当不左不右,立乎其中,所以给他的儿子取名"立中"。但立中的性格与他的名字恰恰相反,遇不平之事往往不守中立,而是奋起斗争,坚持到底。在成都读高中时,他在路上见国民党宪兵无故殴打一位同学,愤然上前质问,结果被关押了一个星期。抗战期间,他眼看面对日寇的疯狂侵略,国民党政府却提出了"攘外必先安内"的政策。他对国民党政府十分失望,于是开始探索救国救民、振兴中华的道路。1944 年,曹立中考入成都光华大学后,经常与一些中共地下党员、民主青年协会成员接触,和他们建立了深厚的友谊。从这些革命者手里,他读到《新华日报》《观察》等报刊,得到很大的教益。他说:"过去,我觉得国民党政府腐败,但不知它为什么腐败,现在才弄清楚,它是代表旧的、反动的

王建昌。

潮流,其所作所为,必然是历史的倒退,必然走向垮台。中国共产党代表广大人民的利益,为中国的繁荣富强指出了正确的道路;只有跟着共产党走,中国才有希望。"1945年底,昆明"一二·一"血案之后,成都又发生国民党特务分子毒打和逮捕川大同学、民盟盟员李实育事件,全市广大进步师生在共产党的领导下,掀起要求释放李实育的斗争高潮。曹立中踊跃写壁报、散传单、贴标语、参加游行。他还对贴出的标语巡回守望,防止特务撕毁。他说:"谁敢撕标语,我就和他拼了!"

1949年2月,曹立中经人介绍,参加了民革。在办理填表手续时,他深有感触地说:"我这个名字要不得,我要先进而不守中立,我愿化为炽烈的光焰,为新中国的诞生和昌盛而闪烁,就把我的名字填为炽昌吧!"他参加民革后,任民革川康分会组织处干事,担负光华大学的组织发展工作。他的工作异常积极,不久就发展了十多个成员,其中一些人立即被派往川南一带开展地下武装斗争,有的人归曹立中单线联系。

王建昌,1923年生于四川宜宾县泥溪区。小时家境贫寒,靠舅父接济上学。

黎一上。

他学习勤奋、成绩优良，为人处世富有正义感。在宜宾县中学读书时，对校方无理开除学生、克扣学生伙食等做法极为不满，常常担任学生代表，向校方和县教育局请愿抗议。1948年从四川大学法律系毕业后，先后在成都税捐处和眉山法院任职，皆因与上司不合去职。后回成都，结识了民革川康分会副主任李宗煌，在李宗煌的帮助教育下，思想觉悟有很大的提高，对国民党反动派有了深刻的认识，于1949年春加入民革。之后，他首先以四川大学为基地，发展了一批成员，其中就有黎一上。

黎一上，又名黎汉林，1921年生于四川铜梁县东郭乡铁佛寺村。在本县读书时，刻苦用功，酷爱文艺。他写的文章，笔意流畅，说理深邃，同学们争相传阅，誉为佳品。1944年，经铜梁县保送入四川大学法律系深造。黎一上政治上很敏感，非常关心学生运动，与进步同学往来密切，经常一起参加活动。1948年，四川省政府制造"四九"血案，使他进一步看清了国民党反动派的嘴脸，激发了他的革命热情。他发起创办《新铜梁》刊物，以犀利的文笔，揭发国民党反动派的罪行。川大未毕业，他又考入黄埔军校成都分校。1949年春加入中国国民党革命委员会后，根据上级指示，在军校发展组织，进行策反工作，以期争取一部分军官、学生起义。经过他的努力，在短短的时间内，军校就发展了十多个民革成员，黎一上担任了小组长。同时，他又以学术研究会的名义，吸收了三十余人，作为团结对象。

智取军用地图，被叛徒出卖不幸被捕

1949年，民革川康分会筹组的民主联军川西军区准备在崇宁县发动武装起义，急需崇宁、灌县、邛崃、雅安等地的军用地图，遂派人向川康分会求助。经川康分会研究，认为这种地图只有黄埔军校成都分校才会有，而黎一上在军校的地下工作做得很有成绩，因此即派王建昌与黎一上联系。黎一上虽然知道这个任务十分艰巨，风险很大，但为了革命的需要，他还是毫不犹豫地答应下来。他通过各种关系，结识了机要室的地图保管员。他开始以交朋友的方式，请保管员吃酒打牌，继而又借聊天了解那位保管员各方面的情况。原来，他对国民党的前途十分悲观，不愿再跟着干下去了，只想得到一笔钱，去外地另谋生计。于是，黎一上趁机提出，要他把军用地图弄出来，可以换取一定的报酬。保管员欣然同意了。

军用地图的保管十分严密，常常是双人轮流值班看守，一时不易下手。一天晚上，雷雨大作。趁值班同事打瞌睡的机会，保管员在雷雨声中偷偷取出一卷地图，挟在雨衣内带出大门，径直送交黎一上。黎一上接过地图十分高兴，但打开一看，并非灌县等县的地图，而是龙泉山一带的。原来保管员在窃图时心慌意乱搞错了。黎一上叮嘱他再想办法，他虽一口答应，但回到寝室后，前思后想疑惧万端，觉得此事必然很快败露，金钱事小，性命事大，三十六计，走为上策，于是天一亮就逃之夭夭，不知去向了。

黄埔军校成都分校是国民党训练军官的重要基地，经常得到上级的褒奖。而此时居然发生了军用地图被窃、地图保管员逃走的重大事故，当时军校校长关麟征觉得颜面扫地，他对负责案件的特务人员要求："马上将罪犯缉捕归案，一周之内抓不到人，将你们军纪论处！"

过了几天，黎一上始终不见保管员的人。他向代替王建昌前来与他联系的曹立中报告盗军用地图发生差错的情况，并将龙泉山地图交给曹立中转交川康分会。可是，他还不知道，就在这个时候，他们的工作和他同王、曹的联系，已经被国民党特务机关察觉了。

原来，曹立中在光华大学发展民革成员时，被混在学生中的中统特务赵某察觉。赵假装进步，与曹频繁接触，炫耀自己如何反对蒋介石，如何拥护共产党。曹立中被他的花言巧语所迷惑，没有觉察，甚至将他发展进了民革。从此曹立中的行动都被叛徒报告给了中统特务机关。1949年5月16日晚，曹立中到春熙路悦来商场品香茶铺赴约，至10时许，约会的人仍未到场。曹起身回校，一出茶铺就被数名大汉强抓进汽车，押送至将军衙门省特委会看守所。王建昌也是在川大参加学生运动积极发展民革组织时，被特务察觉，转报省特委会。省特委会在抓曹立中的同时，派人到东大街宜宾旅馆将王建昌抓获。而黎一上的活动情况，也早被敌特机关所掌握。1949年5月中旬，曹、王、黎三人被捕后，因系同案，被一同解送将军衙门省特委会看守所。

狱中英勇斗敌，血染锦水桥畔

在成都将军衙门街的四川省特委会的监狱里，黎一上、王建昌、曹立中和被囚禁的其他革命志士一起，每天虽然忍受着生活上的折磨和肉体上的摧残，但表现得十分坚贞、英勇、顽强，敌人无论使用刑讯逼供，还是许愿诱供，都没有得逞。因此，他们各自发展和领导的组织、成员都安全无恙，未受损失。不仅如此，他们还把暗无天日的牢狱变成了革命的大学校，变成了革命的大家庭，变成了与敌斗争的战场。

6月份的一天，一个操着川南口音的年轻宪兵在值班看守。曹立中见左右无人，就和他攀谈起来，得知他姓李，和自己同是荣县人，经进一步交谈，还知道他们有亲戚关系。曹即抓紧机会向李进行形势和前途教育，请李为他们做些传递消息的事情。不久，曹立中请小李带出一张纸条，告诉战友们说："我们几经非人拷问，未供出组织及一个同志。为了革命，纵然肝脑涂地也心甘情愿。"寥寥数语，道出了烈士们的英雄本色。

狱中的生活是极其艰苦的。被捕的同志分别住在七间阴湿、霉臭和臭虫、蚊子成群的牢房里，特务为便于监视和防止意外，不准挂蚊帐，也不准点蚊香。每间牢房有一个或两个狭窄的铁栅窗以及专供送饭、送水用的一个小洞，牢门经常用大锁锁着。每顿吃的是夹生、数量很少的有很多谷、稗、鼠屎、砂子、虫子、草节、霉米的"八宝饭"，有同志曾经数过，一碗饭里就有280多个谷子、稗子。喝水也是相当困难的。平时不能自由呼吸新鲜空气，更不能自由大小便。艰苦的狱中生活，并没有消磨掉曹立中、王建昌、黎一上和狱中同志的意志。他们借着从铁窗透进来的暗淡灯光，如饥似渴地偷偷阅读很不容易得到的书报。书籍都是同志们的家属通过多方转托关系，艰难送进去的，而报纸则多是通过做看守宪兵的工作，高价买来的。他们用敲打牢房之间的墙壁作联络信号，对上暗号后，一边嘴靠着墙小声说，一边用耳紧贴着墙壁听，用这种方式来交流情况，互相鼓舞斗志。

1949年10月间，在听说中国人民政治协商会议开幕和中央人民政府成立的消息后，曹立中、王建昌、黎一上和狱中的同志们欢欣鼓舞，非常兴奋。他们虽然不能尽情地高歌，但是他们还是通过各种可能的方式表示内心的喜悦，他们在墙角边轻声细语热烈地庆祝这个用千千万万人的鲜血和艰苦的斗争换来的光辉日子！

1949年11月，向西南挺进的中国人民解放军，很快就突破了川黔防线，进迫重庆。在成都的毛人凤，立即在成都东门街召集在成都的军统特务秘密筹商组织游击暴乱和布置潜伏特务电台，并召见军统在四川省特委会负责司法的秘书罗慧开，询问关押在特委会的"罪犯"还有哪些人，并叫罗慧开缮造名册送他核阅。罗慧开秘密地把名册统计好后，送交四川省特委会秘书长徐中齐。

徐中齐把名册交给毛人凤后，毛逐一阅看后，在名册上批了"一律枪毙"四个字，然后叫徐中齐向四川省政府主席兼四川省党政军联席会议主席王陵基请示。

王陵基仍旧批示"一律枪毙"，并要求徐中齐作出一个行动计划，要做到绝对秘密，不能闹出事来。

徐中齐布置屠杀的具体方案后，还派人到黄埔军校成都分校领取步枪100支、机关枪10挺、手榴弹和子弹若干发，汽油若干桶，准备到夹江、洪雅打游击。由于国民党军队的溃败速度出乎了他们意料，徐中齐决定改变原定计划，将日期提前，地点改在西门外郊区，并商定于12月6日和7日两个夜晚，按原定计划，由稽查处和特委会先后执行。

12月7日深夜，国民党特委会、稽查处各一人到看守所去提人，每次都是由两名特务提一个，押到会客室门外，由特务用绳索进行捆绑，嘴里塞一团棉花，用布将眼睛和嘴严严蒙住。特务们还假惺惺地说："你们不要怕，我们是把你们转移到另一安全地方去。"午夜，特务把关在省特委会的曹立中、王建昌、黎一上等32人捆绑完毕，拉上汽车。

随后汽车开到成都新西门城门口的十二桥外约200米的地方，在一条弯曲的防空壕（壕宽约1米、长50米、深不到1米，是抗日战争时挖的）边停下。特务们每次在汽车上拉下两个人，由四个特务左右挟持送到防空壕去杀害。先用刺刀刺杀，因为绳索捆得太紧太密，连刺刀都刺不进，只好改用枪杀。但又怕枪声惊动附近的居民，于是叫汽车司机把车子发动，加大油门，用喇叭的轰鸣声来掩盖罪恶的枪声。这样来回往返16次，直到凌晨两点半，才把被关押的同志全部杀害。

屠杀阻止不了黎明的到来，不过20天，成都就解放了，但是十二桥牺牲的烈士，却永远看不到这一天。党和人民深切怀念在成都解放前夕英勇牺牲的烈士，在第一时间开展寻找烈士殉难地点和发掘遗体的各项工作。

1950年1月19日上午9时，成都市各界人民隆重举行十二桥殉难烈士公祭典礼。层板厂大门上方悬挂着"成都市各界人民公祭革命被难烈士"的横幅，大门两侧悬挂着"以一死促民国之终，送断青天悬白日；为众人创共和之始，流将赤血染红旗"的对联。厂内挂满了各机关、团体、人民群众、亲戚朋友送的挽联、花圈。整个会场庄严肃穆，到会代表和群众无不满怀悲愤，深切悼念。1月20日，为烈士们举行了公葬，将在十二桥边牺牲的32位烈士和在抚琴台牺牲的3位烈士，以及在白公馆牺牲的周从化烈士安葬于青羊宫的二仙庵墓园。

主要参考文献：

1.《成都文史资料选辑》，中国人民政治协商会议四川省成都市委员会文史资料研究委员会编，内部发行1982年。

2.《十二桥边草青青——成都十二桥烈士传选》，中共成都市委组织部编，四川人民出版社1986年。

后　记

　　70年携手奋进，70载壮丽辉煌。在民革中央领导同志的指示下，我部组织编写了本书，作为民革中央致敬中华人民共和国成立70周年的献礼。

　　本书集中地展示了新中国成立前后，众多民革前辈在中国共产党领导下投身民族复兴伟大事业的历史。

　　民革中央领导同志极为重视本书的编写、出版工作，给我们以鼓舞和鞭策。万鄂湘主席不仅在百忙之中多次过问并作出指示，还欣然作序。郑建邦常务副主席拨冗出席编写工作会议并作讲话，提出明确要求。李惠东副主席对编辑出版全过程给予了具体指导和支持。

　　为新中国建立作出贡献的民革前辈为数众多。本书收入了部分曾担任民革中央主席、副主席、常委、委员、团结委员职务，在新中国建立过程中作较为突出贡献的民革前辈，分别依届次排序。今后，我们将视情况推出续集。

　　民革中央有关部门、民革地方组织、团结报社等热心民革历史研究的党员和机关干部，积极参与本书编写工作。几位已经退休多年的老同志欣然参与，让我们深为感动。参与本书编写工作的同志有（按照姓氏笔画排序）：于芳、万李娜、王宇航、王承丞、王淑娟、可玥、卢淼、付青燕、孙俊杰、李韧、李硕、李兴华、杨路、张栋、张兆均、张蔚秋、陈静、陈典松、陈晓燕、金雷、金绮寅、周福志、郝芸芸、秦雪、袁鼎强、贾晓营、徐庆康、黄列、曹原、韩芸、韩金伟、韩省之、韩景慧、覃珊、鲍家树。

一些民革前辈亲属、党员干部多方奔走，提供了不少宝贵图片，有些图片是第一次通过本书展现给世人。

团结出版社有限公司为本书的出版作了大量的工作。

欢迎广大读者批评指正。电子邮箱：sunyanhui01@126.com。

民革中央宣传部

2019 年 8 月